스타트업
서바이벌

스타트업 서바이벌

8년 차 CEO가 전하는 진짜 현실적인 스타트업 운영 가이드

초판 1쇄 발행 2024년 3월 14일

지은이 이은영, 이규원 / **펴낸이** 전태호
펴낸곳 한빛미디어(주) / **주소** 서울시 서대문구 연희로2길 62 한빛미디어(주) IT출판2부
전화 02-325-5544 / **팩스** 02-336-7124
등록 1999년 6월 24일 제25100-2017-000058호 / **ISBN** 979-11-6921-205-2 03320

총괄 송경석 / **책임편집** 홍성신 / **기획·편집** 김수민 / **교정** 오은교
디자인 최연희 / **전산편집** 다인
영업 김형진, 장경환, 조유미 / **마케팅** 박상용, 한종진, 이행은, 김선아, 고광일, 성화정, 김한솔 / **제작** 박성우, 김정우

이 책에 대한 의견이나 오탈자 및 잘못된 내용에 대한 수정 정보는 한빛미디어(주)의 홈페이지나 아래 이메일로
알려주십시오. 잘못된 책은 구입하신 서점에서 교환해드립니다. 책값은 뒤표지에 표시되어 있습니다.
한빛미디어 홈페이지 www.hanbit.co.kr / **이메일** ask@hanbit.co.kr

지금 하지 않으면 할 수 없는 일이 있습니다.
책으로 펴내고 싶은 아이디어나 원고를 메일(**writer@hanbit.co.kr**)로 보내주세요.
한빛미디어(주)는 여러분의 소중한 경험과 지식을 기다리고 있습니다.

이은영, 이규원 지음

START-
UP

8년 차 CEO가 전하는
진짜 현실적인
스타트업 운영 가이드

스타트업
서바이벌

SUR-
VIVAL

한빛미디어
Hanbit Media, Inc.

스타트업을 시작하는 모든 창업자에게 이 책을 권한다. 이 책은 창업 초기에 겪는 수많은 추상적인 상황을 객관화하고 해결해나가는 길을 안내하며 투자유치, 인사관리, 재무회계, 마케팅 등 여러 분야의 현실적인 노하우가 고스란히 담겨 있다. 또한 씨엔티테크 액셀러레이터 사업 부서의 파트너로서 많은 스타트업의 브랜딩과 마케팅에 큰 역할을 해온 이은영 대표의 경험치가 체계적으로 정리되어 있다. 내부 운영을 프로세스화하는 데 매우 유용한 도움을 주는 이 책으로 창업의 첫걸음을 함께하길 바란다.

_한국액셀러레이터협회 협회장, 씨엔티테크 대표, **전화성**

스타트업 실무의 A to Z를 다루는 이 책은 창업자와 예비 창업자에게 꼭 필요한 가이드다. 지난 8년간 스타트업을 운영하면서 쌓은 지식을 토대로 자금조달, 인사, 재무회계, 총무와 같은 경영지원 분야뿐 아니라 마케팅과 브랜딩에 관해서도 유용한 지식을 담고 있다. 미국의 광고인 데이비드 오길비가 '실험하기를 멈추지 마라. 그러면 당신의 광고는 계속해서 나아질 것이다'라고 말한 것처럼, 20여 년을 지켜봐온 이은영 대표는 늘 도전하고 실험하고 이상을 향해 꿈꾸는 일을 게을리하지 않았다. 이 대표의 끊임없는 도전과 열정, 성장하는 모습이 고스란히 담긴 이 책은 후배 창업자에게 큰 귀감이 될 것이다.

_서강대학교 경영학과 교수, **전성률**

성공의 반대말은 실패가 아닌 '도전하지 않는 것'이다.

창업의 여정을 걷고 있는 모든 이들이 가슴속에 새기고 있는 문장이 아닐까. 이은영 대표는 실패에서 교훈을 얻고 이를 통해 그 누구보다 강해진 사람이다. 그리고 변화하는 시장에 포진해 있는 예상치 못한 장애물들을 수없이 뛰어넘은 사람이다. 이 대표야말로 독자를 진정한 성공의 길로 이끌어줄 창업 선배이자 동료 CEO의 본보기라고 생각한다. 이 대표는 이 책을 통해 스타트업 대표가 겪을 수 있는 분야별 이슈를 체계적으로 정리하여 창업자의 꿈과 비전에 한 발짝 가까워질 수 있는 해결책을 제시한다. 그녀의 열정, 끈기, 도전하는 마음가짐에 경의를 표하며 이런 선한 영향력이 이 책을 통해 스타트업 대표 그리고 동시대를 살아가는 많은 이에게 전달되길 기원한다.

_삼성전자로지텍 상무, **박찬용**

이 책은 단순 경영 이론서가 아닌 실제 창업 현장의 노하우가 담긴 실용적인 도서다. 또한 국내 스타트업 환경의 어려움을 극복하고 회사를 성공적으로 운영해온 이은영 대표의 경험과 지식을 집대성했다. 따라서 예비 창업자와 현재 스타트업을 경영하고 있는 분들에게 실질적인 도움이 될 것이다. 이 대표의 심도 있는 조언과 통찰이 창업을 꿈꾸는 모든 이에게 영감과 도전의 메시지로 전달되어, 그들의 창업 여정이 한층 더 효율적인 길로 나아갈 수 있게 인도할 것을 확신한다.

_마이크로소프트 부사장, **고광범**

신박한 아이디어와 패기만으로는 사업에 성공하기 어렵다. 현실에는 우리에게 쓰라린 실패의 경험을 안겨주려는 함정들이 곳곳에 숨어 있다. 그리고 이러한 함정을 슬기롭게 극복하며 담대하게 나아간 경험으로 얻은 사업의 지혜가 바로 이 책에 담겨 있다. 이미 창업한 사람뿐 아니라 창업에 관심 있는 미래의 창업자에게도 이 책을 추천한다.

_유진자산운용 본부장, **서형준**

창업을 계획하거나 재기에 성공하고자 하는 모든 창업자가 필히 정독해야하는 책이다. 저자의 창업 스토리를 반면교사 삼아 성공적인 스타트업 운영을 뒷받침해줄 수 있는 서적이므로 자신 있게 추천한다.

_수유상사 대표, **이종욱**

'앞으로는 직장이 아닌 업(業)을 찾아야 한다'라는 시대적 요구에 부응하는이 책은 스타트업 운영의 모든 것을 쉽고 명쾌하게 설명한다. 저자의 열정과 끊임없는 도전이 독자에게 깊은 영감을 주고 현대사회를 살아가는 우리모두에게 유용한 가이드가 될 것임을 확신한다. 여러분의 창업 여정에 큰도움이 되기를 바란다.

_선진회계법인 상무, **김민균**

경영자가 가져야 할 가장 중요한 덕목인 '일관된 탁월함'을 보여주는 저자는대기업을 박차고 나와 8년 동안 스타트업을 운영한 경험과 지혜를 이 책에녹였다. 예비 창업자나 스타트업을 운영 중인 임직원들에게 꼭 필요한 지침서다.

_ACPC 부사장, **남강욱**

창업가 정신에 대해 거창하게 논하는 책이나 세상을 혁신한 성공한 창업자에 대한 스토리는 이미 많다. 그러나 창업 이후 실무적으로 산적한 문제들을 해결해야 하는 창업자의 어려움을 공유하는 책은 드물다. 성공 경험은 다소 과장되어 신화처럼 회자되지만 실패 경험은 소리 없이 묻히기 쉽다. 저자는 사업 성공뿐만 아니라 실패 경험을 공유함으로써 후배 창업자가 실수를 줄이고 보다 안전하게 사업을 운영할 수 있는 노하우를 이 책에 담았다.

_UTC 인베스트먼트 대표, **김동환**

대기업의 희망 퇴직자 평균 나이는 40세라고 한다. 취업을 죽도록 준비해서 30세 언저리에 일자리의 10%도 안 되는 대기업에 입사해도, 고작 10년 정도 근무하면 그다음을 준비해야 하는 세상이 된 것이다. 즉, 현생에 사는 우리는 적어도 한 번 이상의 창업을 해야 하거나 할 수밖에 없는 환경에 노출되어 있다고 해도 과언이 아니다. 이에 대한 대비가 필요한 현시점에 이 책은 좋은 지침서가 될 것이다. 혹 창업을 하지 않더라도 창업자들의 정서를 이해 내지 공감하는 데 도움이 되는 교양서로도 훌륭하다.

이은영 대표와의 인연은 올해로 14년 차가 되었다. 증권사 직장인 시절부터 스타트업 대표로서의 모습까지 지켜봐왔기에 이 책의 내용이 다른 책에서 짜깁기한 것이 아닌, 생생한 경험과 노하우로 점철된 에스프레소와 같은 책이라는 것을 누구보다 잘 알고 있다. 어쩌면 세상에서 가장 쉬운 일은 훈수를 두는 것이고, 가장 어려운 일은 본인이 직접 뛰어드는 것이라고 생각한다. 흔히 접할 수 있는 창업 강연이나 훈수 콘텐츠에는 사실 구체적인 내용이 그리 많지 않다. 성공 스토리가 대부분이다 보니 실제 스타트업을 운영하고 경영하며 부딪히는 애로 사항과 고민은 뛰어넘는 경우가 많다. 그러나 이 책은 이 점을 시원하게 긁어준다.

_히스토리 투자자문 대표, **박지훈**

이은영 대표는 고통을 낭비하지 않는 사업가다. 이 책은 이 대표의 경험에서 축적된 내공이 돋보이는 역경 지수를 독자에게 거리낌 없이 공유한다. 창업자, 투자자, 스타트업 임직원 모두에게 현실 감각을 일깨워준다.

_브라만 투자자문 대표, **김현웅**

이은영 대표의 20대 시절, 커리어 때문에 한참 방황하며 상담을 요청하던 모습이 아직도 생생하다. 이 대표는 다양한 분야에 관심을 갖는 다재다능한 인재였다. 당시에는 한 가지 일에만 몰두해 성과를 내는 사람을 더 대우하는 분위기였다. 그러나 지난 20여 년간 금융업과 미디어 산업 분야에서 겪은 수많은 경험과 시행착오의 결합을 통해 현재는 융합형 인재로서 자신만의 길을 개척해나가고 있어 매우 뿌듯하다. 그리고 이 대표의 창업과 성공, 실패 사례가 고스란히 담겨 있는 이 책은 수많은 예비 창업자, 초기 창업자 및 스타트업 관계자에게 운영 지침서로서 큰 도움이 될 것이다.

더불어 자신이 해오던 사업을 과감히 접고 이 대표를 돕기 위해 스타트업에 뛰어들어 물심양면 돕고 있는 이규원 이사의 고생도 남달랐으리라 생각한다. 두 사람이 함께 회사를 경영하고 고난을 겪으며 지혜를 쌓아가는 과정에서 남긴 결과물인 이 책은 후배 창업자에게 최고의 예습서가 될 것이다. 인사부터 재무회계, 마케팅까지 모든 영역에서 현명한 회사 운영을 위해 꼭 필요한 실무 팁을 공개하는 이 책을 추천한다.

_한국화낙 경리본부장, **이태경**

창업가의 정신은 아름답다. 그러나 스타트업 현장은 하루하루가 피 튀기는 전쟁터다. 스타트업 하면 다들 '창업가 정신'을 떠올리지만 정작 스타트업을 운영하다 보면 하루종일 일을 쳐내느라 정신이 없다. 외부에서는 스타트업을 운영하는 우리를 '도전'과 '열정'이라는 이미지로 바라보기도 한다. 그러나 막상 현업 대표들은 매일 피 튀기는 전쟁 속에서 생존을 고민한다. 야근은 물론이며 주말을 불사해도 늘 일에 쫓기는 듯하다.

이렇게 스타트업 초기부터 성장기까지 생존을 위해 고군분투하는 스타트업 대표를 위해 어떻게 탄탄한 조직을 세팅하고 운영하며 생존해야 할지에 대한 고민과 전략을 이 책에 담았다. 결국 이 책은 모든 창업자와 예비 창업자를 위한 구체적이고 체계적인 실무 지침서이자 생존 전략이다. 더불어 누구도 알려주지 않았던 실무에 가장 필요한 스타트업 현장의 이야기다.

창업가 정신이나 꿈 같은 이상적인 내용을 다루면서 창업자의 도전은 다소 미화하는 시중의 책들과는 달리, 이 책은 철저하게 창업자가 하루하루 맞닥뜨리는 현업을 중심으로 이야기한다. 우리 회사와 맞는 사람을 어떻게 채용하고 관리하는지, 어떤 방식으로 회사를 알려야 효과적인지, 잔업을 줄이기 위해 시스템을 어떻게 운영해야 하는지, 투자를 받을 때 무엇을 준비하고 사후 관리는 어떻게 할지와 같은 현장과 아주 밀접한 그런 이야기들 말이다.

창업부터 엔젤투자, 시리즈 A, 시리즈 B를 거쳐 흥망성쇠를 겪은 경험 가운데 얻은 각종 노하우를 모두 담았다. 이를 통해 여러분은 마치 회사를 여러 차례 운영해본 것처럼 능숙하게 전진할 수 있을 것이다.

구성

이 책은 총 7개 장으로 이루어져 있다. 각 장에서는 초기 창업 시 준비 사항, 인사, 총무와 경영지원, 재무회계, 마케팅, 투자유치와 관리, 회사 운영 팁에 관한 내용을 다룬다. 더불어 제6장에서는 스타트업 투자 전문 액셀러레이터 씨엔티테크의 전화성 대표와의 인터뷰를 만날 수 있다.

실무 이야기를 보다 구체적으로 풀어내기 위해 스타트업 대표와 이사가 공동 집필했으며 제2장부터 제4장까지는 이규원 이사, 그 외 장은 이은영 대표의 글이다. 편의를 위해 본문에서는 저자 구분 없이 모두 일인칭으로 작성하였으니 참고하길 바란다.

제1장 대항해를 위한 준비_ 초기 창업자를 위한 각종 준비 사항

좋은 맨파워를 어떻게 구축해야 하는지, 창업 시 지분율을 왜 전략적으로 분배해야 하는지, 공동 창업을 할 경우 주주간계약서에 빠지면 안 되는 핵심 내용은 무엇인지, 스타트업 초기 단계에 반드시 정해야 하는 운영 규칙은 무엇인지를 정리한다. 마지막으로 회사소개서 및 IR Deck 작성 방법 등 사업을 시작할 때 준비해야 하는 필수 목록을 설명한다.

제2장 인사가 만사_ 인재 채용·인력 관리

스타트업에서 인재 채용이 까다로운 이유와 좋은 인재를 어떻게 뽑는지, 어떤 경로로 뽑는 것이 현명한지 안내한다. 또한 스타트업이기 때문에 반드시 챙겨야 할 서류, 즉 조직 관리를 위한 필수 서류의 분류 및 관리 방법, 신규 인력 채용계약서 작성 팁, 인사제도 정립 노하우, 직원과의 커뮤니케이션을 원활하게 하기 위한 제도적 장치 그리고 인재 육성과 관리의 어려움을 현명하게 극복하는 방법까지 다룬다.

제3장 끝나지 않은 잔업_ 총무 · 경영지원

스타트업의 안정적인 운영을 돕는 총무와 경영지원에 대한 노하우를 설명한다. 스타트업 초기에는 적은 인원으로 기업을 운영해야 하므로 총무나 경영지원 업무를 대표가 직접 진행하는 경우가 많다. 총무 업무를 보다 능숙하게 처리하기 위해 챙겨야 하는 항목을 살핀다. 법인 계약, 소프트웨어 라이선스, 관공서 업무, 자금 등과 관련된 내용을 통해 시스템을 효율적으로 세팅하고 관리하는 방법을 배울 수 있다.

제4장 숫자와의 싸움은 일상_ 재무회계 · 경리

향후 투자유치까지 고려한다면 회사 초기부터 재무와 회계에 관한 항목을 꼼꼼하게 관리하는 것이 중요하다. 이 장에서는 회계를 잘 모르더라도 회사를 프로처럼 운영하는 방법, 좋은 회계 파트너와 시너지를 일으킬 수 있는 비결을 공개한다. 또한 자금을 어떻게 관리, 기록하고 사용해야 하는지에 대한 실무적인 조언과 더불어 투자를 받은 이후에 회계감사를 잘 받기 위한 실질적인 노하우를 안내한다.

제5장 '잘' 팔아야 '잘' 팔린다_ 홍보 · 마케팅

스타트업 대표가 마케팅 전문가가 아니라면 마케팅의 중요성을 모른다거나 마케팅은 하고 싶은데 어디서부터 어떻게 해야 할지 막막해하는 경우가 많다. 이들을 위해 마케팅으로 회사 가치를 높이는 방법과 홍보 방법을 공개한다. 또한 B2B, B2C, B2G 등 기업 형태에 따라 마케팅 방법이 어떻게 달라져야 하며 기업별 적은 비용으로 효과적인 마케팅을 할 수 있는 노하우를 안내한다.

제6장 투자를 받았으면 사후 관리까지_ 투자유치·투자자 관리

투자를 받기 위해 고려해야 할 사항을 살펴보고 투자의 종류와 구체적인 단계를 설명한다. 더불어 투자계약 시 사전에 확인해야 할 특수 조항 및 독소 조항을 이해하고 계약을 어떻게 맺는 것이 현명한지 안내한다. 또한 현업 액셀러레이터와의 인터뷰를 통해 투자받는 데 필요한 요령을 전한다. 300여 개의 스타트업에 투자한 경력을 바탕으로 실질적인 조언을 아낌없이 제공하니 투자에 대한 궁금증을 해소할 수 있을 것이다.

제7장 창업, 해보니까 해야겠더라_ 창업 선배의 회사 운영 팁

조직 운영과 관리에 있어 대표는 어떠한 태도를 지녀야 하는지, 대표의 이상적인 인재상은 어떤 모습인지 등 스타트업 대표와 예비 창업자를 위한 실질적인 조언을 담았다. 더불어 스타트업 대표가 겪을 수 있는 각종 스트레스와 번아웃에 대비하기 위한 조언도 담았다. 마지막으로 경영진과의 커뮤니케이션 주파수를 어떻게 맞춰야 할지, 조직의 목표를 위해 대표는 어떻게 생각하고 행동해야 할지 등 창업 선배로서 전하고 싶은 이야기를 다룬다.

저자 이은영 vivian@achatsgroup.com

서강대학교 사학과 졸업, 서울대학교 경영학 석사 및 서강대학교 경영학 박사과정을 수료했다. 석박사과정에서는 마케팅, 브랜드 로열티를 중심으로 수학했다. 유진투자증권, KTB투자증권 등 금융권에서 사회생활을 시작한 이후 뉴미디어 분야에서 경험을 쌓다가 2017년에 아샤그룹을 창업해 현재까지 운영하고 있다. 집필한 책으로는 『데이터로 말한다! 퍼포먼스 마케팅』 『MCN 백만공유 콘텐츠의 비밀』 『마케터의 시선』이 있다.

저자 이규원 q1@achatsgroup.com

이화여자대학교 경영대학 국제사무학과를 졸업한 후 일진그룹 경영기획실에서 근무하며 사회 각층 인사들을 직간접적으로 접했다. GS건설 개발기획팀으로 자리를 옮겨 대기업 시스템을 습득하였고 아이에스동서에서는 업무 시스템을 구축하고 매뉴얼화했다. 10여 년 동안 대기업, 중견기업, 중소기업의 업무 형태를 두루 경험한 이후 개인 사업에 뛰어들었다. 현재는 아샤그룹에서 경영 시스템 전반을 구축하는 일을 담당하고 있으며 스타트업을 대상으로 하는 경영 시스템 구축 관련 컨설팅도 진행 중이다.

사회에 첫발을 내디뎠던 20대 초반에는 대학생 때의 열정과 흥분을 그대로 안고 무엇이든 해낼 것만 같은 자신감이 있었다. 대학을 졸업하기도 전에 첫 직장에 입사하다 보니 벌써 어른이 된 것 같은 착각도 있었다. 처음에는 다른 친구들보다 일찍 사회생활을 시작한다는 것에 대한 우월감이 있었으나 그 마음은 생각보다 빨리 꺾였다. 첫 직장에서는 무언가를 얻었다기보다는 잃은 것 같았고, 그건 마음속에 차오르던 도전과 열정이었다. 주어진 일상에 따라 움직이고 기계적으로 월급을 받는 모습에서 '나는 어딘가에 귀속되어 흘러가는 대로 살고 있구나'라고 생각했다. 그러나 굳이 변하고 싶지는 않았다. 하루하루 보내는 것에 대한 지루함이 가득했지만 도전과 열정에 대한 많은 의지가 희석된 때였다.

그러다가 우연히 스튜어트 다이아몬드 교수의 『어떻게 원하는 것을 얻는가』라는 책을 읽고 꺼진 줄 알았던 내면의 불꽃이 다시 점화되는 것을 느꼈다. 그리고 그 불꽃이 활활 타오르던 계기가 있었는데 바로 북 콘서트에서 다이아몬드 교수를 직접 만났을 때다. 강의가 끝난 후 수많은 보디가드를 뚫고 다이아몬드 교수에게 다가가 인사했고, 책 속의 전략처럼 그에게 말을 건네어 유일하게 친필 사인을 받아냈다. 그리고 당시 교수의 'You made it(당신이 해냈군요)!'이라는 한마디가 나의 사회생활 제2막이 시작되었음을 나지막이 알려준 듯하다.

나는 도전하고 싶었고 내 삶을 치열하게 몰고 싶었다. 그때부터 세상 돌아가는 것에 관심을 갖기 시작했고 수동적이고 지루한 일상을 점차 극복해나갔다. 극한까지 일하고 밤잠을 줄이며 책을 읽기도 했다. 여느 때보다 배움이 꽉 찬 하루하루를 보냈던 그때가 내 나이 서른 살이었다.

SNS 활동도 열심히 하다 보니 인플루언서가 되기도 했다. 증권가에서 나를 모르면 간첩이라 할 정도로 한때 대단한 인기를 얻었다. 2009~2010년 당시 트위터에서 수만 명의 팔로워가 생겼는데 지금의 100만 유튜버만큼이나 영향력이 있었다. 이렇게 뉴미디어에 완전히 적응한 것 같았다.

2017년, '반드시 된다'라는 확신으로 뉴미디어 업계에 스타트업 대표로 뛰어들었다. 뉴미디어와 이커머스를 결합한 신종 비즈니스 모델은 생소했지만 그만큼 사회에서 바라보는 시선은 뜨거웠다. 선두 업체가 대규모 투자를 받아 승승장구했고 우리 회사 역시 그 흐름에 올라타면서 투자를 제법 받아 급속도로 성장했다.

그러나 타격감 있는 실패를 여러 차례 겪으며 위기를 맞이했다. 스타트업을 운영한다는 것은 이제 갓 운항 자격증을 딴 선장이 먼바다로 떠나는 첫 항해와 같았다. 배를 띄울 줄 알고 운항할 줄은 알았지만 어떤 길이 꽃길인지, 똥 밭인지 알 수 없었기에 동쪽과 서쪽을 왔다 갔다 하는 우왕좌왕의 연속이었다. 매출은 하락했고 비즈니스를 피보팅해야 했다. 내가 잘못한 것도 아닌데 대표이기 때문에 경찰서에 가야 했고, 범인을 취조하듯 따져 묻는 경찰의 질문에 어안이 벙벙했던 적도 있다. 일이 잘 풀리다가도 식약처와 보건소, 공정거래위원회의 연락을 숱하게 받았다. 그렇게 잘나갈 것만 같았던 사업은 위기를 맞았다. 나를 믿고 투자한 투자자들과 답이 보이지 않는 답답한 상황 속에서도 나를 믿고 따라주는 직원들에게 미안했다.

그중에서도 가장 마음이 쓰였던 직원은 우리 회사의 COO이자 이 책의 공동 저자인 이규원 이사다. 너무 힘들었던 사업 초기에 5년 넘게 자영업을 운영하던 이 이사에게 도움을 요청했는데, 그녀는 아무 말 없이 본인이 하던 일을 완전히 접고 흔쾌히 나를 따랐다. 그녀는 나와 함께 커다란 파도를 넘고 고난과 역경을 헤쳐나갔다. 물론 결코 쉽지 않았다. 이 이사는 업무 관련 스트레스로 탈모가 생겼고 나는 체중이 증가하는 등 몸이 스트레스를 이겨내지 못하는 나날의 연속이었다. 힘든 일들이 계속될 때마다 '무엇을 얻겠다고 사업을 해서 이 고생인가' 하는 생각을 한 적도 많다. 그럴 때마다 나를 다독였던 것은 이 이사였다. 우리는 서로가 서로에게 작은 위로였다. 아무 말하지 않아도 서로의 마음을 알고 있었고 잘 버텨보자는 눈빛으로 응원했다. 그렇게 버티다 보니 사업은 8년 차에 접어들었다.

우리는 사업 초기부터 큰 업무들을 나누어 맡아 각자 영역에서 책임을 다했다. 나는 투자와 마케팅, 사업 개발과 전략을 담당했고 이 이사는 인사, 재무회계, 총무, 제조를 담당하여 수많은 시행착오를 겪으며 경험치를 쌓았다. 그리고 지금에서야 우리가 쌓아온 노하우를 스타트업 창업자에게 공유해야겠다는 생각이 들었다. 아마 그녀가 없었다면 나 역시 여느 책과 마찬가지로 반쪽짜리 이야기만 했을지도 모른다. 그러나 이 이사와 힘을 합친 결과 스타트업 업무 전반을 아우르는 스토리를 모을 수 있었고 감히 창업자를 위한 가이드라인이라 말할 수 있는 구성이 만들어졌다.

이 책을 쓴 이유는 다름이 아니다. 나처럼 초반에 몰라도 너무 몰라서 고생하는 스타트업 대표가 없기를 바라는 간절한 마음과 사업 운영 전반을 다룬 교과서가 필요하다는 생각 때문이었다. 창업 초기부터 5년 사이에 가장 많이 겪는 리스크를 사전에 대비하고 관리할 수 있도록 인사, 재무회계, 총무,

마케팅, 투자 등 다방면에서 스타트업 대표가 반드시 챙겨야 하는 것들을 알려주고 싶었다.

나는 성공한 사람의 일대기보다 실패한 사람의 경험담을 더 좋아한다. 성공한 사람의 이야기를 읽고 있노라면 그가 겪었던 모든 에피소드가 마치 성공 공식인 듯 포장되기 때문에 내 경우를 대입했다가는 실패할 수 있다. 그러나 실패 경험은 '나는 저렇게 하지 말아야겠다'라는 교훈을 주고 같은 실수를 반복하지 않게 한다.

그렇기 때문에 이 책에는 현장에서 성공했던 경험만큼이나 실패에 관한 이야기도 잔뜩 수록되어 있다. 스타트업 대표라면 이 책을 통해 어떻게 안전하게 사업하고 리스크를 피할 수 있는지를 배우게 될 것이다. 이 책을 읽는 여러분 모두 프로페셔널한 운영으로 창업에 성공하기를 진심으로 기원한다.

이 책이 나올 수 있도록 늘 내 영혼에 용기를 불어넣어준 사랑하는 반려묘 테리, 부모님과 형제자매, 소중한 회사 동료이자 공동 저자인 이규원 이사 그리고 어려운 상황에서도 나를 믿고 버텨준 직원들에게 깊은 감사를 전한다. 그리고 선한 영향력을 행사하는 액셀러레이터이자 흔쾌히 인터뷰에 응해주신 씨엔티테크 전화성 대표에게도 감사 인사를 드린다.

대표 저자 **이은영**

제 ① 장   **대항해를 위한 준비** : 초기 창업자를 위한 각종 준비 사항

제 ② 장   **인사가 만사** : 인재 채용 · 인력 관리

제 6 장   투자를 받았으면 사후 관리까지 : 투자유치 · 투자자 관리

제 7 장   창업, 해보니까 해야겠더라 : 창업 선배의 회사 운영 팁

제 1 장

대항해를 위한
준비

초기 창업자를 위한 각종 준비 사항

맨파워 구축이
창업 성공의 반이다

좋은 맨파워(인력)는 '같은 청사진을 그리는 팀'에서 시작한다.
견고한 팀워크가 바탕이 되는 맨파워를 구축하면
절반의 성공을 이루었다고 감히 말할 수 있다.

초창기 스타트업의 맨파워는 상당히 중요하다. 역량 있는 인재가 모이면 목표로 하는 비즈니스 모델을 구현하는 데 유리할 뿐만 아니라 외부 투자유치에 있어서도 좋은 평가를 받을 확률이 높기 때문이다.

그러나 현실적으로 사업 초기부터 뛰어난 맨파워를 구성하기는 어렵다. 적은 자본으로 시작하기 때문에 우수한 인재에게 금전적 보상을 해줄 수도 없고, 비즈니스를 일으키는 과정 속의 엄청난 고난과 역경을 견뎌낼 만한 충분한 동기부여가 없다면 이탈할 가능성이 높기 때문이다. 또한 고난의 시절을 함께 보낸다고 해도 사업이 성공한다는 보장은 없다. 이러한 불확실성에 과감하게 뛰어들 인재를 찾기란 상당히 어렵다.

그렇기 때문에 대부분의 스타트업 초기 구성원은 직장 동료, 친구, 학교 동기, 가족 등으로 이루어지는 경우가 많다. 이러한 네트워크 안에 있는 사람이라면 평소 대화를 나누고 가치관을 공유하는 과정에서 합의점을 찾을 수 있고, 이 과정에서 내가 꿈꾸는 미래를 공감하는 구성원을 만날 가능성이 높다. 그래서 일반적으로 스타트업은 주변 사람들과 함께 시작한다.

나 역시 뉴미디어 업계에서 일했던 전 직장 동료 다섯 명과 함께 스타트업을 창업했다. 이들은 모두 뉴미디어에 대한 이해도가 높았기 때문에 그 시장이 어떤 방향으로 나아갈지 이해하고 있었고, 그 방향 중 하나가 미디어커머스 비즈니스라는 것에 모두가 공감했다. 그리고 우리는 새로운 사업을펼치면 빠르게 성장할 수 있을 거라는 확신이 있었다.

사람들은 간혹 좋은 맨파워란 '좋은 스펙'이 아닌지 묻는다. 나는 여기에 '반드시'라는 조건이 붙지는 않는다고 생각한다. 물론 스펙이 뛰어난 사람들이상대적으로 양질의 네트워크를 동반할 가능성은 높다. 그리고 양질의 네트워크는 업무와 사업 확장에 유리하다. 우리 또한 맨파워가 초기 성장에 한몫했다. 그러나 사업을 하다 보면 기존 스펙을 넘어서는 훨씬 광범위한 네트워크가 요구되는 경우가 많다. 그러므로 네트워크의 확장이 필요하다면적극적으로 관련 모임에 참여하거나 스스로 모임을 개설하면서 극복해나가면 된다.

2013년, 30대 중반의 나이에 사업을 시작했다. 광고 마케팅과 서비스 운영 관리 같은 외주 용역 업무를 했는데, 당시 대단한 맨파워는 물론 뚜렷한 비전과 목표 또한 없었기 때문에 특별한 성장도 꿈도 없었다. 2015년, 뉴미디어 업계에서 다시 직장 생활을 하게 되면서 기존 거래처와 계약을 종료했고, 첫 개인 사업도 그렇게 막을 내렸다.

그 후 제대로 된 사업 방향을 고민하고 비슷한 미래를 꿈꾸는 사람들과 의기투합을 한 건 2016년 겨울이었다. 3년 뒤, 아니 10년 뒤에는 어떤 모습이고 얼마나 성장해 있을지 항상 상상했고 그 모습을 떠올릴 때마다 가슴이 두근거렸다. 두루뭉술하게 생각했던 아이디어에 구체적인 목표를 덧

대었고 이를 실현하기 위한 액션 플랜을 적어나갔다. 그리고 뉴미디어 업계에서 함께 일했던 전 직장 동료 다섯 명과 같은 목표를 향해 달려가기로 결심한 2017년 2월, 아샤그룹을 설립했고 미디어커머스라 불리는 사업을 시작했다. 미디어커머스는 '미디어'와 '이커머스'를 결합한 단어로, SNS에 광고 콘텐츠를 노출하고 해당 광고를 통해 소비자가 제품을 구매하도록 유도하는 것이다.

이 사업을 잘 이끌기 위해서는 SNS 플랫폼에 대한 이해도가 높고 소비자가 좋아하는 콘텐츠 대박 공식을 아는 것이 중요했다. 다행히 사업 초기 멤버는 유튜브와 페이스북 알고리즘에 대한 이해도가 높았고, 이를 활용해 퍼포먼스 마케팅을 할 수 있는 역량을 갖추고 있었다. 콘텐츠 기획 및 제작 역량도 뛰어났다. 나는 초기부터 회사 자금을 확보해야 훨씬 공격적인 성장을 할 수 있을 거라 판단해 창업 수개월 전부터 투자자를 찾아다녔다.

회사 설립 전인 2016년 겨울, 비즈니스 모델을 구조화하는 과정에서 지인이었던 벤처캐피털$^{venture\ capital}$(VC)*의 심사역에게 자문을 구하고 한 번도 작성해보지 않았던 회사소개서를 제작했다. 그리고 이 자료를 들고 초기 자본을 확보하기 위해 법인 설립 전부터 엔젤투자자**들과 미팅을 수차례 진행했다. 덕분에 창업한 지 한 달 만에 시드투자***로 4억 원을 유치했고, 정부 매칭펀드****로 1억 원까지 확보해 2017년 5월 말까지 총 5억 원의 투자를 유치했다. 그 후 회사가 성장하면서 벤처캐피털을 비롯한 외부 투자자들은 우리의 맨파워 역량과 퍼포먼스 마케팅 실행 능력에 경쟁력이 있다고 판단했고, 2018년에는 시리즈 A*****투자로 15억 원을, 2019년에는 시

---

* 기술력이 뛰어나거나 비즈니스 모델의 잠재력이 있지만 자본력이 미약한 스타트업에 투자하는 회사

** 기술력이 있으나 창업 자금이 부족한 초기 단계 스타트업에 투자하는 개인투자자

*** 초기 스타트업이 도약을 준비하는 단계에서 제품 개발 중이거나 시장 진출 이전에 이루어지는 투자

**** 정부가 민간에 예산을 지원하는 경우 정부와 투자기관이 공동으로 출자하는 공동 출자금. 민간의 자구 노력에 연계해 자금을 배정하는 방식이다.

***** 초기 개발 단계를 넘어 성장, 확장을 위해 필요한 자금을 모으는 과정. 대개 스타트업이 제품이나 서비스를 시장에 도입 후 초기 성과를 얻은 후에 VC 기타 투자기관들이 투자하는 단계를 의미한다.

리즈 B* 투자로 50억 원을 투자받으면서 누적 70억 원의 투자를 달성했다.

비록 스타트업 창업 8년 차를 맞이하는 현재는 나를 제외한 설립 멤버가 모두 퇴사했지만, 초기에 빠르게 성장할 수 있었던 원동력은 맨파워였음을 부정할 수 없다.

좋은 맨파워의 조건

좋은 맨파워는 어떤 조건을 갖추어야 할까? 좋은 맨파워는 구성원 모두가 '같은 청사진을 그리는 팀'이다. 같은 꿈을 꾸고 서로에게 동기부여가 되는 사람들로 팀이 이루어져야 스타트업 초기에 함께 열정을 쏟아부을 수 있다. 사업 초기 상당 기간은 불안정하기 때문에 매일, 매순간 위기에 봉착하고 그때마다 좌절하거나 포기하고 싶은 감정이 교차한다. 구성원이 길을 잃고 헤맬 때 다른 구성원 중 누구라도 방향을 잃지 않게 나침반이 되어주고 열정을 불어넣을 수 있어야 한다. 우리는 잘 나아가고 있으며 잘 될 거라는 믿음을 키우는 과정이 필요하다.

초기 스타트업은 대체로 다섯 명 내외의 소수 인원으로 시작하는 경우가 많다. 사내 벤처와 같이 특이한 경우를 제외하고 열 명 이상의 구성원이 금전적인 보상 없이 시간과 노력을 기한 없이 투자하는 것은 거의 불가능하다. 그래서 스타트업 초창기의 모습은 하나의 회사이지만, 동시에 하나의 작은 팀이기도 하다. 그러므로 회사를 잘 운영하기 위해서는 팀워크를 극대화하려는 노력이 필요하고, 이 역할은 구성원 모두가 해야 한다.

---

* 시리즈 A 라운드 이후에 이루어지는 단계. 기업이 제품 론칭 후 초기 성공을 거둔 후 더 많은 자금을 조달하는 시기다.

스타트업 대표는 팀을 이끄는 리더로서 상반되는 두 역할을 담당한다. 하나는 팀원들을 온전히 믿고 격려하는 동기부여자로서의 역할이고, 다른 하나는 필요할 때 과감하게 이별을 고하는 냉정한 집행자로서의 역할이다. 동기부여자로서의 대표는 구성원이 매일 개별 업무를 하는 것 외에도 생각의 주파수가 어긋나지 않도록 지속적으로 조율하고 맞추는 일을 해야 한다. 동일한 주파수에서 동일한 방향을 향해 달리고 있음을 서로 확인하면 팀워크가 훨씬 좋아지고 궁극적으로는 좋은 성과를 내게 된다. 그러나 집행자로서의 대표는 주파수를 맞추는 과정에서 구성원들과 잦은 마찰을 빚거나 불만을 갖는 사람이 있다면 과감하게 내칠 수 있어야 한다.

사업 초기, 두 명의 영상 피디 사이에 갈등이 발생했다. 영상 피디들은 대개 기획, 연출, 촬영, 제작, 편집과 같은 업무를 각각 파트별로 나누어 맡아 진행하는데, 한 피디가 다른 피디가 진행하는 업무를 계속해서 무시했던 것이다. 그리고 틈만 나면 자신의 업무가 가장 프로페셔널한 것처럼 이야기하다 보니 다른 직원들까지 사기가 저하되었다.

처음에는 눈치챌 수 없었지만 시간이 지날수록 특정 한 명이 불협화음을 일으키는 것이 보였고 구성원 전체가 그에게 불만을 갖기 시작했다. 결국 직원 중 한 명이 내가 사무실에 없을 때 촬영한 영상을 보여주는 것이 아닌가. 그 영상에는 사무실에서 게임을 하는 피디의 모습이 담겨 있었다. 내가 부재할 때마다 그는 자거나 게임을 했던 것이다.

이후 면담을 통해 그를 설득도 해보고 다른 직원들과 합심해보라고 격려도 했다. 그러나 결국 인연이 아니었던 탓일까. 그와 나는 아프지만 덤덤하게 이별을 맞이했다.

스타트업을 운영하다 보면 이러한 일들로 지칠 때가 많다. 직장 동료나 친구였을 때는 삐걱거리지 않던 관계가 동료가 되면서 없던 마찰이 생기고 때로는 심각하게 갈등하는 경우가 생긴다. 심할 경우 사이가 틀어져 인연을 끊는 일도 발생한다.

이러한 갈등이 사업 초반에 생기면 대표는 매우 긴장해야 한다. 이제 막 한 배를 탄 팀이 항해하는데 초반부터 이탈자가 생기면 감정적인 동요가 크게 발생할 수 있고 이는 곧 조직에 불안감을 야기할 수 있기 때문이다. 그러므로 스타트업 대표는 이탈한 사람으로 인한 빈자리가 크지 않도록 초기 멤버의 이탈을 최소한으로 줄일 수 있도록 노력하고, 팀워크를 단단하게 만들기 위해 꾸준히 노력해야 한다.

견고한 팀워크를 바탕으로 구축된 맨파워를 가지고 있다면 이미 절반은 성공한 것이다. 스타트업 대항해의 시작점에서 불확실성에 대한 의심과 불안을 줄이려면 서로에게 동기부여가 되고 같은 청사진을 그리는 훈련을 지속적으로 해야 한다. 이로써 조직은 더욱 몰입하고 성장할 수 있다.

요약

스타트업을 세팅하는 데 매우 중요한 초기 맨파워 구축

- 좋은 맨파워란 구성원 모두가 같은 청사진을 그리는 팀이다.
- 팀워크를 위해 꾸준히 비전을 공유하고 다른 구성원에게 나침반이 되어주어야 한다.
- 팀원에게는 고난과 역경을 견딜 수 있는 동기부여가 필요하다.

창업 시
이것만은 알아두자

주주 간 계약서는 만약을 위한 안전장치다.
단 1%의 리스크라도 사전에 예방할 수 있다면
장치를 마련하는 것이 현명하다.

스타트업을 창업한다는 것은 본격적인 영리 활동을 시작한다는 뜻이므로 내가 주장하는 권리는 법적인 테두리 안에서 보호받을 수 있도록 안전장치를 마련하고 책임져야 할 의무가 있으면 이를 준수해야 한다.

스타트업 초기에는 법인을 설립하고 운영하기 위한 노하우가 충분하지 않기 때문에 시행착오를 겪는 것이 당연하다. 2017년 처음 창업했을 당시, 창업 멤버 중 누구도 어떠한 순서로 회사를 등록하고 주주를 구성해야 하는지, 법인 등록은 어디에서 해야 하는지 알지 못했다.

그러나 어떻게든 절차를 알아내 회사를 등록해야만 했다. 나는 당시 각종 인터넷 자료들을 뒤지면서 방법을 알아내고 계약을 맺은 회계법인에게 물어물어 겨우 법인 등록을 마쳤다. 모든 과정을 진행해보니 법인 사업 등록을 위해서는 기본적으로 사업자등록증을 신청하고 발급하는 일부터 사무실을 구해 임대차계약을 하고, 관공서에 각종 신청서를 제출해야 했다. 그리고 주주의 구성 요건 및 감사의 선임, 이사회의 구성 등을 정리해 제출하는 일도 초반에 끝내야 하는 업무였다.

모든 것이 생소하고 어려웠다. 아마 여러분이 스타트업을 운영하게 되면 사업 초반에 업무를 처리하는 데 물리적인 시간이 상당히 소요되어 놀랄지도 모른다.

법인 설립 시 지분 구성이 중요한 이유

법인 설립을 위해 기본적으로 주주 구성을 어떻게 할지, 각각 자본금을 얼마나 내고 얼마의 지분을 가질지 결정하는 과정이 필요하다. '주주 정도만 결정하면 되겠지'라고 쉽게 생각할 수도 있지만, 나 홀로 창업인지 공동 창업인지에 따라 지분율을 어떻게 나눠야 향후 투자유치까지 고려했을 때 유리한가를 따져보면 주주명부*를 만드는 작업은 결코 쉽지 않다.

5천만 원의 자본금으로 회사를 설립하는데 대표 한 명과 공동 창업자 세 명이 있다고 하자. 그리고 이들 모두 정당한 지분을 원한다. '공동 창업자가 총 네 명이니 25%씩 나누면 되지 않을까?'라고 생각할 수도 있다. 공동 창업자와 함께 시작하니까 정당한 보상이라 생각하면서 말이다. 그러나 스타트업을 설립할 때 공동 창업자에게 1/N로 지분을 주고 법인을 등록하면 사업 초기에는 큰 문제가 없을지 몰라도 향후 투자유치를 하거나 자금 확보가 필요한 상황에는 어려움을 겪을 수 있다. 이런 회사는 외부에서 '대표의 경영권 방어가 약할 것 같은 회사'로 인식하기 때문이다.

---

* 기업이나 조직이 보유하고 있는 주식을 소유한 주주들의 목록. 주주 성명, 소유한 주식 수, 소유 비율을 기재한다.

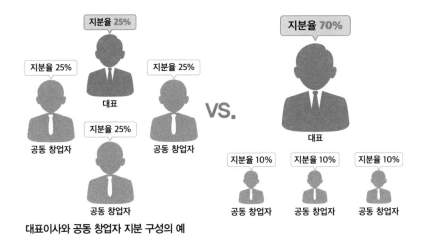

대표이사와 공동 창업자 지분 구성의 예

친한 벤처캐피털 심사역이 매출도 좋고 경쟁력도 높은 기업의 투자를 최종 단계에서 포기했다는 이야기를 들려준 적이 있다. 그 이유는 지분 구조가 너무 복잡했기 때문이었다. 그는 회사 내부에 지분이 너무 꼬여 있어서 이를 풀지 않으면 다른 투자자가 와도 투자유치가 어려울 거라고 했다.

스타트업은 성장함에 따라 자연스럽게 투자유치, 대출, 크라우드 펀딩 등 다양한 경로를 통해 자금을 확보한다. 그런데 외부에서 봤을 때 창업 초기부터 대표이사 지분은 25%에 불과하고 다른 공동 창업자가 25%씩 가지고 있다고 하면 어느 누가 투자를 쉽게 결정할 수 있을까? 특히 기술력이 뛰어나거나 성장 가능성이 높은 분야인 경우 지분이 쪼개지면 그만큼 분쟁 리스크가 커질 수 있다. 공동 창업자들이 기술을 공유하고 있는데 내분으로 이탈한다고 하자. 그들이 지분을 포기하지 않고 외부에서 사사건건 경영에 간섭한다면 그 회사는 제대로 운영될 수 있을까? 이러한 여러 이슈를 고려해 법인 설립 시 지분 구조는 전략적으로 설정해야 한다. 예를 들어 공동 창업자가 있어 지분을 쪼개어 나눈다고 하더라도 대표를 맡은 창업자의 지분을 월등히 높인다든지 공동 창업자의 이탈 시 지분을 회수할 수 있는 구조를 만드는 식으로 말이다.

한편 바이오, 헬스 분야의 스타트업은 공동 창업자 외에 자문역에게 지분을 주는 경우가 많다. 대개 의사 또는 교수에게 5~10% 내외의 지분을 자문료 대신 준다. 초기 스타트업이라 회사의 네임밸류가 낮으므로 그 정도는 크지 않다고 생각해 주식을 쉽게 내어주는데, 기업이 성장하면서 투자를 거듭하다 보면 1%의 지분 가치가 얼마나 큰 것인지 뒤늦게 깨닫게 된다.

스톡옵션 이야기를 곁들이면 쉽게 이해할 수 있다. 자문역에게 주는 지분 외에도 스타트업의 성장 단계에서 고려해야 할 주식 중에 스톡옵션*이란 것이 있다. 투자를 유치하면 벤처캐피털 심사역이 사내 스톡옵션 비율은 몇 퍼센트로 생각하는지 묻는 경우가 많다.

스톡옵션은 회사가 점프업하는 시기에 CFO^{chief financial officer}(최고 재무 책임자), CTO^{chief technical officer}(최고 기술 책임자)와 같은 C레벨^{C-level}**의 좋은 인재를 영입하기 위한 유인책으로 사용된다. 회사는 이들에게 보통 1~2% 정도의 스톡옵션을 약속한다. 풀타임으로 일할 우리의 핵심 인재 영입에 1~2%의 지분을 쓰는데, 초기 자문역에게 5~10%를 주는 것이 정말 적절할까?

이는 스타트업만의 문제가 아니다. 엔젤투자자 혹은 개인투자자가 투자와 멘토링을 명목으로 성장 잠재력이 있다고 판단하는 기업의 초기 지분을 사

---

* 기업이나 조직에서 특정 임직원에게 주식을 일정 가격으로 사거나 팔 수 있는 권리를 부여하는 금융 상품. 주로 임직원 급여 패키지의 일부로 제공되며 기업의 성과나 주식 상승과 직결되어 있어 임직원이 기업 성공에 기여하도록 유도하는 목적을 가진다.

** CEO, CFO, CMO 등 조직의 각 부문별 최고 책임자

들이면서 경영 멘토링을 해주는데, 이를 스타트업 인큐베이팅이라 한다. 컴퍼니 빌더company builder*인 이들은 싼 값에 많은 주식을 사서 기업의 네임밸류가 높아질 때까지 지분을 놓지 않고 때로는 회사 대표의 의사결정에 일거수일투족 참여하며 지나치게 간섭하기도 한다. 컴퍼니 빌더의 도움으로 시행착오를 줄이고 사업을 안정화할 수 있다는 장점도 있지만, 과도한 욕심을 내면 경영권 이슈가 발생할 가능성도 배제할 수 없다. 아무리 좋은 취지라하더라도 초반에 지분을 과도하게 나누는 행위는 자제해야 한다. 자문역이기 때문에 5~10%를 달라고 하는 행위 역시 '거절할 수 없는 암묵적 강요'일수 있다.

정리해보면 초기 법인을 설립할 때부터 주주명부 구성에 들어갈 사람은 몇명으로 할지, 각각의 지분율은 얼마로 할지에 대한 논의부터 자문역에게 줄지분까지 모두 전략적으로 계획해두지 않으면 향후 투자 단계를 거치면서상당한 어려움을 겪을 수 있다.

투자를 거치면서 쪼그라드는 대주주의 지분

창업자가 초기에 가진 지분이 아무리 높다고 하더라도, 성장 단계에 따라투자를 유치함에 따라 창업자의 보유 지분율은 급격히 떨어진다.

우리 회사는 시드투자, 시리즈 A, 시리즈 B, 총 세 번에 걸쳐 투자를 유치했다. 사업 1~2년 차에 공동 창업자의 이탈로 인한 지분 회수가 있었지만, 설립 당시 보유했던 지분만을 기준으로 따져보면 투자를 거치면서 지분율이 절반 이하로 현저하게 줄었다. 설립 당시 내 지분은 70%였는데 시

---

* 아이디어 개발, 창업자 맨파워 구성, 사업 모델 고도화, 초기 운영 자금 투입까지 주도하는 회사

드투자를 지나면서 보유 지분이 63%로 떨어졌다. 그리고 시리즈 A를 지나면서 53%, 마지막 시리즈 B 단계를 마무리하자 40% 수준이 되었다.

이렇게 세 번의 단계만 거쳐도 70%로 시작했던 지분이 40%까지 떨어지는데, 초기에 공동 창업자들과 1/N씩 지분을 나누었다면 과연 다음 단계의 투자까지 이어졌을까? 결코 그렇지 못했을 것이다.

투자 다음 단계를 생각한다면 공동 창업 시작 시 처음부터 지분 구조를 전략적으로 잘 짜야 한다. 다음은 보유 지분율에 따라 행사할 수 있는 권리에 대한 내용이다. 지분율별 주주가 기업을 어떻게 통제할 수 있는지 살펴보자.

보유 지분율에 따른 행사할 수 있는 권리

보유 지분율	행사할 수 있는 권리
3%	위법 행위 감시 및 통제
25%	회의에 단독 출석할 경우 보통결의*사항 통과 가능
33.40%	회의에 단독 출석할 경우 특별결의**사항 통과 가능
50% + 1주	보통결의사항 통과 가능
66.70%	특별결의사항 통과 가능

3%의 지분만 가지고 있어도 회사 회계장부의 열람뿐만 아니라 임시주주총회 소집을 요구할 수 있다. 그리고 지분율이 높아질수록 회사를 직간접적으로 통제할 수 있는 권리도 높아진다. 그러므로 공동 창업이라도 대표이사가 초기에 많은 지분을 보유하는 것이 좋다. 그리고 이렇게 1인이 주도적으로 리더십을 갖고 회사를 이끌어가는 모습을 보여주면 벤처캐피털이나 외부에

---

*   의결권자 과반수의 출석과 출석자의 과반수의 찬성으로 의결하는 것을 원칙으로 하는 의사결정

**   주주의 의결권이 3분의 2 이상과 발행 주식총수의 3분의 1 이상이 참여해 의사결정하는 주주총회의 결의

서도 더 큰 신뢰를 가진다. 사공이 많으면 배가 제 항로를 찾지 못한다는 사실을 기억하자.

그러나 현실에서는 공동 창업자들이 지분 욕심을 갖고 한 사람에게 지분을 몰아주는 행위를 반대하며 우선주*를 발행하거나 공동 창업자 간 지분 배분에 대한 이면계약을 하는 경우가 있다. 이면계약은 투자유치를 위해 보여지는 지분율은 대표에게 몰아주는 척하면서, 실제 지분율 계약을 따로 하는 일종의 파킹 계약**이다. 그러나 외부의 시선을 속이고 이면계약으로 회사를 설립하는 것은 투자계약서 내 진술과 보장 조항에 위배되며 발각될 경우 법적 분쟁이 일어날 위험도 있다. 또한 공동 창업자들이 중도 하차해 회사를 떠나게 되었을 때 여전히 지분을 보유하고 있으므로 중요한 의사결정을 방해하거나 보유 주식을 제3자에게 양도하는 일이 발생할 수도 있다.

주주간계약서는 필수다

공동 창업자가 이탈하는 데에는 여러 이유가 있겠지만, 대부분 창업자와의 갈등과 마찰이 원인이기 때문에 지분이 분쟁의 소지가 될 수 있다. 이러한 문제는 어떻게 해결하면 좋을까?

　회사 설립 당시 지분 참여를 원하는 공동 창업자는 두 명이었고 이들은 각각 10%씩의 지분을 소유했다. 그리고 회사 설립 전에 벤처캐피털에 근무하는 지인의 조언을 듣고 '주주간계약서'를 만들어 공동 창업자들과 상호 합의하에 계약을 체결했다.

---

* 　재산적 내용에 있어 보통주보다 지위가 인정된 주식. 보통주에 대비되는 주식을 의미한다.

** 주식 파킹(stock parking). 믿을 만한 사람과 구두나 문서로 주식을 매각 또는 양도하는 것처럼 위장하고 일정 기간 후에 다시 찾아오는 계약을 뜻한다.

계약서를 작성하는 과정에서 모두가 가장 중요하게 여겼던 부분은 '공동 창업자의 이탈 시 지분 처리'에 대한 부분이었다. 이미 많은 스타트업 선례를 통해 이탈한 사람이 지분을 가지고 있을 때 미치는 악영향을 알고 있었기 때문이다. 그래서 계약서를 작성하는 과정에서도 서로 합의하에 이탈할 때의 지분 처리 문제에 대해 상세히 기재했다. 그리고 나와 공동 창업자 두 명은 주주간계약서에서의 이탈 조건에 '자의든 타의든 회사를 떠나게 되었을 때'라는 조건을 걸고, 대주주가 회사의 지분을 되살 수 있는 권리를 가장 먼저 획득하게끔 구조를 짰다.

이는 불만이나 악의를 갖고 이탈한 창업자의 지분이 회사에 악영향을 끼칠 수 있는 제3자에게 양도되는 것을 막고 대주주의 경영 방어 기회를 제공하기 위해서였다. 그리고 이러한 구체적인 계약 조항 덕분에 실제 공동 창업자의 이탈이 발생했을 때, 내가 대주주로서 잔여 지분을 모두 매수할 수 있었다. 그리고 세 번의 투자 단계를 거쳐 지분이 희석되었음에도 불구하고 여전히 50% 이상의 회사 지분을 갖고 있었다.

한편 시드투자 때 인정받은 우리 회사의 가치는 50억 원이었다. 처음 설립 자본금이 5천만 원이었기 때문에 시드투자 직후 1주의 주식 가치가 100배 올랐다. 만약 시드투자 이후 얼마 지나지 않아 공동 창업자가 이탈해 평가 가치대로 지분을 매각하겠다고 주장했다면 나는 10% 지분을 회수하기 위해 500만 원이 아닌 5억 원을 지불해야 했다. 그러나 주주간계약서에 2년 내에 공동 창업자가 이탈했을 경우 지분 매각 가치의 최대 한도를 정해두었고, 덕분에 무리가 되지 않는 선에서 지분을 되사들이고 경영권을 방어할 수 있었다.

공동 창업 시에는 반드시 주주간계약서를 쓰자. 주주간계약서는 만약을 위한 안전장치다. 기본적으로 회사의 성장과 이익을 위해 모두에게 적용되는 계약이므로 수익 분배 비율, 이익 산정 분배 방법, 각자의 업무와 역할과 의무 그리고 회사를 이탈할 때의 지분 처리 방법에 대한 내용을 담는다. 스타트업을 경영하다 보면 내가 원하는 방향으로만 운영되는 일은 거의 없다. 그러므로 단 1%의 리스크라도 사전에 예방할 수 있는 장치를 마련하는 것이 현명하다.

주주간계약서를 작성할 때는 지분 회수 시의 조건을 구체적으로 정하는 것을 권장한다. 투자유치를 통해 기업 가치가 높아지면 지분 가치 역시 자연스럽게 높아진다. 투자 이후 이탈하는 창업자가 발생할 경우 주주간계약서가 있어도 높은 대가를 치러야 구주*를 매입할 수 있기 때문에 난관에 봉착할 수도 있다. 주주계약서에는 각자의 업무와 역할을 명확히 정의하고 의사결정에 대한 권한을 정리하는 것 역시 중요하다.

요약

법인 설립 시 중요한 주주의 구성, 지분율, 주주간계약서

- 법인 설립 시 공동 창업자 간의 지분율 분배와 주주 구성은 전략적으로 정해야 한다.
- 자문역에게는 지분 3~5%를 주는 것보다 자문료를 주는 것이 낫다.
- 공동 창업자가 이탈할 때 대주주의 경영권 방어를 위해 주주간계약서를 만들자.

---

* 주식의 발행 시점이 다를 경우 먼저 발행된 주식. 회사가 자본금 증자나 합병 등으로 신주를 발행할 경우 그 신주에 이미 발행되어 있는 종래의 주식을 의미한다.

대표는
일인 다역이어야 한다

스타트업 초기 자금 관리는 대표가 맡아야 한다.
대표가 회사 자금의 흐름을 알면
재무 상황에 따라 기민하게 전략을 세울 수 있다.

스타트업을 운영하다 보면 대표가 해야 하는 일이 생각했던 것보다 너무나 많다는 사실에 깜짝 놀랄 때가 있다. 직장 생활을 할 때는 내 업무를 정확히 파악하고 잘해내면 그걸로 끝이었다. 그러나 처음 법인을 설립하고 여섯 명이 함께 일을 하려다 보니 회사의 법인 설립을 위한 법무 업무부터 각종 비품, 소모품을 구입하는 총무 업무, 사무실 내 청소를 담당하는 환경미화 업무, 영수증과 계산서를 처리하는 회계 업무, 직원의 4대보험을 관리하고 신고하는 인사 업무 등 모든 업무가 대체로 대표의 몫이었다.

공동 창업자들이 도와줄 것이라고 생각할 수도 있겠지만, 그들은 모두 해당 분야의 전문가이기 때문에 서비스가 제때 론칭될 수 있도록 자신의 일에 몰두해야 한다. 스타트업은 시간을 다투는 곳이기 때문이다. 물론 대표도 특정 분야의 전문가다. 그러나 대표는 자기 일도 열심히 해야 하고 회사의 허드렛일도 도맡아야 한다. 업무 효율의 극대화를 위해 대표의 '주말도 야근 불사' 삶이 시작되는 것이다.

창업자는 일하느라 정신없다

스타트업을 창업하면 '창업자' 또는 '대표'라고 불리면서 어깨에 힘도 주고 굉장히 멋있는 일을 할 것만 같지만 실상은 그렇지 않다. 시중에 나와 있는 책에서는 '창업가 정신'에 대해 떠들지만, 막상 갓 창업한 대표들은 일을 쳐내느라 정신이 하나도 없다.

대표나 공동 창업자는 각자의 전문 분야만 열심히 하고 투자만 받으면 된다고 착각한다면 당신은 스타트업을 창업할 준비가 안 된 것이다. 회사 운영을 위해 물리적으로 쳐내야 하는 잔업들이 있다. 그것은 전문적인 마케팅, 기술 개발, 연구와 같은 영역과는 다소 거리가 먼 업무들이다. 이를테면 영수증을 모아 한 달 살림살이를 마감하는 각종 경리, 회계 업무부터 사무실 임차료, 공과금, 월급을 처리하는 일, 각종 비품을 구입하고 구청 등기소에서 서류를 떼어 제출하는 일, 심지어 우리 회사처럼 제조업일 경우 부자재가 회사로 들어왔을 때 포장을 다시 하거나 불량품을 검수하는 일 등 '멋짐'과 전혀 관련 없는 일들이 산적해 있다. 누군가는 반드시 그 일들을 해야만 데드라인에 맞춰 회사가 굴러간다. 그리고 초기 스타트업에서는 이러한 일들을 대체로 대표가 맡아서 한다.

회사를 창업하고 초기 3년 동안은 야근이 일상이었고 휴가를 가거나 주말에 쉰 적도 거의 없다. 매일 아침 7시에 출근했고 밤 12시가 넘어 퇴근했다. 이렇게 물리적인 시간을 투여할 정도로 일이 많은지 물어본다면 그렇다. 일이 정말 많다.

나는 재무회계 업무부터 영업, 유통 관련 미팅, 사무실 운영 관리와 같은 경영지원 업무, 사무실 집기 구매 및 잡비 처리 등의 총무 업무, 직원들의 급여 지급과 4대보험 처리 등의 인사 업무, 투자유치와 관리를 위한 투자

자 미팅과 IR 진행 업무들을 모두 담당했다. 정작 내 본업은 마케팅임에도 불구하고 말이다.

인사 관련 업무를 예로 들어보겠다. 매달 월급날에 직원들에게 월급을 이체해주면 끝이라고 생각하겠지만, 창업 초반에 직원별 개인 정보를 입력하고 4대보험을 신청하는 절차, 월급 명세서를 만들고 제공하는 일, 때로는 보험 관련 내역 변경 및 인사와 관련된 직원들의 요청 사항이 있으면 그때마다 관공서 업무가 추가된다. 단순해 보이지만 숙련도가 올라가지는 않는 업무다. 물리적 시간을 써야 처리되는 것들인데, 어디 업무가 이것뿐일까? 실제 스타트업을 운영하다 보면 모두가 각자 전문 분야의 일만 하고 싶어 하고 허드렛일은 미루기 일쑤다.

이러한 모습은 다른 스타트업에서도 비슷할 것이다. 제한된 인원으로 구성되기 때문에 웬만한 잔업을 대표가 처리하지 않고 인력을 충원할 경우 모든 것은 비용으로 환산된다. 대표 입장에서는 초기 자본금이 넉넉하지 않기 때문에 반복적인 사무 업무를 맡기기 위해 별도의 인력을 충원하는 의사결정을 내리기는 쉽지 않다. 그러다 보니 대표가 조금 덜 자고, 조금 더 일하면서 몸으로 때우는 것이 낫다고 생각한다. 회사가 성장하고 매출이 발생하면서 투자유치를 하게 되면 그때 경영지원 업무를 담당할 직원을 뽑자고 다짐하면서 그 모든 고난과 역경을 견뎌내는 것이다.

사업 초기에 대표가 회계 업무를 맡아야 하는 이유

사업 초기에 회계 자료를 정리했던 파일을 공개한다. 경리회계 업무 경험이 전혀 없었고 한정된 자본금 내에서 비용을 관리해야 했기 때문에 돈이 새지 않도록 꼼꼼하게 관리하는 것이 중요했다.

날짜	계정	내용	매출/입	비용	부가세	원천징수	최종금액	계산서 형태
2017.02.05	지급수수료	법인설립수수료	매입	749,000			749,000	영수증(PDF)
2017.02.09	지급수수료	변호사자문료	매입	300,000	30,000		330,000	전자세금계산서
2017.02.09	외주비	홈페이지 제작	매입	390,000		-12,870	377,130	원천징수
2017.02.09	외주비	오투잡번역의뢰	매입	15,000			15,000	지출증빙현금영수증
2017.02.10	광고홍보비	브랜드대상수상	매입	3,000,000	300,000		3,300,000	전자세금계산서
2017.02.10	지급수수료	OTT	매입	5,000			5,000	종이영수증
2017.02.10	지급수수료	공인인증서	매입	4,000	400		4,400	전자세금계산서
2017.02.10	보증금	사무실보증금(1)	매입	20,000,000			20,000,000	종이영수증
2017.02.13	지급수수료	상표권등록(1)	매입	106,000			106,000	영수증+전자세금
2017.02.14	지급수수료	상표권등록(2)	매입	106,000			106,000	영수증+전자세금
2017.02.14	지급수수료	법인등기부등본	매입	9,600			9,600	등기소종이영수증
2017.02.22	ADT캡스	설치	매입	135,000	148,500		283,500	전자세금계산서
2017.02.23	소모품비	에어컨천장형	매입	1,560,000	156,000		1,716,000	전자세금계산서
2017.02.23	소모품비	조명+문 설치	매입	2,420,000	242,000		2,662,000	전자세금계산서
2017.02.23	소모품비	입주청소	-	120,000			120,000	현금
2017.02.23	소모품비	컴퓨터 구입	매입	2,088,000			2,088,000	현금영수증
2017.02.23	소모품비	컴퓨터구입	매입	7,600,000			7,600,000	전자세금계산서
2017.02.23	소모품비	시시티비	매입	17,500			17,500	현금영수증
2017.02.23	소모품비	책상	매입	538,200			538,200	현금영수증
2017.02.23	소모품비	서랍장	매입	183,200			183,200	현금영수증
2017.02.23	소모품비	의자, 테이블	매입	161,400			161,400	현금영수증

2017년 2월 사업 초기에 정리한 재무회계 관련 엑셀 파일 예시

초창기 자금 흐름이 단출했을 때는 입금과 출금 내역을 단순하게 시간순으로 기록하고 관리했다. 그 후 시드투자가 이루어지고 회계 업무가 점차 익숙해지면서 관리 방법 역시 체계적으로 바뀌었다.

다음 이미지는 불과 9개월이 지난 2017년 11월의 회계 관리 파일이다. 시간순으로 입출금을 나열하던 방식에서 벗어나 월 마감, 분기 마감을 쉽게 구분하기 위해 계정과목을 체계적으로 분류하고 관리했다.

구분	날짜	내용	비용	부가세 /원천징수	최종금액	계산서 형태
고정비		임대료 (매월 1일)	3,750,000	375,000	4,125,000	전자세금계산서
		G메일(매월 1일)	36,000		36,000	법인카드
		ADT캡스 (매월 5일)	85,000		85,000	전자세금계산서
		복합기 (매월 5일)	30,000	3,000	33,000	전자세금계산서
		LG인터넷(매월22일)	33,800		33,800	전자세금계산서
		한성회계(매월 30일)	150,000		150,000	전자세금계산서
		이지어드민-핌즈	300,000	30,000	330,000	
		산돌커뮤니케이션	80,000		80,000	
		대출이자	81,835		81835	중진공
		인건비	21,400,000		21,400,000	은행이체
고정비 합계					26,354,635	
제작비	2017.12.01	티몬-제품 촬영비	1,000,000		1,000,000	법인카드로 결제
	2017.12.04	어성초 소품 제작비	151,250		151,250	은행이체
	2017.12.05	스튜디오 -아이디렉트	110,000		110,000	
	2017.12.05	모델비(비누)	200,000	-6,600	193,400	원천징수
	2017.12.22	모델비(세럼)	400,000	-13,200	386,800	원천징수
					0	
제작비 합계					1,841,450	
마케팅 광고	2017.12.01	네이버광고-브랜드광고	1,600,000		1,600,000	세금계산서
	2017.12.05	와우핏네이버광고	1,100,000		1,100,000	세금계산서
	2017.12.14	네이버 브랜드광고	1,500,000		1,500,000	
	2017.12.19	까페24쇼핑몰템플릿	130,000		130,000	세금계산서
	2017.12.22	kcp 및 결제추가	220,000		220,000	
	2017.12.22	까페24쇼핑몰템플릿추가	220,000		220,000	2018.2.7 발급
	2017.07	페이스북 광고 누적	94,416,339		94,416,339	법인카드
마케팅 광고비 누적					99,186,339	
개인지결	2017.12.05	이신우-개인지결	9,600		9,600	
	2017.12.05	상표권-베러비	106,000		106,000	세금계산서
	2017.12.22	롯데-세럼5천개선금	5,032,500		5032500	
	2017.12.22	롯데-세럼2천개잔금	2,200,000		2200000	
	2017.12.22	히팅용기 5천개선금	1,045,000		1045000	
	2017.12.22		2,007,500		2007500	1월 비용으로 이전해 BEP결산예정
개인지결 누적					10,400,600	
공장발주	2017.12.02	영동로지스	18,805,128		18,805,128	
	2017.12.01	비누-4차 50%진금	12,650,000		12,650,000	한빛코리아
		세럼1차단상자 50%진금	368,500		368,500	박스팩토리
	2017.12.01	세럼 1차 충진-2천개	4,400,000		4,400,000	2,200,000
		비누30g 1만개	3,000,000	300,000	3,300,000	
	2017.12.01	아사몰 정산-물류	1,580,392		1,580,392	세금계산서완료
	2017.12.04	세럼1차용기진금	968,000		968,000	럭스팩
	2017.12.04	거품망제조 5천개	1,625,000	162,500	1,787,500	12.4 50프로입금
	2017.12.14	세럼2차, 5천개 선금	2,007,500		2,007,500	럭스팩
	2017.12.14	세럼2차 단상자 선금	398,750		398,750	박스팩토리
	2017.12.22	세럼1차 2천개잔금	2,200,000		2,200,000	럭스팩
	2017.12.15	거품망 5천개 잔금	893,750		893,750	현아트
공장발주 누적					49,359,520	
소모품/ 일회성 지출	2017.12.22	kc인증-비누	36,300		36,300	
	2017.12.22	인센티브 각 150씩	3,000,000		3,000,000	
	2017.12.26	맷슨isse참가비	5,858,820		5,858,820	
	2017.12.01	상표권비오트릿-브링비	530,000		530,000	
	2017.12.08	소득세-사업세-지방세	772,560		772,560	
	2017.12.11	4대보험 전원	4,658,620		4,658,620	
	2017.12.13	열감지카메라	350,000		350,000	은행이체
	2017.12.13	브랜드네이밍 공모전	93,000		93,000	정건희-은행이체
	2017.12.27	아비셀sms 충전	400,000		400,000	
	2017.12.28	3D S/W 3개월 구입	690,000	69,000	759,000	
	2017.12.22	까페24보증보험증액	230,860		230,860	
	2017.12.18	히팅-상자-선금5천개	398,750		398,750	
	2017.12.22	럭스팩-히팅5천개선금	1,045,000		1,045,000	
	12.22	박스팩-히팅5천개선금	517,000		517,000	
	12.22	박스팩-세럼5천개선금	398,750		398,750	
소모품/일회성 지출 누적					19,048,660	

창업 9개월 차 재무회계 관련 엑셀 파일 예시

이렇게 일일이 수작업으로 관리했던 회계 업무는 2018년 재무회계를 담당하는 직원의 입사로 자연스럽게 내 손을 떠났고 담당 직원은 ERP 프로그램을 도입했다. 현재는 자동화된 도구를 이용하여 세금계산서 발급부터 쇼핑몰 주문 취합 및 관리, 개인 지출결의, 재무제표 작성 등을 매우 효율적으로 관리하고 있다.

개인적으로 회사의 매출 규모가 커지기 전에는 대표가 재무회계 업무를 담당하는 것을 추천한다. 그 이유는 대표가 직접 월별 자금 흐름을 살피면 회사의 살림살이를 한눈에 파악할 수 있고 리스크도 사전에 관리할 수 있기 때문이다.

물론 시간이 흐르고 은행과의 거래 및 입출금 프로세스에 익숙해지면 이중 출금 제한을 거는 방법이나 다양한 안전장치가 있다는 것을 발견하게 된다. 예를 들어 은행의 기업 계정의 경우 마스터 아이디라는 게 있다. 사용자 아이디가 나누어져 있어 마스터 아이디를 가진 사람이 사용자 아이디의 권한을 부여할 수 있다. 만약 내가 10개의 통장이 있는데, 인건비가 지출되는 통장을 A 직원에게 맡기려 한다면 A 직원에게 해당 통장만을 조회할 수 있는 아이디를 줄 수 있는 것이다. 해당 아이디에 조회, 이체 권한을 주면 A 직원은 거래처에 대금 지급을 위한 이체 '등록'을 할 수 있다. 그 후 마스터 아이디를 가진 사용자가 이체를 '최종 승인'을 해야 실제로 이체가 진행된다. 사업 초기에는 이러한 안전장치가 있다는 것에 대한 지식 자체가 없기 때문에 대표가 직접 자금을 관리하는 경우가 많다.

권한 설정

이용자 관리

대표는 전천후 플레이어다

창업 초기에 대표는 직원 채용과 HR 업무도 담당한다. 초기 맨파워를 구축한 것에서 안주하지 않고 회사의 성장 속도에 맞춰 필요한 인재를 직접 찾아나서야 한다. 인재들은 대표의 비전과 성장 가능성에 대한 확신이 서야 자신의 시간과 에너지를 기꺼이 투자하기 때문이다.

투자도 마찬가지다. 많은 벤처캐피털 심사역에게 초기 스타트업 투자는 대개 대표의 됨됨이를 보고 결정한다는 이야기를 들었다. 고난과 역경을 이겨 낼 수 있는 멘탈을 가지고 있는지, 상황 변화에 따라 기민하게 움직일 수 있는 역량을 보유하고 있는지, 여러 위기 상황 속에서 뚝심 있게 사업을 이끌어나갈 수 있을지 등을 판단한다. 나 역시 투자자로부터 '대표님 믿고 투자해요'라는 말을 상당히 많이 들었고, 그 무게를 견디기 위해 더욱 열심히 일했던 것 같다.

대표가 해야 하는 업무 중에는 총무지원 업무와 같이 육체노동을 수반하는 잔업도 많다.

우리 회사는 비즈니스 특성상 직접 제품을 주문 생산해 판매하다 보니 내부에서 부자재를 관리하는 경우가 종종 발생한다. 예를 들어 비누를 판매하는데 추가 옵션 상품으로 거품망이 있다. 주문 물류사에 들어가기 전에 거품망 검수 작업을 해야 하는데 비용 절감을 위해 내부에서 검수하곤 했다. 일상 업무를 마치고 저녁에 회의실에 모두 모여 앉아 일일이 불량을 검수하는 것이다. 한번은 제품의 겉상자(단상자)에 표기 누락이 있어 상자를 전부 교체해야 했는데, 나는 틈틈이 시간이 빌 때마다 창고에 들어가서 이 작업을 했다. 그뿐만이 아니다. 긴급하게 제품을 촬영해야 하는데 당장 모델을 구할 수 없을 때는 모델이 되기도 했다.

(좌)거품망 불량 검수 작업 (우)단상자 교체 작업

직접 모델이 되어 촬영한 제품 사진

혹자는 대표가 더 큰 그림을 그리고 일해야지, 왜 잔업을 하며 시간을 낭비하냐고 묻는다. 그러나 대표는 큰 꿈만 꾸는 자가 아니다. 큰 그림을 그릴 때도 있지만, 24시간을 쪼개어 가장 낮은 자리에서 남들이 하기 귀찮은 허드렛일도 해야 한다. 또 대표란 대우를 받기 위한 자리도 아니다. '대표님' 소리를 듣고 소위 '사장 놀이'를 하려고 창업하는 사람도 있겠지만, 회사를 설립하고 직원들과 함께 시간과 노력을 투자하며 기꺼이 고난을 겪는 이유는 함께 그리는 꿈이 있기 때문이다. 그렇기 때문에 주어진 일을 마땅히 하는 것이지 하찮은 일과 고귀한 일의 구분은 없다.

대표는 엉덩이를 무겁게 붙이고 앉아 고민해야 할 때도 있지만, 엉덩이를 떼고 구두 굽이 닳도록 뛰어다니기도 해야 한다. 하나의 역할만 하는 사람이 아닌 전천후 플레이어가 되어야 한다.

요약

잔업을 통해 파악할 수 있는 회사의 전반적인 구조

- 창업 초기에 회계, 재무 업무를 담당하여 회사의 현금 흐름을 파악하자.
- 인사, 총무 및 경영지원 업무를 통해 기업 운영에 필요한 리소스를 파악하자.
- 월별 자금 흐름을 파악하면서 펀딩이 필요한 시점을 예측하고 리스크를 관리하자.

자유로운 분위기에도 규칙은 분명히 있다

프로와 아마추어의 차이는 실수를 하느냐 하지 않느냐일 뿐이다.
프로가 되기 위해 합의된 규칙을 세우고 지키는 과정이 중요하다.

초기 스타트업을 원활하게 운영하기 위해 서로 합의하고 정해야 하는 규칙에 대해 이야기하려고 한다. 일반 기업과 비교하면 스타트업은 업무와 의사소통 방식이 자율적이다. 딱딱한 위계보다는 수평적인 구조가 많다 보니 전반적으로 직원들이 능동적으로 일하는 모습을 볼 수 있다. 의욕이 넘치는 초기 설립 멤버들은 특별한 규칙이 없어도 업무에 열정적으로 임한다. 왜냐하면 이들은 동기부여가 되어 있고 성공을 위한 열망이 누구보다 강하기 때문이다. 또한 스스로 워커홀릭이 되어 열심히 일할 각오가 되어 있다.

그러나 초기 설립 멤버와는 달리 조직이 성장하는 과정에서 신규 유입되는 직원들에게 초기 맨파워만큼의 뜨거운 열정과 동기부여를 기대할 수는 없다. 오히려 기업이 그들에게 꾸준히 동기를 부여해줘야 한다.

그렇기 때문에 스타트업 초기 멤버들은 다가올 성장을 준비하면서 업무 영역별 합의된 규칙을 만들고 조직 문화를 만들어가야 한다. 이때의 규칙이란 자율적 분위기를 통제하기 위한 목적이라기보다는 더 큰 조직으로 성장하기 전에 미리 회사의 기준을 정하는 것이라고 보는 게 좋다. 기준이 되는 뼈대를 세우고 살을 붙이면서 우리 회사만의 정체성을 갖게 되고, 새로운 인력은 이러한 정체성을 보고 회사를 판단한다.

스타트업에 필요한 규칙

그렇다면 스타트업은 어떠한 기준을 정하고 규칙을 세워야 할까? 크게 다섯 개의 카테고리로 나누어 이야기하고자 한다.

1) 인사제도와 복리후생 제도

인사제도는 향후 새로 입사하는 직원들이 회사를 평가하거나 선택하는 잣대가 되므로 중요하다. 직원 수가 늘어남에 따라 일부 수정되기는 하지만, 초기부터 근태, 연월차 휴가를 비롯해 복리후생 등 직원 복지와 관련된 큰 틀을 정해야 한다.

인사제도를 잘 정비하면 직원들이 자연스럽게 제도 안에서 생활함으로써 회사는 체계를 갖추게 된다. 우리 회사도 출퇴근에 어떠한 규칙을 적용할 것인지, 연월차 제도는 연차 하나만 적용할 것인지 연차, 반차, 반반차 모두 적용할 것인지에 대한 규칙을 정했고, 회사에서 제공하는 복리후생의 수준과 범위는 어떻게 할 것인지를 함께 논의했다.

예를 들어 자율 출퇴근을 기본으로 하되 출근 시간은 8~10시 사이로 정한다고 가정해보자. 이럴 경우 출근은 가장 일찍 오는 사람이 8시, 가장 늦게 오는 사람은 10시가 된다. 만약 전원 회의를 해야 하면 10시 이후에 하면 되는 것이다. 출퇴근 규칙을 정하고 나면 자연스럽게 야근 규칙도 정하게 된다. 우리 회사의 경우 '12 Hour Rule'이라는 규칙을 정했다. 야근을 해서 밤 12시에 마친다면 다음날엔 낮 12시에 출근하는 것이다. 이렇게 출퇴근과 야근에 대한 규칙을 잘 세워두면 이슈가 발생할 때마다 '언제 출근하면 되나요?', '오후에 출근하면 되나요?'와 같은 질문에 매번 대응하지 않아도 된다. 규칙이 없으면 상황에 따라 다른 의사결정을 내리기 쉽다. 그러므로 사전에 근태, 연월차 제도 등의 규칙을 합의하고 정하는 것이 좋다.

복리후생 역시 마찬가지다. 복리후생은 직원 입장에서는 회사를 통해 얻을 수 있는 각종 지원과 혜택이지만 회사 입장에서는 전부 비용으로 환산되는 항목이다. 처음부터 무리하게 많은 혜택을 제공하면 직원 만족도는 높겠지만, 회사 사정이 어려워 부득이하게 복리 혜택을 줄여야 할 경우 바로 불만으로 이어진다. 직원 입장에서는 줬다 뺐는 모양새가 되기 때문이다.

그러므로 복리후생 제도를 도입할 때는 기본적인 혜택을 세팅한 뒤 회사 성장에 따라 미션을 달성하듯이 하나씩 추가로 도입하는 것이 낫다. 혜택의 확대가 직원에게는 강력한 동기부여가 될 수 있다.

2) 회의 운영 방법

스타트업 초기에는 정말 많은 회의를 진행한다. 조직이 세팅되고 안정화되기까지는 갑작스럽게 터지는 이슈로 인한 회의부터 일상적으로 확인해야 하는 업무, 서로의 데드라인에 맞춰 프로젝트가 진행되고 있는지에 대한 공유가 필수이기 때문이다. 일이 터질 때마다 대응해야 하는 긴급 회의와 별도로 정기 회의의 규칙을 만들어두자. 예를 들어 매주 월요일 오전 10시에는 전체 회의를 하고, 이어 11시부터 경영진 회의를 하는 것과 같이 정기적으로 영업현황, 매출현황, 프로젝트 개발현황 등 확인해야 하는 사항의 주제와 양식을 정하고 회의를 진행하는 것이 좋다.

또한 회의는 최대 1시간을 넘지 않게 진행한다. 회의 내용은 어디에 어떻게 기록해서 언제든 열람할 수 있게 관리한다. 지난주 안건과 이번 주 안건을 동시에 볼 수 있게 한다 등의 규칙도 세운다. 이러한 규칙이 있으면 매번 '회의할까요?'라고 이야기할 필요 없이 정해진 시간에 정기 회의를 준비하면서 업무 효율을 높일 수 있다.

우리 회사는 사업 초기부터 주 단위로 전체 정기 회의를 진행했고, 회의 주요 안건과 체크리스트를 나누어 이야기했다. 다음 이미지에서 볼 수 있듯이 각자 자신이 하고 있는 업무를 기재하고 진행 상황을 표시함으로써 모두가 업무 현황을 파악할 수 있도록 구성했다. 그리고 회의 때는 진행 사항은 간단히 공유만 하고 핵심 주제나 의사결정이 필요한 사항에 대해 논의함으로써 회의 시간을 단축시켰다.

	4월 17일 - 4월 21일	체크리스트
최00	(1) 네이버 브랜드 검색 준비 - PSD 작업 (완료) (2) 사무보조 C/S 구인 (진행 중) (3) 워드블로그 자료 준비 (진행 중) - 가이드라인 작성 (완료) (4) 포토그래퍼 외주 구인 (준비중) (5) 페이스북 픽셀 작업	퍼플링크 미팅 (완료) 플레이오토 시스템 스터디 X 모델 구인공고 등록 (완료) 캣산업 박람회
이00	(1) 정부 매칭펀드 - IR 자료 보강 : 상무님께 매출 추정치 정리 + 원고 정리 보냄 (2) 한경티비 촬영(15:00-) 4/17 (완료) (3) 율00 대표 저녁식사 반려동물 관련 미팅 (완료) (4) 오00 이사 (회사방문 + 점심) 4/19 (완료) (5) 벤처스퀘어 강의 14:00 (완료) (6) 캣산업박람회 13:00- (4/21) 완료 (7) 1분기 부가세 신고 - 서류 준비해 발송할 것 (4/18) 완료 (8) 멜로 아이디: @아비셀 (심사중) 완료 (9) 김00대표 미팅 - 위탁 계약 프로세스 체크 (인천 프로젝트 대비) 4/21 완료 (10) 윤00 피디 - 인천 제품 오염 미팅 - 바이럴/구매전환영상 4건의뢰할 것 연 (11) 김00 이사 경영진 미팅 4/12 17 00 완료 (12) CJ E&M 00 미팅 -> 협업 가능한 아이템 피드백 완료 -> 팔로우업 미팅 예정 (13) 김00 대표 소개 -커피 브랜드 1차 자료 전달 & 공유 완료	방음벽 업체 재주문 (완료) 벤처스퀘어 강의안 작업 (완료) 국민은행 - 월급 데이터 전송할 것 (완료) 박00세무사 만날 것 -> 0 관련 협업사항 정리 (수 14.00) 완료 모델 촬영비 지급 4/18 (완료)
서00	(1) AVICELL - 패키지 단상자 입금 처리(17일 예정) - 2제 튜브 검리 일정 체크(19일 10 30 용인 예정) - 상세페이지 기획(17일 예정) - 외주 디자이너 디자인 및 홈페이지 가이드 보내기(17일 완료) (2) 아샥그룹 BIOTREAT - 외주 디자이너 커뮤니케이션 - 브랜드 스토리(17일 예정) (3) 아샥그룹 X 안나 00 위생브랜드(FR00G) R/S 사업 (4) 애견브랜드 - 샘플 요청 - 브랜드 스토리 - 디자인 외주 결정 (5) 아샥그룹 X 인천시 - 계약전 및 킥오프 미팅(17일 13:30 완료) - 계약서 사인업(21일 예상) - 톤업크림 제품 받기(19일 예상) (7) 새로운 제품 지속 관찰 및 기획 (8) 아샥그룹 전략 논의(19일 예정)	- 외주 디자이너 미팅(20일 예정) - 캣산업 박람회(21일 예정)
	(1) 영상기획	

사업 초기 멤버들과 함께 사용했던 주간 회의 시트

현재는 구글 스프레드시트 대신 주간 회의나 업무 관리를 위한 협업 툴인 슬랙이나 노션을 활용해 업무의 우선순위, 담당 직원, 데드라인, 업무 상태, 관련 회의록 등을 일목요연하게 구성함으로써 업무 효율성을 더욱 높이고 있다.

노션을 활용한 업무 카드 작성

이처럼 스타트업 초기에 회의 주기와 양식을 결정하고 어떠한 내용을 정기적으로 공유할지에 대해 의사결정을 하면 업무를 체계적으로 관리할 수 있다.

3) 의사소통 방식

혹자는 사람들과 대화하는 데 규칙까지 정해야 하냐고 반문할 수 있겠지만, 의사소통 규칙을 정하는 것은 스타트업뿐만 아니라 일반 기업에서도 상당히 중요하다.

사내 의사소통 방식은 지난 몇 년간 언론을 통해 꾸준히 이슈되고 있다. 직장 상사가 근무 시간이 지난 후에 카톡으로 업무를 지시하는 사례가 기사에 종종 언급됐다. 이에 대해 '공사를 구분해야 한다'는 의견도 있고 '긴급한 일이면 해야 한다'는 의견도 있다. 이 문제를 해결하는 방안은 기업이 만든 규칙에 달려 있다. 그리고 기업 내에서의 의사소통은 '모두에게 적용할 규칙'과 '예외적인 상황'을 나누어 관리하는 게 좋다.

우선 모두에게 적용할 의사소통 규칙을 세울 때는 소통 채널을 정의하는 것부터 시작하자.

소통 채널로 카카오톡 메신저를 활용한다면 어떨까? 빠르게 소통 가능하다는 장점은 있지만, 중요한 사안을 따로 구분하거나 파일을 저장하는 데 어려움이 있고 카톡방을 나갈 경우 해당 대화의 히스토리가 없어지는 한계가 있다. 또한 담당자가 퇴사할 경우 업무 히스토리에 대한 백업이 없어 업무 누수가 발생한다. 특히 회사가 성장하는 기간에는 인력의 드나듦이 많은 편이기 때문에 경영자 입장에서는 직원의 퇴사, 이탈에 따른 업무 백업을 항시 대비해야 한다. 또한 야간에 톡을 남기는 경우 직원들에게 상당한 업무 스트레스가 될 수 있다. 만약 초기 단계의 스타트업이거나 아직 회사 의사소통 규칙이 따로 마련되어 있지 않다면 지금이라도 솔루션을 도입하고 규칙을 마련할 것을 추천한다.

우리 회사는 초기 1년 반까지는 카카오톡을 병행하다가 그 이후부터는 기업용 메신저, 업무 협업 툴을 활용하는 정책으로 의사소통 방식을 변경했다. 슬랙이라는 메신저를 활용해 주제별, 업무별로 방을 구분하고 관련 주제는 해당 방에서만 이야기하도록 규칙을 정했다. 예를 들어 [공지사항], [경영지원], [브랜드 사업], [인플루언서 사업], [전체 채팅], [기사 공유] 이런 식으로 채널을 분류하는 것이다.

그리고 각 채널의 사용 규칙도 정했다. 직원이 [인플루언서 사업] 방에 어

떤 업무 주제를 올릴 경우, 관련 대화는 각 주제의 하위 댓글로만 소통하게 하고 피드에는 댓글을 달지 못하게 하는 것이다. 이렇게 하면 해당 주제를 검색했을 때 그 업무가 어떻게 팔로업되었는지 하위 댓글을 통해 빠르게 파악할 수 있다. 또한 담당 직원이 퇴사하더라도 후임자가 관련 주제를 검색하면 업무 현황과 대화 히스토리를 확인할 수 있다.

여기에 노션이라는 업무 협업 툴을 추가해 업무별로 '업무 카드'를 만들어 진행 사항을 표시하고 다른 직원들과 공동으로 작업할 수 있는 규칙을 정했다. 또한 후임자가 들어와도 업무 매뉴얼만 읽으면 바로 실무에 적용할 수 있게끔 관련 문서를 자료실에 백업했다.

이렇게 수년간 몸으로 부딪히며 의사소통 방식으로 인한 갈등을 겪은 후에야 업무 매뉴얼 관리, 업무 카드를 통한 공동 작업 공간 마련, 사내용 커뮤니케이션 채널을 통한 대화 히스토리 관리를 더욱 프로페셔널하게 할 수 있었다.

직원 모두에게 적용할 의사소통 방식을 정했다면 예외 상황에서의 규칙도 필요하다. 정해진 시간에 정해진 채널로 의사소통하는 것을 기본으로 하지만, 홍보나 광고 마케팅 혹은 제조 담당자의 경우 업무 시간 외에도 소통해야 하는 상황이 발생한다.

예를 들어 회사에 대한 부정적인 기사가 실렸는데, 이 기사에 대응하려면 홍보 담당자는 저녁까지 기자와 소통해야 한다. 만약 업무 시간이 종료했다고 하여 기자와의 소통을 내일로 미루면 다음날 아침에는 더 이상 손쓸 수 없는 악성 기사를 맞이해야 한다. 그리고 대체로 이러한 악성 기사들은 꼬리에 꼬리를 물고 여러 매체로 퍼지기 때문에 홍보 담당자는 그에 따른 리스크를 고스란히 떠안게 된다. 이러한 상황을 막으려면 홍보와 같이 대외 커뮤니케이션을 통해 업무를 처리해야 하는 담당자에게는 예외적인 소통

규칙이 필요하다.

4) 조직도와 결재선

회사 규모가 작을 때는 조직도의 필요성을 못 느끼고 직위나 직급에 대해 논의하는 경우도 드물다. 조직도의 중요성을 깨닫는 시점은 회사 규모가 어느 정도 커졌을 때다.

> 나 또한 사업 초반에 조직도의 중요성을 느끼지 못하고 조직도를 제대로 만드는 일을 차일피일 미뤘다. 좋아 보이는 경쟁 업체의 조직도를 따라 도입하거나 요즘 트렌디하다는 구성이 있다면 해당 방식을 차용하기도 했다. 팀제로도 운영했다가 유닛 혹은 프로젝트별 매트릭스로 운영했다가 마치 유행을 쫓아가듯이 조직도를 바꿨다. 사업 초기에는 수평적 조직으로 직원 모두를 '~님'이라고 부르는 문화로 운영하다가 조직이 커지면서 점점 위계질서의 필요성을 느꼈고, 당시 구성원들의 전체 투표를 통해 직위가 도입되기도 했다. 그야말로 혼돈의 카오스였다. 이로 인해 조직이 안정화되기까지 꽤 오랜 시간이 걸렸고 구성원들의 불만도 많았다. 경영진이 경영에 서툴다는 뒷이야기도 들려왔다.
>
> 회사 규모가 훌쩍 커버린 이후에야 부랴부랴 조직도를 만들고 결재선, 직위와 직급 등을 정했다. 만약 내가 사업 초반에 규칙을 정해놓았다면 이렇게 우왕좌왕하지는 않았을 것이다. 완벽한 리더십으로 초기 조직을 장악하지 못하다 보니 조직이 쪼개지기도 했고 동시에 많은 직원을 잃기도 했다. 그야말로 무지했던 탓이다.

스타트업 창업자는 초기부터 어떤 조직을 꾸려 나갈지에 대한 구조를 짜는 것이 좋다. 그리고 조직 구성을 결정했다면 이에 따른 역할(R&R)을 정해야 한다. 예를 들어 수평적 조직이 '님' 문화를 가지고 있다 하더라도 모두가 평등한 책임을 지지 않는 것과 같다. 누군가는 일에 대한 책임을 지는 자리에 있어야 하고 이것이 곧 결재선이 된다. 결재가 필요할 때 직원들이 중간 관리자를 건너뛰고 대표에게 바로 결재를 요청할 수 없기 때문에 의사결정의 책임을 지는 결재자 역할이 필요하다. 그리고 이러한 결재선을 사전에 지정하는 것은 조직을 효율적으로 움직이게 만든다.

정리하면 창업자는 스타트업 초기에 조직 구성을 갖추고 결재선을 정하는 등 인사 조직 체계를 구성해야 한다.

5) 회사 문화

우리 회사만의 문화는 자연스럽게 형성되기도 하지만 의도적으로 노력해야 만들어지는 부분도 있다. 이를테면 '인사하는 문화'다.

'외부인이 회사를 방문했을 때 굳이 모든 직원들이 반갑게 맞이해야 하나? 각자 일에 열중하면 좋은 것 아닌가?'라는 생각을 할 수도 있다. 그러나 엔젤투자자 입장에서는 어떨까? 투자자가 방문했을 때 인사하며 반갑게 맞이하는 조직의 첫인상은 그렇지 않은 조직보다 훨씬 긍정적일 것이다. 특히 외부 손님이 방문했을 때 사무실을 지나 회의실로 들어가는 구조일 경우 직원들의 표정을 통해 이 회사가 어떤 에너지를 갖고 있는 회사인지 느낄 수 있다.

> 인사는 투자자가 회사의 첫인상을 평가하는 큰 요소다. 나는 회사에 손님이 방문하면 제일 먼저 '안녕하세요'라고 크게 외쳤다. 그리고 이어서 전 직원이 의식적으로 반갑게 인사했다. 그 결과 시리즈 A, 시리즈 B 단계의 투자를 거치는 동안 수많은 투자자에게 회사 분위기가 좋고 직원들이 활기가 넘친다는 이야기를 들었다. 이렇게 '인사는 필수'라는 회사 문화를 만들었고, 지금도 직원들이 출근하면 서로가 예외 없이 인사하며 하루를 시작한다.

또 다른 문화로 '메모'를 들 수 있다. 회의할 때 노트북이나 노트를 지참해 주요한 사항을 기록하고, 노션에 회의록을 만들고, 각자 해야 할 업무가 생기면 업무 카드를 생성한다. 그리고 대기업에 비해 직원들의 퇴사가 잦기 때문에 후임자의 원활한 업무 및 조직 구성원의 업무 효율성을 위해 히스토리를 남겨둔다.

이러한 회사 문화는 창업자 혹은 초기 멤버들이 초반에 정립하는 것이 좋다. 좋은 기업 문화가 쌓이는 과정에서 회사의 정체성이 만들어진다.

아마추어에 머무르지 말고 프로가 되자

나는 한 해도 빠짐없이 직원들에게 '프로와 아마추어'에 대한 이야기를 한다. 프로와 아마추어를 구분하는 기준은 '실수'의 유무에 있다. 잦은 실수를 하는 사람들이 아마추어라면, 실수를 줄여가면서 완벽을 기하는 사람만이 결국 프로가 된다.

이는 마치 골프와도 비슷하다. 골프를 배울 때 연습장에서는 공을 어떻게 하면 잘 칠 수 있을지, 골프 스윙 폼은 어떻게 해야 할지를 연구하지만, 막상 필드에 나가면 어떻게 하면 타수를 줄일까를 고민한다. 타수를 줄인다는 것은 곧 실수를 줄인다는 것과도 같다. 정확한 거리만큼 공을 날려 원하는 위치에 공을 보내면 타수를 줄여가면서 싱글 플레이어가 될 수 있다. 그러나 아마추어는 공을 멀리 나가게 하는 것에만 관심이 있다 보니 매번 있는 힘껏 골프채를 휘둘러야 한다고만 생각한다. 그러면 공은 내가 원하는 위치로 가지 않고 저 멀리 언덕이나 풀밭으로 사라진다. 이렇게 잘못 친 공을 바른 위치로 가져오기 위해서는 몇 번 더 골프채를 휘둘러야 한다. 매 홀에서 골프채를 적게 휘두르는 것이 진짜 프로다.

회사 생활도 마찬가지다. 직원들이 실수를 얼마나 줄이느냐에 따라 프로페셔널한 성장을 할 수 있다. 그리고 합의된 규칙을 만들어가는 건 조직 구성원을 포함해 프로 회사가 되기 위해 매우 중요하다.

요약

스타트업을 잘 운영하기 위해 초기에 반드시 정해야 하는 사항

- 연월차, 휴가 및 출퇴근, 야근에 대한 기본 규칙을 정하자.
- 정기 회의, 긴급 회의에 대한 규칙을 정하고 효율적으로 시간을 관리하자.
- 의사소통 채널과 시간, 방법을 정하고 업무에 누수를 줄이자.
- 조직도 구성을 만만하게 보지 말자. 조직도에는 조직의 전략과 방향이 담겨 있다.
- 원하는 회사의 모습을 그려보고 우리 회사만의 문화를 정하자.

회사소개서는 항상
최신 버전을 유지하자

사업하는 모든 사람에게 귀인이 나타나지는 않는다.
그러나 항상 준비되어 있는 사람에게는 인연을 만날 기회가 생기고
수많은 기회 속에서 귀인을 만날 수 있다.

나는 매년 연말이 되면 회사소개서, IR$^{investor relations}$ 자료를 최신본으로 업데이트하는 습관이 있다. IR이란 투자자와의 관계 유지나 투자유치를 목적으로 회사를 소개하고 홍보하는 전략적인 기업 행위를 의미한다. 그리고 'IR을 한다'고 하면 대개 투자설명회를 한다는 것으로 이해하면 된다.

스타트업은 매년 정기적으로 IR 활동을 한다. 여기에는 자금 확보를 위한 투자유치 활동을 비롯해 기자간담회, 정기주주총회, 투자보고 등이 포함되어 있는데, 이 업무는 주로 CFO 직속 부서에서 관할한다. 물론 스타트업 초기에 CFO를 두지 않을 경우 대체로 IR 관련 모든 업무는 대표가 맡는다.

스타트업이 IR 활동을 하는 가장 큰 목적은 보통 '투자유치'에 있다. 최신 자료를 업데이트하고 투자자들에게 회사를 알릴 수 있는 회사소개서를 보유해야 한다. 나는 창업한 후 1개월 뒤에 바로 시드투자를 받았기 때문에 실제 IR 활동은 창업하기 훨씬 이전부터 시작했다. 엔젤투자자를 만나 회사의 비즈니스 모델과 경쟁력, 맨파워를 이야기하고 투자 미팅에서 얻은 인사이

트나 부족한 부분에 대한 지적은 즉시 IR Deck*에 보완하곤 했다. 이렇게 미팅할 때마다 자료를 수정하다 보니 그 해 내내 수십 차례 이상 자료를 수정했다.

스타트업이 투자를 받아야 하는 이유

그렇다면 스타트업 대표들은 질문할 것이다. 도대체 스타트업은 왜 투자를 받아야 하냐고. 사실 창업 초기부터 즉시 매출과 이익이 발생하는 구조라면 투자가 필요 없을 수도 있다. 그러나 스타트업은 성장 잠재성을 지니고 도전적, 혁신적인 사고를 하지만 당장 매출을 만들어내진 못한다. 그리고 초기 자본금도 제한적이기 때문에 성장 잠재성을 발현하고 가설을 검증해나가기 위해서는 지속적으로 자금이 마르지 않게 관리해야 한다. 자금을 확보하는 방법에는 투자를 비롯해 대출, 크라우드 펀딩 등 여러 가지 방식이 있지만 여기에서는 일반적으로 많은 스타트업이 추구하는 투자를 통한 자금 확보에 대해 중점을 두고 이야기한다.

어떤 스타트업은 초기 설립 멤버들이 월급을 따로 받지 않으면서 자신의 노력과 시간을 지분에 태우기도 한다. 만약 자본금 5천만 원으로 시작했다면 버틸 수 있는 기간은 1년이 채 되지 않는다. 가설을 검증하고 비즈니스가 생존 구간을 넘어 성장 단계로 가려면 자금 확보, 즉 투자유치가 필요하다.

스타트업의 장기 목표는 생존하는 것에 있지 않고 성장을 통해 가치를 극대화하는 데 있다. 어떠한 문제를 해결하기 위해 아이디어를 냈다면 그 문제가 해결되는지에 대한 검증이 필요하고, 이 아이디어가 매출을 일으켜 손익

---

* 투자를 받기 위해 스타트업이 비즈니스 모델과 핵심 역량 및 스토리를 정리하여 투자자에게 제공하는 문서

분기점을 돌파하는 과정을 지켜봐야 한다. 우리 회사의 예를 통해 자금 흐름을 살펴보자.

아샤그룹은 2017년 5천만 원의 자본금으로 법인을 설립했다. 그런데 사무실 임대 비용으로 매월 400만 원이 지출되고, 여섯 명의 초기 설립 멤버에게 월 급여로 총 1800만 원이 지급된다고 하자. 이 비용만으로도 월간 2200만 원이 지불된다. 다른 비품이나 공과금 등 기타 들어가는 비용을 전혀 고려하지 않아도 가진 돈으로 버틸 수 있는 기간은 최대 3개월도 되지 않는다. 그때 당시는 미디어커머스 비즈니스 모델 특성상 회사의 PB 브랜드와 제품을 직접 만들고 퍼포먼스 마케팅 광고를 집행하면서 제품을 판매했다.

기본적으로 제품을 제조하려면 제조비를 지불해야 하기 때문에 비용이 먼저 발생한다. 그리고 제품 판매를 위한 퍼포먼스 마케팅 활동에도 광고 비용이 지출된다. 제품 제조비에 2천만 원, 퍼포먼스 마케팅에 1천만 원의 광고비를 써서 총 4천만 원의 매출이 발생했다고 가정해보자.

이 경우 초반에 지출된 비용이 3천만 원(제조비 2천만 원+마케팅비 1천만 원)이고 매출은 4천만 원이 발생해 1천만 원의 이익이 났다. 그런데 제품이 아주 잘 팔려서 빠르게 재생산을 해야 한다고 하자. 이번에는 판매 속도를 맞추기 위해 기존 수량의 2배를 생산할 경우 제조비는 4천만 원, 마케팅 비용은 그에 비례해서 2천만 원을 지불해야 한다. 이럴 경우 내가 보유한 초기 자본금 5천만 원으로 얼마나 버틸 수 있을까? 아무리 우리 제품이 인기가 있어 매출이 오른다 하더라도, 추가 생산을 위해 사전에 지불하는 비용이 더 커지기 때문에 매출은 발생하지만 흑자도산이 날 수도 있다.

만약 이 상황에서 투자를 유치한다면 넉넉한 자금을 확보해 소비자가 원하는 속도에 맞춰 제품을 생산하고 마케팅 비용을 높이면서 더 많은 매출을 낼 수 있다. 투자유치는 생존을 넘어 성장을 위한 발판이 될 뿐만 아니라 이익 극대화를 위한 전략이 될 수 있다.

투자를 통해 얻을 수 있는 것

투자유치는 성장뿐만 아니라 시장 장악을 위한 목적으로도 이루어진다. 예를 들어 예비 유니콘*이라 불리는 스타트업이나 시장에서 이미 천억 원 이상의 매출을 만드는 기업들이 수백억 원의 투자를 유치할 때가 있다. 이미 높은 매출을 일으키는 기업들이 더 많은 투자를 받아 자금을 확보하는 이유는 후발 주자와의 격차를 벌리거나 시장에서 독점적 지위를 차지하기 위해서다. 유사한 기업들이 비슷한 매출 규모로 경쟁하게 되면 결국 치킨 게임 상황이 벌어질 수 있지만, 압도적인 자본으로 경쟁 상대를 밀어버릴 경우 순식간에 시장 점유율을 높이면서 독점적인 위치를 가질 수 있다. 그렇기 때문에 시장에서는 매출이 이미 높은 수준으로 발생하고 있더라도 추가 자금을 확보하려는 기업들이 많다.

또한 투자유치는 좋은 파트너를 만날 수 있는 기회가 될 수 있다. 투자를 통해 인맥 네트워크나 사업적 파트너를 형성해 비즈니스의 시너지를 극대화할 수도 있기 때문이다. 투자자는 전략적 투자자strategic investor와 재무적 투자자financial investor로 구분된다. 전략적 투자자는 경영권을 확보하거나 경영 참여 혹은 파트너십, 제휴와 같은 비즈니스 창출을 위해 투자 자금을 조달해

---

* 기업 가치가 10억 달러(1조 원) 이상이고 창업한 지 10년 이하인 비상장 스타트업 기업

주는 투자자다. 반면 재무적 투자자는 기업 운영에는 참여하지 않고 수익만을 목적으로 투자 자금을 조달한다.

일반적으로 투자사와 피투자사간 업무 영역에 있어 서로 협업할 만한 요소가 있거나 시너지를 일으킬 수 있을 경우 전략적 투자가 이루어진다. 예를 들어 2022년에 AI 학습 플랫폼 콴다라는 스타트업에 교육업체 YBM이 투자자로 참여했다. 수학 전문 플랫폼 기업에 영어 전문 기업이 투자했다면 재무적 투자보다는 전략적 투자일 가능성이 높다. 또한 GS리테일이 푸드테크 스타트업인 쿠캣에 투자한 후 나중에는 아예 기업을 인수했는데, 이 경우에도 콘텐츠커머스 기업과 식품 유통 기업이 전략적 업무 제휴를 통해 상호 시너지를 낼 수 있기 때문에 전략적인 투자로 볼 수 있다.

재무적 투자자는 투자금만 조달하지만 전략적 투자자 이상으로 스타트업에게 매우 중요한 파트너다. 재무적 투자자는 투자한 기업 가치가 높아져야 투자금을 회수할 기회가 생긴다. 그래서 이들은 스타트업 대표에게 기 투자한 다른 업체들을 소개해주는 네트워킹 활동도 펼치고 경영 관련 조언도 적극적으로 한다. 필요할 경우 피투자한 회사가 성장에 필요한 맨파워를 충원해야 할 때 다양한 인재를 추천해주기도 한다.

나 역시 어려움이 있을 경우 재무적 투자자에게 조언을 받거나 좋은 인재를 추천받기도 한다. 재무적 투자자는 스타트업 대표들에 비해 인맥 네트워크가 훨씬 넓고 방대하기 때문에 다양한 교류를 통해 더 좋은 비즈니스 창출 기회를 얻을 수도 있다.

앞서 살펴본 다양한 이유로 스타트업은 투자를 유치하고 이를 바탕으로 성장한다. 그리고 투자를 유치할 수 있는 전제 조건은 스타트업이 투자를 받을 준비가 되어 있어야 한다는 것이다. 바로 이 과정에서 가장 필수적인 자료가 IR Deck, 즉 회사소개서다.

만약 우리 회사 비즈니스 모델의 성장 잠재력이 뛰어나 IR Deck을 요청하는 예비 투자자들은 많은데 정작 자료를 준비하지 않았다고 하자. 이 경우 좋은 투자유치 기회를 놓칠 수 있다. 그러므로 회사의 투자유치를 염두에 두고 있다면 가장 최신의 IR Deck은 항상 준비해두어야 한다.

더불어 투자자를 만나 IR Deck과 관련해 '이런 점을 보완하면 좋겠다', '이런 자료는 모호하다' 등의 지적을 받으면 구체적인 숫자를 넣어 수정하는 작업이 필요하다. IR Deck을 처음 만들면 내부에서는 완벽해 보여도 외부 시선으로 볼 때는 논리적으로 빈약한 곳을 많이 발견하게 된다. 객관적인 시각으로 지적받은 사항에 대해 보완하지 않은 자료는 투자를 주저하게 만드는 이유가 될 수도 있다.

사업하는 모든 사람에게 귀인이 나타나지는 않는다. 그러나 항상 준비가 되어 있는 사람에게는 인연을 만날 기회가 생기고, 수많은 기회 속에 귀인을 만나게 된다. 그러한 의미에서 항상 최신 버전의 회사소개서를 만들어 놓도록 하자.

요약

스타트업이 IR을 통해 투자유치를 하는 이유

- 생존하는 것을 넘어 성장을 통한 가치 극대화를 위해
- 후발주자와 격차를 벌리거나 시장에서 독점적 지위를 갖기 위해
- 좋은 파트너를 만날 수 있는 기회를 얻기 위해

인맥 다이어트로
양질의 네트워크를 만들자

수천 명의 사람을 알고 지내는 것보다
수십 명의 양질의 인맥을 관리하는 것이
한정된 시간에 놓인 스타트업 대표에게 더 나은 전략일 수 있다.

스타트업을 운영하다 보면 수많은 사람과 네트워크가 형성되고, 때로는 생소한 분야의 인맥도 만들어진다. 얼마나 많은 모임에 참여하고 적극적으로 사람들과 어울리느냐에 따라 형성되는 네트워크의 크기가 달라진다.

어떤 사람들은 스타트업 대표를 하면 두루두루 많은 사람을 아는 게 중요하다고 말한다. 물론 인맥은 자산이다. 그러나 우리는 한정된 시간 속에 놓여 있고, 스타트업 대표들은 대부분 시간이 부족하다. 조직이 어느 정도 성장할 때까지는 대표가 멀티 플레이어가 되어 다방면에서 회사를 경영해야 하기 때문이다. 그래서 스타트업 초기에는 매일 야근하고 주말 내내 일을 해도 좀처럼 일이 줄어들지 않는다.

그렇다면 한정된 시간 속에서 인맥을 어떻게 관리하면 좋을까? 그리고 어떻게 좋은 파트너를 골라낼 수 있을까? 나는 스타트업을 8년째 운영하면서 수많은 사람을 만나며 그중 좋은 인연이 된 사람들과는 파트너십을 맺기도 했고, 악연이 된 사람들에게는 사기를 당하기도 했다. 꼭 필요했던 사람을 적시에 소개받아 일이 술술 풀렸던 때도 있었고, 이상한 사람들로 인해 물적, 심적으로 피해를 본 경우도 있었다.

사업하며 겪은 다양한 경험

다음 사례들은 인맥을 통해 실제로 겪었던 긍정적 경험과 부정적 경험들이다.

에피소드 (01) 궁하면 통한다는 이야기가 있더니

2017년 사업 초기, 우리가 제조해 판매했던 화장품 브랜드를 올리브영에 입점시키고 싶었다. H&B 스토어 전문 유통 벤더를 찾으러 동분서주 다녔지만 좀처럼 만날 수 없었다. 몇몇 영세한 벤더들을 소개받기도 했지만 만나보면 죄다 사기꾼이거나 수수료를 과도하게 수취하려고 하는 통에 번번이 무산되었다. 그러던 중 우연찮게 지인을 통해 올리브영을 담당하는 큰 벤더 업체 직원을 소개받았다. 그로 인해 수개월 동안 전혀 진전되지 않던 일이 일사천리로 처리되었고, 마침내 회사 제품을 론칭한 지 1년이 채 안 되어 올리브영 입점에 성공할 수 있었다.

에피소드 (02) 가만히 있으니 가마니로 보더라

스타트업 초기에 인사, 노무와 관련된 업무의 이해도가 낮은 상태에서 어느 업체가 노무 점검을 해준다며 300만 원을 받아간 적도 있다. 해외 무역 전문가라고 자신을 소개한 어느 업체 대표는 6개월 동안 자문료를 받으면서 해당 기간 동안 수없이 샘플만 받다가 결국 무역까지 연결되지 않았던 적도 있다. 전략적 제휴를 하자며 파트너십을 맺었지만 프로젝트는 전혀 진행되지도 않고 우리 회사 이름만 본인 회사 영업에 써먹는 사람도 있었다.

에피소드 ③ 사기 치고 잠적하다

퍼포먼스 마케팅 분야에서 전문가 행세를 하며 스타트업 대표들에게 영업하던 친구가 있었다. 나 역시 광고 대행 의뢰를 맡겼는데 몇 번 광고를 하는 척하다가 잠적해버리는 것이 아닌가. 그리고 몇 년 뒤에 그 친구가 사기로 구속되었다는 소식을 들었다.

에피소드 ④ 다들 대박 난다고 해서 뛰어들었더니

면세점에 입점하면 대박이 날 것 같아서 수소문하다가 사후 면세점 계약을 했는데, 하필이면 계약 직후에 한국의 사드 배치에 대한 중국의 보복으로 한한령이 내려 중국인 방문객이 급격히 줄었다. 면세점엔 파리만 날렸다. 그래서 결국 면세점에서 철수하려고 계약 해지 메일을 보냈으나 회신도 없고 담당자는 퇴사해버렸다. 심지어 그 회사 대표마저 잠적을 한 게 아닌가. 결국 우리 회사는 약 2천만 원이 넘는 보증금을 떼였다. 3년이 지난 어느 날 해당 업체 대표가 재기하고 싶다며 감옥에서 연락이 왔고, 결국 합의해주는 조건으로 보증금 전액을 환불받기도 했다.

에피소드 ⑤ 고객센터 전화라고 무시하지 말자

생각지 못한 놀라운 인연도 있었다. 2019년 초에 고객센터로 서너 차례 전화가 왔다. 경제지에 실린 우리 회사 인터뷰를 보고 투자자로서 미팅을 하고 싶다는 것이다. 고객센터로 걸려온 첫 전화라 영업 전화인 줄 알고 무시하다 혹시나 하는 마음에 해당 번호로 전화를 걸었다. 이 한 통의 전화가 인연이 되어 해당 기관 심사역을 만나 IR을 진행했고, 우리 회사는 이 기관으로부터 20억 원의 투자를 받았다.

에피소드 ⑥ 큰 기업의 거지 근성이 더 강하다

모 방송사에서 미디어커머스와 관련한 조인트 벤처joint venture(JV) 혹은 파트너십을 통해 공동으로 브랜드 제품을 만들어 판매해보자고 하여 수차례 미팅을 진행했다. 그런데 미팅 때마다 방송국 직원들이 우르르 들어와 아이디어만 잔뜩 빼가더니 결국 프로젝트는 무산됐다. 그리고 해당 업체는 이후에 단독으로 프로젝트를 진행했다.

에피소드 (07) 영업 직원이 브랜드를 망가뜨린 사연

중국 무역을 전문으로 한다는 영업 직원이 입사했다. 그 직원은 그동안 수십만 개 이상 판매했던 회사의 베스트셀러 제품을 중국에 수출하겠다며 명동에서 물건을 소량씩 팔아보겠다고 했다. 그 후 본격적으로 중국으로 수출한다면서 거래 업체에 우리 제품 2만 개를 팔았는데, 알고 보니 인천항까지 가서 배를 태우지 않고 국내에 헐값으로 유통되게 방치했던 것이다. 당시 해외 수출 공급가로 제품을 싸게 사간 도매상들은 제품을 국내 온라인 몰에 풀어 3~4배 이상의 이익을 취하고 잠적했다. 해당 제품은 가격 폭락으로 국내에서 브랜드 이미지가 훼손되었을 뿐만 아니라 추가 생산 판매도 불가능해졌다. 해당 직원 퇴사 이후 알고 보니 중국 수출 기업 및 명동의 중국 유통상들과 내통한 사이였던 것이 밝혀졌다.

에피소드 (08) 우연한 기회에 만난 벤더 그리고 GS25 입점

물론 유통에서 좋은 성과를 냈던 일도 있었다. 2018년 숙취해소제를 론칭해 온라인으로 판매를 하다가 인기를 얻으면서 미니스톱, 이마트24 편의점에 입점했다. 당시 대형 편의점에 입점하려는 열망이 컸기 때문에 유통 브로커를 찾기 위해 수소문했다. 마침 우리 투자자가 만났던 인맥 중에 GS리테일 관련 유통 담당 에이전시가 있었고, 점심 식사 자리에 우리 제품을 들고 간 것이 인연이 되어 GS25에 제품을 성공적으로 납품했다.

에피소드 (09) 여전히 뿌리 뽑히지 않은 뒷돈 거래

몇 년 전에는 우리 식품이 여러 편의점에 입점하는 등 소위 대박 조짐이 보이면서 이제 잘될 일만 남았다고 희망에 부풀었던 적이 있었다. 그러나 제품이 잘 팔릴수록 경쟁사의 압박과 식약처의 허위 과장 신고가 빗발쳤다. 오히려 모

제조사에서 브로커를 연결해줄 테니 관련 기관에 성의를 보여야 한다는 것이 아닌가. 우리는 불법 거래를 하지 않았는데도 광고 정지, 영업 정지 처분을 받았다. 심지어 우리 역시 어느 업체의 허위, 과장 광고를 식약처에 신고했더니 해당 업체 담당자가 전화와 신고 내용을 처리해줄 테니 게시글을 내려달라고 한 적도 있었다.

이외에도 일일이 다 이야기할 수 없지만, 창업 후 8년에 가까운 시간 동안 수많은 사람이 접근했고 어떤 사람들은 우리에게 귀인이, 어떤 사람들은 악연이 되었다. 회사가 투자를 받고 언론에 노출될 때마다 사람들이 모이는 현상은 심해졌다. 파트너십을 맺을 좋은 사람과 우리를 이용할 사기꾼들이 함께 모여들었던 것이다.

그러나 수많은 미팅을 하면서 느낀 점은 오는 손님을 무조건 다 만날 필요는 없다는 것이다. 아무리 사람들을 많이 만나고 사회 경험이 많다 하더라도 항상 맑은 눈으로 옥석을 가려낼 수는 없다. 속이려고 작정한 사람을 피하기 어렵다는 뜻이다. 좋은 인맥을 발견하는 건 인생에서 귀인이 등장하는 것만큼이나 운도 따라줘야 하고 어려운 일이다. 그러다 보니 어떻게 하면 좋은 사람을 만나 협업하고 이익을 도모할 수 있을까에 대한 고민을 많이 했다. 이에 대한 나의 결론은 '인맥 다이어트'가 필요하다는 것이다.

스타트업 대표라면 넓고 얕은 인맥 네트워크를 형성하는 것이 중요할 것 같지만, 인맥을 가지치기하면서 좋은 사람들을 곁에 두는 것이 지혜다. 즉, 굳이 수백 명의 인맥을 만들 필요는 없다는 것이다. 인맥 중에서도 협업할 수 있는 양질의 사람은 제한적이다. 수백 명을 만나기 위해 시간을 할애하는 것보다는 불필요한 인맥을 정리하고 양질의 인맥을 형성해나가는 것이 회사 입장에서도 개인 입장에서도 좋다.

더불어 믿을 만한 사람을 통해 소개받은 사람을 우선순위에 두는 것을 추천한다. 끼리끼리, 유유상종, 근묵자흑이란 말이 괜히 나온 게 아니다. 나 역시 인맥을 소개받을 때마다 이러한 말들이 상당히 신빙성 있게 작용했다. 잘 모르는 사람이 소개해준 제3자보다 친한 인맥이 소개해준 제3자를 만났을 때 일이 성사될 확률이 높았다. 그리고 조금 멀리하고픈 지인이 소개하는 사람을 만나는 건 우선순위에서 미루는 편이 낫다.

나이가 들수록 인맥 가지치기를 하면서 '나'라는 정체성을 만들어줄 수 있는 사람들과의 관계를 깊게 형성하는 것이 중요하다. 사회에서 나에 대한 평가는 내가 누군가와 어울리느냐에 따라 정의되는 경우가 많다.

스타트업을 운영할 때 잘 어울리면 좋은 사람들도 있다. 특히 은행 지점장, 부지점장급과의 관계를 형성할 수 있다면 회사를 운영하는 데 금상첨화다. 우리 회사만 해도 은행 관계자를 몰랐던 사업 초기에는 늘 광고 비용 결제와 관련된 카드 한도 이슈가 있었다. 초기 스타트업은 신용도가 낮기 때문에 해외카드 결제 한도가 대체로 매우 낮다. 이는 우리 회사처럼 메타(구 페이스북) 같은 해외 채널의 결제가 잦은 퍼포먼스 마케팅을 수행할 때 매번 한도에 걸려 광고 효율성이 저하된다는 뜻이다. 카드 한도가 높으면 공격적인 광고 마케팅으로 더 높은 전환 매출을 만들어낼 수 있다. 그러나 은행 입장에서 초기 스타트업의 무엇을 믿고 카드 한도를 늘려주겠는가. 우리는 지인 소개로 한 은행의 지점장, 부지점장을 알게 되어 회사의 IR Deck과 매출 추이를 보여준 후 지점장 전결로 카드 한도를 높일 수 있었다. 그리고 그때부터 매출 볼륨도 본격적으로 상승했다. 스타트업을 경영한다면 주거래 은행 담당자와 친분을 쌓는 게 향후 사업을 확장하는 데 매우 중요하다.

스타트업 대표에게 시간은 곧 돈이다. 시간을 효율적으로 쓰면 내 비즈니스 모델에 대한 가설을 검증하는 시간을 줄일 수 있다. 네트워크 관리를 잘하고 불필요한 인맥을 가지치기하는 과정은 비단 스타트업 대표만의 일은 아니라고 본다. 나이가 들수록 인생에서 좋은 사람들과 시간을 많이 보내는 것이 삶을 더욱 풍성하게 만든다.

요약

스타트업 대표의 인맥 관리 요령

- 인맥 다이어트를 통해 양질의 인맥을 보유하자.
- 외부에서는 창업자가 누구와 어울리느냐에 따라 그 사람을 평가한다는 것을 기억하자.
- 효율적인 업무 관리를 위해 양질의 네트워킹을 구축하는 데 힘쓰자.

IR Deck
작성 팁

투자자의 시선에서 스타트업 대표에게 듣고 싶은 이야기는 꿈과 희망을 담은 이상적이기만 한 스토리텔링이 아니다. 이 사업이 실질적으로 돈이 되고 가능성이 있다는 것을 객관적인 수치로 이야기하는 것이다.

스타트업 초기에는 IR Deck을 어떻게 만들지, 어떤 내용을 넣을지에 대한 감이 없다. 회사 구조를 이야기하면 되는 것인지, 우리의 맨파워를 강조하는 게 좋을지, 재무 상황은 어디까지 작성해야 하는지 알 수 없다. 나는 스타트업을 운영하면서 시리즈 B 단계의 투자유치가 끝나고 나서야 'IR Deck을 이렇게 만드는 거였구나!'라는 깨달음을 얻었다. 수십 명의 투자 기관 심사역 앞에서 발표하고, 각종 날선 질문을 받으면서 투자를 거절당하고, 그때마다 IR Deck을 수정 및 보완하다 보니 투자자들이 원하는 것이 무엇인지 알 수 있었다.

스타트업 대표들은 대부분 IR Deck을 작성할 때 자신의 입장에서 좋은 점부터 무작정 기재한다. 그러나 IR Deck은 기본적으로 투자자들이 투자를 위한 목적으로 살펴보는 자료이기 때문에 우리 회사의 입장이 아닌 투자자의 입장에서 작성하는 것이 좋다. 아무리 기술력이 뛰어나도 투자자는 그 기술력 중 어떤 부분이 돈이 되는지에 더 관심을 둔다.

그렇다면 투자자들은 어떤 IR Deck을 원할까? 수십 번 넘게 IR 자료를 수정하면서 얻은 인사이트를 한 문장으로 요약하면 다음과 같다

"사업의 가능성을 수치로 이야기해야 한다."

투자자들이 우리 회사에 투자하는 이유는 투자 비용을 회수할 수 있다고 믿기 때문이다. 투자 회수, 즉 엑싯exit*할 수 있는 기회는 피투자한 기업이 다른 기업과의 인수합병merger and

---

*   투자자가 투자한 자본을 회수하고 이익을 실현하는 과정

acquisition(M&A)*이 이루어졌을 때, 해당 기업공개initial public offering(IPO)**이벤트, 더 큰 밸류를 인정받고 다음 단계의 투자를 받을 때 등을 통해 일어난다.

그러므로 IR Deck을 작성할 때는 '투자할 만한 매력적인 회사'인지에 대해 포커스를 두는 것이 좋다. 예를 들면 회사 성장성은 경쟁사와 비교했을 때 어느 정도 우위에 있는지, 어떠한 비즈니스 모델을 가지고 있으며 몇 년 뒤에는 얼마나 성장할 것인지, 타깃 시장은 성장성을 가지고 있는지에 대해 명확한 숫자로 제시하면 투자자는 회사가 가지는 잠재력을 훨씬 쉽게 파악할 수 있다.

IR Deck은 스토리텔링을 기반으로 꿈과 희망을 이야기하는 것이 아니다. 그 꿈과 희망을 3년 뒤 예상 매출액이 얼마인지, 손익분기점break-even point(BEP)***은 언제 돌파할지 등의 객관적인 데이터로 설명해야 투자자들은 실현 가능한 비즈니스로 납득한다.

또한 IR Deck은 이해하기 쉽고 간결한 표현으로 작성해야 한다. 바이오, 기술 관련 기업들은 해당 업계에서 사용하는 지나치게 어려운 전문 용어를 남발하는 경우가 많다. 이는 투자자들의 집중력과 이해도를 떨어뜨려 회사의 잠재력을 온전히 평가하지 못하게 할 수 있다. 심지어 전문 용어를 남발했는데도 막상 오점이 발견되면 그 자료에 대한 신뢰도가 깨진다.

그러므로 IR Deck은 쉽고 간결한 용어로 작성해야 읽는 투자자도 짧은 시간에 비즈니스를 이해하고 기억할 수 있다. 그들은 30분 단위로 계속해서 IR을 진행하는 경우가 많기 때문에 주어진 10분의 발표 시간과 20분의 질의응답 시간 내에 회사의 가치를 충분히 드러내야 한다. 어려운 용어로만 가득 채워진 자료라면 용어를 해석하는 데 대부분의 질의응답 시간을 할애해야 하기 때문에 투자자들에게 덜 매력적으로 비칠 수 있다.

또한 초기 스타트업의 IR Deck은 비즈니스 모델만 내세우기보다는 우리가 보유한 역량, 맨파워를 함께 보여주는 것이 훨씬 중요하다. 왜냐하면 사업 초기에는 투자를 쉽게 결정지을 수 있는 객관화된 재무제표나 성장률 수치가 없기 때문이다. 그러므로 우리가 보유한 기술력

---

* 다른 기업을 인수하거나 합병하는 과정

** 기업이 처음 공개적으로 주식을 발행해 주식 시장에 상장되는 것

*** 비즈니스에서 전체 수익이 총 비용과 일치하는 지점. 기업이 수익을 올리기 전에 필요한 최소 매출을 의미한다.

에 대한 구체적인 비전과 신뢰를 전달하는 것이 무엇보다 중요하다.

투자자들도 스타트업 비즈니스 모델이 고정되어 있지 않다는 것을 잘 알고 있다. 스타트업은 시장 상황 혹은 트렌드의 변화에 따라 비즈니스 모델 전체를 피보팅^{pivoting}*하거나 변화에 빠르게 적응해야 한다. 투자자들은 해당 기업이 위기의 순간에도 함께 헤쳐나갈 수 있는 역량의 맨파워로 이루어져 있는지, 구성원 간에 문제를 해결해나갈 수 있는 결속력이 있는지를 판단하고 투자를 결정한다.

정리하면 IR Deck을 작성하는 팁은 다음과 같이 요약할 수 있다.

- 투자자의 시선에서 이야기하라.
- 객관적인 데이터로 이야기하라.
- 쉽고 간결한 용어로 이야기하라.
- 보유하고 있는 역량을 구체적으로 이야기하라.

---

* 기존의 전략이나 방향에서 벗어나 새로운 방향으로 사업을 전환하는 것

제 2 장

인사가
만사

인재 채용 · 인력 관리

사람은 어디서 어떻게 뽑아야 할까

모든 대표는 사람을 뽑는 데 자신만의 원칙이 있다.
그 원칙을 지키려면 일단 회사가 성장해야 한다.
그렇지 않으면 내가 원하는 인재상은 단지 꿈에서 멈춰버릴 것이다.

나는 운이 좋게도 직장 생활을 하면서 많은 유형의 기업을 경험할 수 있었다. 첫 직장은 지금은 대기업이 되었지만 내가 다니던 당시에는 중견기업 규모의 여러 계열사를 보유하고 있던 그룹사였다.

각 팀에서는 역량을 최대치로 뽑기 위해 새로운 시스템을 적극적으로 도입하기도 했다. 그 결과 내가 입사하던 해에 인사팀에서는 협동심을 강조한다는 취지로 신입사원 채용 과정에 야간 산행, 팀별 과제 수행 등을 넣었다. 여러 계열사지만 모두가 같은 회사 직원이라는 의식을 심어주기 위해 오리엔테이션 진행 과정에서 각 지역에 흩어진 공장을 견학하며 애사심을 고취하기도 했다. 인사팀에서는 KPI^{key performance indicator}(핵심성과지표)* 제도를 도입해 직원들에게 업무 목표를 작성하게 했다. 그리고 경영기획팀과 협력하여 인사, 회계, 그룹웨어를 하나로 관리할 수 있는 ERP^{enterprise resource}

---

* 많은 기업이 조직 또는 개인 목표 달성을 측정하기 위해 사용하는 지표

planning 시스템*을 구축했다.

새로운 시스템 도입에 진을 빼고 어느 정도 사용에 익숙해질 무렵 나는 대기업으로 이직했다. 회사에 적응하는 과정에서 다시 ERP 시스템을 사용했는데, 편리함 정도가 전 직장과 비교하면 상전벽해 수준이었다. 대기업의 ERP 시스템을 이용하니 전 직장에서 월말이면 모아서 밤늦게까지 정리했던 영수증 처리 업무는 클릭 몇 번으로 해결되었고, 전자 결재 시스템을 이용하면서 결재판을 쌓아두는 일도 없어졌다. 잔업이 줄어들어 평이해진 일상에 나태함을 느낄 정도였다. 일하는 데 쏟는 시간이 줄어드니 사람들 간의 접촉이 많아지고 불필요한 신경전에 휘말리기도 했다. 하는 일에 비해 많은 급여를 받는다는 것에 죄책감마저 들었을 무렵, 나는 다시 중소기업으로 몸을 옮겼다. 아무런 시스템이 없는 곳에서의 생활은 말도 못하게 터프했다.

솔직히 시스템을 만드는 일은 어렵지 않다. 이미 현재가 익숙한 구성원에게 새로운 시스템을 정착시키는 데 걸리는 시간에 비하면 찰나에 불과하다. 바로 이것이 조직 구성원의 역할이 중요한 이유다. 아무리 좋은 시스템이라도 구성원의 협조가 없으면 무용지물이기 때문이다. 그래서 성공적인 조직을 만드는 데 구성원 간의 원활한 팀워크는 핵심이다. 문제가 생겨도 빠르게 소통하며 해결할 수 있는 조직이라면 이 자체가 해당 조직의 경쟁력이 될 수 있다는 말이다.

구성원 간의 신뢰를 바탕으로 긍정적인 조직문화를 형성할 수 있다면 개개인에게는 더 나은 업적을 위한 동기부여가 되고 나아가 조직의 목표 달성을

---

* 조직 또는 기업의 다양한 부서 및 기능을 통합해 효율적인 기업 운영과 정보 공유를 가능하게 하는 시스템. 전사적 자원 관리라고도 하며 이를 통해 인사, 회계, 그룹웨어 등 비즈니스 활동을 관리할 수 있다.

촉진하는 계기가 될 수 있다. 이러한 구성원이 모여 있는 조직이라면 함께 성장할 수 있는 가능성이 높아진다.

올라운드 플레이어는 존재하지 않는다

스타트업도 마찬가지다. 처음에는 중소기업에서 시작해 시스템도 없이 주먹구구로 운영되다가 조직이 성장하면서 그에 맞는 시스템을 도입하고 체계를 잡아가는 과정을 겪는다. 그리고 성장 과정에서 기존 사람들이 나가기도 하고 새로운 사람들이 들어오면서 조직은 한데 어우러지며 발전해나간다.

창업은 1인 기업으로 시작하는 경우도 있지만 여러 사람이 모여 공동으로 창업하는 경우도 많다. 우리 회사도 후자에 속하는데, 8년이 지난 현재 공동 창업자 중 지금까지 남아 있는 사람은 대표 한 명이다. 이는 각기 다른 목적을 가진 사람들이 모여 하나의 목표를 향해 꾸준히 달려가는 것이 결코 쉬운 일이 아니라는 의미이기도 하다.

스타트업 대표는 회사의 성장과 이익에 도움이 되는 사람을 찾기 위해 애를 쓴다. 하지만 이제 막 시작하는 회사에 관심을 가지고 열의를 불태우며 일하겠다는 사람은 찾기 힘들다. 현실과 이상의 괴리에 부딪히는 바로 이 지점이 인사 업무에서 가장 힘든 부분이다. 대기업이라면, 아니 이미 모든 인프라를 두루 갖춘 기업이었다면 지원자들은 고민 없이 이력서를 투척할 것이고 채용 과정 중에 이미 형성된 회사에 대한 프라이드와 소속감을 등에 업고 회사 생활을 다져나갈 것이다.

하지만 시작하는 회사의 현실은 냉혹하기만 하다. 채용 사이트에 올린 채용 공고도 외면당하기 일쑤고, 기껏 지원한 사람들을 만나도 회사의 비전과 복리후생을 끊임없이 설명하고 설득해야 한다.

많은 창업자가 채용 과정에서 흔히 하는 실수는 자신의 모습과 열정을 닮은 직원을 원한다는 것이다. 한 번에 여러 업무를 동시에 해결할 수 있는 멀티 플레이어나 인사, 회계, 디자인 등 연관성이 없는 여러 업무들을 모두 해낼 수 있는 올라운드 플레이어 말이다.

우리 회사의 면접자 중에는 회사에 대해 전혀 조사하지 않고 오는 사람도 많았고, 그만큼 시중에 회사 정보가 부족하기도 했다. 그러다 보니 급하게 뽑아서 채운 자리가 오래 지나지 않아 없어지는 일이 수없이 반복됐다.

무엇이 문제인지 파악조차 못한 채로 수십 명을 만나고 보내야 했다. 그로 인한 비용 역시 회사가 감당해야 할 몫이었다. 사람 보는 눈이 형편없는지 자책도 하고 회사 탓을 해보기도 했지만, 탓할 대상만 찾느라 허비한 시간으로는 해결책이 나오지 않았다. 도대체 문제가 무엇이었을까? 왜 우리 회사는 사람을 뽑는 게 그렇게 어려울까?

일례로 디자이너 채용 공고를 낸 적이 있었다. 우리 회사는 PB 브랜드 제품을 제조해 판매했기 때문에 제품 디자인도 하고, 패키지 디자인도 하며, 온라인 상세페이지 디자인에 오프라인 광고를 위한 디자인, 거기에 약간의 웹 퍼블리싱까지 할 수 있는 디자이너가 필요했다.

일반적인 기업에서는 이 모든 업무를 각각 한 사람씩 혹은 업무별 두세 명씩 나누어 맡는 경우가 대부분이다. 하지만 우리는 수박 겉핥기 식이어도 이 모두를 조금씩 할 줄 아는 단 한 사람이 필요했고, 그마저도 주니어를 원했다. 결국 구할 수 없는 조건으로 사람을 구하고 있었던 것이다.

일각에서는 돈을 많이 주면 되지 않냐고 하기도 한다. 물론 시도는 해보았다. 팀장급 마케터를 원했을 때 대기업에서 근무해봤다며 화려한 이력서를 들이밀며 상당히 높은 몸값을 제시하는 인재를 영입했지만 얼마 지나지 않아 형편없는 스코어를 남기고 떠나버렸다. 속 빈 강정이었다. A부터

Z까지 다 할 수 있다는 그의 말에 고액 연봉을 주었지만 알고 보니 모든 경력은 입으로만 한 것들이었다. 수많은 외주 업체들에게 엄청난 비용을 뱉어내며 만든 점수에 불과했던 것이다.

나는 스타트업에 오려는 대기업 경력의 지원자들을 경계한다. 그들의 능력을 폄하하는 것이 아니다. 단지 인재상이 다를 뿐이다. 나 역시 대기업에 몸담아 봤기에 어떤 곳인지 잘 안다. 대기업은 고도로 시스템화되어 있는 곳이기 때문에 각자 맡은 업무만 해내면 되는 곳이다. 그곳에서의 업무는 선택과 집중이며, 해당 업무에 전문가가 되려면 직무 로테이션을 통해 무려 20년은 꾸준히 있어야 한다.

그런 사람들이 스타트업의 업무 체계를 보면 매우 터프하다고 느낄 것이다. 한 팀이 하고 있는 업무 범위를 오로지 한 사람이 해내고 있는 상황을 보며 말도 안 된다고 불만을 토해낼지도 모른다. 업무 범위와 일의 양이 비례하는 것도 아닌데 말이다. 이처럼 넓은 스펙트럼으로 일하는 것이 스타트업에서는 매우 일상적인 일인 것은 분명하다.

결국 정장에도 어울리고 캐주얼에도 어울리는 단 하나의 구두를 찾기 위해 고군분투하는 것은 허송세월을 보내는 것과 같다. 세상에 없는 것을 찾아내야 하기 때문이다. 내가 원하는 조건을 모두 맞추려면 그렇게 프로그래밍된 로봇을 찾는 게 나을지도 모른다.

인재 채용에 있어서 스타트업 대표가 명심해야 할 사항은 올라운드 플레이어는 우리 회사에 입사할 일이 없다는 것이다. 다 할 줄 아는 사람이 스타트업에 취직한다면 상당한 괴짜이거나 사기꾼 둘 중 하나다. 또 대개의 경우 올라운드 플레이어는 스타트업에서 일을 배워 결국은 창업의 길로 빠진다.

하나의 능력, 유연성 있는 사고를 가진 사람을 찾아라

'저는 A 업무를 하러 왔는데 B 업무를 하라고요?'라고 묻는 직원들이 있다. 나는 이런 질문을 좋아하지 않는다. '꼰대'나 '라떼충'이어서 그런 것이 아니다. 분명 표준근로계약서에는 '회사는 업무상 필요에 의해 사용자의 근무 장소 및 부서 또는 담당 업무를 변경할 수 있다'라는 문구가 있다. 회사 입장에서는 정당한 요구인 것이다.

A 업무에서 B 업무로 바뀌는 일은 빈번하게 일어난다. 이를 직무 로테이션이라고 하는데, 실제 대기업 사례 중 CJ에서는 해당 업무의 특성상 협력 업체와 긴밀한 관계를 유지할 가능성이 높으므로 2년에 한 번씩 아예 다른 직군으로 로테이션하기도 한다. 보직 변경 그 자체에 불편함을 느낄이유가 없다는 뜻이다. 보직 변경은 특히 주니어 포지션에서는 본인에게 더 맞는 역량이 무엇인지 확인이 필요할 때 주로 이루어지는 방법이기도 하다.

지인 추천으로 우리 회사에 입사한 직원이 있었는데, 자신이 잘하는 것이 무엇인지는 모르지만 무엇이든 시켜주면 할 자신이 있다고 하였다. 경력이 전혀 없던 터라 속는 셈치고 고객 CS 직군으로 채용했다. 당시 갑자기 많은 물량의 제품이 쏟아지듯 판매되면서 고객에게 걸려오는 전화는 기하급수적으로 늘어났다. 판매량에 비례하여 문의 사항이나 서비스 불편 접수가 늘어난 것이다. 그럼에도 담당 직원은 신바람나게 일했다. 더 나아가 비효율적인 프로세스의 개선 방향을 제안하고 새로운 시스템 도입을 주도적으로 이끌었다. 이 직원은 단순 CS를 넘어서서 물류까지 아우르게 되었다. 스타트업에서 흔히 있는 가랑비에 옷 젖듯이 일에 스며든 케이스였지만, 본인의 업무를 쥐고 있으려는 욕심보다 체계적으로 정리하고 새로운 것을 탐구하려는 욕심이 강한 친구였던 것으로 기억한다. 제조에 있어서도 꽤 많은 관심을 보였다. 개인적인 휴가로 여행을 다녀온 그는 우리 회사 제품과 함께 판매하면 좋을 만한 샘플 제품을 펼쳐놓기도 했다.

한번은 신사업을 추진하기 위해 신규 직원을 채용한 적이 있었다. 다수의 개인사업자를 대상으로 소통해야 했고 온라인 쇼핑몰 시스템도 새롭게 세팅해야 하는 그야말로 '맨 땅에 헤딩'이 필요한 포지션이었다. 그가 업무에 적응할 때쯤 이탈하는 직원들의 업무를 떠맡게 되었다. 그리고 설상가상으로 본인이 주도하던 신사업이 무산되면서, 입사 후 2년간 회사 사정에 의한 보직 이동이 서너 차례 이루어지고 말았다. 업무가 바뀔 때마다 미안함은 이루 말할 수 없었다. 유사성이 전혀 없는 업무로만 배정되었기 때문이다. 현재는 또 다른 신사업을 주도적으로 꾸려가고 있다. 거래처 미팅과 보고서 작성은 물론이고 이슈 해결까지 매번 새로운 장애물을 만나고 넘길 반복하고 있다.

앞서 소개한 두 직원 모두 '주어진 업무'라는 테두리에 자신을 가두지 않았기 때문에 열정이라는 무기를 바탕으로 자신의 능력을 마음껏 발휘할 기회를 스스로 개척한 케이스다. 이처럼 마음만 먹는다면 자신의 적성을 확인하고 능력을 펼칠 수 있는 좋은 기회로 이용할 수도 있다.

스타트업은 격변하는 시장을 몸소 체감할 수 있는 기업 환경을 가지고 있다. 이러한 기업에 몸을 담는다면 유연성이 필수로 요구된다. 그러므로 직원을 채용할 때는 이 부분에 대해 충분히 설명하고 다짐을 확인해야 한다. 만약 이를 공감하지 못하고 그로 인한 불만이 생긴 직원은 주변의 다른 직원들에게도 부정적인 감정을 전파한다. 이러한 부정적인 감정은 전염성이 강하기 때문에 조직 운영에 있어 특히 유의해야 한다.

도대체 스타트업에서는 어떤 사람을 뽑아야 할까

채용에서 우리가 달성해야 할 목표는 한정된 정보 안에서 최선의 선택을 하는 것이다. 올라운드 플레이어는 세상에 존재하지 않는다. 스타트업은 누군가를 채용해야겠다고 생각한 순간, 그때 회사에 가장 필요하다고 판단되는 능력을 가진 사람을 뽑아야 한다. 그 외의 것은 입사 후 키워나갈 능력으로 두는 것이 좋다.

또한 앞서 말한 사례에서 이야기한 것처럼 능력치를 향상시키는 데 마음이 열려 있는 사람을 찾는 것도 매우 중요하다. 능력과 인성 둘 다 버릴 수 없다면 핵심을 제외한 나머지는 가능성을 보고 채용해야 한다는 의미다.

사람이 완벽할 수 없듯이 내가 뽑은 사람도 완벽할 수 없다. 처음 만난 자리에서 몇 번 말을 섞는 것만으로 그 사람의 모든 것을 알 수는 없다. 가지고 있는 능력도 이력서나 포트폴리오를 보고 판단하는 수밖에 없다. 물론 내가 원하는 수준의 능력치가 아닐 수도 있다. 각자의 스케치를 가지고 만나 서로의 그림을 완성해줄 수 있는 관점에서 바라보고 판단해야 하는 것이다.

좋은 사람 있으면 소개시켜줘

스타트업이라는 기업 조건은 채용 시장에서는 핸디캡으로 작용한다. 원하는 인재 대부분은 이러한 유형의 회사를 원하지 않기 때문이다. 우리가 줄 수 있는 것은 그저 함께 성장하는 것을 보는 기쁨과 미래에 대한 불확실한 희망 정도일 뿐이다. 상황이 이러하니 적절한 인력을 구하는 것이 하늘의 별 따기나 다름없다.

우리는 좋은 인재를 채용하기 위해 다음 세 가지 방법을 동시에 진행했다.

그 결과 각각의 방법에서 장단점이 극명하게 드러났다.

1) 채용 사이트

채용이 필요할 때 가장 먼저 찾았던 곳은 사람인, 잡코리아와 같이 과거 오랜 구직 활동의 벗이 되어주었던 채용 사이트였다. 이곳에 채용 공고를 올리며 감회가 새로웠지만 채용이 매끄럽게 진행되지는 못했다. 우리가 올리는 채용 공고는 수백, 수천 개의 채용 공고 중 기억나지 않는 하나의 글에 불과했다. 찾기도 힘든 채용 공고를 통해 지원한 사람들은 대부분 우리와 맞지 않는 조건의 사람들이었다. 너무 많은 경력을 가졌거나 아예 경력이 없는 상태였던 것이다.

여러 번의 채용 실패 끝에 우리와 같은 스타트업은 전문 채용 사이트가 따로 있다는 것을 깨달았다. 이를테면 원티드, 로켓펀치 같은 곳이다. 후발주자로 슈퍼루키가 등장하였고, 최근에는 잡코리아, 사람인에서도 스타트업 전문 채용관을 만들어 채용을 원활하게 할 수 있는 서비스를 제공하고 있다. 이 밖에도 링크드인, 취업뽀개기(다음카페), 리멤버, 인크루트 등에서도 채용 서비스를 이용할 수 있다.

2) 헤드헌터

채용 사이트에 공고를 올리는 것 다음으로 사용한 방법은 헤드헌터에게 의뢰하는 것이다. 헤드헌팅 업체에 의뢰하자 채용 공고 내용을 좀 더 깊이 있게 말로 풀어내는 과정이 추가되었다. 업체 담당자와 미팅을 통해 우리가 원하는 조건의 인재를 자세하게 설명하면 이를 토대로 자신들의 인재풀에 등록된 사람을 추천해주는 방식이었다.

하지만 우리가 원하는 인재상을 A부터 Z까지 풀어놔도 그들을 완벽하게 이해시키지 못했고, 적합한 사람을 찾아주지도 못했다. 물론 당시는 시행착오를 겪던 중이라 이 세상에 존재하지 않는 조건의 사람을 찾았기 때문일 수도 있다. 이 방식은 일단 채용이 결정되면 해당 직원 연봉의 일정 비율을 헤드헌팅 업체에 지불해야 하므로 비용도 상당하다.

3) 지인 추천

마지막으로 선택할 수 있는 방법은 지인 추천이다. 이때는 채용의 여러 조건 중 많은 부분을 내려놓아야 한다. 지인의 지인이 내가 원하는 조건을 가지고 있을 리 만무하고, 설사 가지고 있다고 하더라도 조심스럽게 접근해야 하기 때문이다. 그래서 우리는 이 방법을 직원 지인 추천으로 변경하여 진행하였다. 우리 회사에 적합한 지인을 추천하고 채용 후 일정 기간이 지나면 추천자에게 리워드를 주는 방식이었다. 이는 일반적인 채용 과정보다 만족스러운 결과를 가져왔다. 서로에게 누가 되지 않기 위해 노력하고 이끌어주려는 모습이 공존했다. 둘 중 하나가 그만두기 전까지 말이다. 그래도 이제껏 채택했던 방법 중에는 가장 좋은 결괏값을 얻을 수 있었다.

스타트업을 운영하면서 수년간 회사를 스쳐 간 수십 명의 직원을 되뇌어 보면 지인 추천을 받는 것이 가장 좋았던 것 같다. 검증된 실력과 더불어 책임감을 겸비한 직원을 채용할 수 있기 때문이다. 스타트업에서는 채용 직후 일을 시작할 수 있어야 한다. 일을 못하는 건 한 명의 인력이 아쉬운 우리에겐 치명적이다. 그리고 무엇보다 스타트업 성장기에는 인성만 바른 사람보다는 일 잘하는 얌체가 낫다는 생각이다. 빠르게 굴러가는 쳇바퀴 속에서 살아남기 위한 생존 전략이 아닐까 싶다.

창업자 각자의 마음속에는 사람을 뽑는 원칙이 있을 것이다. 그 원칙을 지키려면 애석하게도 지금은 아니다. 일단 회사가 먼저 성장해야 한다. 그렇지 않으면 그 원칙은 '꿈'에서 멈춰버릴 것이다. 더 좋은 사람들을 맞이하고 더 크게 성장하기 위해 우리는 이 가파른 계단을 열심히 올라가야 한다.

요약

인재 채용의 원칙

- 완벽한 사람보다는 상호 보완이 되는 사람을 뽑아라.
- 가장 필요한 능력을 가진 사람을 뽑고, 올라운드 플레이어를 바라지 말라.
- 스타트업 초기 성장 단계에서는 지인 추천을 통한 채용이 가장 효과적이다.
- 스타트업 초기 성장 단계에서는 인성만 바른 사람보다는 일을 잘하는 사람을 채용해야 한다.

스타트업이기에
더욱 프로다워야 한다

구직자의 마음은 갈대와 같다.
우리가 조금이라도 빈틈을 보이면 불안해하기 십상이다.

언제부터인지 모르지만 한국인이 선호하는 직업에는 공무원이 항상 상위권을 차지하고 있다. 안정된 직업을 갖고자 하는 사람들의 대체적인 성향이 반영된 결과가 아닐까 한다. 최근 들어 순위가 일부 변동되기는 했지만 안정적인 직장을 찾으려는 구직자의 마음은 여전하다. 전반적인 추세가 이러니 구직을 원하는 사람의 입장에서 불확실성이 가득한 스타트업에 지원하는 것은 굉장한 모험일 것이다. 아마 지원서를 넣으면서도 '이 선택이 맞을까' 생각하고, 면접장에 가면서도 '그냥 집에 갈까?'하는 고민의 연속일 것이다. 스스로 창업자가 될 꿈을 가지고 회사를 함께 키워나가는 경험을 하는 데 대단한 의지가 있는 사람만이 스타트업에 지원하는 것은 아니라는 의미다.

사람을 채용하는 회사 입장에서도 마찬가지다. 지원서를 보면서도, 면접을 하면서도 과연 이 지원자가 우리 회사와 맞는 사람인지 열 번이고 백 번이고 고민한다. 회사와 구직자 모두가 만족하기는 어렵지만, 적어도 채용 프로세스에 있어서는 체계적인 형태를 갖추어 놓는 것이 좋다고 본다.

첫 단추는 프로페셔널하게

구직자에게 '우리가 처음이라 그래'라는 인상을 전달하게 되면 채용 시장에서 어떠한 인재도 얻지 못한다. 가뜩이나 불안한 미래에 용기를 내어 도전하는 상황에서 회사가 프로답지 못한 모습을 보여주면 이들에게 불안감 하나를 더 얹혀줄 뿐이다. 그렇기 때문에 우리의 프로다움은 채용 공고, 바로 여기서부터 시작되어야 한다.

채용 공고는 구직자가 회사를 마주하는 첫 이미지이자 회사의 면면을 엿볼 수 있는 가장 기초적인 자료다. 또한 우리가 원하는 인재에게 러브콜을 보낼 수 있는 장치이기도 하다. 스타트업처럼 회사의 네임밸류가 없다면 구직자들은 이 회사를 선택하는 것이 맞는지 아닌지 수십 번 고민할 것이다. 이때 그들이 궁금해할 만한 사항들을 채용 공고로 보여주고 회사의 비전과 제공할 수 있는 혜택을 일목요연하게 전달하면 구직자의 마음이 좀 더 긍정적으로 바뀌게 하는 데 기여할 수 있다.

구직자의 마음은 갈대와 같다. 조금이라도 빈틈을 보이면 불안해한다. 실제로 지난 몇 년간 수많은 구직자와 면접을 진행하고 채용 확정을 통보했는데 일부는 입사를 포기하던 상황을 수차례 맛봤다. 입사를 포기한 이유를 물었을 때 돌아오는 대답은 급여나 여타 조건의 문제도 아니었다. 도대체 무엇이 그들을 불편하게 했을까?

> 최종 면접에 합격한 사람이 입사를 포기한 이유가 궁금해 채용 과정 전체를 꼼꼼히 점검해본 적이 있다. 내가 구직자라면 회사에 어떤 모습을 기대할지, 그들이 불안해하는 지점은 어디에 있는지 구직자의 입사 여정을 뜯어보면서 머뭇거리는 지점을 찾았고, 어떤 것들을 바꿔나가면 좋을지 가설을 세웠다.

그러는 과정에서 내가 '아, 참!'이라는 말을 많이 하고 있음을 깨달았다. 이력서와 포트폴리오를 제출하라 해놓고선 포트폴리오나 입사 후 받아야 할 각종 서류들을 한참이 지나서야 요청하곤 했다. 결과적으로는 모든 서류를 수취하였기에 이것을 잘못이라고 인지하지 못했지만, 구직자 입장에서는 이런 아마추어 같은 업무 처리가 불안 요소라는 생각을 미처 하지 못했던 것이다.

사실 구직자 입장에서 당연한 것은 없다. 이들은 수많은 기업과 접촉하며 꽤 많은 면접 절차를 진행해봤을 것이다. 시스템이 제대로 잡힌 곳에서의 서류 전달 과정을 겪었을 것이고 그것이 우리 같은 스타트업과 어떻게 다른지도 알았을 것이다. 우리는 스타트업이라는 이름하에 프로답지 못하게 행동했던 과정들을 하나둘씩 뜯어고쳤다.

이 과정에서 우리는 구직자와의 커뮤니케이션 과정에 있어서도 좀 더 공식적인 언어로 소통해야 한다는 것도 깨달았다. 구어체 사용이나 전화 통화를 자제했고, 감정이 드러나지 않는 단어를 사용해 상대방이 존중받고 있다고 느낄 수 있도록 노력했다. 그리하여 수년 동안 주먹구구식으로 진행했던 인재 채용 과정을 정리해 우리 회사만의 채용 프로세스를 완성할 수 있었다.

채용 프로세스는 다음과 같다.

채용 공고 등록 → 서류 검토 → 면접 → 채용 → 필수 서류 수취

이 순서는 일반적인 기업의 채용 과정과 동일하다. 단, 스타트업 인사 담당자들이 흔히 누락하는 단계가 필요 서류 수취 단계다. 처음부터 체크리스트를 작성해 서류가 누락되는 일이 없도록 하자. 스타트업 인재 채용을 담당하는 대표 혹은 인사팀 담당자를 위해 다음과 같이 필수로 수취해야 하는 서류 목록을 정리했다.

채용 시 필수 수취 서류 목록

서류 구분	내용	주관
개인 관련 증빙	• 주민등록등본 • 신분증 사본 • 통장 사본 • 졸업증명서 / 경력증명서	인사팀
인사 관련 증빙	• 직원 등록 카드 • 취업규칙 서명본 • 비밀유지계약서 서명본	인사팀
기타(필요 시)	• 법정의무교육 수료증 • 가족관계증명서(건강보험 추가 등록용) • 원천징수영수증, 원천징수부 • 중소기업 취업자 소득세 감면 신청서 • 채용 건강검진 결과서	인사팀

스타트업 인재 채용 담당자는 상기 표에 기재된 대로 입사 예정자에게 목록별 서류를 수취한다. 이렇게 프로세스를 정립해두면 단 한 번의 소통으로 수십 번 오갈 수 있는 불필요한 의사소통을 줄일 수 있다.

이렇듯 업무를 시스템화하는 것은 생각보다 간단하다. 대기업 인사담당자가 보면 코웃음칠 내용이지만 스타트업으로 시작하는 우리에겐 어느 하나 당연하거나 쉬운 것은 없다. 원래 내 일이 아니었던 일에 전문성까지 비쳐야 하기 때문이다.

모든 일은 자산이 되어야 한다

하나의 간단한 숙제를 마무리했다면 이제 거대한 업무 영역으로 시스템을 확장해보자. 채용처럼 간단하게 표를 만드는 것에서 끝나는 일이라면 가볍게 이야기할 수 있겠지만 업무는 또 다른 영역이다. 아무리 잘 만들어두어도 보조할 수 있는 툴 없이는 진행하는 데 물리적인 시간이 상당히 소요된다. 업무가 비효율적이 된다는 뜻이다.

첫 출근한 직원을 대상으로 하는 오리엔테이션이나 온보딩^{on-boarding}* 과정은 필수 중의 필수다. 업무에 대해 설명하고, 사용하고 있는 각종 업무 툴을 교육하고, 자칫 간과하기 쉬운 회사의 규칙을 주지시켜야 하기 때문이다.

회사 생활에 대한 특별한 안내가 없어도 회사가 돌아간다면 비슷한 일을 하는 사람이 많거나 내부적으로 고도 시스템화되어 있는 것이다. 그러나 앞서 이야기했듯이 당연하게 보이는 일반 기업의 시스템이 스타트업에서는 대체로 없거나 이제서야 막 도입하는 경우가 대부분이다.

사내 교육 시스템이 완비되어 있지 않은 상황에도 불구하고 대개의 스타트업 대표는 직원이 입사하면 최대한 빨리 업무를 파악해 실무에 투입되기를 바란다. 시간이 곧 비용이고, 스타트업은 시간에 쫓겨 달려나가야 하기 때문이다. 만약 여러분이 그러한 상황에 놓여 있다면, 새로운 사람을 빨리 업무에 투입하기 위해 세밀하게 온보딩 과정을 계획하는 것이 중요하다.

직장인이라면 업무를 프로답게 하라는 말을 한 번쯤 들어봤을 것이다. 개인적으로 '프로답다'는 말의 의미는 자신의 업무를 실수 없이 잘 해낸다는 것으로 해석하고 싶다. 프로와 아마추어의 차이는 실수를 얼만큼 줄여나가는지에 달렸다고 보기 때문이다. 그리고 이러한 실수를 줄여가는 과정에서 프로답다는 것은 영업 직군이라면 고객의 니즈를 잘 파악한 제품 혹은 서비스를 판매하며 매출과 이익을 극대화하는 것이고, 재무회계라면 결산과 마감시 숫자 오류 없이 능숙하게 일처리하는 것이다. 그리고 인사, 총무 경영지

---

* 신규 입사자가 조직에 적용할 수 있도록 조직 문화와 업무에 필요한 정보, 기술 등을 교육하는 과정

원 부문에서 프로답다는 건 체계적으로 조직을 잘 관리하는 것이라고 생각한다.

2020년 코로나 팬데믹으로 인해 비대면 업무 환경이 일상화되면서 수많은 기업들이 B2B$^{business-to-business}$*를 대상으로 한 다양한 업무 협업 툴을 경쟁적으로 만들었다. 이로 인해 고도화된 시스템을 더욱 저렴한 가격에 사용할 수 있는 환경이 조성되었다. 많은 솔루션 기업이 기술을 고도화하여 이미 만들어진 시스템에 숟가락만 얹는 게 아니라 자신의 업무에 맞게 템플릿을 만들어 쓰는 기능, 즉 기업별 맞춤 서비스까지 제공했다. 이밖에도 외부의 다른 솔루션이나 기존 서비스들과 플러그인 방식으로 연결해 서비스를 이용할 수 있도록 했다. 그 결과 개인 업무부터 단체 업무까지 체계적으로 관리할 수 있게 되었다.

> 2017년 창업 첫 해에는 모든 업무를 아날로그 방식으로 처리하다가 2018년에 인사 재무 체계가 잡히면서 본격적으로 경영지원 솔루션과 업무 협업 툴을 다양하게 사용했다. 메신저부터 전자결재까지 모든 기능을 이용할 수 있는 그룹웨어도 사용해보고, 메신저 기능이 메인이 되는 소프트웨어도 사용해봤다. 그러나 수많은 업체를 꼼꼼히 비교했음에도 종합 서비스를 제공하는 기업 솔루션의 경우 하나의 기능이 되면 다른 기능에서 에러가 발생하는 일들이 비일비재했다. 결국 우리 회사는 플러그인 방식을 사용하되 모든 소프트웨어를 전문 분야별로 사용하기로 했다.
>
> 그리하여 지금은 개인 업무를 체계적으로 관리하고 협업할 수 있는 노션, 전자결재 및 그룹웨어의 일부 기능을 제공하는 닥스웨이브, 회계 및 급여 관리를 도와주는 이카운트, 회사 공용 메일 그리고 메신저 기능이 있으면서 앞의 모든 서비스를 연결하여 사용할 수 있는 슬랙을 이용하고 있다.

---

* 기업과 기업 사이에 이루어지는 거래

우리 회사에서 주로 이용하는 슬랙과 노션에 대해 간단히 소개한다.

슬랙은 평소에는 직원들 간의 업무 소통 채널, 즉 메신저로 활용한다. 각종 플러그인 형태의 소프트웨어가 연동되어 있어 직원들의 업무가 발생할 때마다 알람을 보낸다. 덕분에 각각의 서비스에 접속하지 않아도 효율적으로 업무를 처리할 수 있다. 예를 들어 닥스웨이브를 활용해 직원이 연차를 내면 슬랙에 자동으로 전자결재 알람이 뜬다. 또한 회사 메일을 슬랙에 연동하면 신규 메일이 수신되었을 때 슬랙에 알람이 온다. 그 외에도 고객 응대 서비스인 채널톡과도 연동되어 고객 문의 사항이 접수되면 채널톡에 들어가지 않고도 슬랙을 통해 내용 확인이 가능하다. 또한 외주업체와 커뮤니케이션이 필요할 때도 슬랙 내에 별도의 채널을 만들어 업무 채팅을 할 수 있기 때문에 업무 보안을 유지하면서도 속도감 있게 일을 처리할 수 있다.

노션을 활용하면 개인별 업무 카드를 생성하고 일일 업무부터 팀 업무까지 체계적으로 관리할 수 있다. 앞으로 해야 할 일과 현재 하고 있는 일, 완료된 일로 나누어 관리되니 한눈에 보이는 'to do list'가 클릭 한 번으로 만들어진다. 이와 더불어 아카이브를 만들어 중요한 파일들을 저장하는 기능도 매우 유용하다. 특히 노션을 이용하면 회사의 업무 자산을 쉽게 축적할 수 있다. 이는 직원들이 일상 업무를 하는 와중에도 업무 카드를 기반으로 매뉴얼, 업무 프로세스를 정의하는 데에서 기인한다. 업무 카드에는 업무의 흐름, 마감일, 업무의 전반적인 내용이 기재돼 있기 때문에 해당 카드만 열람하면 다른 사람도 해당 업무를 쉽게 파악할 수 있고, 기존 직원의 부재 시에도 업무 누수가 없게끔 백업이 가능하다. 그렇기 때문에 우리 회사에 신규 입사한 직원 교육 1순위는 노션의 기본 규칙과 활용이다. 업무 카드를 어떠한 순서로 만드는지, 어떻게 카테고리를 분류하고 작성해야 하는지 등을 교육한다. 그리고 노션에서 업무 카드를 만들거나 회의록을 작성하는 것이 왜 상호 협력 관계에서 중요한 것인지 주지시킨다.

노션과 같은 업무 협업 툴을 사용하면 조직 관리에도 이점이 있다. 각 개인이 자신이 맡은 업무의 흐름을 기록해두면 스타트업에서 고질적으로 말이 나오는 '일 때문에 휴가를 못 가'라는 말이 쏙 들어간다. 긴급하게 휴가를 써야 할 상황이거나 다른 누구에게 나의 업무를 부탁할 때 업무 카드 링크 하나만 전달해주면 되기 때문이다.

덕분에 우리는 각 개인의 업무를 빠르게 자산화할 수 있었다. 누군가의 퇴직과 동시에 구멍이 났던 업무 비율이 급격히 줄었고, 매년 주먹구구식으로 하던 일을 기록을 통해 확인하며 기틀을 잡을 수 있었다. 개인의 디테일한 업무는 스스로의 역량에 맡기더라도 일하기 좋은 업무 협업 툴을 제공하고 약속을 주지시키는 것, 이것이 프로다움의 시작이 아닐까 생각한다.

스타트업 프로의 조건

회사를 운영하면서 가장 버리기 힘든 것은 직원에 대한 기대치다. 나만큼 회사를 생각했음 좋겠고, 나만큼 일에 몰두했음 좋겠다. 또 모두가 회사에 대한 주인의식을 가졌으면 좋겠다. 창업을 하면서 이런 생각을 가지고 있다면 '꿈 깨!'라고 말할 것이다. 앞으로 맞이할 신규 직원에게 당당히 요구할 수 있는 프로다움은 기업가 마인드가 아니라 지각하지 않기나 규칙 잘 지키기 그 이상도 이하도 아니다.

프로다움은 직원에게서 나오지 않는다. 시스템에서 나올 뿐이다. 우리가 뽑는 직원들은 모든 걸 다 아는 사람이기보다는 더 배우고 싶은 사람일 확률이 높다. '내가 잘하고 있나?'라는 의문으로 가득 찬 직원에게 우리가 해주어야 할 복지는 더 일을 잘할 수 있는 능력을 습득하게 하는 것이다. 스타트업이라면 우리의 프로다움을 기반으로 프로가 될 직원을 키워나가야 함을 기억해야 한다.

요약

노련하게 인사관리를 하는 방법

- 채용 단계에서 구직자의 마음을 사로잡을 수 있는 체계적 프로세스를 정립하자.
- 업무 협업 솔루션을 적극 활용하고 업무 자산화에 노력을 기울이자.
- 프로다움이란 직원이 잘 적응하고 실력을 발휘하게 만드는 내부 시스템을 갖추는 데에서 시작한다는 사실을 기억하자.

스타트업이기에
채용계약서가 훨씬 중요하다

쓸데없는 곳에 머리 쓰고 시간 낭비하느니
양질의 인력에게 합당한 대가를 주고 일을 시키는 편이 낫다.

내가 COO로 스타트업에 입사하고 스쳐간 직원 수를 세어봤다. 2018년부터 현재까지 무려 60명이 넘는 직원과 인연을 맺었다. 정말 다양한 성격, 인성, 능력치를 가진 사람들을 만났던 것 같다. 그리고 안타깝지만 떠나간 직원들과는 좋은 기억보다는 좋지 않은 기억들이 더 많다. 그 이유는 나 역시 프로답지 못했기 때문이라고 생각한다. '조금 더 프로답게 이들을 대했다면 결과가 다르지는 않았을까?'라는 생각이 들 때면 그 당시 현명하게 대처하지 못했다는 괴로움에 몸부림치고는 한다.

채용계약서 작성이 왜 중요할까

직원들을 떠나보내고 남겨진 좋지 않은 기억을 후회하기엔 내게 주어진 일은 너무나도 많고 시간은 매일 촉박했다. 앞으로 나아가는 일 말고는 생각할 수가 없었다. 지난 기억들을 끄집어내 회상하는 것은 사치에 지나지 않다. 내가 할 수 있는 것은 원인을 찾아서 고치고 제대로 돌아가게 하는 데 집중하는 것뿐이다. 앞으로 올 사람들을 위해 더 체계적으로 시스템을 구축하는 것이 제대로 된 일의 방향이지 않을까? 그런데 근본적으로 다시 따져 보니 문제는 다름 아닌 '계약서'에 있었다.

시간이 흐르면서 절실하게 깨닫는 사실은 스타트업에서 계약서가 매우 중요하다는 것이다. 이는 주주 간의 계약서일 수도 있고, 투자계약서나 거래계약서, 채용계약서일 수도 있다. 스타트업 대표는 모든 업무가 낯설고 생소하다 보니 계약서에 처음 보는 내용이 많다. 또 법 조항에 대한 지식이 낮다 보니 꼼꼼하게 살피지 못하는 경우도 많다. 그 결과 비용과 시간 모두 손해보는 일이 종종 발생한다. 그러나 모든 일의 시작과 끝은 계약서상의 조항이라는 사실을 잊으면 안 된다. 잘 쓴 계약서는 큰 화를 면하도록 회사를 보호하는 안전장치가 되어준다. 따라서 회사가 직원과 날인하는 채용계약서 역시 매우 중요하다.

여기에는 크게 두 가지 이유를 들 수 있다.

- 명확한 규정을 통한 불이행 방지
- 문서를 이용한 법적 보호

스타트업은 대체로 시스템이 갖춰져 있지 않아 계약의 형태도 문서화되지 않은 경우가 많다. 그러나 이렇게 취약한 부분이 드러나면 이것이 곧 약점이 되고 심각할 경우 비용, 소송 등의 이슈로 번질 수도 있다. 그러므로 인재를 채용할 때는 스타트업이라도 반드시 표준근로계약서와 채용계약서를 구비해야 한다.

채용계약서는 회사와 근로자 간의 의무, 책임 및 급여, 근무 시간, 휴가 등을 명확히 규정하고 있는데, 이를 통해 회사와 직원 사이에 발생할 수 있는 갈등 요소를 줄이고 혼란을 방지할 수 있다. 또한 계약서 내에는 상호 책임 관계가 명시되기 때문에 회사는 직원에게 약속한 급여와 지급 조건을 지켜야 하고, 직원은 회사의 업무 지시를 따르고 주어진 업무를 성실히 수행해야 한다.

채용 형태에 따라 각기 다른 계약서를 작성하기도 한다. 정규직, 계약직, 외주 용역 등으로 나뉘는 각각의 채용 조건에 따라 작성되는 계약서의 종류와 방법도 상이하다. 일용직(아르바이트) 계약서 역시 별도 서식이 존재한다.

대개 정규직과 계약직은 표준근로계약서를 작성한다. 정규직과 계약직의 계약서에 차이가 있다면 '계약 종료일'이 다르다는 것이다. 일반적으로 스타트업의 정규직 계약서에는 'n개월은 수습 기간으로 근무한다'는 내용이 포함된다. 수습 기간 동안 회사와 맞지 않는다고 생각하면 수습 종료를 통보하고 안녕을 고하는 것이다. 하지만 해석하기에 따라 각종 이슈가 발생할 수 있으므로 계약서 제목에 '계약직'인지 '정규직'인지를 명시하는 것이 좋다.

처음 채용을 하면 신입, 경력직에 구분 없이 수습 기간을 정해 계약직으로 고용한 후, 수습이 끝나기 전에 정규직 계약서를 작성한다. 하나라도 일을 줄여야 하는 마당에 두 번 계약을 진행하는 이유가 궁금할 것이다. 이는 법적으로 회사가 인력 충원은 마음대로 할 수 있으나 해고는 마음대로 할 수 없는 규정 때문에 나름의 안전장치를 추가한 것이다. 사람 한 명이 오고 가는 것에 영향을 많이 받는 스타트업에서는 이 부분을 유의할 필요가 있다. 해석에 따라 논란의 여지가 다소 있지만 우리 회사에 적합한 사람을 찾는 것이 매우 어렵기 때문에 맞는 사람을 찾기 위한 장치라고 여기는 편이 맞다.

표준근로계약서는 고용노동부 사이트에서 손쉽게 내려받을 수 있다. 추가로 수정할 부분은 근로시간과 급여액 입력 정도이기 때문에 전문가에게 문의하지 않고도 서식을 다운받아 사용하는 것으로도 충분하다.

스타트업을 운영하다 보면 노무업체가 컨설팅을 해준다고 접근하기도 한다. 결론부터 이야기하자면 컨설팅을 받아도 바뀌는 내용은 거의 없다. 우리도 300만 원을 지불해 컨설팅을 받았으나 바뀐 것은 급여 항목 몇 개를 조정하는 것에 그쳤다. 급여액을 기본급+식대(비과세)로 조정했고 경우에 따라 차량유지비(비과세)를 추가하기도 했다. 비과세 항목을 추가하는 이유는 직원과 회사가 낼 세금을 합법적으로 절감하기 위함이다. 그러나 두 차례 정도 컨설팅을 받은 후 우리는 비용을 들여 받은 노무 자문 계약서를 결국 폐기했다.

급여는 기업 회계와 연관되어 있기 때문에 잘못 건드렸다가는 세금을 왕창 낼 수 있다. 비용을 아끼려고 이리저리 들여다보고 컨설팅까지 받았지만 원점으로 돌아가 현재는 간단히 고용노동부 사이트에 있는 표준근로계약서를 사용한다. 이를 통해 알 수 있는 점은 회사가 일정 규모로 성장하기 전까지는 국가에서 제시하는 표준근로계약서를 잘 따르면 된다는 것이다.

급여 조정의 목적은 세금 절감도 있지만 일부에서는 퇴직금을 적게 주려는 꼼수로 쓰기도 한다. 그러나 판례를 보면 기본급을 적게 책정했더라도 상시 동일 금액으로 상여 등 다른 급여 항목들이 지급됐을 경우 모두 합쳐서 기본급으로 보고 퇴직금 책정 기준 역시 이 합산 금액으로 한다는 내용이 있다. 즉, 노무 컨설팅으로 이것저것 항목을 변경해도 회사 입장에서는 대단한 비용 절감이 발생하지는 않는다는 뜻이다.

쓸데없는 곳에 머리 쓰고 시간을 낭비하느니 양질의 인력에게 합당한 대가를 주고 일을 시키는 편이 훨씬 쉽고 불필요한 분쟁을 줄일 수 있다. 기본만 잘 지키면 된다는 뜻이다. 단, 여기에는 우선 철저한 검증이 필요하다. 신분을 확인하고, 채용에 적합한 인재인지 각종 변수를 확인하는 작업이다.

꼭 확인해야 할 채용 서류 4종 세트

스타트업에서 채용 시 지원자에게 받아야 할 서류 4종 세트를 어물쩍 넘기는 경우를 많이 봤다. 신분증 사본, 주민등록등본, 경력/졸업증명서, 통장 사본이 바로 그것이다. 본인이 맞는지 신분을 증명하는 것과 거취의 분명함을 확인하는 일, 제출한 이력 사항에 거짓이 없음을 확인하는 것이다. 통장 사본은 급여 지급용이라고 생각할 수 있지만 신용에 문제가 없는지 확인하는 수단이 되기도 한다. 신용불량자는 통장 발급 자체가 되지 않기 때문이다.

4종 세트 모두 개인정보이기 때문에 처음에는 요구하는 일이 부담스러울 수 있다. 하지만 이 모든 정보는 회사에 소속되는 직원의 4대보험을 가입하고, 세금을 신고하고, 급여를 지급하는 데 쓰인다. 당연한 요구 사항이기에 부담감을 가질 필요가 없다. 경력직의 경우 내년도 연말정산을 위한 원천징수영수증을 미리 받기도 한다.

이와 더불어 간과하면 안 되는 사항이 바로 채용 검진이다. 회사가 작아서 여력이 없다는 말은 핑계에 지나지 않는다. 인당 2~3만 원이면 검진을 받을 수 있기 때문이다. 이것을 받는 이유는 말 그대로 건강 상태를 확인하기 위함이다. 세상에는 워낙 넓고 다양한 사람들이 있다 보니 채용 과정에서 다른 사람에게 영향을 끼칠 수 있는 전염성 질환을 가진 사람이 있을 수도 있다. 이를 사전에 예방하는 과정에서 채용 검진이 필요하다.

안전장치를 확보하라

다시 채용계약서 작성으로 돌아가 보자. 근로계약서를 작성할 때는 표준근로계약서에 명시된 업무와 급여 등 근로기준법에 맞춘 계약서 내용을 하나하나 확인하고 알려줘야 한다. 그리고 회사와 직원이 최종 계약서를 한 부씩 나눠가지면 이대로 계약이 끝나는 것일까?

일반적인 회사의 경우에는 표준근로계약서 날인이 종료되면 계약이 끝난다. 그러나 우리 회사처럼 안전장치 마련을 위해 수습 기간의 계약과 본 계약서를 나누어 작성하는 경우라면 다르다. 일반적인 회사에서는 채용한 직원에 대해 3개월의 수습 기간을 두고 그 기간 동안 최저 임금의 90%를 지급한다. 그러나 우리 회사의 경우 수습 기간 6개월로 계약서를 작성한다. 본래 3개월의 수습 기간을 6개월로 변경한 이유는 도무지 나의 능력으로는 직원의 역량을 3개월 안에 파악하기가 쉽지 않았기 때문이다. 그래서 채용 시기부터 6개월의 수습 계약 후 본 계약서를 다시 작성할 예정임을 고지했다.

그러나 여기서 반드시 짚고 넘어가야 할 사항이 있다. 우리 회사는 이러한 규칙을 적용한다는 사실을 대외적으로 공표해야 한다는 것이다. 이를 '취업규칙' 혹은 '사규'라고 한다. 취업규칙이란 근로자들에게 적용되는 사내 규정을 명시한 문서로 근로계약에 적용되는 임금이나 근로일자, 근로시간 등의 근로조건과 복무 규율을 기업이 체계적이고 구체적으로 명시해놓은 규정을 의미한다.

스타트업 창업 시엔 대부분 이런 취업규칙이나 사규가 없다. 하지만 사업이 번창하면 직원이 늘어나는 건 금방이다. 여기서 중요한 것은 취업규칙은 10인 이상의 기업일 경우 고용노동부에 신고해야 하는 의무가 생긴다는 것이다. 한 번 신고한 취업규칙은 근로자 과반수의 동의 없이는 변경이 어렵다. 즉, 창업자는 창업 초기부터 이 취업규칙을 미리 고려해야 한다는 의미다.

처음부터 취업규칙에 6개월 수습이라고 명시해두면 큰 이슈가 없다. 하지만 수습 기간을 3개월로 명시한 뒤 6개월로 바꾸려면 직원들의 동의 서명을 받고 변경을 신고해야 하는 등의 복잡한 작업을 거쳐야 한다. 물론 해당 조항 변경은 근로자에게 불리하기 때문에 우리는 수습 기간에도 급여를 100% 지급한다는 내용을 덧붙였다.

취업규칙 역시 고용노동부 홈페이지나 비즈폼과 같은 문서 서식 사이트에서 쉽게 찾을 수 있다. 표준 서식은 추천하는 편은 아니지만 앞서 말한 바와 같이 우리 회사에 적용할 만한 내용을 추가해서 사용하는 것을 추천한다. 반드시 노무사의 검수를 받으라는 말은 하지 않겠다. 어차피 신고를 하면 고용노동부 소속 변호사들이 꼼꼼하게 점검하고 안 되는 내용은 변경하라고 알려준다. 변경에 대한 상담은 무료로 진행해주니 얼마나 좋은가.

계약서 상의 안전장치를 마련했다면 이제 회사 비밀유지서약서도 작성해야 한다. 스타트업의 기술이 유출되었다는 뉴스는 심심치 않게 찾아볼 수 있다. 회사의 유무형 자산을 외부로 빼돌리는 것만큼 나쁜 일도 없지만 완벽한 보안 시스템을 구축할 여력이 없기 때문에 비밀유지서약서로 안전장치를 마련하는 것이 좋다. 그리고 이 서약서는 입사할 시점에 디테일하고 강력하게 작성하는 것이 좋다. 직원이 갑작스럽게 퇴사하며 서약서를 받지 못하는 경우도 허다하기 때문이다.

비밀유지서약서의 주 내용은 회사가 가진 거래처 정보나 마케팅 기술 등의 외부 발설 금지와 퇴직 전후 겸업 금지에 관한 내용이다.

실제로 우리 회사에서 퇴사한 영업 직원이 거래처로 이직을 한 사례가 있다. 그는 우리 회사의 제조원가나 영업망에 대한 모든 정보를 가지고 넘어가서는 이직한 회사를 난장판으로 만들며 짧은 기간 재직 후 퇴사했다고 한다. 그 후에도 그 직원은 또 다른 우리 거래처에 들어가서 일하다 그 회사를 폐업 위기까지 몰고 갔다는 얘기까지 들려왔다.

그때 비밀유지서약서를 강력하게 작성했으면 이러한 상황에 경고라도 할 수 있었을 텐데, 그러지 못한 것에 대한 아쉬움이 남았다. 이와 같은 상황을 방지하기 위해서라도 좀 더 꼼꼼하고 디테일한 서약서를 작성할 필요가 있다.

내가 특히 공들인 부분은 손해배상 조항이다. 일반적으로 모든 계약서에는 손해배상 조항이 있다. 계약을 한 상황에서 무엇이 잘못됐을 경우 손해를 발생시킨 자가 그 손해를 배상해야 한다는 내용인데, 이 내용이 뜬구름 잡는 경우가 많다. 예를 들어 어떠한 정보를 유출하여 회사에 피해를 입힌 경우 퇴사일로부터 언제까지 해당 제품의 동기간 매출 몇 %를 손해배상 청구하겠다는 방식이다. 이러한 세부 사항은 사업을 진행하면서 추가해도 되는 내용이므로 창업 초기라면 해당 사태로 인해 발생된 2차적 손해까지 배상을 청구한다는 선으로 작성해두었다가 추후 보완하는 방법도 있다.

이 밖에도 중소기업소득세감면신청서 작성과 매년 수행해야 하는 법정의무교육도 입사 시 함께 진행하면 편하다. 앞서 말한 중소기업소득세 감면제도는 청년 근로자가 중소기업에 입사하면 일정 기간 부과되는 소득세를 최대 90% 감면해주는 제도이니 적극 활용하자.

법정의무교육은 사업자등록상의 업종에 따라 받아야 할 내용이 다르므로 고용노동부 사이트에서 확인하고 진행할 것을 추천한다. 법정의무교육 미이행 시 교육별로, 미이행 횟수별로 과태료가 부과되니 유의해야 한다.

꼭 확인해야 할 채용 서류 4종 세트

- 신분증 사본 / 주민등록등본 / 경력, 졸업증명서 / 통장 사본

채용계약서와 함께 챙길 내용

- 취업규칙에 인턴/수습 조건 명시하기
- 비밀유지서약서를 통해 안전망 확보하기

트렌드를 좇는
인사제도는 실패한다

조바심을 갖지 말라.
보상은 성공하고 난 이후에 줘도 된다.
성공하기 전에 떠난 사람은 이미 내 사람이 아닌 것이다.

복리후생을 무기로 한 채용의 명과 암

스타트업 창업 붐이 일었던 적이 있다. 새로운 비즈니스 모델이 등장하면 너도나도 유사한 업체를 만들곤 했다. 거기다 특이점을 한 방울씩 섞어가며 유니크함을 강조하면 투자도 쉽게 받을 수 있을 때였다. 이때 우후죽순 생겨난 스타트업 중 대다수가 코로나 국면을 맞으면서 뼈아픈 구조조정을 단행하거나 폐업했다.

일부 스타트업에서는 적합한 인재를 채용하기 위해 막강한 복지를 내세워 구직자들을 유인하기도 했다. 면접을 마친 구직자가 면접비가 있는지 물어보고, 어제 면접 본 회사의 복지를 알려주며 우리 회사의 복지도 알려달라는 질문을 받았을 정도니 경쟁의 지나침이 도를 넘어도 한참 넘었다고 보면 되겠다. 실제로 어떤 스타트업에서는 수차례 상당한 금액의 투자를 받고 든든해진 자금력을 무기 삼아 입사 시 맥북을 지원하고, 개당 100만 원이 넘는 사무용 의자를 지급하며, 2년 차에는 유급 휴가와 함께 300만 원 상당의

해외여행을 복지로 내세우기도 했다. 회사 운영에 쓸 돈도 없어 앓는 소리를 내는 대다수의 초기 창업 회사가 볼 때는 정말이지 기함할 노릇이었다.

지금도 네이버 검색창에 '스타트업 복지'라고 검색하면 다수의 복지 관련 내용들이 검색되곤 한다. 정말이지 현실 감각이 제로인 방만한 경영의 실상이라고 감히 평가하고 싶다. 이러한 복지에 풍당 빠져서 꿀처럼 달콤한 생활을 즐긴 직장인들은 더 많은 복지를 외치곤 했다.

> 시대에 편승했던 우리도 형편이 닿는 범위 내에서 복지를 최대한 늘렸다. 장기근속상을 2년 차에 지급하고 생일이면 유급 반차, 자사 제품 직원 할인, 웰컴키트, 무한 간식 제공에 한 달에 한 번씩 문화의 날이라고 해서 박람회나 영화 관람을 지원했다. 직원들의 건강을 위한다며 헬스장을 등록해줬고, 취미 활동을 위한 학원 등록도 지원했다.

> 그러나 과도한 지원은 점점 직원들을 지나칠 정도로 화합하게 했고, 그렇게 끈끈해진 직원들은 예상과는 반대로 더 이상 회사의 말을 듣지 않았다. 수많은 복지를 제공하고 회사가 얻은 것은 아무것도 없었다. 결국 복리후생 명분으로 제공되었던 각종 혜택을 전수 점검했고 무의미하게 지출되는 비용은 모두 없앴다. 기브 앤 테이크의 논리가 지켜지지 않는 복지는 필요 없다. 직원들에게 세상에 당연한 것은 없다는 것을 알려주고 싶었다.

이러한 복지들이 직원 입장에서 도움이 된 것은 맞다. 하지만 회사 입장에서는 아니었다고 단호하게 말할 수 있다. 직원의 입장에서 맞다고 판단하는 이유는 재직 중인 직원부터 퇴사한 직원까지 입을 모아서 워라밸이 훌륭하다고 평가했기 때문이다. 복지가 직원들을 독려하는 데는 장점이 있지만, 이것이 과하면 현재 누리는 모든 복지가 당연히 받아야 하는 권리인 양 생각하고 더 많은 것을 요구한다.

스타트업 초기 창업자에게 꼭 해주고 싶은 말이 있다면, 조바심을 갖지 말라는 것이다. 성공한 이후에 보상을 줘도 된다. 성공하기 전에 떠난 사람은 내 사람이 아닌 것이다. 복지만 바라고 온 사람에게는 큰 기대를 말아야 한다. 복지를 과하게 내세우면 배보다 배꼽이 더 커지는 상황을 반드시 맞이할 테니 말이다.

수평적 조직이라고 모두가 평등하지는 않다

스타트업에 유행처럼 퍼진 인사제도는 복지 말고도 한 가지 더 있다. 바로 조직의 수평화다. 외국계 기업에서는 사장님의 이름을 마구 부른다는 데서 착안한 제도 같다. 임직원 모두가 전문가로서의 책임과 의무를 본인이 직접 지는 데 이 제도의 목적이 있다고 생각하는데, 현실은 그렇지 않다.

수평적 조직이라고 해서 모두가 평등하지는 않다. 외국 기업에서도 보스는 이름을 부르더라도 보스다. 팀장은 이름을 부르더라도 팀장이다. 스타트업으로 이 문화가 전파되면서 아주 이상한 형태로 변질되었다. 이름을 부르면 내 동료이고 친구라는 식으로 말이다. 대표 혹은 팀장이 업무를 지시하는데 'OO님, 그건 아닌 것 같은데요'와 같은 대꾸가 나온다. 수평 조직이라는 것은 직원들 간에 어떤 사안에 대해 자유롭게 토론하고 아이디어를 도출하는 데 있지, 업무를 지시하는 것에 대해 반문하거나 거절하는 행위를 포함하지 않는다.

창업 초기에는 바람직한 수평 문화에서 시작해도 시간이 지나면서 변질되는 경우도 있다. 직원들은 본인이 원하는 것을 주장하거나 자신의 권리는 적극적으로 수호하는 데는 앞장서지만, 사건이 벌어지거나 사고가 터졌을 때는 어느 누구도 책임지려 하지 않는다. 모두가 수평하기 때문에 누구 하나 책임을 지지 않는다는 건 수평 조직 문화가 제대로 자리잡히지 못했음을 반증한다.

우리 회사에서도 수직 조직에서는 찾아볼 수 없는 결재선 건너뛰기 상황이 여러 차례 목격되었다. 경영지원팀 아래 재무회계, 총무, 제조, 물류 담당 직원들이 소속되어 업무를 했다. 경영지원팀 팀장은 이 모든 분야의 전문가는 아니었다. 팀장의 역할은 각 업무로 나뉘어진 구성원들을 단합해 성과를 만들어가는 데에 있다. 그러나 제조 담당 직원은 자신보다 팀장의 제조 관련 지식이 낮다고 판단해 모든 업무에서 팀장의 능력을 폄하하고 보고를 거부했다. 그러다 제조 관련 이슈가 발생하면 해당 직원은 팀장을 건너뛰고 대표에게 직접 보고하는 상황이 지속되었다.

결재선을 건너뛰는 직원은 제조뿐만 아니라 마케팅, 디자인 등 영역을 불문하고 존재했다. 나는 그러한 상황이 팀장이 자신보다 전문적이지 않으면 존중하지 않아도 된다는 잘못된 사고의 결과인 것 같아서 씁쓸했다.

수직적인 조직에서는 팀장을 건너뛰는 일은 상상조차 할 수 없다. 팀장이 있는 이유는 중간 관리자로서 책임을 지는 위치이기 때문이다. 만약 직원이 대표에게 직보고를 해서 이슈가 터지면 이는 직원의 탓인가? 아니면 팀장 혹은 대표 탓인가?

수년간 수평 조직 문화를 원했지만 우리 회사에서 목격되던 수많은 사례들을 통해 '아직 적용하기 이르다'는 결론에 이르렀다. 바람 잘 날 없는 수평적 조직에 대한 열망은 이렇게 막을 내렸다.

결국 해답은 내부에서 찾아야 한다

그렇다면 우리 회사에 맞는 인사제도는 어떤 것일까? 결국 해답은 내부에서 찾아야 한다. 트렌드를 좇느라 급하게 도입한 제도는 체화하지 못하면 탈이 난다. 우리 사업의 방향성에 맞는 인사제도를 찾아서 정착시키는 것이야말로 회사를 바르게 이끄는 길이 아닐까 생각한다. 제조 공장에서 수평적 조직을 적용하면 공정에서 발생하는 사고를 책임질 사람이 없어진다. 창의적인 아이디어를 도출해야 하는 곳에서 위계를 지나치게 강조하면 자칫 창의성을 해칠 수 있는 것처럼 말이다.

스타트업에서 수평 조직과 수직 조직 중 어떤 것이 더 효과적이다, 정답이 다라고 이야기할 수는 없다. 각 기업이 처한 상황과 목표에 따라 수평 조직과 수직 조직의 특성을 조금씩 조합해보면 답이 나온다.

수직 조직은 명확한 계층 구조, 권한 분배를 갖추고 있기 때문에 조직 내 의사결정이 빠르고 효율적이다. 그렇기 때문에 조직이 명확한 방향을 갖고 성장하는 데 집중하려면 수직 조직이 효과적이다. 반면 수평 조직은 조직 내 직원들이 서로 협력하며 일하는 것을 중요시하며, 의사결정과 권한이 분산돼 있다. 이러한 형태는 창의적인 아이디어나 혁신적인 프로젝트, 실험적인 사업을 추진하는 스타트업에 효과적이다. 대신 대표는 대표다워야 하고, 팀장은 팀장다워야 한다. 나머지 직원들은 서로가 화합해야 한다. 이 부분을 모두 만족시키는 인사제도란 책임이 있는 사람에게는 직위를 부여하는 수직 체계를, 나머지 구성원들은 수평 조직을 적용하는 것이다. 직원 대부분이 주니어로 이루어진 우리 회사에는 이만한 제도가 없다는 생각이다.

당신이 스타트업 대표이자 초기 단계의 창업자라면 무엇보다도 조직도와 인사제도를 가볍게 생각하지 않기를 바란다. 한 회사의 조직도를 보면 그 회사가 어떠한 방향으로 가고 있는지 알 수 있다. 조직도에는 팀장을 중심으로 한 기능적인 조직으로 이루어져 있는지, 프로젝트 단위별로 업무가 이루어지는 매트릭스 조직으로 이루어져 있는지 나타난다. 외부에서는 조직도를 보고 '이 회사는 영업 조직에 집중된 회사구나' 혹은 '이 회사는 대표의 의사결정이 매우 중요한 조직이구나'와 같은 판단을 내릴 수도 있다. 내부에서도 마찬가지다. 조직도와 인사제도를 꼼꼼히 정비해두면 회사가 성장기로 접어들 때 당황하지 않고 이를 확장 적용할 수 있다.

아마 스타트업 대표들은 모두가 공감할 것이다. 여러 시행착오를 겪으면서도 조직이 성장할 것이라는 기대를 갖고 열심히 추진하지만, 뜻대로 되지 않는 경우도 왕왕 있다는 것을 말이다. 우리는 대표이기 때문에 처음부터 N차 창업을 한 것처럼 프로답게 운영해나가야 한다는 부담이 있다.

그러나 이 책을 읽고 있는 사람이라면 내가 겪었던 혹은 나보다 더 앞선 선배 창업자들이 겪었던 실수를 하지 않으리라 믿는다. 창업자도 처음이기 때문에 당연히 실수한다. 스스로에게 지나치게 관대해져도 안 되지만, 때로는 우리도 위로가 필요한 존재다. 대표는 외롭고 쓸쓸하고 지친 감정마저도 열정 아래 숨겨두어야 한다. 그렇게 스타트업은 대표의 눈물과 인내를 머금고 성장한다.

요약

스타트업 복리후생의 원칙

- 복리후생 정책은 기업 성장에 따라 단계별로 확장하자.
- 남의 복리정책을 무리하게 따라 해 인재 경쟁에 뛰어들기보다 내실을 다지자.
- 우리 조직문화와 어울리는 복리후생 정책을 만들어가는 것이 좋다.

안드로메다인과는
이렇게 소통하자

**내 마음을 하나부터 열까지 이해하고 따라주는 직원은 없다.
직원은 자신들의 이익 추구가 일순위이고 이는 당연한 것이다.**

대학 시절 모든 수업을 영어로 진행한 전공 과목이 있었다. 학생들은 대부분 국내파였기 때문에 수업을 완벽하게 알아듣지 못했다. 어느 날 교수님이 제시어가 담긴 카드 한 장을 제일 앞에 앉은 사람에게 나누어 주면서 뒷사람에게 설명하여 전달하라고 지시했다. 예상대로 마지막 순서의 그 누구도 정답을 맞히지 못했다.

불완전한 의사소통의 상황에서는 말이 전달되는 과정에서 개인의 생각이 개입되면서 누구도 예상할 수 없는 방향으로 흘러가기 마련이다. 어떤 수단과 방법을 동원해서 최대한의 능력치로 설명해도 상대방이 '정답'으로 알아듣기는 어렵다는 의미다.

완전하고 온전한 커뮤니케이션은 세상에 존재하지 않는다. 우리는 인사 업무를 하거나 직원과 커뮤니케이션할 때 이 전제를 잊어서는 안 된다. 너와 나는 다른 사람이고, 같은 것을 보고 듣더라도 다르게 생각하고 판단한다는 것을. 지구인이 아닌 안드로메다인과 소통하는 것처럼 말이다.

단어의 정의가 의심되는 순간이 온다

시스템이 제대로 갖춰지지 않은 스타트업에서 일하다 보면 마치 영화 〈맨 인 블랙〉의 주인공이 된 것 같은 착각이 든다. 내가 생각하고 있는 단어의 정의가 그게 아닐 때도 있고, 어떤 개념을 무한히 의심하기도 한다. 혼란과 오해가 쌓이다 감정의 골마저 생기면 업무 효율은 떨어질 수밖에 없다.

경영지원 전반의 업무를 관리하는 나에게 있어서 일이란 매뉴얼 작성의 연속이다. 루틴한 업무보다는 불시에 떨어지는 일들이 더 많기 때문에 일을 진행하면서 하나하나 메모해두지 않으면 효율이 떨어진다. 또한 불특정한 업무도 76년 만에 한 번씩 지구를 찾아오는 핼리 혜성처럼 언젠가는 다시 하게 되어 있다. 다만 주기가 다를 뿐이다.

나는 COO로 인사를 담당하면서 직원들의 원활한 업무를 위해 주기적으로 업무 매뉴얼 작성을 요구하곤 했다. 습관화돼 있지 않은 직원들에게는 일에 일을 더한 격이었다. 내가 업무 매뉴얼 작성을 요구할 때면 직원들은 대체로 매우 소모적으로 받아들였고 불편해했다. 급기야 업무 매뉴얼 작성을 거부하는 경우도 생겨났다. 이해하기 힘들었다.

대학에서도 기본 중의 기본이라고 배웠으며 이전 직장에서도 당연히 수행했고, 업무를 진행하는 데 없어서는 안 될 부분인데 직원들은 'No'를 외치고 눈을 흘겼다. 도대체 왜 업무 매뉴얼을 거부하거나 불편해하는지 알아내기 위해 직원들을 불러 면담을 했다. 업무 지시를 거부하는 이유를 꼭 알아내야 했다.

놀랍게도 원인은 매뉴얼을 쓰라는 행위 자체가 퇴사 압박이라는 착각 때문이었다. 매뉴얼을 인수인계서라 생각했던 것이다. 면담을 하고 나서 직원들에게 설명이 부족했던 나를 반성했다. 또한 '업무 매뉴얼'이라는 단어가 인사 담당자와 직원에게 서로 다른 의미로 해석되고 있음을 깨닫고 이걸 작성해야 하는 이유와 목적을 직원들에게 꾸준히 이야기하고 설득했다.

사실 이 사건은 내가 회사라는 형태의 조직에서 일하면서 처음 겪는 일이라 퍽퍽한 고구마를 집어삼킨 듯 답답했다. 왜 설명을 해줘도 이해를 못할까? 아니면 이해를 하지 않으려 하는 것인가? 사측의 입장을 대변하는 내게 적대적인 의식을 가지고 있어서 무엇이든 거부하려는 것일까? 생각이 꼬리에 꼬리를 물었다.

이후에도 비슷한 일은 또 일어났다. CS를 담당하는 직원이 있었는데 워낙 업무를 꼼꼼하게 잘해서 나는 그 직원이 단순 사무 업무에만 그치지 않고 더 많은 역량을 키우기를 바랐다. 회계 관련 자격증도 가지고 있던 그 직원에게 재직 2년이 되는 시점에 보직 이동을 제안했다. 단순 업무에서 한 단계 더 나아가 재무회계 업무를 함께 해보자고 말이다.

사실 스타트업의 재무회계는 그리 복잡하지도 않다. 회계법인에서 기장을 맡아서 해주기 때문에 필요한 자료를 잘 정리해서 전달하고 회계법인과 소통해 결산하면 끝이었다. 하지만 아무리 작은 회사라도 재무회계를 맡기는 것은 웬만한 신뢰가 없으면 불가능한 일이다. 나는 그 직원을 신뢰했고, 회사에 2년 동안 최선을 다했기에 그런 제안을 한 것이다. 스스로 발전을 도모하고 업무 능력을 레벨업할 수 있으니 귀가 솔깃한 제안이라고 생각했다. 그러나 그 직원은 보직 이동을 거부했다. 어렵게 들을 수 있었던 직원의 마지막 한마디에 온 몸에 힘이 빠지는 기분이 들었다. 자신이 잘하고 있는 일을 뺏고 그만두게 하려는 거 아니냐는 말이었다. 진심을 담은 나의 배려와 결심이 상대방에게는 퇴직이라는 독이 든 사탕을 달랑달랑 흔들며 꼬아내려는 수작으로 보였던 것이다.

그 후부터 나는 방법을 바꿨다. 커뮤니케이션의 간극을 줄이기 위해 불필요한 친절을 줄이고 시스템에 의한 소통을 해야겠다고 판단한 것이다. 내가 생각하는 친절이 상대방에게는 위협일 수도 있기 때문이다.

기업 운영도 마찬가지다. '대화' 방식을 통해 상호 이해하는 과정도 필요하지만, 대개의 경우 시스템에 의해 업무를 부여하고 수행하는 것이 불필요한 오해를 줄이고 효율을 높이기도 한다.

내 마음속을 하나부터 열까지 다 이해하고 따라주는 직원은 없다. 나 역시도 마찬가지겠지만 직원 개개인은 자신들의 이익 추구가 일순위다. 그다음도 자신의 안위, 그다음도 끝없이 자신으로 시작되는 테두리 안의 것이다. 창업자인 우리는 안드로메다에 떨어진 지구인이며, 그들과 함께 우리의 꿈을 일궈나가는 것이다.

직원은 직원일 뿐이다

새로운 직원을 채용하면 설레곤 한다. 우리 회사에도 직원이 생겼다, 내가 잘해줘야지, 회사가 성장하면 리워드도 아낌없이 줘야지, 이렇게 희망찬 미래를 상상해보기도 한다. 하지만 인류애를 가지고 직원들을 대하면 마음고생을 많이 해야 할 것이다. 가족 같은 마음으로 대했던 직원에게 느낀 배신감은 세월이 지나도 지워지지 않는 상처로 남는다.

> 하나부터 열까지 진심으로 대했던 직원들이 하나둘 퇴사한 후 기업 리뷰 사이트에 올린 글을 읽으면서 멘탈을 부여잡기란 쉬운 일이 아니었다. 익명이라는 방패를 들고 들이대는 날카로운 칼날을 당해낼 재간은 없었다. 앞머리가 숭 비어버릴 정도로 스트레스도 많았고, 잡플래닛과 같은 기업 리뷰 사이트를 만든 업체 대표가 원망스럽기도 했다. 재직자나 퇴직자나 하나같이 나의 멘탈을 무너뜨리려고 하는 통에 직장 내 괴롭힘 방지 교육을 받으면서 신고하고 싶다는 생각까지 들었다.

내 손으로 채용한 직원들은 회사 문을 열고 나가면 남보다 못한 존재가 된다. 직원은 직원일 뿐이었다. 나의 마음은 그렇지 않더라도 그들은 나를 철저히 일로써만 대한 것이다. 어떤 의미에서 그런 점은 나보다 더욱 프로다운 면모다. 감정을 배제할 수 없는 건 나에게는 회사와 직원 모두가 유기적으로 다가오기 때문이다.

지금 이 순간 나를 보며 웃는 직원의 마음을 순수하게 받아들이는 실수를 범해서는 안 된다. 직원에게 대표의 배려는 당연히 받아야 할 특권이고, 나의 말 한마디 한마디는 꽈배기 필터를 통과한 것처럼 해석된다. 고생 많았다는 말은 일을 더 시키려는 수작이 되고, 업무 지식을 전달하는 일은 대기업에서 일한 게 대단한 벼슬인 줄 안다로 바뀐다. 출퇴근 시간이 조금만 삐걱대도 그렇게 특혜를 받아서 살림살이가 나아졌냐는 냉랭한 반응이 돌아온다.

보통 창업자는 '대표'로서 조직을 리드한 경험보다 '실무자' 위치에서 일한 경력이 더 많을 것이다. 그렇기 때문에 당연히 시행착오를 겪는다. 직원의 입장에서 바라보던 생태계와 대표의 입장에서 바라보는 그것은 다를 수밖에 없다. 프로젝트 A의 달성만을 바라보던 직원에서 A부터 Z까지의 프로젝트를 총괄하고 새로운 일까지 생각해내야 하는 대표가 되었다고 순식간에 대표 마인드를 학습하고 완벽하게 수행할 수 있는 것은 아니다.

직원들의 착각은 여기서 시작된다. 나 역시 사람인데 나에게만 너무 각박한 잣대를 들이대는 게 아닌지 서운함이 밀려올 때도 있을 것이다. 직원들이 그리는 대표의 이미지는 드라마 속에서나 존재한다. 언제나 젠틀하고 능력 있고 직원들의 존경을 받으며 여유 있는 삶을 사는 그러한 사람은 재벌 2세 정도나 되면 가능할까? 어떤 모습으로 꾸며도 그들이 원하는 대표의 모습은 아닐 것이다.

우리 회사는 규모가 작으니 가족처럼 화목한 회사를 만들 거라고 이야기하는 창업자들을 종종 본다. 화합을 위해 직원들과의 자리를 늘리고 다양한 액티비티를 기획하지만 기대했던 아웃풋으로 나오지 않는 경우가 더 많다. 대표는 늘 직원과의 경계를 명확히 해야 하며, 어떠한 경우에서든 업무 이외의 깊은 대화를 나누는 것을 지양하는 것이 좋다. 그들이 문을 닫고 나가면 키보드 워리어가 되어 돌아오기도 하고, 그동안 이야기한 것들이 나의 약점이 되어 공격의 빌미를 제공하기 때문이다.

애초에 감정이 이성을 앞서는 사람이라면 바뀌는 게 결코 쉽지 않을 것이다. 하지만 분명한 것은 어떠한 일이든 감정이 앞서면 상황이 긍정적으로 흘러가지 않는다는 것이다. 창업자인 나와 한 명의 직원은 수평으로 그어진 각각의 다른 선상에 있다. 결코 합치되는 지점을 찾지 못한다는 뜻이다. 창업자는 그 다름을 빠르게 인정해야 한다. 그리고 이해하기보다는 해결하려 노력해야 한다. 직원과의 관계는 그런 것이다. 나의 정체성이 무엇인지, 내가 지구인인지 안드로메다인인지 수시로 돌아보아야 할 것이다.

책임은 줘도 권한은 함부로 주면 안 된다

직장인이라면 누구나 성장을 꿈꾼다. 회사에서는 연차 혹은 능력에 따라 직위를 나누고 승진이라는 타이틀을 주어 그들이 한 단계씩 올라갈 때마다 격려하고 리워드를 지급한다. 승진을 통해 타이틀이 바뀐다 해도 마인드까지 동시에 바뀌지 않기 때문에 회사는 직무 교육 혹은 리더십 교육을 통해 해당 위치에 맞춰 성장할 수 있도록 돕는다. 일반적으로는 말이다.

스타트업에서는 이러한 체계적인 규칙이 적용되지 않는 경우가 많다. 나이와 직책에 상관없이 수평 조직으로 시작하는 경우가 대부분이기 때문이다.

게다가 팀장이나 중간 관리자도 없이 모든 직원이 수평적일 경우에는 책임질 사람이 없다는 큰 리스크가 발생한다.

우리 회사의 마케팅팀은 모두를 '~님'이라 부르며 동등한 지위를 가졌고, 비슷한 연차의 주니어들이 대부분이었다. 그렇게 각자 뛰다 보니 온라인 광고를 제작해서 릴리스해도 해당 광고가 관계 법령에 위반 사항이 있는지 확인해 줄 사람도 없고, 혹여 위반 사항이 발생해도 책임져줄 사람도 없었다. 기계적으로 광고만 제작하다 보니 결과물의 완성도나 구체적인 파장에 대해 생각할 의무도 없고 결과에 책임질 이유도 없었던 것이다.

문제는 여기서 끝나는 것이 아니다. 모든 책임을 대표가 감당해야 하기 때문에 한 걸음 나아갈 때마다 모진 비바람을 오롯이 다 맞으며 지나갈 수밖에 없다. 그렇기 때문에 회사가 성장할수록 적절한 시기에 업무와 권한을 이양하는 것도 성장하는 데 큰 도움닫기가 될 수 있다. 그러나 스타트업 대표들은 항상 궁금하다. 업무와 권한의 이양은 대개 언제가 적절한지, 어디까지 업무를 주고 권한은 어디까지 위임하는지에 대해 말이다. 지나치게 권한을 적게 주면 동기부여가 되지 않고 기계적인 업무만 하는 직원들이 있을 것이고, 지나치게 권한을 많이 주면 횡포, 비리 등 각종 이슈가 발생할 리스크도 산재해 있다.

우리 회사는 성장기를 겪으면서 수평적 조직 운영에 다양한 문제를 맞이했다. 나는 중간 관리급 연차가 되는 직원들에게 책임을 부여하기 위해 업무 분장에 따라 팀을 나누고 해당 팀마다 팀장 타이틀을 부여했다.

수평적 조직일 때는 모두가 화기애애하고 단합이 좋았던 팀이 있었다. 이들 중 리더십을 충분히 발휘할 적임자라고 생각한 친구에게 팀장직을 맡겼다. 그러나 이 친구가 팀장이 된 이후부터 조직에 웃음이 사라지기 시작했다.

한 친구가 사표를 던지며 총대를 메고 그동안 있었던 일들을 줄줄이 늘어놓았는데 부끄러워서 고개를 들 수가 없었다. 팀장을 맡은 직원의 언행과 행동에 대한 제보를 받아보니 정말 가관이었다. 그는 대표 행세를 하기도 하고 특정 직원에 대한 성희롱 발언을 공개적으로 일삼았으며, 어떤 날은 퇴근을 못 하게 3시간이나 잡아놓고 입에 담기도 무서운 육두문자를 쏟아내며 위협을 가했다는 것이다. 이런 작은 회사에서 쥐꼬리만한 월급을 받는 현재가 그들의 가치라며 자존감을 깎아내리고, 가족 친지까지 동원해 온갖 모멸감을 느낄 말들을 쏟아내기도 했다고 한다.

나의 불찰이었다. 일단 사람을 잘못 선택했고, 팀장이라는 권한을 주면서 그 범위가 어디까지라는 이야기를 하지 않았다. 팀장의 역할은 진행되는 프로젝트의 전체 스케줄을 관리하고 이를 수시로 대표에게 보고하며 차질 없이 진행될 수 있도록 돕는 것이라고 명확한 지시를 내리는 절차가 없었기에 마치 무소불위의 권력을 가진 것처럼 휘두르고 다녔던 것이다. 전래동화에나 등장할 법한 부패한 이방 역할의 몰상식한 소인배에게 내 자식들을 돌봐달라고 내어준 격이었다.

또 한번은 회사에 재무와 전략을 총괄하기 위해 임원급 직원을 채용했으나, 이력과는 달리 재무제표를 정확히 볼 줄 몰랐다. 그러고는 우리 회사의 재무제표를 샅샅이 분석한다고 하더니 그 결과를 들고 투자자들을 만나고 다니면서 본인이 여기에 오기 전에는 회사가 아주 개판으로 운영되고 있었다는 둥, 자기가 회사를 바꾸겠다는 둥의 이야기를 하고 다니며 대표의 위신을 깎아내렸다. 큰맘 먹고 도입한 회계 프로그램의 기본 세팅을 완료하고 교육만 남은 단계에서 개입하여 프로그램을 엉망으로 만들어 놓기도 했다. 한 달 동안 준비했던 것들이 포맷되는 순간이었다.

해당 직원은 자신에게 믿고 맡겨달라더니 틈만 나면 자리를 비웠고, 옥상에서 단체로 담배를 피우면서 시간을 보내는 게 일상이었다. 그 시간은 온갖 루머를 생산해내며 이간질을 하는 시간이었다. 본인이 추진하는 일에서 수익이 나면 대표 의견 필요 없이 직원들에게 나눠주겠다는 식으로 말이다. 그러던 무렵 그가 맡았던 광고는 역마진이 나고 있었고, 새로 시작한 사업 역시 밑 빠진 독에 물 붓는 격으로 세팅되어 있었다. 광고는 중지했고 신사업은 대폭적인 수정이 불가피했다. 그 와중에 본인이 이 회사에서 최고의 자리에 앉고 싶다는 욕망도 내비쳤다. 전문 경영인을 운운하며 대표에게 장기간 휴식을 권했으니 말이다.

결국 그는 얼굴을 붉히며 사표를 던지고 나갔고, 그가 지나간 자리는 전멸했다. 모든 상황을 지켜보며 동조했던 직원 역시 자신의 살 길을 찾아 떠났다. 그들의 표적이 되어 대치했던 또 다른 팀원 역시 그의 권위에 눌려 소화하기 힘든 업무들을 쳐내다 포기하고 사표를 냈다. 그가 맡았던 업무의 범위가 너무 넓었기에 완벽하게 복구하기란 불가능했다. 재무회계, 커머스, 전략 및 신사업까지 발을 걸치지 않은 데가 없었다. 이 무렵 나도 번아웃이 와서 너무 많은 권한을 허용했던 탓도 있다. 결국 수많은 흔적을 정리하는 것은 남은 사람의 몫이었다.

모든 것들이 정리되고 제자리를 찾아감에 따라 나는 뼈저리게 반성했고, 지난 날의 전철을 또다시 밟고 싶지 않았다. 시스템을 기반으로 중앙 통제하에 업무가 진행되도록 수시로 보고 가능한 채널을 만들어 업무 기록도 매뉴얼처럼 누적될 수 있도록 했다.

큰 사건을 겪은 후 팀 운영은 생각보다 어렵지 않았다. 기존 인력들은 새로운 업무 협업 툴이나 시스템을 적극적으로 수용했고, 신사업을 담당하는 팀은 의견을 최대한 절충하는 형태로 합의하며 나아갔다. 관련 담당자가 투입되어 기록을 남길 수 있는 형태로 보고하게 된 것이다.

그러나 새로운 시스템을 모든 팀에게 예외 없이 적용하지 않았던 탓일까? 일부만 절충했던 팀에서 잡음이 발생했다. 시간이 갈수록 그 팀의 공기가 다르게 느껴졌다. 상사는 부하 직원을 아껴도 너무 아꼈고, 출근 시간이 한참 지난 때에 나타난 직원을 대변하기 일쑤였다. 해당 직원은 이미 본인이 가진 연차 개수를 초과 사용한 지 오래였다. 업무는 갈수록 불투명하게 진행되었고, 업무 시간 내내 대표가 있건 없건 유튜브를 시청했다. 경거망

동이 도를 지나쳤다. 하지만 수차례 직원을 단도리해도 벽에다 이야기하는 기분이 들었다. 그 과정에서 해당 직원에 대한 책임과 권한을 본인에게 달라는 직속 상사의 요청마저 있었다. 버릇은 고쳐지지 않았다. 지각을 밥 먹듯이 했고 본인 직속 상사 이외의 사람은 투명 인간 취급을 하며 더욱 안하무인이 되었다. 결국 해당 직원은 1년을 딱 채우고 퇴직금을 챙긴 채 퇴사했다.

둘 사이는 둘만 빼고 모두가 알았다. 직장 내 연애를 금지하는 구시대적 사고방식을 가진 건 아니지만 이렇게 회사 일에 영향을 끼칠 정도면 이야기가 달라진다. 인사담당자는 인내심의 한계를 경험했지만 대표는 이런 상황에 내색을 해서는 안 됐다. 그게 대표의 자리다.

회사에서 책임과 권한을 내릴 때는 굉장히 신중해야 한다. 주로 높은 직위에 있는 사람에게 부여하는 것이 일반적이기 때문에 한 번 주면 회수하기 어렵다. 그리고 나의 위치와 역할이 비례하여 성장하지 못하면 사건은 시작된다. 이렇게 발생한 사건은 다른 상황에 비해 스케일이 무척 크다는 공통점을 가지고 있다. 우리는 대규모 퇴사도, 전직원 멘탈 붕괴도 경험해봤다. 책임과 권한은 대표가 컨트롤 가능한 범위 내에서 주어야 하고, 그게 불가능하다면 최후의 순간까지 본인이 쥐고 있는 게 낫다.

그렇다면 스타트업 대표는 직원들에게 조직 운영 관리의 책임과 권한을 어떻게 주는 것이 현명할까? 우선 조직도를 꼼꼼하게 만들고 거기에 맞게 업무 분장을 나누어야 한다. 그리고 해당 업무에 관한 권한과 책임의 범위를 명확히 규정한 만큼 주는 것이다. 과하게 책임을 부여해서도 안 되고, 업무 분장을 넘어선 권한을 주어서도 안 된다.

물론 책임과 권한을 가진 직원과의 의사소통은 반드시 필요하다. 서로의 영역을 명확히 파악해야 오해가 발생하지 않기 때문이다. 서로 생각하는 기준점을 맞추는 작업을 한 이후에 본격적으로 업무를 해야 중간 관리자라 할 수 있는 팀장급의 인재가 적극적으로 업무에 임한다.

요약

직원 관리 노하우

- 직원과의 커뮤니케이션은 시스템을 통해 하는 것을 원칙으로 하라.
- 조직도 내에서 업무 분장을 명확히 하고 그에 해당하는 책임, 업무 범위를 규정하라.
- 업무의 책임과 권한은 컨트롤이 가능한 범위에서 일임해야 한다.

또라이 총량의 법칙,
마음 단단히 먹자

부정적인 감정은 사람들의 마음을 서서히 전염시킨다.
나는 원래 그렇지 않았다고 해도 주변의 부정적인 감정전이가 반복되면
어느새 그 감정 안에 갇히게 된다.

스타트업을 운영하면서 겪은 다양한 경험 중 인사 관련 이야기들은 꽤 진지하게 논의돼야 한다. 긍정적인 기억보다는 부정적인 기억이 많고, 이미 겪어 보았던 것보다 처음 겪는 상황이 더 많다. 그렇기에 언제 어디서 터질지 모르는 시한폭탄이 바로 인사관리다.

어차피 조직마다 또라이는 있다

세상은 넓고 내가 모르는 종류의 사람은 많다. 순진하게 살아온 지난 날의 나는 깡그리 잊게 되는 파란만장한 인사 이야기는 하나로 귀결된다. 어느 곳에나 또라이는 있다. 그리고 아무리 찾아도 발견되지 않는다면 바로 당신이 또라이일 확률이 높다.

굳이 또라이라는 표현을 사용한 것은 마음을 단단히 먹고 시작했으면 하는 우려에서다. 스타트업 초기의 서투른 기업 운영은 직원이 또라이로 진화할 수 있는 빌미를 제공한다.

가스라이팅이라는 말이 있다. 다른 사람들의 마음을 교묘하게 조종해서 자신의 의도대로 말하거나 행동하고 믿게 하는 것을 의미한다. 옛날엔 사이비 교주들이나 했을 법한 행동이 범위가 매우 넓어져서 이제는 부모가 하는 자식 교육에도 가스라이팅한다고 표현하기도 한다. 물론 부정적인 의미인 것은 마찬가지다.

가스라이팅을 일삼는 직원이 있었다. 스스로가 매우 총명하다고 생각하는 듯했다. 그도 그럴 것이 사람들이 전부 그를 따르고 있었다. 그 직원의 화법은 대체적으로 이러했다. '내가 대표님을 좀 아는데…', '나도 대표님을 이해하지 못하겠어. 그런데 어쩌겠어', '대표님이 시킨 거야. 알지?', '대표님 의도는 이거 같아', '나는 보고했는데, 대표님이 좀 우유부단한 것 같아'.

실제로는 반반이었다. 내가 지시한 내용도 분명히 있었고, 아닌 내용도 있었다. 하지만 이런 일들이 반복되면서 직원들은 대표보다 그 직원에게 의지하기 시작했다. '이 사람은 다 알아'라는 생각이 번지기 시작했다. 말의 힘이 역전된 것이다. 시간이 흐르고 실제 대표의 모습은 직원들 생각 속의 모습과 판이하게 달라졌다. 애정을 가지고 하는 말도 삐딱하게 판단하기 일쑤였다. 색안경을 낀 채로 바라보니 서로 간의 신뢰는 결국 무너졌다.

이런 상황이 생기면 원인을 찾아 없애는 게 인사담당자의 역할이다. 내가 선택했던 해결 방법은 면담이었고 지속적인 문답법으로 해결책을 찾고자 했다. 그러나 수많은 시간과 노력을 들였음에도 불구하고 기업 리뷰 사이트에는 '말은 잘 들어주는데 해결되지 않음'이라고 평가되기도 했다. 나는 반문하고 싶다. 해결될 만한 내용을 요구해야 하지 않나? 그들의 오염된 마음까지 뜯어고칠 수는 없지 않은가.

이런 경우도 있었다. 일은 열심히 하는데 지각을 밥 먹듯이 했다. 경고를 해도 지각은 계속됐다. 처음부터 그렇지는 않았다. 가족이 사고를 당해 간호할 사람이 없다 하여 출퇴근을 자유롭게 해주는 등 배려를 했다. 사고가 해결될 때까지 무려 1년이라는 시간이 걸렸지만 그때까지 연차 사용도 자유롭게 허용해주었다.

이게 독이 되었다. 맡은 일만 잘하면 출퇴근을 자유롭게 해도 된다는 생각이 박힌 것이다. 나의 배려로 시작했던 것이 직원에겐 그 기회로 작용한 모양이었다. 8시 출근이면 8시 20분에 출근하였다. 나는 한 번 더 배려했다. '너의 출근 시간을 8시 30분으로 옮겨줄게'라고. 그러자 그는 8시 50분에 출근하기 시작했다. 이렇게 변경된 출근 시간은 무려 11시에 이르러서야 멈추었다.

그 직원을 향한 지나친 배려에 대해 다른 직원들도 특혜라고 눈을 흘겼다. 맞다. 특혜였다. 하지만 그 직원은 특혜라고 생각하지도 않았다. 자신은 출퇴근 시간을 지켰고 해야 할 일을 했기 때문에 혼자만 11시로 옮겨진 출근 시간에 대해 왈가왈부하는 직원들의 원성을 스스로 묵살했다.

누군가와 함께 일할 때 가장 경계해야 하는 유형은 부정적인 마음을 가진 사람이다. 매사 불만으로 가득 찬 투덜이 스머프 유형으로, 말투에 그 성격이 투영되기도 한다. '이거 별로인데?', '안 좋아하는거 아니야?'처럼 부정적인 말투를 자주 사용한다. 회사에 대한 본인의 부정적인 감정을 때와 장소를 가리지 않고 이야기하지만 정작 본인은 알지 못한다.

부정적인 감정은 서서히 사람들의 마음을 전염시킨다. 나는 원래 그렇지 않았다고 해도 주변에서 부정적인 감정전이가 반복되다 보면 어느새 그 감정 안에 갇히게 된다.

내가 돌봐야 할 사람은 부정적인 마음을 가지고 회사를 떠난 사람이 아니라 현재 회사에 남아 있는 구성원들이다. 어느 조직이든 또라이 한 명쯤은 있다. 정도의 차이만 있을 뿐. 내가 백 번 노력해도 좋은 시선으로 바라볼 생각이 없는 사람에게 나는 그저 나쁜 사람일 뿐이다. 통제 가능한 범위 내에서의 또라이는 품고 있는 것이 좋다. 어차피 이 놈 가면 저 놈이 온다. 내가 돌봐야 할 사람들은 모두가 나와 같지 않음을 기억해야 한다.

질풍노도의 시기가 다시 찾아오기도 한다

이 밖에도 회사를 운영하는 데 방해 요소로 작용하는 또라이는 다양한 유형으로 존재한다.

최악의 기업 리뷰를 남긴 직원이 있었다. 우리 회사에서 채용한 첫 인턴 직원이었는데 시간이 흐르고 수습을 거쳐 정직원이 되었다. 정직원 통보를 하던 날 그 직원은 부모님께 전화해 엉엉 울었고 직원 몇몇이 그것을 보고 감동받기도 했다. 사람이 180도 변할 수 있다는 것을 모른 채 말이다. 창작을 해야 하는 직군에 속해 있던 그 직원은 스스로 업무에 대한 압박을 가지고 밤새워서 작업하기도 했다.

그런데 그 친구가 갑자기 돌변했다. 가장 기본인 근태부터 업무 수행 거부, 하극상 등 모든 상황이 한꺼번에 벌어진 것이다. 심층 면담이 시작됐다. 본인은 편의점에서 알바라도 할 테니 자르려면 자르라며 되려 나를 협박했다. 그럼 사직으로 처리하겠다고 했더니 이후 며칠은 도끼눈으로 출근했다. 짐 싸는 날, 그 직원은 면담을 요청하더니 펑펑 울면서 잘못했다고 했다. 한 번만 용서해달라고 말이다. 그러나 더 이상 협상은 없다고 통보했다. 그렇게 그는 퇴사했고 얼마 지나지 않아 기업 리뷰 사이트를 통해 소식을 들을 수 있었다.

우리 회사에 관한, 대표에 관한, 나에 관한 인격모독과 지나친 욕설 및 비방의 글이 올라 있었다. '부모를 죽인 원수에게도 추천하지 않을 기업', '단물 쏙 빼먹고 잘라내는 회사' 등 이 밖에도 글로는 차마 담을 수 없는 저

주의 말들이 적혀 있었다. 이 정도면 학창 시절에 겪었어야 할 질풍노도의 시기를 이제 겪고 있는 건 아닌가 생각했다.

회사라는 조직은 얇디 얇은 화선지와 같다. 어디선가 검정 먹물을 떨어뜨리면 쉽게 얼룩덜룩 투색된다. 덧칠하면 없어지는 것이 아니라 그 자리에 구멍이 뚫린다. 조직의 성장에 이러한 먹물을 흩뿌리는 행위를 하는 사람들을 소위 또라이라 생각한다. 본인의 숨겨진 똘끼를 엉뚱한 데 풀어내는 것을 보면 사춘기의 재림이 아닌가 싶을 정도다.

한번은 팀 간에 치열한 갈등이 발생한 적도 있다. 새로운 업무를 위해 팀 단위의 인재를 대거 영입한 적이 있는데, 얼마 지나지 않아 조직은 신규 세력과 기존 세력으로 나뉘어 팽팽한 긴장 상태를 유지하게 됐다.

두 팀을 통합하는 과정에서 갈등이 폭발했다. 신규팀이 기존 팀을 인수하는 모양으로 통합이 이루어지자 기존 팀이 새로운 팀장과 직원을 자신들을 억압하는 존재로 여겼던 것이다. 두 세력의 싸움은 결국 결코 있어서는 안 될 상황까지 번졌다. 기존 영상 PD가 타이포 방식으로 빠르게 텍스트가 전환하는 광고 영상 안에 신규 팀장을 향한 욕설을 숨겨두었던 것이다. 본래 속도로 재생하면 눈에 띄지 않았지만 0.75배로 천천히 재생하면 글자가 정확하게 읽혔다. 범인으로 지목된 직원은 끝까지 모르쇠로 일관했다. 모든 일을 덮고 넘어갔지만 해당 직원도 퇴직 수순을 밟았다. 결국은 다른 직원의 실토로 해당 영상 PD가 자행한 의도적인 조작임도 밝혀졌다.

가끔 이 광고가 아무것도 모른 채 일반 대중에게 릴리스되었다면 어찌 되었을까 하는 생각에 가슴이 철렁 내려앉고는 한다. 창작 직군에 종사하는 직원들은 본인이 창작한 작업물을 '내 새끼들'이라고 부르는 걸 종종 본다. 하지만 이번 경우는 자식에게는 절대 해서는 안 되는 나쁜 행위로 스스로에게 오물을 투척한 격이었다. 혹여 작업하면서 희열을 느꼈다면 그것은 광기에 가까울 것이다. 과연 어떻게 될까 궁금해하는 탐구심이라면 적어도 성인이 되기 전에 졸업하고 와야 하는 것이다.

정제되지 않은 감정의 폭풍은 조직 내에서는 감당하기 어렵다. 여러 해를 겪어보니 결국 모든 이가 퇴사의 길로 갈대기를 맨 듯이 모아졌다. 이러한 상황에서도 기업을 이끌고 가야 했던 이유는 투자를 받은 기업이기 때문이었다. 매월 둘째 주 화요일 11시는 투자자에게 한 달 동안의 경영 현황을 보고하는 시간이었다. 보고라고는 해도 사실 혼나는 시간에 가까웠다. 창업자이지만 투자자에게 돈을 받은 입장이기 때문에 그들의 요구에 응해야 하는 의무가 있기 때문이다.

경영자는 투자자와의 소통에서 중심을 잘 잡아야 한다. 우리의 경우 투자자의 관리가 굉장히 엄격했고 횟수도 잦았다. 그들의 요구를 성실히 이행했지만 경영 간섭이라고 여길 수 있는 것들이 대부분이었다. 하지만 신의 성실의 원칙에 따라 성실히, 또 성실히 하고자 애썼다. 그 과정에서 직원과 대립도 생겼다. 이번 달에는 A를 중점적으로 했다면, 투자자가 다녀간 뒤에는 B에 집중해야 했다. 매달 바뀌는 전략에 직원들은 혼돈을 겪었다. 결정된 사항을 뒤집기 위해 다시 회의를 해야 했고, 이 역시 퇴직한 직원들의 대나무숲에 고스란히 기록돼 있다. '대표가 줏대 없이 행동한다', '일을 해야 하는데 회의만 한다' 등의 표현으로 말이다.

투자 자체가 문제가 되지는 않지만, 투자를 받은 이후에 투자자의 영향력에 따라 회사의 경영 방침이 바뀌면 경영진과 직원의 거리는 멀어질 수밖에 없다. 이럴 때 직원들에게 '투자가가 요구해서'라며 수동적인 자세로 지시하는 상황이 지속되면 대표의 경영 능력에 대한 평가가 하락하고 직원들의 신임도 받을 수 없는 상황이 된다.

투자자는 나와 내 회사의 가능성을 보고 투자를 한 것이지 마음대로 휘두르려는 것이 아니다. 하지만 지나친 관심과 간섭은 이처럼 조직을 위태롭게 하기도 한다. 창업자의 위치에서 끊임없이 생각해야 할 것은 조직을 운영하는 과정에서 생성된 돌연변이는 원인을 찾아 없애야 한다는 것이다. 다시금 질풍노도의 시기에 던져져서 해서는 안 되는 행동을 하는 모습의 직원들을 보지 않으려면 창업자는 모든 상황에서 끊임없는 성찰의 시간을 가져야 한다.

업무 목표와 평가로 다스려라

그렇다면 조직에 해가 되지 않는 범위 내에서 이 문제를 통제하려면 어떻게 해야 할까? 나는 제대로 된 잣대가 가장 필요하다고 생각한다. 업무 목표와 그에 대한 평가가 잣대가 된다면 더할 나위 없이 좋다. 그리고 조직에 악영향을 미치는 대부분의 불순분자들은 일을 못한다는 공통점을 가지고 있다. 너무 감사한 일이다.

> 직원에게 회사에서 제조하려는 에너지 음료 라벨 디자인을 지시한 적이 있다. 원하는 디자인의 방향을 제시하고 그 테두리 안에서 디자인할 것을 요청했지만 직원은 이를 거부하고 자신의 방식대로 제작했다. 결과적으로 본인의 작업물이 선택되지 않았고, 그는 이에 대해 강한 불만을 제기했다. 노력의 결과물이라면 어느 정도 양보할 의지가 있었지만 그럴 수 없었던 이유가 너무나도 충분했다. 음료 병 색깔이 블랙인데, 그 위에 해골 그림으로 디자인을 입혔던 것이다. 이 디자인이 시중에 유통되면 소비자들은 에너지 음료라고 생각할까, 독극물이라고 생각할까? 창의성도 좋지만 제품을 유통하려면 소비자의 심리도 고려해야 한다.
>
> 그 후 해골 그림을 넣었던 직원이 퇴사를 위해 면담을 요청했는데 지옥문이 열렸다. 그 직원은 일주일 동안 무려 10시간에 걸쳐 온통 '나'로 시작하는 이야기를 했다. 처음부터 업무의 목표와 평가로만 이야기했으면 면담을 10시간이나 진행하는 일은 없었을 것이다. 상식적으로 해골이 그려

진 라벨은 농약이나 위험한 화학제품에서나 본 적이 있었지, 우리가 출시할 음료에 디자인으로 제시될 거라고는 상상도 못했다. 당시 업무 평가 기준이 있었다면 이 직원을 논리적으로 설득할 수 있지 않았을까 생각해본다. 다양한 시도는 할 수 있지만 보편적으로 안 되는 것들과 그 이유에 대해 설명하고 앞으로 맞이할 수 있는 상황을 스스로 분석하게 했다면 지금보다 다른 결과가 있지 않았을까?

부정부패도 마찬가지다. 제조를 총괄했던 한 직원은 능력 있고 스윗한 사람으로 동료들에게 신뢰가 두터웠다. 하지만 제품의 품질을 높인다는 명목으로 기존 거래처를 계속해서 바꿔나갔다. 여기에 조금씩 의심을 갖던 찰나, 거래처 사장님들의 투서로 모든 부정 행각들이 드러났다. 피해 상황은 제조사마다 다양했다. 어떤 거래처에는 리베이트를 달라고 했고, 또 다른 거래처와는 짬짜미*로 제품당 얼마씩 제조비를 따로 빼돌리고 있었다. 이 밖에도 짧은 기간 동안 다양한 부패 행각을 저질렀다. 모든 전말이 드러났지만 해당 직원은 사과 한마디 하지 않고 억울해하며 사표를 내밀었다. 하지만 직원들은 그저 인사담당자가 좋은 사람을 나무 자르듯 찍어낸 줄로만 알았다.

짧은 시간 동안 한 사람의 성격과 성향, 능력을 완벽하게 알아낼 수 있다면 좋겠지만 현실은 그렇지 않기 때문에 벌어진 일이다. 업무 특성상 유혹이 많은 직군이라 더욱 주의가 필요하기도 하다. 하지만 이 또한 업무 목표로 접근했다면 달라지지 않았을까 생각한다. 부정부패의 빌미를 제공할 수 없도록 장치를 마련하거나 원가 절감을 위한 신규 제조사 파악 등 목표치를 주는 방법도 있었을 것이다.

업무의 목표를 설정하거나 평가하는 것이 막막하다면 인턴이나 수습 사원 채용을 고려할 필요도 있다. 서로 안 맞더라도, 부정부패를 저질러도 한 번 채용한 직원은 법적인 테두리 안에서 보호된다. 즉, 내 마음대로 자를 수 없

---

* 남모르게 자기들끼리만 짜고 하는 약속이나 수작

다는 의미다. 인사가 어려운 이유가 바로 이런 법적인 잣대가 엄격하기 때문도 있다.

그래서 생겨난 것이 바로 인턴, 수습 사원 제도다. 이 제도를 면밀히 살펴보면 짧은 기간 동안 어떻게 업무를 주고 해당 기간 동안 수행한 업무를 어떻게 평가하는지에 대해 잘 나와 있다. 이것을 벤치마킹하면 경력직으로 채용한 직원에게도 적용할 수 있다. 복잡한 형태의 업무 목표 설정과 평가를 처음부터 완벽하게 추진하기는 버거울 수 있기 때문이다. 개인적인 관점으로는 스타트업에서 조직의 업무를 평가하고 관리하는 방법은 단순할수록 좋다는 생각이다.

요약

창업자와 직원과의 관계 정립 원칙

- 어느 조직에서나 이슈를 만드는 사람이 있음을 인지하고 조직을 운영하라.
- 무조건 대화, 면담으로 문제를 해결하기보다 업무와 가이드라인에 따른 평가 지표로 판단하라.
- 스타트업 조직의 업무 평가와 관리는 단순할수록 좋다.

인사관리에 필요한 체크리스트

인사 업무는 다른 업무와 유기적으로 연결된 업무에 따라 구분된다. 예를 들어 근로계약의 경우 정규직 채용뿐만 아니라 프로젝트 수행을 위해 한시적으로 채용하는 경우도 있는데, 이때는 계약서나 지급 방식도 구분해야 한다. 이것을 별도의 분류 없이 한데 모아 관리하면 훗날 곤란한 상황에 직면하게 된다. 시작할 때는 굳이 폴더를 나눌 필요까지 있느냐는 생각이 들겠지만 시간이 지나면서 자료가 쌓이면 관리하기 용이하다는 장점이 있다.

꼭 필요한 폴더 리스트

다음과 같이 연관 항목별로 폴더를 구분하여 관리하자.

인사관리를 쉽게 하기 위한 폴더별 증빙 서류 정리

폴더 구분	항목
임직원 개인 정보	인사 카드, 신분증, 주민등록등본 등
급여 관리	월별, 사원별 급여대장과 지급 내역, 연말정산
연차 및 고과 관리	직원별 연차 사용 내역 취합 및 승진, 보직 이동, 징계 정보
채용 관리	채용 공고, 입사 안내 자료, 근로계약서, 급여 테이블, 중소기업 소득세 감면신고서
퇴직 관리	사직서, 퇴직금 정산 자료, 중도 퇴직자 원천징수영수증, 이직 확인서
교육 관리	법정 의무 교육, 부서별 필수 교육(영업신고에 의한), 복리후생에 의한 교육 지원
4대보험	4대보험 가입 및 분기별 가입자 명부
업무 매뉴얼 & 인수인계서	재직자 업무 매뉴얼 및 퇴직자 업무 정보 백업
사업 소득 증빙	외주용역 사용에 대한 계약서, 신분증 증명 자료, 계좌/지급 정보

채용 공고는 어떻게 작성하나요?

원하는 게 있지만 잘 그려지지 않으면 우리는 흔히 벤치마킹을 한다. 채용 공고도 마찬가지다. 뽑고 싶은 직원이 있는데 정확히 어떤 업무를 하면 좋을지 모르겠다면 구직자의 입장에서 채용 공고를 뒤져보자. 그리고 정말 내가 뽑고 싶은 인재와 가장 유사한 채용 공고를 찾아 추가적으로 원하는 조건을 더해서 작성하면 된다.

마케팅 직군을 채용하고 싶다면 유명한 마케팅 회사의 채용 공고를, 디자이너를 채용하고 싶다면 광고 디자인 회사의 채용 공고를 찾아보자. 다만 경영지원 사무직이라면 우리의 기업 문화를 충분히 반영한 채용 공고로 작성하는 것이 좋다. 또한 채용 사이트마다 정해진 서식을 제공하는데, 대부분 지원자들은 그런 채용 공고는 주의 깊게 보지 않는다. 채용 공고는 곧 회사의 첫 인상이므로 허투루 생각하지 말고 공을 들여 작성하는 것이 좋다.

요즘에는 제품 상세페이지처럼 채용 상세페이지를 만들어 올리는가 하면, 노션을 이용해서 채용 공고 및 회사소개를 작성한 후 링크를 올리기도 한다. 채용 공고와 관련된 다양한 툴을 제공하는 업체도 있다. 그리팅, 플렉스, 접수 등의 채용 관리 툴을 이용하면 채용 공고 작성부터 공고 관리, 입사 지원까지 한 번에 할 수 있다.

4대보험은 어떻게 가입하나요?

채용을 완료했다면 가장 먼저 직원의 4대보험에 가입해야 한다. 거래 중인 노무사가 있다면 대신 진행해주겠지만, 그렇지 않고도 쉽게 처리할 수 있다.

채용을 했다면 자격취득 신고를, 퇴사를 했다면 자격상실 신고도 가능하다. 4대사회보장보험정보연계센터*에 사업장 회원으로 가입하고 진행하면 된다. 재직자의 4대보험 자격취득 시에는 신분증에 적힌 정보만 있으면 가능하다. 경우에 따라 건강보험에 추가할 가족이 있다면 가족관계증명서를 주민등록번호 뒷자리가 모두 나오도록 받아서 작성하면 된다.

자격상실을 신고할 때는 정보가 좀 더 필요하다. 해당 직원이 회사에서 일하면서 얼마의 급여를 받았는지 전년도와 당해년도의 급여총액 정보가 필요하고, 92일간의 급여내역 작성이 필요한 이직확인서를 작성해야 한다. 또한 실업급여 유무를 판단하기 위한 퇴직 사유 작성도

---

*   https://www.4insure.or.kr

성실히 해야 한다. 자진 퇴사를 했어도 실업급여를 받기 위해 권고사직으로 작성해달라는 청탁이 간혹 들어오곤 한다. 반대도 마찬가지다. 하지만 이를 부정신고했다가는 실업급여 부정수급으로 곤란한 상황에 처해질 수 있다.

취업규칙이 뭐예요? 왜 해야 하죠?

취업규칙은 임직원이 지켜야 할 복무 규칙이다. 근로기준법에서 상시 근로자 10인 이상인 경우 반드시 작성하여 노동부에 신고하고 사내에 비치해 직원들이 언제나 열람할 수 있도록 한다. 스타트업 특성상 빠르게 성장하면 이러한 것들을 챙기지 못하고 지나가는 경우가 생기는데, 적발되면 과태료가 부과된다. 네이버에서 검색하면 취업규칙과 관련된 다양한 서비스를 유도하는 광고들이 많이 노출되는데 고용노동부에서 제공하거나 비즈폼과 같은 문서 사이트에서 제공하는 표준취업규칙을 받아서 원하는 내용으로 고치거나 추가해서 제출하면 된다.

이때 노무사의 검수를 받아야 하는지 묻는 경우가 왕왕 있다. 앞서 설명했듯이 고용노동부 소속 노무사들이 불법으로 판단되는 것들이 있으면 유선으로 친절하게 설명해주고 수정을 유도하기 때문에 걱정하지 않아도 된다. 단, 한 번 신고한 취업규칙은 변경하려면 모든 근로자의 동의서를 받아야 하므로 처음에 꼼꼼하게 챙기도록 하자.

취업규칙에서 꼭 봐야할 내용이 있다면 채용 시 조건과 징계사유에 관한 것이다. 채용은 앞서 설명했고, 징계와 관련해서는 대부분 뜬구름 잡는 이야기들이 많기 때문에 구체화하는 작업을 해두는 것이 좋다. 징계 자체에 목적이 있는 것이 아니라 나쁜 상황에서 오해가 생기지 않도록 정확한 명분을 확보해두어야 서로 얼굴 붉힐 일이 없다.

인사관리 더 살펴보기

인사관리의 방향성은 무궁무진하다. 어떠한 현상의 원인을 분석할 때는 다양한 가능성을 살펴봐야 하는데, 정말 말도 안 된다고 생각한 원인이 이유일 수 있다. 이것이 인사관리가 돌아가는 방식이다. 따라서 어느 것 하나 허투루 생각할 수 없다. 직원들과 함께 핑크빛 미래를 꿈꾸는 창업자라면 엄격함과 따뜻함이 공존하는 사람이 되면 좋다. 거창하게 시작하지 않아도 된다. 출퇴근 시간 관리는 작은 의미의 엄격함을 내포하고 있지만 역량 강화를 위한 교육이나 성과에 따른 보상은 따뜻함의 방증이지 않을까 생각한다.

다만, 당근도 채찍도 자잘하게 진행하는 게 좋다. 빈번한 지각에 급여를 삭감하는 것도 반발의 원인이겠지만, 언제일지도 모르는 미래 어느 시점에 회사가 지급할 인센티브도 직원에게는 전혀 동기부여가 되지 않는 그저 희망 고문일 뿐이다. 직원에게 있어 당근은 생각지도 못한 영화 티켓이나 생일 깜짝 파티일 수 있다. 즉, 지금 당장 손에 잡히는 보상이 진정한 보상이라는 생각이다.

제 3 장

끝나지 않는
잔업

총무 · 경영지원

총무 업무는
기록으로 완성한다

총무의 목적은 경영 리스크를 최소화하면서
효율적 경영을 통해 비즈니스 성과를 최대치로 끌어내는 데 있다.
체감하는 것보다 중요도가 훨씬 높은 업무다.

회사의 목표와 목표를 위해 수반되는 업무는 가정의 그것과 일맥상통한다. 부모는 더 나은 삶을 위해 일하고 저축하며, 나아가 더 나은 미래를 위해 투자 계획을 세우고 추진한다. 아이들은 각자의 위치에서 투자의 대상이 되기도 하고 일손을 돕는 일꾼이 되기도 한다. 다른 점이 있다면 회사는 이익이 보이지 않는 투자는 하지 않으며, 현재 가진 자산을 모두 치밀하게 기록한다는 것이다.

총무란 경영활동에 필요한 인사, 재무회계, 법무, 구매, 물류 등 거의 모든 지원 업무를 포괄하는 개념이다. 하나하나의 업무를 보면 별로 중요하지 않은 것처럼 느껴지는 일 투성이지만 티끌처럼 모아진 업무의 완전체는 절대 가벼이 여길 수 없다. 총무 업무의 목적 자체가 리스크를 최소화하면서 효율적인 경영을 통해 비즈니스 성과를 최대로 끌어내는 데 있기 때문에 현업에서 체감으로 느끼는 것보다 중요도가 훨씬 높다고 할 수 있다. 그러므로 잔업이라 생각하고 대충 일을 처리할 생각은 꿈도 꾸면 안 된다.

이렇듯 실로 넓은 스펙트럼의 업무를 처리해야 하기에 담당자는 고민스러울 수밖에 없다. 한두 가지가 아니라 수십 가지 업무를 루틴하게 해야 한다는 것에 심적 부담도 생기고 어디서부터 손을 대야 할지 막막한 기분마저 들 것이다. 여기서 한 번 더 상기할 것은 스타트업 초기에는 이 모든 업무를 대표가 직접 한다는 점이다. 결국 총무 업무를 잘 해낼 수 있는 방법은 뛰어난 지식도, 명석한 머리도 아닌 오로지 기록밖에 없다. 그것도 체계적인 기록 말이다.

나만의 정리 방법과 규칙을 시스템화하라

총무 업무를 효율적으로 하기 위한 첫 번째 단계는 시스템 구축이다. 복잡하기보다는 잔업에 가깝고 반복되는 일들이 대부분이기 때문에 시스템 구축을 통해 업무를 더욱 단순화하여 시간을 아끼는 방향으로 일을 해나가야 한다. 시스템을 만드는 작업은 생각보다 쉽게 시작할 수 있다. 일단 현재 맡은 업무를 무작위로 모두 펼쳐보는 것이다. 그다음 해야 할 업무를 나열하는 것만으로도 이미 절반이 끝났다고 봐도 된다. 나열한 상태에서 같은 그림 카드끼리 묶는 일은 그렇게 어려운 일이 아니기 때문이다.

창업 초기에는 거래처와의 계약서, 급여대장, 관공서 제출 서류, 인터넷 개통 서류 등 분류되지 않은 다양한 문서들이 쏟아질 것이다. 이것을 한 폴더에 몰아넣으면 일주일쯤 지났을 때 헛웃음이 절로 나온다. 하지만 어떤 일들이 있는지조차 모르는 상태에서 정리한다는 것은 더욱 말도 안 되기에 분류가 가능할 때까지 차곡차곡 모아보는 것이다.

카테고리를 나누고 정리하는 데는 대단한 스킬이 필요하지 않다. 다만 카테고리를 어떻게 나누는지에 따라 첫 번째 난관을 맞이하게 된다. 하지만 이것도 걱정할 필요 없다. 검색 포털 사이트에서 '총무 업무 분장'이라고 검색만 해도 수백 개의 자료들이 나오니 말이다. 이 과정에서 내가 활용했던 방법은 구글 서식 검색이나 비즈폼과 같은 문서 서식 사이트를 활용하는 것이다. 혹자는 서식 사이트에서 다운받아 쓰는 서식은 자존심 상하는 일이라며 부정적인 논조를 나타내기도 하지만 아무것도 모르는 사람에겐 이만한 오아시스가 없다. 기본 서식을 다운받아 조금만 수정해도 어렵지 않게 업무에 활용 가능해 시간과 비용을 절감할 수 있다.

회사의 규모에 따라 다르겠지만 큰 기업의 경우 하나의 업무가 여러 사람에게 분배되기도 한다. 인건비 한 푼이 아쉬운 우리에게 '업무 분장'은 업무를 용이하게 하기 위한 내 컴퓨터 바탕화면의 '폴더 구분'에 지나지 않는다. 그렇다고 숨 못 쉴 정도로 일이 많다는 의미는 아니다. 기업 규모의 차이는 해야 할 업무의 양이 다르다는 의미도 되니 말이다.

사업자등록증, 법인등기부등본 등 출납이 잦은 회사 정보 관련 자료는 폴더를 따로 관리할 것을 추천한다. 회사 정보가 필요한 상황은 생각보다 많으므로 폴더를 지나치게 세분화하면 파일 찾는 경로가 더욱 길어져 시간을 낭비하게 될 수 있다. 출납이 잦은 서류들은 따로 보관해 적은 시간이라도 아낄 수 있도록 하자.

이 밖에도 업무 진행을 위한 절차를 만드는 것 역시 필요하다. 닥스웨이브, 비즈메카, 하이웍스 등 그룹웨어 및 전자결재 서비스를 제공해주는 업체들이 많으므로 필요한 서비스를 선택해서 바로 사용하면 된다. 단, 직원 수가 많아지기 전에 빠르게 도입하는 것을 추천한다. 새로운 시스템의 도입은 직원 교육과 설득의 과정을 수반하므로 덩치가 큰 조직의 경우 민원을 잠재우는 불필요한 시간이 발생하기 때문이다.

신입도 프로가 되는 안내서, 매뉴얼

업무 매뉴얼은 상당히 중요하다. 주어진 환경 내에서 업무 처리를 효율적으로 돕기 때문에 직원에게는 매뉴얼이 되지만 회사에 있어서는 업무를 자산화할 수 있는 장치 역할을 하기도 한다. 이 매뉴얼을 모으면 각 구성원의 역할을 면밀히 파악할 수 있다. 업무를 배분할 수 있고 팀을 나누는 기준이 되기도 한다. 업무에 목표를 설정할 수도 있고 그것에 대한 성과를 측정하고 평가할 수도 있다. 매뉴얼 작성이라는 작은 날갯짓이 결국 조직을 시스템화하고 움직이게 하는 첫 단추가 되는 것이다.

대학 졸업 후 처음 입사한 회사에서 내 손에 쥐어진 건 수십 장의 업무 매뉴얼이었다. 전임자가 만들었다는 이 매뉴얼은 일종의 수필과 같이 적혀 있었다. 매일 출근해서 처리해야 할 업무, 주마다, 격주마다, 월마다, 분기마다, 해마다 각각 해야 하는 업무와 처리 방법이 아주 세세하게 적혀 있는, 일종의 프로 직장인이 되기 위한 생활 안내서였다.

그러나 이 매뉴얼을 참고해도 놓치는 일이 종종 있었다. 아무리 찾아봐도 찾을 수 없는 내용도 있었고, 지금은 하고 있지 않지만 중요도가 높은 업무로 분류된 것들도 더러 있었다. 그제서야 확인했더니 작성일자가 무려 10년 전이었다. 그동안 이 매뉴얼을 봤던 전임자들은 최신 버전으로 업데이트하는 일을 하지 않았던 것이다. 그렇게 10년도 더 지난 매뉴얼을 살펴보면서 이 문서 그대로 후임자에게 줘서는 안 된다는 사실을 깨달았다. 그렇게 내 업무 방식에 맞게 리뉴얼한 첫 매뉴얼을 손에 쥘 수 있었다.

업무 매뉴얼이 완성되자 업무 시간의 40%는 매일 반복되는 일상 업무에 시간을 쏟고 나머지 40%는 긴급으로 떨어지는 업무를 처리하는 데 사용할 수 있었다. 나머지 20% 시간은 내가 원하는 대로 사용할 수 있는, 일종의 덤이었다.

거창한 업무뿐만 아니라 '공용 프린터 설치 방법'과 같은 것에도 매뉴얼이 필요하다. 스타트업 특성상 근속 기간이 길지 않기 때문에 미미한 부분이어도 한 사람씩 앉혀놓고 알려주다 보면 교육으로 지나치게 많은 시간을 허비하는 경우가 생긴다. 1분 1초가 아까운 대표에겐 너무나 아까운 시간임에 틀림없다. 그렇기 때문에 업무 매뉴얼은 업무에 대한 지식이 전혀 없는 사람도 이해할 수 있는 수준으로 쉽게 작성되어야 한다.

담당자가 바뀔 때 업무 매뉴얼의 효과는 빛을 발한다. 거래처에 발주를 넣어야 하는 일이 있다고 하자. 해당 거래처 담당자가 누구인지, 무슨 제품을 발주해야 하는지, 단가는 어떻게 되는지 등 세세한 내용을 담당자밖에 모르면 그가 긴급한 일로 부재 시 업무가 마비된다. 하지만 매뉴얼을 작성해두면 '10번 매뉴얼에 step3까지 진행됨' 정도로만 공유해도 다른 담당자가 이어서 진행할 수 있다. 매뉴얼 작성이 중요한 또 다른 이유 중의 하나가 바로 이 업무의 연속성 때문이다.

직원들이 자신의 업무 매뉴얼을 만들 때, 창업자는 회사 생활 전반의 매뉴얼을 만들어야 한다. 작게는 출퇴근 체크 방법, 연차 사용 시 유의 사항부터 취업규칙, 사규 등 회사에 전반적인 업무와 룰을 매뉴얼로 만들어두고 주기적으로 업데이트하면 업무의 기틀을 잡고 운영하는 데 큰 도움이 될 것이다. 더욱이 사업 초기 총무 및 경영지원 업무를 도맡아 하는 스타트업 대표가 매뉴얼의 뼈대를 잘 만들어 놓으면 직원들은 여기에 살만 붙이면 되니 어려울 게 없다.

떠나간 계정은 다시 돌아오지 않는다

회사를 운영하면서 효율적으로 정보를 관리하는 것은 매우 중요한 일이다. 앞서 말한 카테고리를 구분하여 정보를 보관하는 것도 관리를 수월하게 하기 위해서다. 업무에 따라 중요도가 다르겠지만 기본적으로 모두 없어서는 안 될 정보라 생각하고 관리하는 것이 좋다.

회사가 소유한 각종 계정 정보 역시 빠지지 않는 중요도를 자랑한다. 개인 이메일 계정은 비밀번호를 잊더라도 개인정보 인증 한 번이면 쉽게 찾을 수 있지만 법인은 절대 그렇지 않다. 설사 찾을 수 있다고 해도 매우 많은 서류들을 준비해서 풀어달라고 읍소해야 겨우 풀어주는 경우도 있다.

실제로 한 직원이 쿠팡 로그인 비밀번호를 5회 실수하여 계정이 잠기는 바람에 법인 당사자임을 입증 가능한 온갖 서류들을 모아서 송부하고 임시 비밀번호를 받아서 겨우 계정을 푼 적이 있다. 그 '온갖 서류'에는 빠른 시간 안에 준비할 수 없는 법인인감증명서*도 있었기에 해결하는 데 피로도가 꽤 높았다.

스타트업은 직원들의 드나듦이 잦다. 담당자가 회사를 그만두고 나서도 회사의 정보에 접속할 수 있다는 건 보안에 매우 치명적인 일이다. 그러므로 직원들이 퇴사하면 관련 업무 계정의 비밀번호 변경을 우선으로 하고, 주기적으로 계정 정보를 업데이트함으로써 계정을 잃어버리지 않기 위한 예방 조치를 해야 한다.

---

* 법인인감도장이 등기소에 제출한 것과 동일함을 증명하는 서류. 대법원용 통합무인발급기가 설치돼 있는 일부 지역을 제외하고는 직접 방문해야 발급받을 수 있다.

사업 초창기에는 담당자가 그만둘 때마다 계정 관련 이슈가 발생했다. 업무를 위임하고 재량껏 하게끔 놔두니 개인 아이디로 법인 회원 가입을 하는 일이 왕왕 발생했던 것이다. 해당 직원이 재직 중에는 큰 문제가 없지만 퇴사 후에는 여지 없이 문제가 발생한다. 우리 회사의 경우 이렇게 개인 아이디로 가입한 직원이 불편한 감정을 가지고 퇴사한 후 해당 계정에 개인 이중 인증을 걸어두고 모르쇠로 일관해 브랜드 계정을 잃기도 했다. 특히 해외에 기반을 둔 페이스북이나 인스타그램의 경우 개인이 이중 인증을 걸어두면 브랜드 소유 인증을 해도 되살릴 방법이 없다. 실제로 우리는 브랜드 인지도를 쌓으며 상당히 규모를 키웠던 SNS 계정 하나를 아무런 조치도 취해보지 못하고 허무하게 잃었다. 현재는 계정 가입부터 비밀번호 변경, 인증 관리까지 모두 직접 진행한다.

업력이 쌓여갈수록 관리해야 할 계정은 기하급수적으로 늘어나기 마련이다. 우리 회사도 주기적으로 계정을 관리하고 있지만, 줄이고 줄여서 관리하는 계정이 300개를 웃돈다.

매우 귀찮고 불편한 작업이지만, 회사의 자산을 보호하기 위해서는 반드시 직접 관리하거나 관리용 아이디와 인증 수단을 회사 공용의 것으로 제한하는 것을 추천한다. 우리가 관리해야 할 부분은 비단 온라인 계정으로만 끝나지 않기에 관리에 들이는 품은 가능하면 최소화하는 것이 좋다.

이와 더불어 회사가 관리하는 것 중 가볍게 여기기 쉬운 부분이 바로 비품이다. 비품과 소모품의 경계에서 갈등하는 사람들을 많이 보곤 하는데, 일반적으로 비품은 기업이 장기간 사용하는 고정 자산, 소모품은 기업이 일상적으로 사용하며 짧은 기간 안에 사용되는 용품으로 구분하는 것이 편하다.

회사마다 기준이 다르겠지만 100만 원 이상의 고가품은 비품, 나머지는 소모품으로 처리하는 경우도 있다. 나는 이러한 부분을 잘 알지 못했고 회계법인 담당자도 초보였던 터라 2만 5천 원짜리 카메라 렌즈 커버도 비품으로 지정해버리는 무리수를 두었다. 이렇게 비품과 소모품의 경계를 제대로 정의하지 않으면 재무제표 상에 불편한 흔적을 남기게 된다.

영상 제작용으로 쓰이는 고성능 컴퓨터와 노트북의 실제 사용 가능 기간은 3년 미만이지만 소모품이 아닌 비품으로 분류되어 5년간 감가상각해야 했고, 2년 남짓 사용 후 처분해야 했을 때도 유형자산처분손실로 찝찝하게 기록을 남겨야 했다. 비품 관리 역시 기록에 남는 부분이기 때문에 부끄럽다고 생각하지 말고 전문가와 충분히 대화를 나눈 후에 설정하는 것이 좋다.

회사가 사용하는 라이선스 역시 관리 대상임을 잊으면 안 된다. 직원 수가 증가하면서 2018년에 MS 오피스 프로그램 라이선스를 단체 구매해 직원들에게 알아서 설치하라고 시리얼 넘버를 공유했던 적이 있다. 20명 정도 되는 직원의 컴퓨터에 하나하나 정품을 설치해주는 게 귀찮았기 때문이다. 그러나 1년이 지난 후 라이선스 오용으로 마이크로소프트사로부터 계정 정지를 당했다. 직원들에 의해 씨리얼 넘버가 여기저기 퍼진 것이다. 하지만 누구 짓이냐고 캐물을 것 없이 그저 내 탓이었다. 블락된 계정은 다시 살리지 못했고 추가 구매를 할 수밖에 없었다.

이 밖에도 스타트업을 경영하다 보면 기록하고 관리해야 할 업무들이 줄줄이 생긴다. 영업용 법인 차량의 경우 차량관리대장을 만들어 날짜와 시간 목적지 주행거리 등을 기록해야 한다. 또한 주유나 정비 기록 역시 작성해두어야 한다. 단, 경차는 예외적으로 차량관리대장 작성 의무가 면제되며, 주차 할인 등 경차에 제공되는 각종 세제 혜택을 동일하게 누릴 수 있으므로 비용 절감과 관리 이슈 절감의 두 마리 토끼를 잡을 수 있다.

회사에 새로운 시스템을 도입했다면 관련 매뉴얼 작성도 본인의 몫이 된다. 물론 스타트업 초기 단계를 지나 담당 직원들이 들어오면 직접 작성하지 않아도 되겠지만 매뉴얼 검수는 초석을 다진다는 마음으로 꼭 직접 하길 바란다.

창업자는 회사에 매우 도덕적이려고 노력해도 직원들은 그렇지 않다. 스타트업 대표들은 나만큼 회사를 생각하는 직원은 설립부터 폐업 때까지 존재하지 않는다는 사실을 명심해야 한다. 그리고 왜 나만큼 못하냐는 의문 역시 부질없는 것임을 미리 마음에 새기길 바란다.

총무 업무는 완벽에 가깝게는 할 수 있어도 완벽 그 자체는 불가능하다. 아무리 총명한 사람이라도 수만 가지 일을 동시에 생각하고 진행할 수는 없기 때문에 늘 메모하고 기록하며 기억력을 대신하는 장치를 마련하는 것이다. 기록은 업무 진행의 터를 닦는 역할을 한다. 총무라는 광범위한 업무에는 결코 없어서는 안 될 습관이며 자산을 축적하는 근간이기도 하다. 총무 업무는 회사를 성장시킬 나무의 뿌리 같은 존재다. 썩지 않고 튼튼히 자랄 수 있도록 기틀을 견고히 다지길 바란다.

요약

경영지원의 꽃, 총무 업무 잘하는 방법

- 총무 업무는 업무를 나열하고 카테고리별로 정리하는 것부터 시작한다.
- 업무 매뉴얼을 만들고 담당자 부재 시에도 업무가 누수나지 않는 게 중요하다.
- 회사 계정, 라이선스 등 회사의 정보 자산 관리도 중요하다.

법인 사무실은
내 마음대로 옮길 수 없다

사무실 위치는 업무 효율 및 양질의 인력 유치에 중요한 요소로 작용한다.
조직의 흥망성쇠에 따라 사무실을 이전하며 비용을 낭비하는 것보다는
관리 이슈를 최소화하는 방향으로 선택함이 옳다.

사업을 시작하면서 가장 처음 하는 일은 바로 사무실 계약이다. 사무실 위치가 무슨 대수냐 하겠지만 잘못된 위치 선정으로 인해 비롯되는 탄식은 사업 시작과 동시에 하나둘씩 모습을 보이며 지속적으로 마음을 불편하게 할지도 모른다. 대수롭지 않아 보이는 사무실 위치가 업무 효율성과 양질의 인력 유치에도 상당한 영향을 미치기 때문이다.

어디에서 시작하면 좋을까

때로는 아무런 관련이 없을 것 같던 많은 요인이 생각지도 못한 문제를 야기하는 경우가 있다. 사무실을 선정하다 발생한 일련의 사건들은 우리에게 생각지도 못한 시사점을 안겨주었다.

첫 사무실은 삼성동 봉은사역 인근으로 계약했다. 이 사무실을 임대했던 가장 큰 이유는 직원들의 동선을 고려했을 때 최적의 출퇴근 위치이면서

지인이 인테리어한 공간이라 전대차 방식으로 저렴하게 쓸 수 있었기 때문이다. 또한 지하철역과 가까웠고, 관공서는 엎어지면 코닿을 곳에 있었다. 필요한 사무집기를 살 수 있는 문구점 또한 길 하나만 건너면 되는 정말 편리한 곳이었다.

창업 초기 첫 임대한 사무실 전경

그러나 얼마 지나지 않아 인테리어 부실공사로 인해 천정의 상수도 파이프가 터지면서 컴퓨터를 비롯한 온갖 집기들이 물에 잠기는 고난을 겪었다. 사무실에 입주하면서 새로 들여온 고가의 장비들을 못 쓰게 되어 피해가 이만저만이 아니었다. 결국 임대인과 소송에 들어갔다. 당장 일은 해야했기에 우리는 급하게 바로 근무가 가능한 공유오피스를 구할 수밖에 없었다.

첫 임대한 사무실의 상수도관 폭발로 물에 잠긴 모습

공유오피스는 매우 좁았다. 인원수대로 계약하면 테트리스를 하듯이 옴짝 달싹 못하는 구조였다. 그 대신 함께 사용하는 공간은 넓고 윤택했다. 비용은 1인당 과금되는 형태여서 기존의 단독오피스 임대료보다 비싸게 느껴졌다. 실제 사용 비용의 비교 결괏값을 보기 전까진 말이다.

공유오피스를 임대했던 시기

머지 않아 임시 거처였던 공유오피스를 떠나 우리만의 사무실을 계약했다. 단독오피스는 굉장히 쾌적했고, 직원이 열 명에서 열다섯 명, 그리고 스무 명으로 늘어나며 비어있던 사무실은 업무 목적으로서의 공간 역할을 톡톡히 했다.

단독오피스 이전식 모습

그런데 이상하게도 대부분의 직원들은 지각이 너무나도 잦았다. 개인의 성실성 문제도 일부 있었겠지만 한두 명 빼놓고 전부 늦는 건 상식 밖의 일이었다. 출근 시간을 수차례 조정해보았으나 딱히 효과는 없었다. 그런데 아침에만 그런 것이 아니었다. 외근을 보낸 직원들은 함흥차사가 되었고, 점심을 먹으러 나간 직원들은 헐레벌떡 들어오기 일쑤였다. 그러다 점심 시간에 도시락을 싸오는 직원들이 생겨났다. 그렇다. 회사를 기점으로 어디든 멀어도 너무 멀었다. 사무실 위치가 심각하게 잘못된 것이다.

가장 가까운 우체국은 10분 정도 걸어가야 있었다. 주민센터를 찾아가려면 버스를 타기에는 애매하고 걸으면 30분이 걸렸다. 세 전철역의 중간에 위치하여 어떤 역에서 내려도 출퇴근 길에 걷는 시간을 줄일 수 없었다. 10~15분을 걸어가야 식당이 나오고, 줄 서서 식사하고 돌아오면 점심시간이 훌쩍 지나 있었다.

사무실 위치 선정에서 염두에 두어야 할 내용을 이사에 대한 조급한 마음 때문에 고려치 않은 것이다. 그렇다고 해서 다시 이사를 갈 순 없었다.

단독오피스는 가정을 꾸리는 것과 같다. 뼈대만 있는 건물에 우리의 물건들을 가득 채우고 사무실로 만들어야 하는 것이다. 그렇기 때문에 알아볼 것도 많다. 구체적으로 몇 개만 이야기하면 다음과 같다.

먼저 인터넷 설치다. 단독오피스를 사용하려면 사무실 전체를 커버할 수 있는 인터넷 개통이 필요하다. 인터넷은 건물에 따라서 전용 건물이라고 구분되기도 한다. 내가 KT를 이용하더라도 해당 건물에 SK브로드밴드 회선만 설치돼 있으면 KT 설치가 불가능하기 때문에 강제로 통신사 변경을 해야 한다. 때로는 약정 기간 내에 이전으로 인해 위약금을 뱉어야 하는 경우도 발생한다. 다만, SK 전용 건물로 이전하고 통신사에서 방문해 KT 회선 설치가 불가능하다고 확인이 되면 그에 대한 위약금은 면제 받을 수 있다. 반대도 마찬가지다.

건물 외벽에 간판을 설치하고 싶을 때는 어떻게 하면 될까? 간판 하나 설치할 때도 사전에 반드시 관공서에 '옥외 광고물 허가 신청'을 한 뒤 허가가 떨어져야 설치가 가능하다.

이 밖에도 ADT캡스와 같은 출입 보안 서비스나 문서 출력을 위한 복합기 서비스, 고객 응대를 위한 유선전화 및 정수기 설치, 각종 공용 집기와 쓰레기통 구입 하나하나까지 직접 챙겨야 한다. 여기에 상시 유지보수와 관리를 위한 담당자 배정과 관련 비용은 기본 옵션이다.

2017년 창업 초부터 현재까지 단독오피스 3회와 공유오피스 2회를 경험해 보니 단독오피스에 들어가는 비용이 훨씬 컸다. 공유오피스는 1인당 50만 원 전후의 비용에 인터넷, 정수기 사용료, 전기세, 수도세, 사무실 청소 비용, 관리비, 복합기 사용료 등 사무실 이용과 관련된 모든 비용이 포함되지만 단독오피스에서는 각각 별도로 지불해야 하기 때문이다. 단지 임대료 하나와 비교하기엔 관리비를 포함한 숨은 비용들이 지나치게 많았다.

정리하면 직원 수 20~25명 이내 규모의 스타트업이라면 절대적인 비용은 단독오피스보다 공유오피스가 저렴하다고 볼 수 있다. 개인적으로 공유오피스는 개별 업무 공간이 좁은 것 외에는 특별히 단점을 찾을 순 없었다. 예산에 맞는 단독오피스를 계약하려면 무엇이든 한 가지 이상을 포기해야 하지만, 대부분의 공유오피스는 교통의 요지에 위치해 있으며 공유 공간이 굉장히 쾌적하게 관리된다.

공유오피스에서는 회사 규모가 커질 때 유연성 있는 대처도 할 수 있다. 1인 회사로 시작할 경우 직원들이 하나둘 늘어나면 새로운 오피스를 찾아나서는 것이 아니라 바로 옆 사무실을 인원수대로 임대하면 된다. 인원수에 맞게 늘였다 줄였다 자유롭게 할 수 있기 때문에 효율성은 더욱 높다. 이 방법은 어느 정도 규모의 회사가 되기 전까지 보금자리가 되어 줄 필요충분조건을 갖추고 있다는 말이다.

물론 단독오피스의 장점을 완전히 무시할 순 없다. 독립된 공간을 가지고 있기 때문에 기밀이 필요한 자료를 더욱 안전하게 보관할 수 있고, 구성원의 결속력과 안정감은 공유오피스의 그것과 비할 수 없을 것이다. 결국 창업자가 추구하는 바에 따라 선택할 수 있는 부분이라 할 수 있겠다. 어떠한 형태의 오피스이든 회사가 성장할 수 있다면 그것이 정답이 아닐까 생각한다.

법인 사무실 이전은 우리집 이사보다 딱 열 배 더 힘들다

법인 사무실 이전은 계획부터 절차가 매우 까다롭다. 이전 결정과 동시에 법무사 혹은 변호사와 상담하는 것을 추천한다. 회사의 형태에 따라 필수 요구 사항이 다르고 다양하기 때문에 모든 것에 대해서 완벽하게 숙지하지 않는 한 전문가의 도움을 받는 것이 낫다.

사업자등록이 되어 있는 도시 내에서의 이전을 관내 이전이라 하는데, 이것은 비교적 쉽다. 이사회를 열어 본점 이전에 대한 결의를 하고 법인등기를 마치면 사업자등록증상의 주소를 비롯한 각종 부수적인 정보 변경을 진행하면 된다. 단, 이사회 구성이 안 되어 있으면 임시주주총회를 열어야 한다.

관외 이전을 할 경우엔 좀 더 복잡해진다. 법인 설립 시 작성하는 '정관'이라는 것은 기업의 운영과 관련된 규칙과 규정을 담아둔 문서이며, 여기에 정해진 내용은 내가 대표라도 함부로 바꿀 수 없다. 바로 이 정관에 회사 위치에 대한 내용도 명시되어 있다.

만약 본사가 관외 이전하는 경우 본점의 사무실 위치를 다른 도시로 변경한다는 안건으로 이사회와 더불어 주주총회를 열어야 하는 것이다. 그 후 사업장 소재지 변경을 위한 변경 신청서와 공증받은 의사록, 정관을 법원등기소에 제출해야 하며, 모든 과정이 종료되면 나머지 이전 절차는 관내 이전과 동일하게 진행된다.

사람과 집기가 이동하는 물리적인 이사가 완료되고 난 후에는 각종 변경 절차를 거쳐야 한다. 이 과정이 정말 만만치 않다. 회사의 주소가 들어가는 모든 공간에 법인 관련 주소 변경을 업데이트해야 하기 때문이다. 사업자등록증 변경은 당연하고 은행 정보, 카드사 정보, 영업신고증 정보에 이르기까지 변경해야 할 것들을 리스트업하다 보면 범위가 엄청나다. 특히 관공서 관련 정보는 어느 하나라도 제때 반영하지 않고 놓치면 과태료 대상이 되므로 유의해야 한다.

이러한 정보 변경이 중요한 이유는 한 가지 더 있다. 바로 세금 관련 문제다. 우리 회사의 경우 지방세 고지서가 이전 주소로 송달되어 무려 1년 가까이 존재를 모르고 있었다. 워낙 숨 가쁘게 업무가 진행되다 보니 지방세 납무를 누락했던 것이다. 주소지 변경을 하지 않아 지방세를 내지 않은 사실은 지방세 완납증명서를 떼면서 알게 되었는데, 정정 신고를 하더라도 관공서 내부적으로 처리되지 않는 경우가 있다. 따라서 변경 및 정정 신고 후에도 정보 변경이 완료되었는지 관공서에 반드시 확인해야 한다.

이와 더불어 본점 이전 시에는 향후 1년간 주기적으로 세금을 냈는지 철두철미하게 확인해야 한다. 우리 회사 역시 관할 관공서의 정보처리 누락으로 3년간 가산세를 줄기차게 낸 적이 있다. 매년 '작년에 신고했는데 주소 변경이 안 됐나요?'를 앵무새처럼 읊어댔다. 행정 처리 실수라도 담당자는 잘못했다고 먼저 인정하지 않는다. 또한 이러한 상황이 발생했을 때 해결 방법에 대해서도 안내해주지 않는다. 지방세의 경우 고지서 미송달로 가산세가 발생하면 부과된 가산세를 면제해준다는 사실을 꼭 기억하고 유사 상황 발생 시 참고하자.

각종 세금 관련 미수 내역과 완납 정보를 제공하는 사이트로는 홈택스와 정부24*, 위택스**, 이택스***, 그리고 지역별 지방세 관련 사이트가 있다. 홈택스에서는 국세완납증명서를 발급받을 수 있으며 정부24에서는 지방세완납증명서를 발급받을 수 있다. 그리고 위택스에서는 서울을 제외한 지역의 지방세를, 이택스에서는 서울 지역 지방세 관련 납세 정보를 확인할 수 있다.

---

*   https://www.gov.kr
** https://www.wetax.go.kr
*** https://etax.seoul.go.kr

이 증명서를 통해 앞서 말한 바와 같이 미처 인지하지 못하고 있던 미납 세금을 확인할 수 있으며, 정부 사업 입찰이나 은행 거래, 대기업과의 거래 등에서 증빙 서류를 요구할 때 누락 없이 대응할 수 있다. 만약 회사가 사업자 등록상으로 본사 외에 지점이 있다면 해당 지역 세금은 지역별로 운영하는 지방세 조회 사이트를 통해 추가로 확인해야 한다.

이렇듯 회사 사무실을 한 번 이전할 때마다 생각하고 실행해야 할 내용이 너무 많기 때문에 법인 사무실 이전은 심사숙고할 수밖에 없다. 한 번 이동에 쏟아야 하는 정성이 이 정도라면 차라리 처음부터 목 좋은 곳에 자리잡고 오래 눌러 앉는 것이 낫다는 의미다.

이러한 과정에는 전부 비용이 들어간다는 사실도 한몫한다. 가정집 이사와는 차원이 다르다. 이삿짐 비용은 물론이거니와 법인등기 비용 및 수수료, 관공서 정보를 변경하는 데 들어가는 비용, 사무실 세팅 비용, 인테리어 비용, 전기 공사 비용, 기존에 사용했던 사무실 철거비 및 원상 복구 비용, 쓰레기 처리 비용 등 끝도 없는 비용을 처리하다 보면 다시는 이사를 하지 말아야겠다고 다짐하게 된다. 그만큼 몸도 힘들고 돈도 많이 든다.

우리 회사는 서울 삼성동의 단독오피스를 사용하다가 현재는 판교의 공유오피스로 이전했다. 회사 이전에 앞서 직원들이 사는 곳과 사무실까지의 출퇴근 거리를 모두 대조했다. 사업을 막 시작하는 단계가 아니어서 기존 직원들과 함께 이동해야 했기 때문에 모두가 출퇴근할 수 있는 최적의 장소를 찾기 위해 많은 노력을 기울였다.

그리하여 전철역과 연결된 빌딩에 있는 공유오피스를 임대하였고 전직원 출퇴근 거리 1시간 이내, 관공서는 버스로 10분, 백화점과 식당가가 가까이에 있으며 자연 친화적인 산책로 역시 마련돼 있는 곳을 구했다. 우체국 역시 버스로 10분 거리에 있지만 공유오피스에서 제공하는 택배 서비스를 이용하면 등기발송 비용보다 저렴하게 이용할 수 있다.

현재 사무실은 회사가 성장하고 인원수가 증가한다 하더라도 큰 이슈가 없다면 쭉 머물 수 있다. 앞서 말한 바와 같이 옆 사무실을 추가 임대하면 되기 때문이다.

참고로 법인 주소 이전 등기 시 공유오피스를 이용한다고 몇 층 몇 호 한정으로 주소를 사용하면 추가 사무실을 얻을 때마다 또 다른 번거로운 일들이 발생한다. 예를 들어 520호에 있다가 518호로 이전하면 주소 변경으로 법인등기 과정을 다시 해야 하지만, 5층으로만 해두면 5층 내에서는 자유롭게 사무실 사용이 가능하다는 의미이다. 그러므로 조직 규모 변화에 유연히 대처하려면 '몇 층' 정도로만 주소 등기를 해두는 것이 좋다.

초기 창업 기업의 경우 본인 소유의 건물이 아니라면 공유오피스 사용을 권장하고 싶다. 회사의 흥망성쇠에 따라 이사를 다니는 것은 매우 골치 아픈 일이다. 안정화가 될 때까지는 공유오피스에서 부지런히 성장을 도모한 뒤 그 후에 사옥을 짓고 더 큰 꿈을 꾸는 것도 좋을 것이다.

요약

사무실을 선택하는 요령

- 사무실 위치는 업무 효율을 높이며 인력 유치에 중요한 요소가 된다.
- 임대의 경우 단독오피스보다 공유오피스가 효율적이다.

회사를 운영하면서
무료 소프트웨어를 쓴다고?

저렴한 비용은 있어도 무료는 존재하지 않는다.
'세상에 공짜는 없다'는 이치가 있듯이
기업도 주고받을 것을 분명히 하는 게 안전하다.

우리는 일상생활에서 '공짜'라는 달콤한 유혹에 빠지곤 한다. 하지만 회사를 운영할 때는 단연코 '무료'라는 말은 존재하지 않는다. 기브 앤 테이크가 아주 분명하게 지켜지는 세상이 바로 이 곳이다. 모든 것이 완벽하게 갖춰진 회사 한 귀퉁이에 내 이름 석 자만 없으면 되는 곳에서 일한다면 고민할 필요도 없이 주어진 일만 하면 그만이다. 하지만 우리가 처한 현실은 '창업'이기에 티끌만 한 고민도 경계하고 다시 한번 들여다 보아야 한다.

세상에 공짜는 없다

소프트웨어 업체는 보통 학생들에게는 무료 혹은 저렴한 가격에 소프트웨어를 공급하지만 이윤을 추구하는 기업에는 예외 없다. 단 한 대의 PC를 사용하더라도 정품을 구매하여 사용해야 한다. 이를 지키지 않을 경우 어마무시한 소송을 불사하겠다는 내용증명서까지 완벽 구비되어 있다.

신나게 불법 복제품을 사용하던 우리는 어느 날 단호한 경고로 무장된 내용증명을 받았다. 법인 설립 후 그리 오래되지 않은 시점이었다. MS 오피스 프로그램 무단 사용을 시정하지 않을 경우 소송을 하겠다는 내용의 문서였다. 겁이 덜컥 났다. 소송이라니. 살면서 법원 근처도 가보지 않은 나에겐 '소송'이라는 두 글자만으로도 압도당하기 충분했다. 우리가 정품을 사용하지 않았다는 사실을 인지한 것은 그 서신을 받은 직후였다. 그저 직원들에게 컴퓨터를 지급하면 끝인 줄 알았다. 직원들은 개개인의 학창 시절 습관대로 체험판을 사용하거나 불법 다운로드를 받아 사용 중에 있었다.

그 서신의 친절한(?) 안내대로 총판 업체 담당자에게 서둘러 연락을 했다. 그리고 거액의 라이선스 비용을 일시납하는 것으로 협의하고 문제를 해결했다. 불행인지 다행인지 그들은 기존 사용 기간 동안에 대한 과금은 하지 않는 대신 일반적으로 제공하는 할인과 분할 납부는 일절 적용하지 않았다. 지금 생각하면 이게 바로 불법 사용에 대한 패널티인가 싶기도 하다. 위협 가득했던 내용증명에 비해서는 온화한 처사였다는 생각도 든다.

자라보고 놀란 가슴 솥뚜껑 보고 놀란다고, 이를 계기로 기존에 사용 중인 소프트웨어를 전수조사해 라이선스 비용을 지급했다. 이미 들인 비용은 새발의 피였다. 광고 영상 제작을 위한 프리미어, 포토샵 등 어도비^{Adobe} 상업용 라이선스를 비롯하여 3D 작업을 위해 필요한 Cinema 4D 등 사용자 단위 과금을 합치니 한 번에 천만 원이 넘는 돈이 훌쩍 나갔다.

부끄러워지는 순간이었다. 정신을 바짝 차려야겠다는 생각이 들었다. 스타트업 규모에서 천만 원은 결코 작은 돈이 아니다. 이는 매출을 위해 더 많은 것을 도모할 수 있는 큰 돈이기도 하다. 그러한 돈을 패널티와 사용료로 한꺼번에 지출하고 보니 당연히 지불해야 하는 돈이지만 너무 아까웠다.

매년 기존 라이선스를 갱신하고 직원들에게 우리가 보유한 라이선스 리스트를 충분히 인지시켜도 습관을 바꾸는 건 쉽지 않은 일이다. 그렇기에 지속적인 관리 감독이 필요하다.

또 다른 내용증명이 도착한 것은 그로부터 2년 뒤였다. 우리는 모든 시스템을 법적인 테두리 안에 안착시켜 놓은 상태였는데, 이번에 도착한 내용증명에 의아할 수밖에 없었다. 도대체 누가, 어떻게, 왜 이런 상황을 만든 것인가.

광고 디자인을 공부하는 학생들은 연습을 위해 구글에서 이미지를 검색하고 다운받아 사용한다. 이 중에는 라이선스가 없는 것들도 있는데, 검색 중 라이선스가 있음에도 없다고 잘못 검색되는 것들이 더러 있는 모양이다. 무료 이미지를 얻는 팁이라며 서로 이러한 방법을 공유했지만 어제는 무료였던 이미지가 오늘은 유료가 될 수 있다는 사실은 몰랐다.

한 번의 방심은 또 다른 내용증명을 부른다. 새로 입사한 직원에게 우리가 돈을 내고 사용 중인 상업용 사진 다운로드 업체를 알려주었으나 이를 지키지 않은 일이 발생한 것이다. 그리하여 클립아트코리아 소유의 이미지 도용으로 인한 법무법인의 내용증명을 받았다. 구글에 떠도는 클립아트 소유의 이미지를 당사 제품 상세페이지를 꾸미는 데 활용했으니 이를 손해배상하라는 내용이었다.

클립아트코리아에서는 가장 비싼 요금제를 1년간 유지하는 것을 패널티로 제시하였고 우리는 이를 수락할 수밖에 없었다. 직원의 실수로 사용된 사진 한 장의 대가가 150만 원이었다.

이렇듯 라이선스 문제는 끊임없이 확인하고 관리해야 하는 부분이 유기적으로 연결돼 있다. 단순히 라이선스 비용만 냈다고 손을 놓으면 반드시 이슈가 생기기 마련이다. 그렇기 때문에 꺼진 불도 다시 봐야 한다. 직원들에게 라이선스 불법 사용의 위험성을 지속적으로 교육하고 정기적으로 확인하는 것 또한 시스템의 일부로 정착되어야 이러한 이슈들이 재발하지 않을 것이다.

소프트웨어 라이선스는 어떻게 구입해야 할까

소프트웨어를 사용하려면 어떤 요금제를 어느 기간 동안 누가 쓰느냐를 따져서 선택해야 한다. 마이크로소프트 365와 같은 오피스 프로그램도 연도에 따라 다양한 버전이 있고, 영구적으로 구입하는지 매월 요금을 지불하는지에 따라서도 과금 형태가 다르다.

일반적으로 소프트웨어 상업용 라이선스는 6개월에서 1년 단위로 계약하고 일시납을 한다. 비용이 저렴하기 때문에 선호하는 계약 형태이기도 하다. 1인 1 라이선스 사용이 의무이기 때문에 모두 구비해야 하지만, 스타트업에서는 인력의 드나듦이 많아 구입한 라이선스의 남은 개월 수를 채우지 못하는 상황을 생각보다 자주 맞이할 수 있다. 그렇기 때문에 개인별로 월별 과금되는 서비스가 있다면 가장 합리적인 요금제가 아닌가 생각된다.

소프트웨어 사용과 데이터 보존을 동시에 할 수 있는 방법으로 마이크로소프트 365 사용을 추천한다. 비즈니스용으로 가장 저렴한 요금제를 사용해도 마이크로소프트 워드, 엑셀, 파워포인트 등의 프로그램을 모바일과 PC에서 모두 사용할 수 있도록 라이선스를 제공한다. 개별 저장 공간은 1TB다. 원드라이브라는 가상 공간에 '내 컴퓨터'를 만들어놓는 형태이며 모바일이나 개인 PC, 업무용 PC에 동일하게 세팅해서 사용할 수 있다. 본인 소유의 컴퓨터가 아니더라도 원드라이브에 로그인하면 작업 내용을 그대로 불러올 수 있어서 업무 공간의 제약이 크지 않은 편이다. 뿐만 아니라 지속적인 업데이트를 통해 최신 기능을 사용할 수 있다는 장점이 있다. 이와 유사한 서비스로 구글 드라이브가 있지만 켜져 있는 컴퓨터에 원격으로 접속하는 방식이라 원드라이브의 그것과 차이가 있다.

어도비는 모든 프로그램을 사용하는 조건으로 구매 시 1인당 1년 사용료가 150만 원을 호가한다. 그렇기 때문에 포토샵이든 프리미어든 개인이 사용하는 프로그램에 따라 프로그램별로 구매하는 것이 이득이다. 포토샵만 이용하는데 프리미어까지 사용하는 라이선스를 구입하면 비용을 낭비하는 셈이다. 어도비 공식 홈페이지에서 매달 과금되는 형태의 서비스를 구입할 수 있다.

회사를 운영하면서 기본적으로 새겨야 할 마인드는 세상에 절대 공짜는 없다는 것이다. 저렴한 비용은 있어도 무료는 존재하지 않는다. 세상 돌아가는 이치가 그러하듯 기업도 줄 것은 주고 받을 것은 받으면서 운영해야 한다. 지킬 것을 지키지 않았을 때 부메랑처럼 돌아오게 될 내용증명은 고속도로 위에 만들어진 보이지 않는 과속방지턱과 같은 역할을 할 것이다.

요약

스타트업에서 소프트웨어를 잘 관리하는 방법

- 법인 이름으로 사용하는 모든 소프트웨어에는 라이선스 비용이 수반된다는 점을 기억하자.
- 소프트웨어의 불법 사용은 법적인 책임을 피할 수 없으므로 지속적인 직원 교육이 중요하다.
- 소프트웨어는 원하는 목적에 따라 기간, 버전 그리고 패키지에 따라 요금이 상이하기 때문에 우리 회사에 맞는 가장 합리적인 요금제를 찾도록 하자.

짝짜꿍 맞는 거래처는
이 세상에 없다

여러 계약서에 공통적으로 작성돼야 하는 부분이 있고
특정 거래처에만 해당하는 문구가 필요한 경우도 있다.
어찌 됐든 우리 실정에 맞는 계약서는 우리가 만들어야 한다.

기업을 운영하면서 초기에 가장 많이 봐야할 것은 바로 계약서다. 단순하게 회사에 필요한 서비스를 신청하고 계약하는 것부터 시작해 거래처와의 계약에 이르기까지 파일 보관함이 넘쳐날 정도의 계약서가 회사 업력에 비례해 쌓인다. 계약서는 그만큼 회사 업무를 진행하는 데 있어 기본 중의 기본이라는 의미이기도 하다.

처음 계약서를 손에 쥐면 덜컥 겁부터 난다. 법에 대해서는 아무것도 모르는데, 이 계약서 때문에 혹시 불이익을 당하는 것은 아닌지, 어디부터 무엇을 어떻게 확인해야 하는지 몰라 당황하기 때문이다. 무지로 비롯된 의사결정이 어떠한 결과를 초래할지 모르기 때문에 계약서 날인을 주저하고 전문가의 도움부터 찾게 될지도 모른다.

진행할 계약서의 법률 검토를 의뢰하면 아무리 저렴해도 건당 30만 원은 지불해야 한다. 완성된 계약서에 법적인 이상은 없는지 확인만 하는 데 드는 비용이다. 계약서 처음부터 끝까지 문구 작성을 의뢰한다면 여기에 0을 하나 더 붙이는 게 최소 금액이다. 물론 한두 개 정도는 해볼 수 있다. 하지만 우리가 만지게 될 계약서는 단순 서비스 계약서부터 영업/마케팅 계약서까지 100건을 가뿐하게 넘길 가능성이 높다.

그렇다고 계약서 자체를 상대방의 구미대로 작성하게 둘 수도 없는 노릇이다. 계약서가 불공정하더라도 덜컥 날인해버리면 법적으로 보호받기 쉽지 않다. 계약서 작성의 목적은 상법의 보호를 받기 위함이고, 우리는 아는 만큼 보호받을 수 있다. 여기서는 계약서 작성이 우리가 사업을 운영하는 데 실제로 미칠 수 있는 영향에 대해 이야기하고자 한다.

언제 어디서나 눈탱이 주의보

선의를 가지고 사업하는 사람도 있지만 그렇지 않은 사람도 분명히 존재한다. 사업 초창기에는 아군과 적군을 구분하는 눈을 가지기 힘들다. 하지만 많은 사례를 숙지하고 다양한 경우의 수를 헤아릴 수 있다면 이 또한 어렵지 않을 것이다. 나쁜 의도로 접근하는 사람들은 대부분 한결같은 패턴을 보인다. 알고 지낸 시간에 비해 과하게 친절하다거나 아예 작정하고 사기를 치려고 접근하는 경우다. 또는 희박한 확률이지만 정말 모르고 해를 가하는 경우도 있다. 옥석을 가려내기 위해 냉철하게 판단하는 눈을 길러야 한다.

우리 회사는 초기에 공격적인 마케팅을 통해 제품을 판매하고 수익을 발생시키는 구조의 미디어커머스 사업을 했다. 당시 우리 회사는 퍼포먼스 마케팅에 주력했기 때문에 기본적으로 다량의 콘텐츠 제작을 해야 했다. 회사 매출 성장 속도에 비례하여 콘텐츠 제작 인력이 많이 필요한 사업이었다. 그러던 어느 날 바이럴 콘텐츠를 잘 만든다고 열심히 홍보하던 지인과 계약을 진행했고, 1~2천만 원 정도의 비용에 영상 콘텐츠 제작 및 마케팅 캠페인 운영을 맡겼다. 당시 회사에서 집행하는 광고 금액에 비해서는 큰 비중을 차지하지 않았으며, 실력이 검증될 경우 마케팅을 내부와 병행하여 활용하는 방안도 효율적일 것이라 판단했다.

그러나 콘텐츠 제작과 광고 캠페인 진행은 계약 날인 이후에도 매끄럽게 진행되지 않았고, 결국 당시 착수 중인 업무만 마무리하고 계약을 종료하기로 했다. 지인이었던 해당 회사 대표는 연락이 되지 않는 일도 잦았다. 매번 데드라인을 준수하지 못했고 결과물 퀄리티 역시 기대 이하였다. 결국 진행하지 않은 남은 계약 건은 환불하기로 협의했고 대화는 순조롭게 진행됐다. 그러나 정작 돈은 환불되지 않았다. 거듭 반환을 요청했으나 '곧 주겠다'는 회신만 있고 돌려주지 않았다. 그 후 얼마 지나지 않아 대표는 잠적했고 이내 그 회사는 폐업했다. 계약서를 다시 들여다보았다. 이런 문구 하나가 눈에 들어왔다.

'불가항력적인 사유에서 발생하는 예상치 못한 상황의 경우에는 손해배상 책임을 면할 수 있다.'

불가항력적인 사유의 예시에 폐업이 있었다. 앞서 말했다시피 '지인'이 벌인 일이었다. 나중에 알게 된 사실이지만 그는 문어발식으로 사업체를 설립했다 폐업하기를 반복하다 고소를 당하고 해외로 도주했다 경찰에 붙잡혀 재판을 받았다. 어이없게도 모든 사건의 전말은 그가 재판을 앞두고 탄원서 작성을 부탁하는 편지를 우리에게 보내면서 드러났다. 믿는 도끼에 발등을 찍힌 상처도 가시지 않은 마당에 이게 대체 무슨 일인가 했더니, 우리에게 그렇게 한 사실조차 까먹고 탄원서를 작성해달라고 연락했던 것이다. 옥중 서신이 또 다른 피해자의 눈을 뜨이게 한 격이다.

잘 작성된 계약서라 해도 마음 놓기는 힘들다. 심사숙고해서 공정하게 작성했지만 계약서 자체를 무시하는 업체도 있다. 회사와 회사 간의 거래에서 생길 수 있는 일에 대해 법적인 테두리 내에서 보호받을 수 있는 중요한 문서를 캠프 파이어용 불쏘시개 정도로 생각하는 경우다.

인플루언서 마케팅 대행을 의뢰했던 한 업체는 계약 후 부지런히 업무를 수행했고, 결과 보고까지 깔끔하게 이루어지는 등 외형상으로는 매우 완벽했다. 그러나 그로부터 6개월이 지난 어느 날, 그 업체와 계약했던 인플루언서라며 우리 회사 고객센터로 연락이 왔다. 갸우뚱했다. 이유를 들으니 몹시 당황스러웠다. 우리 제품을 광고했으나 대행사로부터 대금 입금을 받지 못했으니 정산받지 못한 돈을 대신 달라는 것이었다. 맙소사.

정확한 자초지종을 물었다. 광고 진행 후 대행사에 수차례 입금 요청을 했으나 이행되지 않았고, 이제 해당 업체 관계자와는 아예 연락이 되지 않는다고 했다. 수소문 끝에 대행사에서 퇴사한 직원과 연락이 닿았고, 그 직원은 광고주인 우리 회사로 연락해 정산 요청을 해보라고 했다는 것이다. 얼토당토않은 이 일은 우리 회사의 이미지에도 타격을 줄 수 있는 사건이었다. 또한 상황 자체는 대행사의 계약 미이행 및 손해배상을 요구할 수 있는 요건에 해당됐다. 해당 업체는 우리 회사 외에도 많은 회사의 마케팅 업무를 대행하였으나 이런 식으로 대금 지급을 하지 않아 이슈를 만들었다고 한다. 전직 대행사 직원은 그렇게 피해를 입은 인플루언서들에게 연락이 오면 광고주에게 직접 전화해서 하소연하면 돈을 받을 수 있다고 안내하고 있던 것이다.

아이러니하게도 나는 도무지 연락이 안 된다는 그 대행사와 너무나도 쉽게 접촉할 수 있었다. 아무래도 취사선택하여 전화를 받은 모양이었다. 해당 업체 대표에게 미납된 대금 정산 이행을 요구했고, 계약 미이행에 대한 강력한 법적 조치를 하겠다고 으름장을 놓았다. 그렇게 두어 번의 실랑이 후 더 이상 인플루언서에게 연락이 오지 않았다.

광고를 통해 브랜드를 널리 알릴 수는 있겠지만 생각지도 못한 장애물을 만나면 오히려 브랜드 이미지 손상이라는 역효과를 낼 수 있다. 돈은 돈대로 쓰고 이미지는 이미지대로 망가진 격이다. 이렇듯 거래처의 불성실한 계약 이행은 브랜드 존폐를 뒤흔들기도 한다.

우리 회사의 존재감을 알렸던 제품이 있다. 해당 제품을 만들 수 있는 제조사를 찾기 위해 불철주야 조사하고 제조사를 찾아다녔다. 그리고 찾아낸 업체는 우리와 비슷한 업력을 가진 작은 제조사였다. 계약서도 꼼꼼하게 작성했다. 브랜드 보호 조항을 추가하여 우리가 제조하는 콘셉트로는 타사에 만들어 줄 수 없음을 명시하였다. 당시 시중엔 동일한 콘셉트의 제품이 전혀 없었다. 우리가 최초이자 시장을 선도하는 기업이었다.

제품은 제조하기 무섭게 불티나게 팔려나갔다. 20만 개쯤 팔려나갔을 무렵 시장 상황이 어지러워졌다. 유사 제품이 지나치게 많이 등장한 것이다. 광고를 많이 하니 낙수 효과를 기대하며 경쟁사들이 유사 제품을 만드는 줄 알았다. 대체 어디에서 만드는지 궁금해 시중에 판매되고 있는 제품들을 조사하기 시작했다. 그중 우리와 제품 포장 디자인이 동일한 업체에는 내용증명까지 보냈다.

여러 기업들 중 두 군데에서 만든 제품은 우리와 제조사가 같았다. 같은 콘셉트의 제품명만 다른 제품이라니! 제조사에 뒷통수를 맞은 것이다. 관련 내용으로 제조사에 어찌된 일인지 문의했으나 그들은 모르쇠로 일관했다. 지금까지 모은 자료만으로도 소송이 가능한 양이었다. 하지만 여기서 접을 수밖에 없었다. 소송을 해서 승소한다고 하더라도 우리에게 좋은 결과를 가져다주기는 어렵다는 판단이 들었기 때문이다. 투자를 받은 기업은 어떠한 형태로든 소송이 걸려있다면 보고 대상이 된다. 기말감사 때 어떤 사유로 소송이 진행이 되고 있으며 금전적인 피해가 있다면 그 금액은 얼마인지, 만약 재판 중이라면 사건번호까지 낱낱이 보고해야 하는 의무가 있다. 그리고 이는 부정적인 결과를 초래할 수 있다.

계약서 문제를 떠나 얌체 행동을 하는 거래처도 있었다. 위탁 배송을 하는 조건으로 계약을 맺은 업체였는데, 우리 회사 판매 방식이 광고를 통해 즉각 매출을 발생하는 구조여서 다른 온라인 몰에서 우리 광고를 본 소비자가 이탈하는 것을 줄이기 위해 거래처로 하여금 판매가를 동일하게 세팅하는 조건으로 영업 계약을 맺었다. 판매 방식에 대해 숙지하고 있고 계약서에도 해당 내용이 녹여져 있기 때문에 아무런 의심을 하지 않았다.

그러나 마케팅이 고도화되면서 이들의 범행(?)이 드러나기 시작했다. 평일에는 동일 가격을 유지하다가 주말에는 가격을 조금씩 낮추면서 주말 동안 우리 회사에서 쏟는 광고 매출을 교묘히 빼간 것이다. 주말 내내 모든 내용을 캡쳐하고 계약 해제를 알렸다. 그들은 본인들이 아니라 쇼핑몰에서 주말 행사 쿠폰을 동의도 없이 발행했기 때문이라고 주장했다. 그러나 해당 오픈마켓은 우리 역시 직거래하고 있는 쇼핑몰이며, 동의 없이 쿠폰을 발행하는 상황은 단 한 번도 없음을 알고 있었다.

이런 경험을 통해 우리는 손해배상 조항을 강화했다. 회사에 손해를 끼쳤다면 반드시 손해배상을 하되 그 배상 내용을 구체적으로 진술하는 방법으로 말이다. 계약 해제를 하더라도 정당한 사유가 없으면 불복할 수도 있고 자칫 법정에서 보게 되는 수가 있다.

소송과 같은 법적인 이슈는 성장하는 기업에는 큰 장애물이다. 정상적인 업무에 쏟아야 할 시간과 인력을 낭비해야 하기 때문이다. 그러한 이유로 이런 상황이 만들어지지 않게끔 노력해야 한다.

지금까지 본 사례들을 통해 계약서가 얼마나 중요한지 더 강조하지 않아도 깨달았을 것이라 믿는다. 하지만 손해배상 조항을 생각하기에 앞서 당장 계약서를 어떻게 쓰는지 시작조차 막막한 경우가 대부분일 것이다. 이어서 계약서를 어떻게 작성하는지 알아보겠다.

계약서에는 가이드가 필요하다

사업과 동시에 무수하게 요구되는 계약서는 사람을 고뇌에 빠뜨리기 충분하다. 계약서의 형식도, 어떤 내용이 들어가야 하는지도 모르는 상태에서 혼자서 계약서를 완성한다는 것은 말도 안 되는 일이기 때문이다. 하지만 한 장짜리 근로계약서도 노무사에게 의뢰하면 300만 원 전후의 비용이 들어간다. 더군다나 거래처마다 계약 관계가 상이할 텐데, 앞으로 있을 모든 계약서를 일일이 의뢰하는 것은 현실적으로 불가능에 가깝다.

그렇다면 과연 거래처와의 계약서는 어떻게 작성해야 할까? 많은 사람이 이 부분에서 골머리를 앓기 마련이다. 고맙게도 우리나라 정부기관에서는 중소기업들을 위해 각종 표준 서식들을 제공해준다. 지역별 창업지원센터, 기업지원허브, 중소벤처기업진흥공단 등 다양한 이름으로 검색해볼 수 있으며, 여기서 제공되는 계약서를 사용하면 적어도 위법 사항이 있다거나 불공정한 계약서일 확률은 낮다고 보면 된다. 중소벤처기업부에서 운영하는 기업마당*이 대표적이며, 비즈폼**과 같은 문서 서식 사이트에서도 '법률검토완료'로 분류된 서식을 다운받아 이용할 수 있다.

표준계약서는 공정한 계약이지만 어느 한 쪽에도 치우치지 않기 때문에 이득이 되거나 우리를 넘치게 보호해주는 계약서는 아니다. 단순 계약에 가깝기 때문에 각자 상황에 맞는 계약서는 꼭 필요하다. 그렇지만 우리 상황에 맞는 계약서가 무엇인지는 업력이 쌓이기 전에는 알 수 없다. 그렇기 때문에 업력이 쌓일 때까지는 카테고리별로 나누어서 계약서를 보관하는 편이

---

*   https://www.bizinfo.go.kr

** http://www.bizforms.co.kr

좋다. 추후 꼭 필요한 부분만 발췌해서 법률 검토를 받아 진행하는 등 다양한 방법을 시도해볼 수 있다.

만약 법률 검토나 가이드를 생각한다면 네이버 엑스퍼트*와 같이 온라인으로 간단하게 질의응답이 가능한 경우도 있다. 3만 원 이내의 비교적 적은 금액으로 질의할 수 있으나 내가 원하는 수준의 응답을 받으려면 추가 금액을 더 내야 하는 경우가 대부분이다. 그렇다고 해도 온라인에서의 소통만으로 문제가 해결될 경우 금액은 보통 10만 원을 넘지 않는다.

우리가 경험해본 법률 검토로는 한국무역협회 회원사에게 제공되는 서비스가 있다. 과거 불티나게 팔리던 제품이 시장 여건의 변화로 해외 판로를 모색하면서 해외 벤더사와의 계약을 앞두고 수수료율 책정 등을 문제로 고민에 빠졌던 적이 있다. 당시 한국무역협회** 회원사였던 우리는 회원사를 대상으로 한 무료 법률 상담 서비스를 알게 되었다. 이미 발급된 서비스 바우처로 다양한 서비스를 이용하고 있었던 터라 망설일 이유가 없었다.

법률 상담을 통해 나름 머리를 써서 책정했던 수수료율이 하마터면 역마진의 늪으로 빠질 수 있는 함정이 있음을 발견했고, 최소한의 안전장치를 넣는 조항을 추가할 수 있었다. 연 15만 원의 회비만 내면 회비의 세 배 이상의 혜택을 제공해주는 무역협회 회원 서비스는 아는 사람에게는 노다지다. 최근에는 무역협회 온라인 사이트를 통해서도 실시간으로 무역뿐만 아니라 회계, 특허, 마케팅, 물류 등 다양한 분야의 전문가 상담이 제공되고 있으니 참고하면 좋다.

---

* https://m.expert.naver.com

** https://kita.net

계약서는 문서 파일 기준으로 적게는 한 장에서 많으면 수십 장에 이르기도 한다. 어려운 용어들이 가득한 글자들 사이에서 가장 유념해서 보아야 할 것은 두 가지다.

- 계약 내용
- 대금 정산

내가 어떤 업체에 용역을 의뢰했다면 그 내용과 업무의 범위를 명확히 하고 업무 처리 방식과 납기일 등을 구체적으로 서술하여 계약 내용에 명시하게 된다. 여기에 작성되는 내용이 계약서를 작성하는 본연의 목적이다. 이어서 용역에 대한 대금이 얼마인지, 정산 방식은 어떻게 되는지 기술하는데, 이 역시 다음과 같이 구체적으로 작성할 수 있다.

계약내용 (예시)

1) 브랜드 영상 제작

  90초 분량의 영상 2편을 각각 1080, 24fps, (영상mov, mp4) 파일로 제출할 것

2) 제작 일정

  ① 영상1. 2023년 10월 01일까지 영상 기획 초안 제출, 수정 1회 요청 가능

     수정 요청 후 확정일로부터 7일 이내 영상 완성본 제출

  ② 영상2. 2023년 11월 01일까지 완성본 제출

     제공된 기획안 내의 진행 건으로 수정 불가

콘텐츠 제작 계약서 내의 계약 내용을 구체적으로 기재한 예시

이렇게 구체적으로 작성하는 이유는 분쟁의 소지를 없애기 위함이다. 특히 이 두 항목은 계약 불이행으로 인한 손해배상과 가장 긴밀하게 연관돼 있기 때문에 더욱 주의를 기울여야 한다. 이와 더불어 광고 대행이나 마케팅 관련 계약서에서는 '양 사의 의무' 등으로 표현한 부분이나 '저작권' 관련 부분

은 거듭 주의 깊게 볼 필요가 있다. 특히 저작권의 경우 문구 하나만 잘못되어도 큰 손해를 입을 수 있기 때문에 유의해야 한다.

정리하면 계약서는 표준계약서로 시작하는 것이 좋다. 큰 돈을 지불하지 않아도 계약서 샘플을 얻을 수 있는 온라인 사이트는 많다. 앞서 언급한 정부에서 제공하는 무료 서식을 사용한다거나 검색엔진 이용, 저렴한 비용의 서식 사이트 가입도 생각해볼 수 있다. 또한 전문가에게 법률 검토를 의뢰한다면 큰 거래를 진행하기 전이나 계약의 정형화된 패턴이 생겼을 때 받아보는 것을 추천한다.

여러 계약서를 보다 보면 공통적으로 작성돼야 하는 부분이 있고, 특정 거래처에만 해당되는 문구가 있다. 어찌 됐든 우리 실정에 맞는 계약서는 우리가 만들어야 한다. 전문가에게 의뢰하더라도 계약서에 드러나기 원하는 내용을 정확하게 전달할 수 있어야 한다. 또한 공정거래에 위배될 정도로 너무 치우치는 계약서도 아니어야 하지만, 적어도 손해를 입거나 입히지 않도록 표준계약서를 가공할 수 있는 스킬 정도는 스스로 익혀야 할 것이다.

삐뽀삐뽀, 짬짜미가 나타났어요

깜깜한 바다 위에 떠 있는 작은 돛단배처럼 창업자에게 주어지는 고독함과 현실의 고충은 감히 상상할 수조차 없을 정도로 많다. 그중에 특히 어렵고 힘든 것은 내가 모르는 분야에 전문가를 앉히는 일이다. 모르기 때문에 채용할 때 더욱 깐깐해야 하고 채용 후에는 무한에 가까운 믿음을 주어야 한다. 꼭 필요한 포지션이지만 스타트업에서는 굉장한 모험일 수밖에 없다.

또한 '전문가'라는 세 글자에서 이미 우리는 엄청난 비용을 치를 각오 역시 준비해야 한다. 하지만 우리에게 등대가 되어줄지, 간절함이 만들어낸 허상일지는 겪어봐야 알 수 있기 때문에 창업자는 끊임없이 의심할 수밖에 없다.

완벽한 계약서로 회사를 지켰다는 뿌듯함도 잠시, 생각지도 못한 내부의 적을 맞이하게 될 수도 있다. 바로 거래처와 내부자의 짬짜미다. 우리에겐 뼈아픈 상처이자 상기하기조차 힘든 경험이지만, 우리의 사례를 통해 창업자의 길을 걷는 사람들이 불필요한 상황을 최대한 피해 가길 바란다.

우리 회사는 광고를 바탕으로 시중에 알려지지 않은 좋은 제품을 직접 만들어 판매하기 위해 광고 전문가와 제조 전문가가 필요했다. 대표는 광고 마케팅 전문가였다. 제조를 해보지 않은 상태에서 발품을 팔면서 제조사와 일일이 컨택하여 거래를 텄지만 그것도 한계가 있었다. 맨땅에 헤딩하듯 직접 부딪히기엔 왠지 모르게 부족했던 것이다. 그렇기에 경험이 있는 경력직이 회사의 성장에 도움이 될 것이라는 기대하에 조금은 무리하여 전문가를 채용했다.

굉장히 선한 이미지의 열정 넘치는 사람이 합류했다. 스타트업 생리에 대해 굉장히 잘 이해하고 있었으며, 대인관계도 좋아 얼마 지나지 않아 직원들 사이에서도 엄청난 인기 스타가 되었다. 이제 우리는 성장할 수 있을 거라는 기대마저 함께 가져다 주었다. 제조 프로세스를 작성하여 팀원 교육도 하고, 신규 거래처 탐색과 신제품 테스트까지 불철주야로 정말 열심히 일한다고 생각했다. 거래처로부터 투서가 오기 전까지 말이다.

우리와 함께 특허 출원도 하고 서로의 성장을 격려하던 거래처 사장님이었다. 해당 직원이 조금 위험한 사람 같으니 예의주시할 필요가 있다는 경고였다. 거래처 사장님이 받은 문자에는 일이라고는 이해하기 힘든 성희롱에 가까운 내용이 적혀 있었다. 또한 거래 물량을 증량할 경우 본인에게 돌아올 이득에 대해서도 문의했다는 얘기에 상당히 혼란스러워졌다. 두 번째 투서를 받은 건 이로부터 얼마 지나지 않아서였다.

또 다른 거래처에서는 그동안 식품 제조생산을 턴키*방식으로 진행해 왔는데, 갑자기 부자재를 우리가 직접 공급해서 제조사에 제공하는 사급 방식으로 바꾸었다고 전해온 것이다.

물론 이 사안은 대표이사에게 보고도 없이 해당 직원이 자의적으로 결정했다. 그리고 신규 거래처에도 접근해 기존의 식품 제조사를 변경하면 100만 개 물량의 제조를 보증하겠다는 백지수표를 던지면서 거래처 사장에게 온갖 부적절한 요구를 했다는 것이다. 예를 들면 개인이 실수로 저지른 사건의 합의금을 대신 내달라는 요구부터 해외로 가족여행을 보내달라는 등의 요구 말이다.

소름 끼치도록 영화 같은 일이 내 관할 안에서 벌어졌고, 믿을 수 없는 상황에 좌절할 새도 없이 우리 회사는 또 다른 거래처와의 불미스러운 사건은 없는지를 파악하기 위해 전수조사에 들어갔다. 불안한 마음으로 그가 담당한 거래처 하나하나의 계약서를 면밀히 검토하고 거래처 사장님과 직접 통화도 불사했다. 참 부끄러운 일이었다.

돌이켜보면 의심할 만한 일들이 많았다. 하지만 그때는 몰랐다. 아니, 믿고 싶었는지도 모른다. 식품 제조에 들어가는 부자재 중 하나인 유리병 제조회사와는 직접 소통이 가능한데, 왜 유리병 겉면에 부착하는 필름 라벨을 만드는 제조회사를 거쳐 유리병 제조를 의뢰하는지, 이러한 계약서는 어떤 연유로 작성되었는지 궁금했다. 기존 단가에서 병당 50원 오른 가격에 말이다. 참고로 유리병은 소량 생산이 어렵고 최소 10만 병 단위로 발주를 넣는다. 리베이트 수취를 노렸다는 합리적인 의심이 들었다.

일련의 모든 사건은 해당 직원이 회사에 들어온 지 불과 5개월 만에 벌어

---

* 제조 업체에 제품 제조를 의뢰하면 부자재 사입부터 제품 충진, 패키징 등 처음부터 끝까지 모두 책임지고 다 마친 후 발주자에게 넘겨주는 방식. 열쇠(key)를 돌리면(turn) 모든 설비가 가동되는 상태로 인도한다는 의미를 가진다.

진 일이었다. 다행히 초기에 발견해서 피해를 최소화할 수 있었고, 해당 직원은 회사를 떠났다. 마지막 순간까지 본인의 억울함을 주장했지만 본인이 저지른 행위에 대한 해명을 요청한 내용증명 우편과 문자, 전화에는 단 한 번도 응답하지 않았다. 찝찝함을 간직한 채 인연은 마무리되었고 큰 교훈을 얻었다. 해당 직원의 입김이 스쳐 간 자리에는 대표에 대한 불신이 가득했다. 그렇게 그는 분란을 조장하고 회사에 피해를 안긴 채 떠났다.

거래처와의 짬짜미로 브랜드를 박살 낸 직원도 있었다. 출시 6개월 만에 수십만 개 제품을 팔아치우며 시장을 이끌던 제품이 있었다. 올리브영에 일찌감치 입점하여 온/오프라인에서 불티나게 팔리던 와중에 해외에서도 판매 문의가 들어왔다. 국내와 해외 영업직이 모두 필요했던 우리는 두 분야 모두 가능한 10년 경력의 영업 직원을 채용하였다. 그는 남대문을 찾는 중국인 관광객과 판매상을 매개로 한 영업 채널도 가지고 있었다.

해당 직원은 중국 시장에서 제품을 판매한다며 밴더를 통해 수권서* 작성을 시작으로 상표권 대리등록이 관행인 것처럼 진행했다. 상표권 등록을 국내에서 하면 등록이 늦어지므로 중국 거래처 명의로 상표권을 먼저 등록한 후 양도계약서를 작성하면 된다고 유도했다. 손에 잡히지 않는 엄청난 매출에 대한 기대감에 눈이 멀었다. 수출이 성사되어 제품 2만 개 생산 및 입고를 요청했고, 아주 낮은 단가를 책정하여 그대로 떠나보냈다.

두어 달이 지난 어느 날. 그때 떠나보낸 제품들이 인터넷 쇼핑몰에 떠도는 걸 발견하게 되었다. 정상 가격의 반값도 안 되는 가격에 말이다. 정당하게 제품을 공급받는 다른 거래처들의 항의도 빗발쳤다. 뒤늦게 선적증명서, 수출증명서 등을 요구했으나 거래처는 모르쇠로 일관했다. 상표권 역시 마찬가지였다. 해당 거래처의 공동대표 중 한 명은 해당 사연을 알지도 못했다. 그 역시 뒷통수를 맞은 것 같았다. 문제를 일으킨 거래처의 또 다른 대표는 얼마 지나지 않아 호화롭게 결혼식을 올렸다. 씁쓸했다.

---

* 중국, 대만 등에서 판매 시 제품의 정식 수입 업체임을 증명하는 증서

영업을 맡았던 직원은 또 다른 방법으로 나의 인내심을 시험했다. 그가 퇴사한 후 담당했던 거래처 리스트를 정리하며 흥미로운 사실을 발견했기 때문이다. 여러 개의 거래처로 나뉘어 있었지만 모두 A라는 회사 대표와 직원이 명의를 골고루 나눠 만든 회사들이었다. 결국 이 직원의 거래선은 단 하나였던 것이다. 단가를 터무니없이 낮게 책정하여 판매하고 메인 브랜드 제품을 손쓸 수도 없게 망가뜨려 놓은 이 직원의 해명은 어느 것 하나 이해되지 않았다. 소통은 통화로만 했고 메일에는 형식적인 내용만이 남아 있을 뿐이었다. 그렇게 떠난 빈자리에는 엄청난 손실과 치워야 할 똥만 있었다.

이렇듯 계약서를 아무리 단단하게 작성한다고 해도 100% 해답이 될 수 없다. 우리의 적은 내부에 있을 가능성이 더 높기 때문이다. 안타깝지만 스타트업이기 때문일 것이다. 처음엔 우리가 찾던 바로 그 사람이 맞았을 수도 있다. 견물생심이라고 경계의 느슨함이 가져온 결과물이다. 내부자의 도덕적 해이는 외부의 그것보다 파괴력이 엄청나다. 사업적으로도, 멘탈적으로도 무너져버릴 수밖에 없는 일이었다. 이로 인한 수습은 아직도 진행 중이다. 앞머리 언저리가 숭덩 비기 시작한 것도 이때쯤부터인 것 같다.

짬짜미가 불러오는 파괴력도, 자신의 이윤만을 추구하며 부정 행위를 일삼는 거래처도 피곤함을 더욱 가중시키곤 한다. 사업을 하면서 쿵짝이 맞는 거래처가 있다면 정말 천군만마를 얻은 기분이 들겠지만, 앞서 말했듯이 대부분의 경우는 그러하지 못하다. 1원이라도 더 이득을 가져가기 위해 보이지 않는 신경전이 오갈 수밖에 없는 게 바로 거래처와의 관계다. 당연한 소리지만 그럼에도 불구하고 서로가 각자의 이득이 되는 포인트가 있기 때문에 계약을 맺고 일을 함께한다. '신의성실의 원칙에 입각하여'로 시작하는 계약서를 계속 늘려가는 것이다.

계약을 맺는 건 어려운 일이 아니다. 하지만 거래처의 신용이 나의 신용평가등급에 영향을 미친다면, 그로 인해 내가 불이익을 받는다면 이야기는 달라진다. 같이 어울리는 친구들의 됨됨이가 그 사람을 평가하는 잣대가 되듯이, 신용평가를 진행할 때도 나와 거래하는 거래처 리스트와 거래 비중을 요구한다. 거래처의 재무 건전성을 통해 우리 회사의 신용도를 보겠다는 것이다. 그러나 거래를 하면서 상대방의 신용도까지 파악하기는 쉽지 않다. 기업 정보가 공개적으로 검색되어야 하지만, 제조사의 경우 대체로 영세한 규모의 사업장이 많아 재무제표를 요구할 수도 없는 노릇이다.

언젠가 어느 영세한 제조 업체와 거래한 적이 있는데, 이들의 재무상태를 하필 세무서로부터 해당 업체의 세금 체납으로 대금 지급을 이행하지 말 것을 강제하는 공문이 도착하고 나서야 알게 되었을 정도니 말이다. 처음부터 양질의 거래처와 인연을 맺는 것이 매우 중요한 이유다. 그러니 돌다리도 마구마구 두들겨보고 건너길 바란다. 회사의 안녕을 위해서 말이다.

요약

거래 관계에서 계약서를 관리하는 현명한 방법

- 지역별 창업지원센터, 기업지원허브, 중소벤처기업부에서 운영하는 각종 표준서식을 참고하자.
- 계약서를 작성할 때는 계약 내용, 대금 정산, 패널티 부분을 꼼꼼히 살펴보는 것이 중요하다.
- 거래처와 계약서를 작성할 때는 손해배상 관련 조항도 구체적으로 쓰는 것이 좋다.

관공서 업무는
효율을 우선으로 하는 게 답이다

사업을 하며 준비해야 할 수많은 관공서 서류들에 한 번,
이 서류를 처리하는 데 소요되는 시간에 한 번 더 놀라게 된다.
이러한 업무는 직접 해보는 것을 추천한다.

스타트업에서 일하며 얻는 장점은 모든 분야를 두루 배울 수 있다는 것이다. 할 수 있는 일이 많아지면 업무에 대한 자신감이 생긴다. '너 이거 알아?'라는 질문에 모른다는 대답보다는 안다는 대답이나 해봤다는 대답도 심심치 않게 할 수 있다. 그중 가장 정형화된 일이자 회사를 운영하는 내내 반복적으로 하는 일이 바로 관공서 업무다.

사업을 하면 살면서 한 번이나 가볼까 싶은 관공서의 부서 곳곳을 방문하게 된다. 사업자등록증을 내는 것부터가 관공서 업무의 시작이다. 사업자등록증을 내려면 해당 지역 세무서를 방문해야 한다. 영업신고서를 받으려면 지역 구청이나 시청을 방문한다. 법인인감증명서를 떼려면 가까운 등기소 혹은 무인민원발급기가 있는 관공서를 방문한다. 요즘은 온라인으로 신청할 수 있는 서비스도 많아졌지만, 아직도 현장을 방문해야 하는 업무가 많다.

이렇듯 사업을 하며 맞닥뜨리는 수많은 관공서 관련 업무는 준비해야 할 엄청난 서류들에 한 번, 소요되는 시간에 한 번 더 놀라게 된다. 고기 맛도 먹

어본 놈이 안다고 이러한 업무는 직접 해보는 것을 추천한다. 그래야 이 업무에 소요되는 시간과 에너지가 어느 정도인지 가늠할 수 있고, 직원에게 요청할 수 있는 범위가 어디까지인지, 대행을 맡겨야 하는 업무인지 직접 해야 하는 업무인지 판단할 수 있다.

직접이냐 대행이냐 그것이 고민이다

영업신고증을 취득하는 것은 비교적 간단한 업무에 속한다. 다만 식품 전문 판매와 같이 섭취 등의 방식으로 인체에 적용되는 식품이나 화장품에 대한 영업신고는 요구하는 서류가 많다. 제조 공장을 보유하지 않은 상태에서 제품을 생산하고 있다면 해당 공장과의 계약서도 제시해야 하며, 거래 공장 상태를 확인할 수 있는 자료를 요구할 경우 관련 서류를 준비해 대응해야 한다.

관공서에서 가장 많이 요구하는 서류는 확인서 종류다. 기업이 벤처기업확인서나 여성기업확인서와 같은 문서를 가지고 있으면 다양한 정부지원사업에서 혜택을 받을 수 있다 보니 절차가 복잡한 것으로 생각된다. 요구하는 서류의 수준은 대표이사의 신상과 주주명부를 비롯하여 3개년 매출액, 상위 매출/매입 거래처 등 신용평가와 맞먹을 정도로 까다로우니 참고하면 좋다.

> 우리 회사는 내부에서 직접 제품을 OEM*, ODM** 방식으로 제조 및 생산하고 온라인 몰을 통해 판매해왔기 때문에 관공서 업무가 많았다. 화장품을 만들어 팔기 위해 화장품책임판매업 등록필증, 건강기능식품을 만들어 팔기 위해 건강기능식품 유통전문판매업 영업신고증을 취득했다. 그리

---

* 생산자가 주문자로부터 의뢰를 받아 제품을 요청 내용대로 위탁 생산하는 방식

** 생산자가 주문자로부터 의뢰를 받아 제품을 자체 개발하여 생산하는 방식

고 온라인상에서 판매 행위를 할 수 있도록 통신판매업신고증, 각종 혜택 및 정부지원사업에 유리한 중소기업확인서, 벤처기업확인서, 여성기업확인서를 신청했다. 그 외에도 등기가 필요한 회사 중요 이슈가 생길 때마다 관공서를 찾았다.

이렇게 받은 서류들은 각종 증명과 혜택 수혜에 쓰인다. 코로나19로 인한 경제 위기 때 정부에서는 비대면으로 지원금을 지급하는 사업을 진행했다. 이 중 중소기업을 대상으로 재택근무를 위한 솔루션을 구매할 수 있는 지원 정책의 경우 기업당 1회만 지원받을 수 있었지만, 우리 회사는 2020년, 2021년 총 2회를 지원받았다. 여성 기업이나 장애인 기업이면 2년 차까지 지원이 가능했기 때문이다. 우리 회사는 2년 연속 받은 지원금으로 업무 협업 툴과 전자계약 서비스, 회계 서비스를 구입했고 현재까지도 잘 사용하고 있다.

벤처기업확인서는 연구개발유형, 혁신성장유형, 벤처투자유형의 조건에 부합해야 신청할 수 있는데, 우리 회사의 경우 벤처투자사로부터 5천만 원 이상의 투자를 받은 사실이 있어 확인서를 받을 수 있었다. 더군다나 창업 3년 이내에 받은 터라 각종 세제 혜택까지 촘촘하게 누릴 수 있었다. 이러한 확인서는 정부지원사업에서 가점을 얻을 수 있는 역할까지 하니 조금 번거롭더라도 받아놓는 게 좋다.

복잡하지만 혜택이 많은 서류의 경우 대행해준다는 빌미로 접근하는 사기꾼들이 많다. 정부지원금 관련 정보를 주겠다고 접근해서 만나보면 막상 알려주는 건 딱히 없다. 알려주더라도 스스로 할 수 없을 정도만 알려준다. 결국 대행을 맡게 만들어서 수수료를 수취하거나 컨설팅을 해준다는 명목으로 돈을 뜯어가는 식이다.

우리 회사도 정부지원금이나 연구소 설립과 관련해서 많은 연락을 받았고 그중 몇 개의 업체는 미팅도 진행했다. 회사 운영은 처음이고 무지했기 때문에 지푸라기라도 잡는 심정으로 조언을 듣기 위해서였다. 이들이 가장 먼저 제시했던 것은 바로 노무 컨설팅인데, 조직 관리 운영과 관련된 스타트업들의 페인 포인트를 언급한 후 연구원 인력 보조비를 지원받을 수 있다며 연구소 설립을 권하기도 했다.

그나마 내가 만난 업체는 양심이 있는 곳이었고 정기적으로 제공받은 노무 상담 서비스가 매우 도움이 되었다. 하지만 어느 날 갑자기 그 회사가 공중분해되었다. 그들이 제공하던 온라인 서비스는 먹통이 됐고 연락도 두절되었다. 다행히 백업해둔 엑셀 자료가 있어서 그 자료를 지금까지 활용하고 있다.

그렇게 만난 업체들이 홍보용으로 제작한 정부지원사업 리스트를 보면서 우리가 당장 지원할 수 있는 곳을 두드려보기도 했다. 웬만하면 그들을 만나지 않는 편을 추천하지만, 정보를 얻는 수준의 미팅을 진행해보는 것은 나쁘지 않다. 나는 세상의 모든 정부지원사업을 모르지만 그들은 너무나도 잘 알고 있고 일목요연하게 정리한 자료도 가지고 있기 때문이다.

직접 손을 대지 않는 편이 좋은 업무도 있다. 바로 투자 그리고 등기와 관련된 업무다. 물론 많은 시간과 에너지가 있다면 상관없다. 등기를 진행할 때마다 요구하는 자료도 다르기 때문에 익히기가 쉽지 않을 뿐더러 사업 초기에 일인 다역을 해야 하는 창업자라면 전문가에게 의뢰하는 것이 좋다.

우리 회사의 경우도 사업 초기부터 상업 등기를 전문으로 하는 변호사와 인연을 맺었다. 가장 편리한 점은 그동안 진행했던 모든 정보가 축적돼 있어 추가 설명이 필요 없다는 것이다. 등기가 필요하다고 하면 어떤 등기가 필요한지 미리 알고 있는 경우가 대부분이거나 먼저 이야기해주기도 한다. 시기별로 해야 할 일들 역시 변호사와 나눈 이메일만 검색해도 손쉽게 찾을 수 있다.

일전에 대표이사 주소 이전 등기와 같이 미미하다고 생각되는 업무를 혼자서 진행한 적이 있었다. 나름 만반의 준비를 다 했다고 생각하였으나 등기소에서 한참 상담을 받고 서류를 수정하며 다시 사무실에 보완 서류를 챙기러 다녀오는 등 모든 처리가 끝나니 한나절이 지나 있었다. 그날 하루를 온전히 등기소에서 보낸 셈이었다.

내가 하는 일이 관공서 업무에 국한된다면 괜찮다. 스스로 진행하고 시행착오도 겪어보면서 데이터를 쌓아가는 방법도 매우 추천한다. 하지만 스타트업의 생리는 그렇게 돌아가지 않는다. 관공서 업무는 내가 하는 100개의 업무 중 단 한 개에도 미치지 못하기 때문이다. 이것을 위해 꼬박 하루를 보냈다면 다른 99개 업무는 미뤄지고 업무 효율은 곤두박질친 것이다.

관공서 업무는 이렇듯 직접 할 수 있는 영역과 대행을 맡기는 게 더 나은 영역이 있다. 적절한 선에서 대행을 맡기지 않으면 다른 업무에 영향을 미치기 때문에 스스로 잘 판단해야 한다. 그리고 법적인 이슈와 결부되어 소송 등에 의해 직접적인 해결이 어렵다거나 과오로 인한 행정처분 등의 사유로 받은 명령서처럼 거부할 수 없이 진행해야 하는 경우도 있다.

그들은 늘 깜빡이도 없이 들어온다

관공서의 노크는 대부분은 불청객이라고 볼 수 있다. 일당백으로 일하는 스타트업에서는 1분 1초가 아까울 정도로 업무에 집중적으로 시간을 할애하는데, 관공서에서 문을 두드리면 모든 것을 멈추고 그것을 먼저 해야 하기 때문이다. 작게는 '경제총조사'가 있다. 실체가 있는 사업장인지 조사하는 것인데, 직원이 몇 명인지, 사무실이 실존하는지 등을 직접 확인될 때까지 연락한다. 이건 간단한 협조 정도라 괜찮다.

문제는 협박성 공문을 보내는 곳이다. 실태조사를 하는데 비협조 시 불이익을 줄 수도 있다는 내용의 공문이다.

2020년에 우리도 그러한 공문을 받았다. 제품 실태조사 협조 요청이었다. 성실히 조사에 임했고 결과가 나왔다. 우리 제품을 비롯해 유사 제품 15종을 조사했는데 대부분의 제품이 허위 과장 광고였고 실증이 필요한 문구를 사용했지만 자료 제시를 못한 곳도 있었다는 결과가 나왔다. 반면 우리는 그 어떤 허위 과장 광고에도 해당되지 않았고 실증이 필요한 자료도 가지고 있었다. 즉 15개 기업 중 몇 안 되는 바르게 광고하는 업체였던 것이다.

하지만 TV와 온라인 뉴스에는 우리 제품 사진이 커다랗게 실린 기사 내용이 나갔다. '기사 내용과 관련이 없는 제품'이라는 문구와 함께 말이다. 사람들은 우리 회사가 불법을 저지른 줄 알 것이다. 관공서에서 요구한 대로 성실하게 협조했고 불법을 저지른 사항도 없었지만 기자가 가져다 쓴 사진 하나로 낙인이 찍혀버렸다.

하지만 이러한 상황을 만든 해당 관공서는 방관했다. 보도자료를 냈지만 사진은 언론사에서 선택했기 때문에 본인들의 책임이 아니라고 했다. 결국 '내 일만 아니면 된다'라는 생각이 앞서 선량한 기업에 대한 오보가 그대로 퍼진 것이다. 씁쓸했다.

공공을 위한 일을 한다고 하지만 작은 기업 하나를 휘청하게도 할 수 있는 것이 관공서다. 관공서는 기업을 지원하기도 하지만 하루아침에 망하게도 할 수 있는 힘을 가지고 있기 때문에 관공서 관련 업무를 할 때는 신중에 신중을 기해야 한다.

관공서 연락 중 가장 힘들었던 것은 보건소 위생과나 식약처의 연락이었다. 이들은 조그마한 실수도 용납하지 않는다. 실수라고 거짓말하는 사람을 많이 봐서 그렇다고 이해하기엔 너무 불공정하다는 생각이 드는 사건도 왕왕 있었다. 이들의 연락은 대부분 표시 광고와 관련된 건이었다. 담당자에 따라 정정하고 넘어가는 경우도 있고 별도 행정 처분을 내리는 경우도 있다.

신제품을 출시한 지 얼마되지 않았을 때다. 마케팅팀에서는 광고를 어떻게 진행할지 구상하고 있었고, 웹디자이너는 제품 상세페이지를 꾸미고 구매 버튼이 활성화되어 있는지 확인하기 위해 테스트만 한 상태였다. 미완성 상태였기 때문에 제품의 상세페이지가 어떻게 꾸며져 있는지 웹디자이너 외에는 몰랐다.

그러던 와중에 식약처에서 연락이 왔다. 표시광고위반이 의심된다는 말을 하면서 말이다. 식약처의 주무관은 EWG 성분에 관한 유도 심문을 했고 소비자로 하여금 오인할 수 있는 광고를 게재했다고 판정했다. 결국 그 제품에 대해 광고 정지 처분이 내려졌다. 이제 막 출시되어 상세페이지를 단장하고 판매 대기 중인 데다 구매 테스트만 진행한 제품이 타깃이 됐다는 건 매우 의문스러운 일이었다.

현장에 불려가서 확인서에 도장을 찍고 나오는데 눈물이 울컥 쏟아졌다. 억울하기도 하고 이게 법인가 싶기도 했다. 법률 자문을 구했지만 변호사도 혀를 내둘렀다. 표시광고법을 확인하고선 이런 법은 처음 봤다고 했다. 표시광고 위반과 관련된 법률 용어들이 지나치게 두루뭉술하게 표현돼 있기 때문에 판단하는 개인의 주관이 무조건 개입된다는 것이다. '오인할 우려가 있는 용어는 사용 금지'와 같은 표현이 바로 그것이다. 억울함을 주장하려면 헌법소원이라는 과정을 거쳐야 한다고 했다.

또 이런 일이 발생하는 것을 예방하기 위해 표시 광고 교육도 따로 받고 한국광고자율심의기구에 할 필요가 없는 제품까지 몽땅 다 심의를 의뢰했다. 표시광고심의기관은 상당히 보수적으로 심의한다. 그런데 심의를 받은 광고에서도 광고 정지 처분이 나왔다. 심의를 받았는데도 문제가 되냐고 물으니 '거긴 거기고 여긴 여기'라는 대답이 돌아왔다. 내가 해결할 수 없는 것이 바로 이런 것이다. 전력 질주를 하다 걸린 큰 돌부리다. 바르게 사업하기 위해 노력했지만 세상의 쓴 맛은 써도 너무 썼다.

가장 황당했던 관공서의 노크는 2020년, 코로나로 인해 소비 심리가 위축되고 많은 기업이 힘들던 시기에 들려왔다. 대한민국에서 소비재를 만들어 판매하는 회사라면 의무적으로 생산 판매된 제품에 대한 재활용 환경분담금을 부담하게 되어 있다. 화장품을 상품화하기 위해 사용한 플라스틱 용기나 음식을 포장한 파우치 등 우리가 가정에서 분리수거를 통해 재활용 쓰레기로 배출하는 것은 제조한 만큼 업체에 분담금을 지게 한다는 것이다.

우리 회사는 2017년에 제품을 만들어 팔기 시작했는데, 4년이 지난 2021년에 재활용 환경분담금을 신고하라는 첫 공문을 받았다. 이행하지 않고 있는 기업을 찾아 발송하는 공문이라 했다. 그러나 공문 내에는 세금을 내라는 말이 없었다. 제조한 제품의 포장재 재활용 여부를 신고하고 의무를 이행하라는 말뿐이었다. 아마 의무를 이행하라는 말이 곧 세금을 내라는 말이 아니었나 생각된다.

신고를 진행하면서 무려 7번의 반려를 받았다. 담당자는 친절하지 않았다. 하나를 제출하면 하나를 더 요구했다. 이것을 왜 하는지도 모르고 제출한 서류들이 쌓여갔다. 플라스틱 용기의 성분이 그렇게 다양한지도 처음 알게 되었다. 그러던 중 본사를 이전하면서 관할이 바뀌어 연락하던 공단 담당자도 바뀌었다. 그제서야 이 제도가 왜 존재하는 것이며 신고하는 방법과 모든 과정의 끝에는 세금을 내야 한다는 것까지 자세히 알게 되었다. 어이없게도 공문을 받아들고부터 2년 뒤였다.

신고를 처음 시작했던 직원은 퇴사했고 마지막에 바통을 받은 나는 어디서부터 손을 대야 할지 아무것도 모르는 상태였다. 신고 후 2년이나 지났는데 관할을 옮기고 한 달도 되지 않아 모든 업무 처리가 끝난 것을 보면 그동안 얼마나 시간을 허비했는지 알 수 있다. 우리 제품의 재활용 환경부담금은 지난 수년 치 가산세를 포함하여 1500만 원 가량이 부과되었다.

놀라운 사실은 재활용 환경분담금은 세금 중 국세로 분류되어 있다는 것이다. 국세는 지방세와 달리 관련 부처의 고지를 늦게 받았다고 소명하더라도 발생한 가산세를 삭감해준다거나 인지하지 못한 것에 대해 정상 참작해주는 등의 행위가 일절 존재하지 않는다. 묻고 따지지도 말고 그냥 내야 하는 것이다. 이 씁쓸한 프로세스 속에 기업들은 울며 겨자먹기로 가산세까지 내야 국세를 완납하게 된다.

이 밖에도 갑자기 받은 영문도 모르는 공문을 해결하느라 쏟은 시간과 에너지를 생각하면 나에게 있어 관공서 업무는 가장 큰 스트레스 요인으로 작용했다고 감히 말할 수 있다. 예측 불가능한 업무이자 해결하기 힘든 업무였기 때문이다. 그리고 대부분 무지했기 때문에 벌어진 상황이었다.

사업 초기 순한 맛으로 진행한 관공서 업무는 사업이 커질수록 복잡해진다. 따라서 가장 효율적으로 처리해야 하는 일이 바로 관공서 일이다. 바로 할 수 있는 일은 직접 하되, 대행을 맡기려면 철저히 맡겨야 한다. 그리고 갑작스럽게 찾아올 수 있는 일을 대비해 스트레스를 관리하고 시간과 에너지를 잘 배분해야 할 것이다. 우리가 생각하는 것보다 그 갑작스러운 일은 자주 찾아올 수 있으니 말이다.

요약

관공서 업무의 특징에 맞게 효율적으로 대응하는 방법

- 혜택이 있는 자격 취득은 직접 준비하고 법적인 부분은 전문가에게 대행을 맡기자.
- 업무의 기본은 협조이지만 불법적인 일에 연루되지 않게 상시 모니터링하자.
- 우리가 몰랐던 세금이나 의무는 없는지 주기적으로 확인하자.

숨만 쉬어도 나가는 비용이
복병이 된다

사업 초기에는 돈을 번다는 느낌보다 쓴다는 느낌이 강하다.
매출을 올리기 위해 치열하게 노력했는데
누군가 내 통장에 구멍을 뚫어놓은 것마냥 새는 비용이 만만치 않다.

아기가 첫걸음을 걷기까지의 과정을 보면 경이롭다. 아기들의 발은 평평하지도 않고 통통하고 부드러운 살로 덮여 있기 때문에 걷기 힘든 조건을 가지고 있기 때문이다. 그리고 수백 번 일어서고 넘어지기를 반복하다 결국 걷게 된다. 일단 걸음마를 떼면 당연하다는 듯 자연스럽게 걷고 뛴다.

스타트업을 운영 역시 사업의 흥망성쇠 경험을 쌓는 것이다. 성공과 실패라는 이분법적인 사고가 삶을 얼마나 피폐하게 만들 수 있는지 깨닫기도 하고, '이번이 제일 바닥이겠지'라는 생각을 보기 좋게 깨부수는 수많은 상황이 불청객처럼 튀어나와 정신을 혼미하게 하기도 한다. 선 사고 후 깨달음의 연속에서 사업을 시작한 자신을 원망하다가도 다시 마음을 다잡고 정진하곤 한다.

우리는 이것을 시행착오라고 부른다. 사업에서 시행착오는 늘 빛과 그림자처럼 공존하며, 경우에 따라 엄청난 대가를 치러야 할 때도 있지만 결국 어떠한 형태로든 긍정적인 영향을 준다고 믿는다.

사업 초기에는 버는 돈보다 쓰는 돈이 더 많은 느낌이다. 집에서 아무것도 하지 않아도 내야 하는 관리비와 쓰는 만큼 부과되는 전기세, 가스비를 비롯하여 삶의 편의를 위해 설치한 정수기, 인터넷 사용료처럼 숨만 쉬어도 꼬박꼬박 통장에서 빠져나가는 돈이 있다.

이는 기업에도 동일하게 적용된다. 사무실 임대료와 인건비 같은 고정비는 매월 나간다. 이는 회사를 운영하기 위해 꼭 필요한 비용으로 매출이 없더라도 나가는 돈이다. 스타트업을 운영하면서 '이번 달 매출은 꽤 되는 것 같은데 왜 여전히 적자일까'라는 생각이 들었다면 여러분은 고정비를 좀 더 세분해서 분석할 필요가 있다.

이번에 이야기할 내용은 회사를 운영할 때 숨만 쉬어도 나가는 비용에 관한 것이다. 이 비용을 어떻게 관리하는지는 본인의 판단에 맡기지만 사업을 시작하기 전에 미리 알고 있으면 대비할 수 있다.

사업을 하는 한 영원히 내야 하는 비용이 있다

회사를 차리고 제일 처음 받게 되는 '증서'는 사업자등록증이다. 우리가 사업을 하겠다고 대외적으로 알리는 것이다. 그러나 사업자등록증은 기업을 운영하겠다고 알리는 증서이지, 사업을 어느 방향으로 확장하느냐에 따라 추가로 취득해야 하는 자격증, 신고증과는 별개다.

예를 들어 온라인 쇼핑몰을 통해 일반 대중에게 제품을 팔고 싶다면 사업자등록증 외에도 통신판매업신고증을 취득해야 한다. 건강기능식품을 제조 및 판매하고 싶다면 건강기능식품 유통전문판매업을 신청해 자격을 취득하고 영업신고를 위한 별도의 교육을 받아야 한다. 여기에 직접 제조하지 않고 OEM 등으로 위탁 생산을 하는 경우에는 생산계약서와 생산 공장에 관련 인증이 있는지에 대한 증빙 서류를 제출해야 한다. 그리고 이러한 영업 신고증들은 한 번 취득하면 영원히 쓸 수 있는 게 아니라 매년 해당 영업에 대한 등록면허세를 지불해야 한다. 교육도 매년 받아야 한다. 사업을 영위하는 동안에는 가만히 있어도 비용을 꾸준히 지불해야 한다는 것이다. 참고로 영업신고증 하나당 하나의 면허세 고지서가 부과되니 업종이 다양하다면 매년 내야 하는 비용도 비례적으로 늘어난다.

이와 더불어 회사는 직원을 채용하면 4대보험 가입 의무를 진다. 만약 이 의무를 저버린다면 사업 자체를 영위할 수 없다. 직원으로 고용하지 않고 개인에게 외주 용역 형식으로 일을 맡긴다면 사업소득세를 원천징수해 납부해야 하며, 매출에 따르는 부가세도 의무적으로 납부해야 한다.

회사를 운영하다 보면 다양한 계약이나 서류 신청과 같은 과정을 반복적으로 겪게 되는데, 해당 업무를 처리하려면 각 기관에 따라 요구하는 증빙 서류들을 제출해야 한다. 그리고 서류를 발급받으려면 매번 적더라도 비용이 수반된다. 이를테면 은행이나 관공서 같은 기관에 제출하는 법인등기부등본이나 법인인감증명서는 발급 건당 1천 원이 과금된다. 그리고 각종 기관에서 요구하는 서류들은 '발급한 지 3개월 이내'와 같은 단서 조항이 있기 때문에 만약 시기가 지난 서류가 있다면 또 새로 발급해야 한다.

회계감사를 진행하면 감사료, 기타 자료 송달에 필요한 수수료, 잔고증명서 발급 수수료도 있다. 이외에도 법인세나 세금 신고를 대행해주는 회계법인에도 수수료가 들고, 주주총회 등 법인의 의무 이행이나 등기 사항을 변경할 때 필요한 등기대행료 등 사업의 존재 자체만으로도 내야 하는 비용이 다양한 형태로 존재한다.

사업의 복병, 고정비를 잡아라

고정비를 잡는 건 상당한 어려운 숙제다. 사무실 임대료와 수도광열비 등은 고정비라고 생각하지만, 우리가 사용하는 각종 라이선스 비용이나 제품을 보관하는 창고 관리비까지 고정비로 생각하기는 쉽지 않다. 또한 개별 온라인 쇼핑몰을 만들어서 운영한다면 도메인, 리뷰, 제품 정렬 등을 위한 서비스 사용료도 부과될 것이며 일정 규모 이상이 되었을 때는 필수적으로 개인정보보호 손해배상책임보험에 가입할 의무가 있다.

직장인이라면 누구나 근사한 환경의 사무실에서 일하고 싶고, 좋은 사양의 컴퓨터와 소프트웨어를 사용하고 싶다. 실제로 넥슨과 SK하이닉스에서는 임직원들에게 백만 원을 호가하는 사무용 의자를 개별 지급하며 대대적인 관심을 받기도 했다.

그러나 사업 시작 초기에 직원 복지를 위해 과도한 비용을 집행하는 것은 기업의 생존 기간을 단축시키고 파놓은 구멍에 스스로 들어가는 위험한 선택일 수 있다. '스타트업이기에 더 좋은 혜택'이라는 말은 적어도 내 사업체에는 해당되지 않아야 불필요한 비용을 줄이고 사업 성장에 더욱 매진할 수 있다.

많은 사업가가 줄일 수 있는 고정비는 인건비밖에 없다고 말한다. 하지만 고개를 돌리면 줄여야 하는 비용 반대편에 지원받을 수 있는 돈도 많다. 예를 들어 중소기업 취업자에게 지원하는 소득세 감면 혜택이나 고용 안정과 관련된 장려금 등이다.

한편 벤처기업인증의 경우 인증에 소요되는 비용이 상당함에도 불구하고 많은 기업이 받고 싶어 한다. 뒤따르는 혜택 때문이다. 법인세, 취득세 감면 등의 세제 혜택부터 광고비 지원, 기술보증기금 보증 한도 우대, 기업부설 연구소 설립 기준 완화까지 다양한 혜택을 부여하기 때문에 만약 여러분 회사가 벤처기업인증 요건이 된다면 무조건 받는 게 좋다.

숨만 쉬어도 나가는 비용을 틀어막는 데는 분명히 한계가 존재한다. 무조건 허리띠를 졸라매고 새는 돈을 줄이는 것에 초점을 맞추기보다는 스타트업이기에 가능한 각종 지원금과 혜택을 찾는 방법 역시 돌파구가 될 수 있음을 기억하자.

요약

사업의 복병, 고정비를 잡는 노하우

- 사업 운영 중에 매년 갱신해 지불하는 비용을 항목별로 정리해두자.
- 각종 계약 거래, 은행 및 관공서 업무 시 필수 서류를 제출할 때 서류 발급은 건별 과금임을 명심하자.
- 중소기업, 벤처기업 지원 혜택도 있으니 꼼꼼히 챙겨두자.

총무 · 경영지원 업무를 위한 체크리스트

총무 · 경영지원 업무의 핵심은 잘 짜인 매뉴얼을 얼마나 잘 지키는지에 있다. 경험해본 업무인데 할 때마다 항상 새롭다면 매뉴얼 만들기부터 시작해야 한다.

법인 4종 세트를 알고 있나요?

달랑 사업자등록증 한 장만 가지고 은행에 가서 내가 이 회사 대표니 업무를 처리해달라고 하면 '됐고, 당신이 대표인지 증명하십시오'라는 반응이 돌아올 것이다. 법인 관련 업무를 수행하려면 법인을 대리하여 업무를 처리할 사람이라는 증명이 필요하다. 내가 대표라 해도 예외는 없다. 법인을 증명하는 서류에는 여러 가지가 있지만, 사업자등록증, 법인등기부등본, 법인인감증명서, 위임장 이 네 개가 가장 중요한 세트다. 추가로 필요한 것이 있다면 업무를 수행하는 자의 신분증 정도다. 또한 위임장의 경우에도 위임하는 내용이 상세히 기술되어 있지 않으면 업무 처리가 불가하다는 답을 들을 수 있으니 주의하기 바란다.

거래처 정보를 이중으로 관리하고 있나요?

거래처 관리 업무에 있어서는 아날로그적인 방법이 동원돼야 한다. 거래처별로 사업자등록증, 계약서, 통장사본은 묶어서 백업용으로 저장하고, 추가로 모든 거래처를 열람할 수 있도록 장치를 마련해두어야 한다. 우리는 노션에 거래처 DB를 만들어 사용하고 있다. 사업자등록증에 있는 내용부터 담당자, 거래 히스토리, 기타 참조할 내용까지 모두 한눈에 찾아볼 수 있도록 말이다. 거래처 정보 관리는 담당자에 따라 좌지우지되는 편이 많기 때문에 안전장치와 더불어 데이터를 축적하고 보호할 수 있는 방법을 양방향으로 사용하는 게 좋다.

절대로 공유하면 안 되는 자료가 있다는 걸 알고 있나요?

모든 기업에게 보안은 생명이다. 중요한 정보는 곧 회사의 가치와도 직결된다. 그러므로 거래처 정보, 제조원가 등 보안이 필요한 정보에 접근할 수 있는 권한은 담당하는 몇몇 직원에게만 선별적으로 부여하는 것이 좋다.

간단하게는 소프트웨어 라이선스부터 각종 유료 계정에 대한 권한을 각 직원에게 주지 않고 경영지원팀에서 일괄적으로 배분하는 것이 안전하다. 그렇지 않으면 직원이 퇴사 후에도 거리낌 없이 해당 계정의 라이선스를 사용하다 계정이 비활성화될지도 모른다.

제품의 제조원가나 고객의 개인정보 역시 담당자 이외에는 절대로 공유하면 안 되는 정보에 속한다. 해당 정보는 유출 시 크나큰 대가를 치를 각오를 해야 하므로 신중에 신중을 기하길 바란다.

제 4 장

숫자와의 싸움은
일상

재무회계 · 경리

회계알못도
사업할 수 있다

스타트업 창업자가 재무회계에 문외한일 수는 있다.
그러나 회사를 운영하며 재무회계를 배우는 건 대표의 의무다.

스타트업 창업자 중에 재무회계 지식이 뛰어난 사람은 거의 없다. 스타트업의 비즈니스 모델에 따라 창업자들은 대체로 제품 개발, 기획, 디자인, 마케팅과 같은 특정 업무 분야에 전문성을 갖고 있기 때문에 재무회계 지식 수준이 상대적으로 높지 않다는 의미다.

스타트업 창업 초기에는 재무회계 관련 지식 수준이 낮아도 대표가 해당 업무를 직접 해야만 한다. 세무기장 서비스를 해주는 회계법인과 계약을 맺고 업무를 처리한다고 해도 영수증을 모으고 계정과목에 따라 분류하는 일은 온전히 대표 몫일 가능성이 높다. 물론 이러한 과정은 조직 규모가 커지면 자연스레 재무회계 담당 직원이 맡게 되지만, 초기 기업에서는 대표가 울며 겨자먹기로 배우고 익혀야 한다.

스타트업 대표가 재무회계를 배우고 익히면 회사 예산을 효율적으로 활용할 뿐만 아니라 비즈니스 전략을 수립하고 운영하는 데에도 효과적이다.

그렇다면 스타트업 대표가 재무회계를 익혀야 하는 구체적인 이유는 뭘까? 크게 다음 네 가지를 들 수 있다.

- 예산 관리와 세무 처리
- 자금조달과 재무현황 작성
- 경쟁 업체 분석과 경영 의사결정
- 비즈니스 모델 구성 및 미래 계획 수립

그럼 구체적으로 하나씩 살펴보자.

예산 관리와 세무 처리

스타트업은 대개 수백만 원에서 수천만 원 사이의 소자본으로 시작하고 최소 한 명 이상으로 구성된다. 한정된 금액으로 매월 사무실 임대료 등 각종 비용을 지불해야 하기 때문에 돈의 흐름을 정확히 이해하지 못하면 예산 관리를 제대로 할 수 없다. 재무회계 지식이 없으면 예산을 잘못 계획하거나 예산 분배 오류 등의 문제가 나타날 수 있고 나중에는 잔고가 부족한 상황까지 발생할 수도 있다.

스타트업 운영 초기에 제품 론칭 후 퍼포먼스 마케팅을 통해 자사몰 매출을 올리는 비즈니스를 수행했다. 그 와중에 오프라인과의 접점을 만들기 위해 오프라인 박람회와 면세점 등에 진출했다. 우리는 사업 첫 해에 박람회 부스 비용으로 300만 원, 사후 면세점 보증금으로 2천만 원을 썼다. 자본금 5천만 원으로 시작했지만 사업 초기에 시드투자로 5억 원을 유치하다 보니 상대적으로 이 비용을 쓰는 것이 예산에서 여유 있는 집행이라고 판단했던 것이다.

그러나 결론적으로 이야기하자면 사업 초기 브랜드 인지도가 없는 상태에서 오프라인 박람회나 사후 면세점에 진출하는 것은 전혀 효과가 없었다. 특히 사후 면세점은 해당 업체 대표가 사업 부진으로 잠적하면서 보증금 2천만 원을 떼여 한동안 회계상 빨간 줄이 있었다. 해당 기업에서 보증금을 돌려주기 전까지 수년간 내 발목을 잡고 있던 망령 같은 존재였다.

나는 사업 초반에 재무회계에 대한 지식 수준이 매우 낮았고 예산을 효율적으로 배정하고 사용하는 방법에도 무지했다. 아마 사업이 처음인 많은 스타트업 대표 역시 나와 다르지 않을 것이다. 주먹구구식으로 예산을 운영하기도 하고 제대로 셈을 하지 못해 손해를 입는 경우도 더러 있을 것이다.

보다 스마트한 경영을 위해 스타트업 대표는 재무회계를 배워야 한다. 그리고 기본적인 지식을 바탕으로 현금 흐름을 파악하고 예산 관리를 통해 효율적으로 예산을 배분할 수 있어야 한다. 세무 처리 부분에서도 재무회계 지식이 중요한데, 기본적인 회계 처리에 대한 이해가 있으면 과세 문제를 최소화할 수 있다.

자금조달과 재무현황 작성

스타트업 대표가 재무회계를 알아야 하는 또 다른 이유는 자금조달과 재무현황 작성에 유리하기 때문이다. 스타트업은 초기에 수익을 내지 못하기 때문에 늘 자금 압박 상황을 맞이한다. 뛰어난 기술력을 보유하고 있고 성장 잠재력이 크다고 해도 현금 흐름이 악화되면 최악의 경우 폐업해야 할 수도 있다.

그러므로 스타트업 대표는 현재의 자금 상황을 분석하고 런웨이^{runway*}, 즉 회사 현금이 언제쯤 바닥날지 사전에 파악해 자금조달 방법을 고민해야 한다. 예를 들어 향후 6개월 내에 현금이 바닥난다고 가정할 경우, 대출을 받을지 아니면 IR을 진행해 투자유치를 할지와 같은 의사결정을 해야 한다는 뜻이다. 참고로 대출과 투자유치는 재무회계의 계정과목이 다르게 잡히므로 대표의 적절한 판단이 요구된다.

대출은 원금 상환을 하기 전에 이자 상환 의무가 발생하며 회계 계정과목에는 부채로 인식된다. 투자유치는 투자금을 대가로 회사 지분을 내주는데, 자본이 증가하므로 회계 계정과목에는 자본금 계정이나 유동자산 등으로 기록된다. 대출은 부채이니 무조건 안 좋다는 인식 때문에 대신 투자를 받아야겠다는 편견을 갖는 경우도 종종 있다. 그러나 투자유치는 대표의 지분율이 희석되기 때문에 극단적으로 계속 투자만 받다가는 대표 지분이 줄어들어 투자자에게 휘둘릴 가능성이 있다. 일례로 큰 규모의 투자를 계속 받다가 대표 지분이 5%로 떨어진 스타트업도 있다. 이러한 지분 구조에서는 대표가 온전히 자기 주장을 펼칠 수 없다. 그러므로 대표가 어느 정도 재무회계에 대한 지식이 있어야 예산 관리, 자금조달, 미래 계획 수립 및 의사결정을 현명하게 할 수 있다.

투자를 유치한 이후에는 투자자를 위해 정기적으로 재무 보고서를 작성한다. 대표가 재무회계 지식이 없으면 정확한 재무 보고서를 작성하지 못해 투자자나 거래처로부터 신뢰를 잃을 수도 있다. 참고로 투자자들이 요구하

---

* 법인통장의 잔고가 0원이 될 때까지 생존할 수 있는 기간. 대개 몇 개월로 표현하며 보유 현금을 월 고정비로 나누어 계산한다.

는 재무상태표에는 회사의 가치 평가, 기업 평가 등을 위해 회사의 현금 흐름, 재무 상태, 월 고정비 등과 같은 각종 지표를 기재해야 한다.

재무상태표 예시

경쟁 업체 분석과 경영 의사결정

스타트업 대표가 재무회계를 배우면 경쟁 업체의 재무 상황을 파악하고 구체적으로 경쟁사 분석을 할 수 있다. 비슷한 단계의 회사와 비교했을 때 우리보다 어떤 비용을 절감하고 있으며 어떤 비용을 공격적으로 집행하고 있는지를 파악할 수 있는 것이다.

예를 들어 비슷한 거래액을 보이는 명품 커머스 플랫폼이 있다고 하자. 매출은 중개 수수료로 잡을 것이다. 만약 경쟁사 대비 수수료율이 낮아서 매출에 현저한 차이가 있다면 수수료율을 높일지, 추가 매출 확보를 위해 결제 시스템을 개선할지, PB 브랜드를 론칭하거나 제품을 사입해 마진율을 더 확보할지와 같은 전략을 세워야 한다.

이번에는 회사의 인건비 계정과 퇴직급여 계정과목을 살펴본다고 가정해보자. 우리 기업은 퇴직급여가 직원 급여의 3~4% 정도로만 잡혀 있는데, 경쟁 기업은 10% 가까이 잡혀 있다. 퇴직급여는 1년 이상 재직한 임직원의 퇴직금을 위해 1개월 치에 해당하는 퇴직금을 따로 쌓아두는 계정으로, 퇴직급여충당금이라고도 한다. 그런데 만약 이 퇴직급여 항목이 경쟁사 대비 매우 낮다면 우리 회사 직원의 1년 내 퇴사율이 높다는 것을 의미할 수 있다. 이를 통해 회사의 경쟁력이 떨어지는 건 아닌지 점검하고 퇴사율을 줄이기 위한 전략을 세울 수 있다. 이 밖에도 경쟁사 분석을 기반으로 마케팅 비용을 공격적으로 늘려 회사의 거래액을 늘리거나 회사 내부 인사 프로그램을 강화해 조직의 근속연수를 늘리는 등의 의사결정을 할 수 있다.

이와 같이 스타트업 대표가 재무회계를 이해하면 경쟁사 분석을 기반으로 우리 회사가 더욱 경쟁력을 갖추기 위한 전략을 세울 수 있다.

비즈니스 모델 구성 및 미래 계획 수립

마지막으로 스타트업 대표가 재무회계 지식이 있으면 비즈니스 모델을 구성하거나 미래 재무현황을 예측하는 데도 유리하다.

스타트업 대표는 회사의 비즈니스 목표를 결정하고 실행하는 데 필요한 인력, 예산, 비용 및 수익 모델을 구상한다. 이때 수익 모델을 예측한다는 것은 매출 전망에 비례해 변동비와 고정비가 얼마나 증가할지를 계산하고 영업 이익과 회사의 현금 흐름을 파악하는 행위다. 재무회계에 대한 이해가 높으면 더 정교한 수익 모델 예측이 가능해진다. 구체적인 데이터에 근거한 3개년, 5개년 추정재무제표는 투자자에게도 매우 논리적인 자료가 된다.

반면 대표가 비즈니스 수익 모델을 제대로 예측하지 못하면 예산 초과와 손익 분석 오류로 인해 계속 적자에 허덕이거나 여러 부정적인 상황에 직면할 수도 있다.

스타트업 대표가 회계를 전혀 모르는 일명 '회계알못'이어도 사업을 시작할 수는 있지만, 사업을 하려면 재무회계 기본 지식을 익혀야 한다. '나는 마케팅 전문가라서 혹은 개발 전문가라서 재무회계는 남이 하겠지'라는 생각으로 재무회계에서 멀어지면 알게 모르게 손실이 발생하고 적시에 자금을 확보하지 못해 무너질 수도 있다. 그러므로 회사 대표라면 아주 기초적인 재무회계 지표를 읽는 것부터 시작하는 게 좋다.

그렇다면 스타트업 대표가 꼭 파악해야 할 핵심 지표는 무엇일까?

회사가 결산을 하면 재무상태표와 손익계산서가 나오는데, 대표라면 기본적으로 회사의 자본과 부채가 어떠한 항목으로 구성돼 있는지 알아야 한다. 이를 통해 우리 회사가 자본 비율이 높은지 부채 비율이 높은지를 파악해보는 것이다. 더불어 현금성 자산을 파악하면 전반적인 회사의 잔고를 알 수 있다.

손익계산서에서는 영업 활동과 관련된 주요 지표들을 파악할 수 있는데, 매출액과 영업 이익을 파악하는 것을 가장 우선으로 하면 좋다. 우리 회사가 얼만큼 벌었고 얼만큼 남았는지를 먼저 보는 것이다. 그 후에 매출을 구성하는 항목은 무엇인지, 비용을 구성하는 항목이 무엇인지를 차근차근 파악한다. 비용이 많이 나가는 경우 매출 대비 원가가 차지하는 비중이 높은지, 광고비가 차지하는 비중이 높은지 등을 파악하고 비용을 효율적으로 쓰는 방안을 생각해볼 수 있다.

(3 / 3)

표준손익계산서 (일반법인용)

2019년 07월 03일 부터
2019년 12월 31일 까지

법인명
사업자등록번호

(단위 : 원)

계 정 과 목	코드	금 액	계 정 과 목	코드	금 액
I.매출액	001	75,900,000			
9.기타매출	024	75,900,000			
가.매출	025	75,900,000			
II.매출원가	035	9,085,277			
(1)상품매출원가	036	9,085,277			
2.당기매입원가	038	9,085,277			
III.매출총손익	006	66,814,723			
IV.판매비와관리비	067	30,939,313			
1.급여	068	13,200,000			
나.직원급여	070	13,200,000			
4.복리후생비	079	260,720			
5.여비교통비	080	433,400			
6.임차료	081	6,060,000			
다.기타임차료(리스료 포함)	084	6,060,000			
7.접대비	085	35,000			
10.세금과공과	090	483,950			
11.광고선전비(판매촉진비 포함)	091	6,823,032			
20.지급수수료	104	1,036,500			
가.국내지급수수료	105	1,036,500			
22.소모품비	108	1,549,991			
26.건물시설관리비(수선비 제외)	112	932,660			
28.수도광열비(전기료 제외)	114	124,060			
V.영업손익	129	35,875,410			
VI.영업외수익	130	156,670			
1.이자수익	131	480			
28.기타잡수익	174	156,190			
VII.영업외비용	179	0			
VIII.법인세비용차감전손익	217	36,032,080			
IX.법인세비용	218	3,264,160			
X.당기순손익	219	32,767,920			

손익계산서 예시

204 스타트업 서바이벌

물론 처음부터 재무회계에 달인이 될 수는 없다. 그러나 내 회사이기 때문에 책임감을 갖고 우리 회사가 만들어낸 숫자를 하나씩 알아가는 과정이 반드시 필요하다.

요약

스타트업 대표가 회계를 알아야 하는 이유 네 가지

- 회사의 현금 흐름을 파악하고 예산 관리를 효율적으로 할 수 있다.
- 회사의 자금 고갈 시점, 자금조달 시점을 파악할 수 있다.
- 경쟁사의 재무제표 분석을 통해 회사의 누수 비용이나 부족한 점을 발견할 수 있다.
- 재무상태표, 손익계산서를 통해 우리 회사의 자본, 부채, 상황을 파악해 전략을 세울 수 있다.

꼼꼼히 기록하고
좋은 회계 파트너를 두자

월별로 들어올 돈, 나갈 돈이 딱 떨어지면 편하겠지만 현실은 그렇지 않다.
정산은 무 자르듯 잘리지 않기 때문에 대표는 언제나 마감 중이다.

회계라는 단어가 주는 무게감에 덜컥 겁을 먹고 사업이 두렵다면 처음부터
아예 시작하지 않는 편이 낫다. 사업은 나 혼자가 아니라 여러 사람의 손을
잡고 하는 것이기 때문에 내가 모른다고 해서 알 때까지 창업을 미뤄두지
않아도 된다는 말이다. 현재 내가 할 수 있는 범위를 명확히 알고 실행하며
그 이외의 업무에 대해서는 위임하거나 외주 용역을 주면 된다.

총무 업무에서의 기록이 업무 효율 향상에 비중을 둔다면, 회계에서의 기록
은 법적인 부분과 상당히 맞닿아 있다. 회사의 살림살이에 대한 기록이 정
확하지 않으면 자칫 법적인 책임을 지게 될 확률이 상대적으로 높다는 의미
다. 회사 비용을 기록할 때 특별한 기술이 필요한 것은 아니다. 어차피 사람
이 하는 일이기에 거창한 프로그램이 반드시 있어야 한다거나 전문가가 직
접 해야 하는 일도 아니다. 그저 가계부를 적듯이 엑셀이나 스프레드 시트
를 이용하여 나의 일상에 따라 기록해두면 된다.

물론 사업 초기 자금이 넉넉해서 자체 회계 시스템을 구축하거나 세무 처리까지 할 수 있는 고가의 프로그램을 구입해서 사용할 수 있다면 좋겠지만 현실은 그렇지 않은 경우가 대부분이다. 그리고 사업 초기에는 회계 프로그램이 필요할 만큼의 매출 규모도 되지 않을 뿐더러 효율적인 비용 관리를 위해서도 추천하지 않는 편이다. 안정기에 접어든 다른 기업처럼 체계적인 시스템을 갖추어야 한다는 생각에 무리하면 도리어 통제할 수 없는 구멍이 되어 나를 괴롭힐지도 모른다.

의사결정 시스템을 구축하라

시스템은 공통의 약속이다. 의사결정을 진행하기 위한 공통의 약속을 만들어두어야 회사가 성장하는 시기에 성장통을 겪지 않는다.

> 우리 회사도 여느 스타트업과 다르지 않았다. 스타트업 2년 차에 들어서기까지 모든 회계 관리는 스프레드시트로 기록했다. 기록은 나무랄 데가 없었다. 날짜별로 입출금된 내용들이 있었고 어떤 목적으로 나갔는지도 한눈에 확인할 수 있었다. 그럼에도 불구하고 무언가 부족했다. 바로 비용 지출을 체계적으로 하기 위한 시스템이 없었던 것이었다.

기업에서는 지출과 관련된 의사결정 시스템을 기안서, 품의서 등으로 부른다. 지출하기 전에 승인 과정을 거치고 그 내역을 별도로 정리해두는 목적이다. 이러한 문서를 통해 비용을 관리할 수 있다. 지출에 대한 승인은 회계 기록과 상호 보완을 이루며, '회사'라고 불리는 조직에 모두 존재하는 시스템이기도 하다.

직장인이라면 이런 시스템이 익숙하고 당연하다고 생각하겠지만, 막상 내가 창업하면 초기부터 회계 관리 시스템을 도입하기란 쉽지 않다. 조직이 얼마나 빠르게 성장할지 가늠하지 못할뿐더러 초기엔 모두 대표가 처리해야 할 몫이기 때문이다. 그러다 직원들이 조금씩 늘어서 필요성을 느끼는 시점이 되면 그제서야 '아차' 한다. 처음에는 대표가 맡아서 할 수 있는 양이지만 조직 규모가 커지면서 내 몫이었던 의무를 하나둘씩 이양해야 하는 필요성이 대두되는 시점이 온다.

이때부터는 일을 어느 범위까지 누구에게 줘야 할지 고민이 시작된다. 없던 일이 새로 생긴다는 점에서 직원들의 반발도 만만치 않다. '대표님, ○○업체에 대금을 입금해줘야 합니다'라며 말 한마디로 진행하던 업무가 기안서를 상신하고 승인을 받은 후 출금을 기다리기까지의 긴 업무로 바뀐다. 간혹 자신을 믿지 못해 이런 과정을 추가했냐는 삐뚤어진 생각을 내비치는 직원도 나타날 수 있다. 이렇듯 전에 없던 프로세스가 생기면 구성원을 이해시키는 데 시간이 필요하다. 시스템을 거치지 않고 구두 보고로만 진행하는 환경에 익숙해진 직원들의 편안함을 빼앗는 일이기 때문이다.

> 회사의 시스템이 완전히 자리 잡히기 전에 상식을 벗어난 일이 발생한 적이 있다. 미디어커머스를 비즈니스로 하는 우리 회사는 시중에 대박이 날 만한 아이템을 찾아 직접 제조하거나 제조사에 요청해 제품을 새로 만드는 작업을 해야 했기 때문에 제조 담당자 역할이 중요했다. 제조 담당자는 신제품을 제안하고 완성품을 판매하는 데까지 모든 과정에 가장 많이 관여하는 사람이고, 비용도 광고비 다음으로 많이 쓰는 팀이었다.
>
> 우리 회사는 최소 발주 수량minimum order quantity(MOQ)으로 제조한 제품을 주문하기 때문에 한 번 주문할 때 평균 2~3천만 원 사이의 제조 비용이 든다. 신제품의 경우 시행착오 과정을 겪어야 해서 그보다 예산을 평균보다 조금 더 높게 잡곤 했다. 그런데 어느 날 제조 담당자가 상신한 발주서

에 1억 원이 찍혀 있었다. 당연히 상식 밖의 금액이었기 때문에 발주서가 상신되자마자 해당 직원에게 불허함을 알렸다. 당시 법인통장 잔고가 5억 원이 되지 않았던 시기였기 때문에 우리 회사 규모에서는 진행하기 힘든 숫자였다.

이런 말도 안 되는 일은 '기안서' 작성 의무를 고지하며 일단락되었다. 애초에 1억 원짜리 발주는 말이 안 되는 규모였고 명백한 담당자 실수였다. 그러나 내부적으로 정리했다고 해도 이 실수를 해결하는 것은 또 다른 차원이었다. 담당자는 승인을 받기도 전에 거래처에 발주서를 보냈고 보낸지 10분이 채 되지 않아 실수였음을 알렸으나 낙장불입이라는 답변이 돌아왔다. 사전에 담당자끼리 충분히 논의했으며 발주서는 확인용이자 종이쪼가리에 불과하다는 주장이었다. 개인의 문제를 넘어서 회사의 신뢰 문제까지 커진 것이다. 제조 담당자는 본인은 잘못한 것이 없다고 했다. 오히려 제조에 대해 아무것도 모르는 상사가 자신을 괴롭힌다고 여겼고 이 직원은 얼마 지나지 않아 짐을 싸고 나갔다. 뒷일에 대한 책임은 전혀 지지 않은 채 말이다. 역시나 수습은 남아 있는 사람들의 몫이 되었다.

의사결정 프로세스가 있고 없고는 하늘과 땅 차이다. 기안서라는 종이 한 장으로 업무의 책임 소재가 명확해지고 필요할 때마다 언제든지 열람할 수 있다. 이렇듯 비용 지출에 프로세스를 구축하면 한정된 예산 안에서 일을 추진할 수 있고 업무 담당자의 책임과 권한의 범위도 명확하게 파악할 수 있다. 아울러 비용 관리를 위한 증빙이 마련되기 때문에 보다 효율적이고 수월하게 일을 진행할 수 있다.

요즘은 업무 협업 툴이 대중화되어 기록도 매우 간편해졌다. 이 기록들은 회계 마감이나 기말 감사 때 매우 유용하게 쓰이므로 귀찮다고 생각하지 말고 꼬박꼬박 해두는 것이 좋다. 특히 회계감사의 경우 단 1원의 오차라도 원인을 찾아내야 하고 지출에 대한 명확한 증빙이 있어야 한다. 우리 회사는 종이로 시작했지만 여러 업무 협업 툴을 거쳐 이제는 닥스웨이브*라는 솔루션을 활용해 모든 기록을 온라인으로 관리하고 있다.

무 자르듯 잘리지 않는 정산의 늪

회계는 일정 주기의 사이클로 정리한다. 매출과 매입을 매일 기록하지만 월, 분기, 반기 그리고 해마다 주기를 나눠 해당 기간에 기록한 사항을 확인하는 작업을 거친다. 이러한 기간별 마감을 월 마감, 분기 마감, 연 마감이라 부른다. 예를 들어 월 마감은 한 달 동안의 모든 회계 거래를 파악하고 우리 회사의 재무 상태를 점검하는 절차다. 같은 맥락으로 분기는 3개월, 반기는 6개월, 연은 12개월간의 점검을 의미한다.

기간별로 나눠 매출입을 기록하면 잘못된 사항을 쉽게 찾을 수 있어 회사 살림살이를 보다 정확히 파악할 수 있다. 그리고 월별 매출입 기록들은 분기마다 매출, 부가세 세무 신고를 하는 데 활용되고 정기적인 투자자 보고에도 사용된다. 나아가 월별 회사의 현금 흐름 파악은 물론 사업의 방향을 세우는 데도 유용하게 쓰인다.

매월 한 번씩 결산을 하다 보면 챙겨야 할 부분이 꼭 생긴다. 받아야 하는데 아직 받지 못한 미수금과 거래처에 줘야 할 미지급금이다. 월별로 들어올 돈, 나갈 돈이 딱 떨어지면 편하겠지만 현실은 매우 복잡하다. 1월에 발생한 매출 대금이 3월에 들어오기도 하고, 2월에 발생할 매입이지만 1월에 지출해야 하는 경우도 생긴다. 이렇듯 정산은 무 자르듯 잘리지 않기 때문

---

* 인사 정보부터 근태, 휴가, 재무 관리까지 조직 내 업무를 수행할 수 있는 구글 클라우드형(SaaS) 그룹웨어 서비스

에 대표는 언제나 마감 중일 수밖에 없다.

이런 복잡한 정산은 만들지 않겠다고 다짐한다고 되는 게 아니다. 온라인에서 물건을 판다고 가정하자. 네이버 스마트스토어에서 판매할 경우 3일에서 7일 정도면 판매 대금이 회수되지만, 쿠팡에서 판매하면 최종 정산까지 60일이 걸리기도 한다. 국세청에 신고한 매출 발생 시기와 매출 대금 입금 시기의 차이도 크고 이후 매출에 대한 정산까지 누적으로 복잡하게 얽힌 채로 대금이 들어오기 때문에 오늘 통장에 들어온 돈이 어떤 매출 건에 대한 입금인지 일일이 확인하기가 쉽지 않다.

이렇듯 매출이 발생하고 평균적으로 매출 대금이 현금으로 회수되는 기간을 '매출채권회전율'이라고 한다. 쉽게 말해 거래처가 외상으로 가져간 물건 값을 얼마나 빨리 받아내는지 수치로 나타낸 것이다. 매출채권회전율이 높다는 것은 그만큼 빠르게 현금으로 회수되고 있고 영업을 효율적으로 수행하고 있다는 의미이기도 하다. 반대로 '매입채무회전율'이 있다. 물건이나 서비스를 외상으로 구매해서 대금을 지불하는 데까지 걸리는 속도를 의미한다. 이 비율이 높을수록 지급 능력이 양호하다고 판단한다.

두 가지 모두 기업의 활동성을 나타내는 지표이며 대개 매년 기말 정기 회계감사 때 정리하기도 하지만 꼭 기말이 아니어도 투자자 요청이 있으면 수시로 보고되는 내용이기도 하다.

온라인 매출 및 매입은 정산 자료를 언제든 확인할 수 있게끔 정리되어 있고 대금 입금 시스템이 자동화돼 있어서 정산이 누락되는 일이 거의 없지만, 홈택스를 통해 주고받은 세금계산서나 전자계산서, 수기계산서 등은 매출과 매입을 꼼꼼하게 정리하고 확인해야 한다. 실제로는 1월에 발생한 매출 정산이 이루어지지 않았던 것을 12월 회계감사 때 찾아내어 따로 회수 요청을 하기도 한다. 번거로운 일이 발생하지 않기 위해서라도 평소에 꼼꼼하게 매출입을 관리하는 습관이 중요하다.

회계는 전문가에게 맡겨라

우리 회사는 기장과 세무 신고를 회계법인에 대행으로 맡기고 있다. 아무리 정리를 잘해도 전문가 수준은 아니므로 단순 정리를 넘어서는 일에 대해서는 도움이 필요하다. 일반적으로 스타트업 초기에는 자금과 시간이 제한적이기 때문에 회계와 관련된 복잡한 문제들을 해결하느라 시간과 노력을 투자하는 것은 비효율적일 수 있다.

이에 비해 회계법인을 통하면 여러 가지 이점이 있다. 기장과 세무 문제를 전문적으로 처리할 수 있고 매년 바뀌는 관련 법규에 신속하게 대응할 수 있다. 또한 회사가 처한 재무회계 이슈에 관한 조언을 구할 수 있다는 장점도 있다. 그러기 위해서는 회계법인에서 우리 회사의 기장을 도맡을 담당자도 잘 만나야 한다.

회계법인에서 근무하는 모든 사람이 회계사 수준의 지식을 가지고 있지는 않다. 우리의 경우도 몇 년간은 서로가 좌충우돌 실수하며 성장하는 과정을 거쳐야 했다. 회계 담당자에게 질문하면 회신받기까지 오랜 시간이 걸렸으며 회계 처리도 잦은 수정을 거치며 불안하게 진행되었다.

하지만 이 담당자는 배운다는 자세로 최선을 다했고 실수하지 않기 위해 노력했으며 일에 대한 열정만큼은 대단했다. 모두가 처음이었기에 어느 누구 하나 이상하다는 생각을 하지 않았다. 부가세 신고 한 번에 들이는 시간과 노력, 정성이 고맙고 애틋하기까지 했다.

하지만 인간적인 마음은 여기까지다. 우리는 회사 대 회사로 계약을 맺고 정당한 비용을 지불하고 있음을 망각해서는 안 된다.

해당 담당자가 퇴사하고 새로운 담당자와 매칭되면서 지금까지 무언가 잘못하고 있었다는 것을 깨달았다. 무엇을 물어도 그 자리에서 바로 답변했으며 요구 사항을 전달하면 알아서 척척 정리해 결산 자료를 들이밀었다. 이전에 잘못 기장된 부분도 수정하고 1년에 한 번씩 진행되는 회계감사 때도 도움을 받아 매끄럽게 진행할 수 있었다. 분기마다 느꼈던 불안감이 자연스레 사라졌다. 신세계였다.

회사 내에 회계사가 있지 않는 한 세무 신고를 대행해주는 업체가 있어야 한다. 회사가 성장하면 내부에 회계 담당 인력이 필요하겠지만, 이는 회사 규모가 우리가 생각하는 것보다 상당히 커졌을 때의 이야기다.

나 역시 내부 기장을 꽤 많이 시도했다. '이카운트', '얼마에요', '경리나라' 등을 알아봤더니 단순 기장부터 재무상태표 작성까지 서비스가 다양했다. 하지만 현재는 내부 기장을 하지 않는다. 저렴한 비용으로 진행할 수 있다는 장점이 있어서 여러 솔루션을 사용해봤지만, 결국 세무 신고를 하려면 회계법인에서 재기장을 해야 하고 그에 맞는 자료도 제공해야 한다는 것을 깨달았기 때문이다.

회계법인에서 사용하는 것과 동일한 프로그램을 사용하면 이야기가 달라지겠지만, 스타트업 초기에 더존*을 구입하는 것은 상당히 부담되는 일이다. 앞서 말한 이카운트 같은 프로그램의 10배가 넘는 비용 때문이다. 구축비에 유지비까지 포함하면 내부 기장에 도전하기보다는 현 상태를 유지하면서 구멍이 나지 않도록 관리하는 편을 추천한다.

---

* 대한민국 절대 다수의 회계법인 및 세무사 사무실에서 사용하는 세무 회계 솔루션

요약

기업 회계를 프로답게 하는 노하우

- 기안서, 품의서, 지출결의서 등 지출을 위한 내부 프로세스를 만들어두자.

- 매출채권회전율, 매입채무회전율과 같은 지표 관리를 통해 현금 흐름을 파악하자.

- 회계법인에 기장, 세무 문제를 의뢰해 매년 바뀌는 법규에 신속하게 대응하고 업무 효율성을 높이자.

자금 관리에는
꼭 지켜야 할 원칙이 있다

사업을 만만하게 봐서는 안 된다.
아무리 촉을 세우고 경계해도 지인에게 뒷통수를 맞을 수 있다.

창업 초기에 대표가 가장 중요시 여기는 것이 바로 돈 문제다. 돈을 관리하는 것도, 돈이 떨어지는 것을 방어하는 것도 대표의 일이다. 돈이 허투루 쓰이는 곳은 없는지, 직원들의 자금 배임 횡령 등의 이슈는 없는지, 각종 비용 지출에 합리적으로 사용되고 있는지를 따져야 한다. 그리고 회사 운영 자금이 적정한 수준으로 남아 있는지, 만약 충분하지 않다면 어떻게 자금을 조달할지에 대한 계획을 세우고 실행하는 것 역시 대표의 역할이다.

돈에 있어서는 무조건 의심하라

회사 내외부적으로 돈 문제가 생기면 리스크가 크다. 이러한 리스크를 사전, 사후에 관리하는 것도 대표의 역할이자 재량이다. 돈 문제는 회사 내에서도 상당히 개인적으로 얽히고 설킨 경우가 많다.

예전에 몸담았던 직장에서 있었던 일이다. 경리를 담당하던 직원이 회사의 소모품이나 간식을 구매할 때 동일한 물건을 한 묶음씩 두 번 결제하고

1회 결제분에 대한 물건은 집으로 가져가 사용했던 것을 알게 되었다. 이 뿐만이 아니다. 사업팀의 월 예산 관리를 담당하던 직원은 상사의 출장에 맞춰서 자신의 신혼여행 경비를 결제한 후 출장비로 정산한 일도 있었다.

관리의 사각지대에서 벌어진 횡령은 대내외적으로 기업의 신뢰를 무너뜨리기 때문에 자체적으로 덮고 넘어가는 경우도 왕왕 있다. 하지만 스타트업은 다르다. 초기 스타트업은 이런 일이 발생하면 십중팔구로 문을 닫는다. 사람으로 비유하면 주머니의 쌈짓돈을 뺏기면 다시 찾아올 힘도 능력도 없는 그저 어린 아이에 지나지 않는다.

회사 내부의 직원의 배임, 횡령과 관련된 이슈뿐만 아니라 대외적으로도 사업을 하다 보면 돈 문제를 종종 맞닥뜨린다. 특히 거래처와의 대금 처리에 있어서도 이러한 위험은 상당수 존재한다.

우리도 여러 차례 위기가 있었다. 거래처 담당자와 우리 직원의 백마진 거래를 비롯하여 사후 면세점 입점을 제안하며 2천만 원이 넘는 보증금을 받고 잠수 탄 거래처도 있었고, 아무리 봐도 수상한 계약서를 작성하고 선불을 받은 뒤 차일피일 납품을 미루다 잠적한다거나 부당한 환불 요구를 하는 등 실제로 돈으로 야기되는 문제들은 비일비재했다.

스타트업에서 이러한 상황을 겪는 첫 번째 이유는 '경험 부족'이다. 모두가 처음이라 서툴 수밖에 없다. 그리고 스타트업의 이런 점을 노리고 접근하는 사람들도 있다. 시장에는 선한 거래처도 있지만 하이에나도 언제나 존재한다.

이제 막 성장기에 돌입해서 투자를 유치한 스타트업은 투자금을 어떻게 야무지게 쓸지 고민한다. 이때 경영 컨설팅을 무료로 해주겠다면서 다가오는

업자들이 상당히 있다. 이들은 기백만 원을 입금하도록 유도하면서 각종 세제 혜택이 있는 인증을 받아준다는 둥, 기업 대출받는 방법을 알려준다는 둥 청산유수로 나를 설득한다. 어설픈 대표를 노리는 각종 CS 전화들도 즐비하다. 스타트업이 필수로 받아야 하는 교육이 있는데 받지 않으면 나라에서 크게 벌금을 물린다는 내용이다. 처음에는 큰일이 날까봐 멋모르고 덥석 물지만 결국 매년 반복되는 레퍼토리이니 속지 않기를 바란다.[*]

스타트업에서 돈 문제가 발생하는 두 번째 이유는 '원칙을 지키지 않았기 때문'이다. 돈에 있어서는 나 자신도 믿어서는 안 된다는 원칙 말이다. 회사를 운영하는 것만으로도 시간이 부족하기 때문에 돈과 관련된 업무들은 차선으로 미루는 경우가 종종 있다. 하지만 결국 사건은 믿는 도끼에 발등을 찍히면서 생긴다. 믿었던 직원이 나를 배신하고 믿었던 친구가 나를 괴롭히는 거래처로 돌변하는 식으로 말이다. 돈 관리에 있어서 허세는 금물이다. 사업 자금은 내 돈이 아니라 회사 돈이다. 그러므로 돈과 관련해서는 나를 비롯한 모든 것을 경계해야 한다.

매출은 선입금, 매입은 후출금의 구조를 만들어라

초기 스타트업은 모두 '자금이 부족하다'는 것과 '시장에서의 신뢰도가 제로'

---

[*] 법정의무교육에 관한 내용이다. 대한민국에서 사업자등록을 한 회사 중 상시 근로 인원 5인 미만의 사업장에서는 법정의무교육을 듣지 않아도 된다. 외부에서 오는 연락 대부분은 법정의무교육을 빌미로 개인보험 가입을 유도하거나 추가적인 컨설팅을 빌미로 기백만 원을 요구하지만, 컨설팅 결과물이 이에 못미치는 경우가 허다하다. 5대 법정의무교육은 근로자 수가 5인 이상일 때 의무적으로 진행해야 하는 건이며 이수에 관한 증빙을 남겨야 한다. 그렇지 않을 경우 교육별로 과태료가 부과된다. 필수로 이수해야 하는 법정의무교육은 산업안전보건교육, 개인정보보호교육, 장애인식개선교육, 성희롱예방교육, 퇴직연금교육이다. 10인 미만의 사업장에서는 내부에서 교육을 진행하고 증빙 자료를 보관하면 된다. 그 이상인 경우에는 직원 중 한 명이 교육 가능한 자격을 취득한 후 자체 교육으로 진행할 수도 있다.

라는 것이 공통점이다. 알지도 못하는 회사와 처음 거래하는 것은 나에게도 상대방에게도 큰 리스크다. 이 회사가 나에게 매출을 안겨줄지 폭탄을 안겨줄지는 아무도 모르기 때문이다. 우리의 목적은 신뢰를 쌓으면서 자금 운용을 효율적으로 하는 데 있다.

일반적인 경우에는 시장의 섭리를 따르면 된다. 세상 어떤 회사도 생전 처음 보는 회사와 외상 거래를 진행하진 않는다. 외상 거래는 수개월에 걸쳐 믿음을 쌓은 후라도 가능할까 말까다. 100만 원 이하의 비교적 작은 규모 수주의 경우 주문 발주 진행은 일시납으로 하는 경우가 많다. 하지만 금액이 커지면 상황이 달라진다. 신뢰가 구축되지 않은 관계에서는 '내가 먼저 돈을 줬는데 물건을 안주면 어떡하지?' 반대로 '물건을 줬는데 돈을 떼이면 어떡하지?' 같은 생각이 드는 것이 너무나 당연하다.

> 우리 회사는 미디어커머스 비즈니스의 특성상 제품을 제조하는 일이 많았고 다양한 제조사를 통해 꾸준히 제품을 발주했다. 어떤 제조사는 사업 초기부터 꾸준히 거래를 유지해오고 있지만, 늘 새롭고 독특한 제품을 찾다 보니 신규 제조사가 계속 추가되었다. 그러다 보니 제조사에 발주할 때 리스크를 줄이기 위해 선불로 50%의 대금을 지급하고 제품을 수령한 이후에 50% 대금을 지급하는 것으로 협의하고 생산을 의뢰한다. 이러한 방법은 굉장히 유연성 있는 대처에 속한다.

회사의 업력이 쌓이는 동시에 양질의 거래처와 신뢰를 단단히 구축하면 선입금 후출금 구조를 정착시킬 수 있다. 관계의 기초가 탄탄하려면 우리의 사업도 안정적이어야겠지만 거래처 역시 마찬가지다. 단순한 거래처일 뿐이라는 안일한 생각은 하지 않길 바란다. 그들의 자금 흐름이 좋지 않으면 우리에게 비합리적인 요구를 해올 수 있으며 그들의 사정 역시 우리의 신용에 영향을 미칠 수 있다. 반대 경우도 마찬가지다. 우리가 신뢰를 줄 수 없다면 그들 역시 거래를 유지하려 하지 않는다.

계약서와 자금 집행은 짝꿍

계약서가 어렵거나 귀찮아서 혹은 일회성 거래여서 계약서 작성을 누락하는 경우가 있다. 하지만 계약서는 자금 집행의 증거가 된다. 왜 이 돈이 여기로 출금되었는지, 어떤 목적으로 돈이 사용되었는지 등을 재확인하는 작업은 회계감사 때 반드시 이루어진다. 그러므로 계약서는 마땅히 가지고 있어야 할 증빙 수취라 생각하는 것이 좋다.

업무를 진행할 때마다 계약서를 작성한다면 불편함이 이루 말할 수 없을 것이다. 물론 주 거래처에 반복적으로 발주하면 정식 계약서를 한 번만 작성한 뒤 이후에는 발주서라는 간략한 형태로 대체한다. 그러나 이렇게 연속적으로 거래하는 업체들을 제외한 모든 거래처와의 계약은 반드시 계약서를 수반해야 한다.

간혹 거래 관계에 대한 증빙을 세금계산서 하나로 갈음할 수 있지 않느냐는 질문을 받기도 한다. 이 질문에 대한 대답은 'No'다. 세금계산서는 자금 집행에 대한 영수증일 뿐이다. 우리가 필요한 것은 거래에 있어서의 적격증빙이다. 그것이 바로 계약서다.

그렇다면 이렇게 거래 증빙을 위해 계약서를 확보해야 하는 이유는 무엇일까? 거래 과정의 신의성실은 계약서에 명시되었을 때 요구할 수 있기 때문이다. 우리가 사업을 영위하며 맺는 수많은 거래를 아무리 촘촘하게 관리한다 해도 연초마다 미수금과의 전쟁이 시작된다. 계약서 없는 이메일 한 통,

구두로 이루어진 거래 관계에서는 반드시 미수금이 발생하고 이를 받아내기 위해 싫은 소리, 앓는 소리, 악다구니를 하는 경우도 있다. 그러나 계약서 한 장만 있으면 굳이 싫은 소리를 할 필요가 없다.

또한 회사를 운영하면서 겪은 경험적 증거에 의하면 계약서 없는 거래의 경우 내외부자의 도덕적 해이에 의한 부정 거래 발생 가능성이 있다. 그런 상황의 발생을 막고 법의 테두리 안에서 보호받으며 혹시 모를 분쟁의 이슈를 최소화할 수 있는 선택이 바로 계약서이고, 이것이 곧 거래의 근거가 된다.

사업 초기에는 도움을 받을 수 있는 지인과의 거래가 잦을 수 있다. 하지만 사업은 결코 만만하지 않다. 아무리 촉을 세우고 경계하더라도 지인의 손짓에 경계가 허물어지고 뒷통수를 맞을 수 있기 때문이다. 방심하는 순간 수습할 수 없는 일이 벌어지기 마련이다. 친할수록 경계하라는 말을 거듭 강조하고 싶다.

요약

꼭 지켜야 할 자금 흐름의 원칙

- 스타트업 운영 시 돈 관련 문제가 발생했다면 원칙을 지키지 않았을 가능성이 높다.
- 양질의 거래처와 파트너십을 맺고 매출 선입금, 매입 후출금 구조를 만드는 게 이상적이다.
- 계약서에 근거하여 자금을 집행해야 안전하다.

대체 돈 관리는
어떻게 해야 할까

자금 관리의 목적은 투명성과 효율적 관리에 있다.
법인통장을 하나만 쓰고 있다면
지금 당장 매출, 매입, 세금 등 목적에 맞게 통장 쪼개기를 하라.

회사 통장을 관리하는 것은 심적으로나 방법적으로나 쉬운 일이 아니다. 백 번을 잘해도 티끌 같은 한 번의 실수에 신뢰 문제까지 불거질 수 있다 보니 조심스러울 수밖에 없다. 돈을 관리하는 일에 전문적인 지식이 없는 경우 그 압박감은 더욱 심하다. 그러나 약간의 장치를 추가하면 심적인 부담을 많이 줄일 수 있다. 장치라 함은 관리 책임자가 언제든지 열람할 수 있도록 회계 문서를 투명하게 보여주는 방법인데, 우리는 엑셀이나 구글 스프레드시트를 이용한다.

나는 엑셀 마스터도 아닌데 무슨 소리냐, 그럴 거면 회계 프로그램을 구입하는 것이 낫지 않나 등의 불만이 나올 수 있다. 하지만 우리가 요구하는 수준은 누구나 할 수 있는 표 만들기 정도에 지나지 않는다. 대단한 스킬이 필요하지도 않고 화려한 함수로 무장한 파일이 필요한 것도 아니다. 회계 프로그램 구입도 마찬가지다. 초기 세팅 작업을 거쳐야 비로소 사용할 수 있는데, 회계 지식이나 초기 세팅 기준이 전무한 상태에서 프로그램을 구입하면 제대로 써보지도 못하고 돈만 낭비하는 상황을 맞이할지도 모른다.

	A	B	C	D	E	F	G	H	I	J	K	L	M
1	no	년	월	일	구분	거래처	작업내용	공급가액	세액	합계액	세금계산서	계정과목	비고
2	1	2023	8	17	매출	한국상사	A제품 판매	1,000,000	100,000	1,100,000	2023-08-17	제품매출	
3	2	2023	8	18	매출	대한광고	트래픽 광고대행	2,000,000	200,000	2,200,000	2023-08-31	서비스매출	
4	3	2023	8	18	매입	코리아제지	포장박스 구입비	50,000	5,000	55,000	2023-08-18	소모품비	
5													
6													
7													
8													

매출과 매입을 동시에 관리할 수 있는 엑셀 예시

따라서 비교적 간단한 표 만들기만으로도 하나의 파일에서 매출입을 동시에 관리할 수 있다. 그러므로 회계 업무를 위해 대단한 무언가를 찾아 헤매기보다는 최소의 노력으로 관리할 수 있는 방법을 활용하는 편을 추천한다. 촘촘히 짜여진 판에는 돈이 새어나갈 일이 적다.

통장 쪼개기의 마법

누구나 한 번쯤은 개인 자산 관리에 관심을 가지고 정보를 찾아본 경험이 있을 것이다. 개인 자산 관리는 가계의 재무 건전성을 확보하고 재산을 보전하는 데 목적이 있다면 기업 자금 관리는 주로 재무의 건전성과 수익 극대화를 목적으로 한다. 즉, 개인과 다를 게 없다는 것이다. 우리는 일반적으로 통장을 쪼개어 관리한다. 예를 들면 급여가 들어오는 계좌, 생활비를 출금하는 계좌, 저축을 위한 계좌 등으로 말이다. 쉽게 말해 각 계좌에 이름표를 붙여서 목적별로 분리해 관리한다는 뜻이다. 흔히 이것을 '통장 쪼개기'라고 한다.

기업 회계 관리도 이와 비슷한 맥락으로 매출금 입금 통장과 세금 내는 통장을 구분하여 사용하는 것이 좋다. 이를 통해 매출과 비용을 분리해 관리할 수 있고, 세금 내는 통장에서는 세금 계산에 필요한 금액만을 효율적으로 관리할 수 있다. 만약 매출, 매입, 세금 등 여러 가지 자금이 하나의 통장에 섞인다면 돈을 얼마나 벌었는지, 얼마나 썼는지, 세금으로는 얼마나 나갔는지 단번에 파악하기 어려울 것이다. 이에 따라 회계 처리도 복잡해지고 실수가 발생할 가능성도 높다. 자금 흐름 파악이 어려워진다는 의미다. 따라서 통장 쪼개기는 회계에서 중요한 역할을 한다. 우리가 하고자 하는 자금 관리의 목표인 투명성과 효율적인 관리를 가능하게 해주기 때문이다.

목적에 따라 통장을 나누어 사용하면 각각의 비용이 명확하게 구분되기 때문에 경비 처리가 용이하며 각 비용 항목에 따른 잔액도 쉽게 확인 가능하다. 또한 거래 내역에 문제가 있을 경우 빠르게 확인할 수 있어 수정도 쉽다. 그러나 지나치게 무분별한 통장 쪼개기는 또 다른 관리 문제를 가져올수 있으므로 주의하기 바란다.

참고로 기업도 개인과 마찬가지로 통장을 개설할 수 있는 개수와 기간이 제한적이다. 업무 편의상 법인통장을 하루에 10개 만들고 싶어도 관련법상 불가능하다. 투자를 받는 등의 특수한 목적과 금전이 오가는 증빙이 있을 때만 해당 내용을 입증한 후에 비로소 추가 통장 발급이 가능하다. 통장을 쪼개는 일은 생각보다 많은 시간을 필요로 하고 꾸준함이 요구된다는 점을 명심하자.

왜 법인카드를 사용해야 할까

평범한 직장인으로 회사를 다닐 때는 재무회계팀(혹은 경리팀)에서 왜 개인카드 사용 처리를 꺼려했는지 이해하지 못했다. 아니, 이해하려고 하지 않았다가 맞는 표현이다. 내 일이 아니었기 때문이다. 그러나 개인카드의 증빙 처리에 대한 궁금증은 회사 살림을 직접 해보고 나서야 풀리게 되었다.

왜 그렇게 못살게 굴면서까지 법인카드만 사용할 것을 강조했는지 말이다.

법인카드를 사용해야 하는 첫 번째 이유는 개인 거래와 회사의 거래를 구분 짓기 위함이다. 개인 용도로 사용한 것을 회사에서 처리해주는 모양새는 이 자체만으로도 불투명하다는 이미지를 줄 수 있다. 피치 못할 사정이 있거나 사전 승인이 아니고서는 개인카드 영수증을 처리해주지 않는 것도 불필요한 오해를 쌓지 않기 위해서다.

두 번째 이유는 세금 신고의 편의성을 위해서다. 회사가 사용한 비용은 신용카드 매입 세액을 공제받는다. 하지만 개인카드를 사용하여 지출한 건에 대해서는 객관적인 입증이 가능한 때에만 세액 공제가 가능하고 증빙을 위해 영수증을 별도 보관해야 한다는 불편함이 있다. 개인카드 사용 비용을 회사 비용으로 인정하면 개인 연말 정산에서는 그 비용을 제해야 맞지만 일일이 확인할 수도 없는 노릇이다.

대개의 경우 사용한 비용을 검증하고 추적하는 때는 일이 발생한 지 한참 뒤, 회계감사가 이루어질 즈음이다. 실물로 보관하던 증빙을 분실하면 법인카드 사용분은 얼마든지 확인이 가능하지만, 개인카드의 경우 명의자가 퇴사하고 연락이 두절되면 알 수 없는 비용이 된다. 그렇게 되면 회계감사 때 우리는 증빙도 없는 돈을 지출한 꼴이 되는 셈이다.

홈택스와 친해져라

평소에 들어보기만 했던 세금계산서는 실제 사업을 하며 처음 맞닥뜨리면 그 복잡함에 적잖이 당황하게 된다. 읽을 수는 있지만 이해되지 않는 말들이 가득 적혀 있는 페이지를 일일이 해독하면서 배워야 하기 때문이다.

사업 초반 나는 아무것도 몰랐기에 홈택스 홈페이지를 열기만 해도 가슴이 두근거렸다.

'돈 주고 산 것을 매입, 돈을 번 것을 매출이라 하는구나.'

'합계표는 무슨 말이지?'

'세금계산서를 조회해야 하는데… '1기 예정', '1기 확정', '1기 예정+확정' 중에서 무엇을 선택해야 하지?'

'은행에서는 자꾸 표준재무제표증명을 달라고 하고 입찰을 하랬더니 납세 증명서를 달라고 하네.'

이렇게 초반에는 눈만 껌뻑껌뻑하다가 하나씩 하나씩 수년을 배웠더니 이제는 대부분의 금융 업무를 제법 능숙하게 처리한다. 인사책임자가 회계까지 배워 업무를 확장해나가는 것은 어떻게 보면 스타트업에서 일하기 때문에 주어지는 멀티 플레이어로서의 숙명이라 본다.

스타트업을 운영하면 밥 먹듯이 들리는 곳이 홈택스다. 그러나 홈택스에서 제공하는 무수히 많은 정보와 기능 중에서 우리가 사용하는 것은 극히 일부다. 이를테면 세금계산서를 발행하고 조회 및 수정하는 일이나 부가가치세 과세표준증명, 사업자등록증 재발급 등과 같은 각종 증명서를 발급받는 일이다. 또한 빈도수는 적지만 연말정산 역시 홈택스에서 진행한다.

부가가치세 신고, 법인세 신고, 원천세 신고 등 각종 신고 업무와 관련된 그 외 모든 것들은 거래하는 회계법인에서 대리로 진행해준다. 홈택스에서 제공하는 서비스의 50%만 제대로 알아도 회계 지식은 상위권에 속한다고 할 수 있을 것이다.

홈택스에는 사업하는 데 필요한 핵심 회계 지식이 모두 있다. 창업을 시작하는 사람에게도 사업자등록증 발급부터 국세 관련 의무까지 세세히 알려주는 친절함을 겸비한 누리집이다. 그러니 스타트업 대표와 회계 담당자 모두 홈택스와 친해지도록 하자.

- **최신 세무 지식**: 해마다 조금씩 변하는 세무 관련 법령을 모두 알기는 힘들다. 그렇기 때문에 회계를 전문적으로 하는 회계법인과 거래하는 것이다. 하지만 지난 달까지만 해도 내지 않았던 세금을 이번 달에는 내야 하는 상황이 오면 궁금증이 생긴다. 내 눈으로 직접 확인하고 싶다면 고민하지 말고 최신 세무 지식을 확인하면 된다. 홈택스에서 우측 [법령정보] 메뉴를 클릭하면 국세법령정보시스템으로 연결된다. 개정된 법령이나 세법에 관한 해석, 법적인 분쟁이 있었다면 이에 대한 판례까지 한데 모아 볼 수 있다.

홈택스 – 법령정보 – 국세법령정보시스템

- **기초 세무 지식**: 홈택스에는 정확한 의미를 파악하기 어려운 단어들이 존재한다. 대부분 한자어로 되어 있는 것도 불편함에 한몫한다. 하지만 홈택스에서는 다루는 서비스에 대한 용어 정의부터 신고 방법, 신청 방법까지 검색할 수 있다. 사업자등록 방법부터 세세하게 기술되어 있기 때문에 이것만 읽어봐도 기초적인 회계세무 지식을 습득할 수 있을 것이다.

홈택스 - 전체메뉴 - 기타 - 포털안내 - 신규사업자를 위한 홈택스 이용안내

- **납세 관련 정보:** 홈택스를 이용하는 중요한 이유 중 하나는 사업자의 의무인 세금을 신고하고 납부하는 것이다. 납세 관련 정보 역시 1부터 10까지 내가 전부 알고 있을 리 만무하다. 홈택스에서 [My홈택스]에 접속하면 내가 내야 할 세금 목록이 나타난다. 신고의 의무가 있다면 [마이페이지]뿐만 아니라 메인화면 상단에 모두가 확인할 수 있게끔 큼직한 배너 형태로 보여준다. 특히 연말정산 시즌이 되면 아예 홈페이지 접속 시 연말정산 간소화 서비스로 이동할 것인지 홈택스 메인 화면으로 이동할 것인지 전체화면으로 선택할 수 있게끔 보여준다.

홈택스 - 마이홈택스

- **온/오프라인 전문가 상담**: 이 밖에도 홈택스 이용 방법과 세무 관련 내용 상담이 가능한 전문가가 상시 대기하고 있다. 우측 메뉴 [인터넷 상담하기]로 접속하면 실시간 상담도 가능하며 국번 없이 126으로 전화 상담도 가능하다. 궁금한 것에 대해 보여줄 자료가 많다면 대면 상담 신청도 가능하니 필요시 활용해보길 바란다.

홈택스 - 인터넷 상담하기(오프라인: 국번 없이 126)

내가 겪어본 정부기관 누리집 중에서 홈택스는 가장 친절하고 많은 정보가 있는 곳이다. 창업을 하면서 이보다 좋은 환경이 또 있을까 싶다. 앞서 제시한 네 가지 관점에서 홈택스를 면밀히 살피다 보면 어느새 회계세무 전문가가 돼 있을지도 모를 일이다.

요약

돈 관리를 잘하는 방법

- 각 계좌에 입금/출금/세금 통장 등으로 이름을 붙이고 계좌를 구분해 관리하라.
- 회사가 법인으로 운영될 경우 개인 거래와 회사 거래를 구분지어 영수증을 처리해야 한다.
- 홈택스와 친해져라. 사업하는 데 필요한 핵심 회계 지식을 쉽게 파악할 수 있다.

빌린 돈의 함정,
돈줄에게 혼쭐난다

내 돈이 아닌 돈은 양날의 검과 같다.
사업 성장 기회와 동시에 보고서의 늪에 빠뜨리기도 한다.

창업을 결심하는 사람 중에 주머니가 넉넉하니 한두 번쯤은 망해도 상관없다는 마인드를 가진 사람은 없을 것이다. 내 사업 아이템이 빛을 보고 많은 부를 안겨주었으면 하는 꿈과 희망 그리고 믿음으로 가득 찬 사람들이 대부분이다. 하지만 현실은 그렇지 않다. 꿈은 꿈일 뿐, 회사 대표가 되면 직장인일 때는 매달 기다려지던 급여일이 두려워지고 매출 입금일이 차일피일 미뤄질 때 오는 불안감은 이루 말할 수 없다. 평정심을 유지하려 애쓰지만 그렇지 못할 때가 더욱 많다.

투자금은 빚이다

자금 사정이 좋으면 일할 때 신바람이 난다. 수중의 돈을 어떻게 쓸지 계획하는 것만으로도 이미 돈을 번 것 같다. 넉넉하지 않은 통장 잔고를 보면 어떻게든 채우고 싶은 게 사업가의 욕망이다. 더욱 성장하기 위해 투자를 받고 싶고 내 기업의 가치를 인정받고 싶다. 하지만 투자금은 빚이다. 없어도 되는 돈을 투자하는 것이 아니라 나의 가능성을 보고 빌려준다고 생각해야 한다.

실제로 투자를 받은 이후 투자금이 어떤 것인지 그 현실을 깨닫게 해준 증명서가 있다. 바로 부채증명원이다. 나는 투자를 받았다고 생각했지만 은행에서 받은 투자는 대출금으로 해석되고 있었고 상환기일까지 명기돼 있었다. 종이 한 장의 위력은 대단했다. 빌린 돈이니 갚아야 한다는 압박이 상당히 크게 느껴졌기 때문이다.

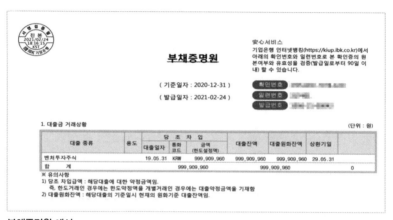

부채증명원 예시

이를 통해 창업자는 투자를 받는 목적과 의무에 대해 다시금 잘 생각해볼 필요가 있다. 단순히 돈이 필요해서라면 투자보다는 대출을 받는 것이 낫다. 꼬박꼬박 매달 이자를 갚으며 대출금의 무게를 느끼고 성장에 대한 의지를 불태우는 편이 낫다는 의미다. 창업자가 투자를 받는 목적은 회사의 성장을 위해서다. 더 많은 돈을 벌고 더 많은 사람이 인정하는 회사를 만드는 것이다.

투자금은 입금과 동시에 의무도 따른다. 성장을 위해 혼신의 힘을 다하는 것과 투자받은 돈을 사용한 내역을 보고하는 일, 분기별로 얼마나 성장했는지 보고하는 일 그리고 수시로 요구되는 투자자의 자료 요청에 응대하는 일 등이다. 세상의 어떤 사람도 일면식도 없는 사람에게 돈을 그냥 주진 않는다. 투자자들은 자신이 투자한 기업의 가치가 상승할 것이라는 희망으로 투자하고 사업 현황을 수시로 보고받기를 원한다. 그리고 늘 감독이라는 탈을 쓴 감시를 한다. 초기 3년간은 매달 쓰는 보고서로 머리가 터져나갈지도 모른다.

> 우리는 투자자가 많았고 각각의 자료를 전부 개별 대응해야 했다. 1년 후 투자자에게 제출한 보고 자료를 모아보니 56건이었다. 한 달에 평균 4.5개의 보고서를 작성한 것이다. 의무 이행을 하다가 본업을 못할 판이었다.

또한 투자를 받으면 숨길 수 있는 정보가 없어진다. 주기적으로 받는 신용평가, 기업가치평가 역시 만천하에 공개되는 정보다. 자신 있게 보여줄 수 있는 정보도 있지만, 사업의 흥망성쇠에 따라 숨기고 싶은 정보도 분명히 있다.

투자하는 사람은 늘 신중하다. 하지만 투자를 받는 사람은 그렇지 않은 경우가 많다. 투자받고 생긴 돈으로 제일 먼저 차를 바꾸거나 그럴듯한 건물을 사는 경우를 제법 본다. 나는 그것이 빚으로 하는 돈 잔치로밖에 보이지 않는다. 직원들도 다 안다. 적어도 의식이 있는 창업자라면 투자자의 돈을 허투루 쓰지 않고 오롯이 성장의 원동력으로 사용하는 것이 맞다는 생각이다.

투자금은 빚이다. 자식과 같은 사업 아이템을 담보로 받은 빚이다. 우리가 투자금을 어떻게 받아들이는지는 사업 결과물에 바로 투영된다. 사업이 잘

되면 잘되는 대로 적재적소에 사용되었을 것이고, 그렇지 않다고 해도 성장을 위해 고군분투한 흔적들이 남아 있을 것이기 때문이다.

싸게 빌려드려요?

이제 우리는 투자유치가 핑크빛만 가득한 게 아니라는 것을 알았다. 그렇다면 차선책으로 돈을 마련할 수 있는 방법은 무엇일까? 바로 대출이다. 기업이 받을 수 있는 대출에는 어떤 것들이 있는지 알아두면 돈이 필요한 시기에 대응하기 편하다. 돈이 필요한 때는 너무나도 급작스럽게 찾아오고 닥친 다음에야 알아보고 처리하기엔 여러모로 많은 불편함을 겪기 때문이다.

기업이 자금을 마련할 수 있는 대표적인 대출 및 지원금은 다음과 같다.

- 정책자금 대출
- 금융권 신용 대출
- 창업지원금 등 각종 지원금 신청

검색 포털에 '정책자금'만 검색해도 많은 업체가 프로세스를 대행해주겠다는 광고글을 올려놓은 것을 볼 수 있다. 그만큼 많은 업체에서 받고자 하는 대출이다. 여기에는 중소벤처기업진흥공단(중진공) 대출을 받거나 신용보증기금(신보), 기술보증기금(기보)에서 보증하고 은행권에서 대출받는 것도 포함된다. 다른 방법으로는 은행 대출이 있는데, 대부분의 창업자는 은행 대출보다는 정책자금 대출의 혜택이 더 많다는 생각을 가지고 있다. 회사의 신용도가 없으면 대출 한도 역시 나오지 않거나 예상보다 터무니 없이 적은 경우가 있기 때문이다. 따라서 은행 대출은 1순위로 생각하지 않는 편이다.

정책자금 대출 중 중소벤처기업진흥공단 대출은 상환 기간이 긴 장기 차입금이고 대출 이자 또한 매우 낮다는 장점이 있으나 대출 금액이 많이 나오지 않는다. 그렇기 때문에 스타트업 대표들은 상환 기간이 짧지만 한도가 조금 더 나오는 신용보증기금이나 기술보증기금의 문을 한 번 더 두드리게 된다.

우리 역시 두 군데에서 모두 대출을 받아본 경험이 있다. 중소벤처기업진흥공단 대출의 경우는 고정금리이면서도 굉장히 낮은 이자를 부담했기 때문에 대출금을 장기적으로 안고 가도 큰 문제가 없었다.

하지만 신용보증기금 대출에는 함정이 있었다. 낮은 금리에 대출을 받을 수 있도록 보증해주는 것이지만 이는 말 그대로 보증만 해줄 뿐 실제 대출은 주거래 은행에서 이루어진다. 그리고 보증을 해주는 대가로 신용보증기금에 보증료를 지급해야 한다. 하지만 보증료는 기업의 신용도에 따라 다르게 책정되고 금리 역시 신용보증기금에서 정해준 대로 결정되는 것이 아니라 은행에서 별도로 진행하는 기업신용평가 결과에 따라 추가되기도 한다. 또한 신용보증기금이나 기술보증기금에서 제공하는 보증은 1년에 한 번씩 갱신해야 한다. 매년 받는 사업 성적표에 따라서 금리가 더 올라갈 수도 있는 것이다.

우리는 금리 2.3%에 대출을 받기 시작하여 최종 상환 시점에는 10%로 종료했다. 사업 성적표에 대한 결과이기 때문에 고스란히 받아들여야 했지만 결코 만족스럽기만 한 대출은 아니었다. 우리에게 돈줄이라 생각했던 투자와 대출의 이면에 혼쭐이 기다리고 있었을 줄은 상상하지 못했다.

주거래 은행 담당 직원의 말에 의하면 회사가 대출을 받고 3년 안에 1원이라도 수익을 내지 않으면 신용도는 급격히 낮아져서 대출금리가 오를 수밖에 없다고 했다. 그리고 낮아진 신용도를 올리는 것보다 폐업을 하고 다시 신규 법인을 차리는 게 빠를지도 모른다는 말까지 해준 것을 보면 혼쭐은 현재 진행형일지도 모른다. 사건이 벌어지기 전까지는 아무도 이런 얘기를 해주는 사람이 없었기 때문에 더욱 큰 타격으로 다가왔다.

하지만 좌절할 필요는 없다. 우리에겐 시작하는 기업뿐만 아니라 성장하는 기업에게도 주어지는 지원사업이 있기 때문이다.

자금을 융통하기 위한 프로세스는 다음과 같다.

신청 및 상담 → 기업 자료 수집 및 신용 조사 → 심사 및 승인 → 입금

대출도, 투자도, 지원사업도 모두 동일한 프로세스를 거친다. 어차피 같은 과정을 겪는 거라면 지원사업의 문을 두드리는 것도 추천한다. 중소벤처기업부 창업진흥원에서 지원하는 K-스타트업 홈페이지에서는 예비 창업부터 시작해 창업 단계별로 육성 지원을 제공한다. 아이디어를 사업화하거나 기술을 개발하는 데 자금 부담 없이 지원금 혜택을 받을 수 있다는 장점이 있다.

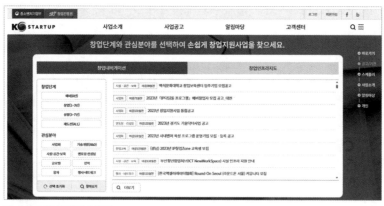

K-스타트업 홈페이지 화면

이 밖에도 무역, 수출 지원사업이나 각 지방자치단체, 중소기업유통센터에서 지원하는 콘텐츠 마케팅 사업 등도 금전적인 혜택이 크니 알아두면 좋다.

사업에서 내 돈이 아닌 돈은 양날의 검과 같다. 나에게 사업 성장의 기회를 주기도 하지만 보고서의 늪에 빠뜨리기도 한다. 당장 급한 불씨는 끌 수 있어도 불어나는 이자로 인해 한숨 쉬게 하기도 한다. 결국 투자든 대출이든 어떻게 마련했는지는 중요하지 않다. 내가 얻은 자금을 무기 삼아 성장의 발판을 잘 마련하면 된다. 득이 있으면 실이 있듯이 사업하는 데 불로소득이란 없다.

요약

자금을 마련하는 방법과 프로세스

- 투자유치는 외부 투자자들이 회사 지분을 취득하면서 투자금을 제공하는 방식이다.
- 기업이 자금을 마련하는 방법에는 대출, 정책자금 대출, 금융권 신용 대출, 창업지원금이 있다.
- 자금 융통 프로세스는 신청 및 상담 – 기업 자료 수집 및 신용조사 – 심사 및 승인 – 입금의 과정을 거친다.

회계감사는
내 일이다

회계감사는 회사의 지난 1년 살림살이를 하루 이틀이면 확인하지만
우리는 1년 치 증빙을 차곡차곡 모아야 한다.

스타트업을 운영하면서 대표는 올라운드 플레이어가 된다. 사업 아이템의 시장성을 확장하기 위해 불철주야로 영업하는가 하면 회사의 자금 사정을 인지하고 적재적소에 투입할 수 있도록 자금조달을 위해 바삐 움직여야 한다. 더불어 회사가 안정적으로 운영되도록 인프라까지 신경 써야 한다. 대표는 창업자이기 때문에 회사가 어느 정도 궤도에 오를 때까지 그리고 각각의 구성원이 제 역할을 할 수 있을 때까지 전방위적으로 개입이 필요하다.

회계감사 역시 마찬가지다. 안 그래도 '회계'라는 단어만 들어도 움찔하는데 여기에 '감사'까지 붙여놓으니 읽기만 해도 긴장이 된다. 그래서일까? 나 역시 회계감사를 하는 3월이 되면 매년 모든 업무를 중단하고 감사 응대에만 매달리기도 했다. 한 해 동안 아무리 경영 관리를 잘했더라도 회계감사 시즌이 오면 긴장되는 것은 마찬가지다.

그렇다면 회계감사는 모든 기업이 다 받는 것일까? 결론부터 말하면 꼭 그렇지만은 않다. 우리나라에서는 일정 규모 이상의 기업을 대상으로 외부감

사를 의무화하고 있다. 이를 외부감사기업 혹은 외감기업이라고 표현한다. 외부감사의 목적 자체는 투자자의 권익을 보호하기 위함이다. 정확하지 않은 재무 정보에 의한 투자는 손실을 초래한다. 이를 방지하기 위해 기업을 투명하게 공개하는 감사를 진행하는 것이다. 그렇기 때문에 외부감사는 모든 사업자를 대상으로 하지는 않는다.

외감기업의 조건은 다음과 같다.

- 상장법인: 기업의 규모와 관계없이 코스피 혹은 코스닥에 상장돼 있는 기업
- 상장 예정 법인: 당해년도 혹은 다음 사업년도에 상장하고자 하는 법인
- 매출액 또는 자산 규모가 500억 원 이상인 법인
- 다음 중 2개 이상 해당될 경우(유한회사는 3개)
  - 자산 120억 원 이상
  - 부채 70억 원 이상
  - 종업원 수 100인 이상

이 밖에도 투자에 의해 외감기업이 되는 경우도 있다. 바로 우리 회사의 경우다. 투자계약서상에 외감을 의무화하는 조항을 삽입하여 매년 외부감사를 진행한다. 외부감사 과정은 투자실사와 유사하다. 투자실사의 경우 대표자가 투자유치를 위해 IR을 한 내용이 사실인지 그 여부를 확인하고 재무상태가 건전하게 관리되고 있는지 점검하는 작업이라 보면 된다.

같은 맥락으로 외부인에 의한 회계감사, 즉 외부감사는 투자금이 본래의 목적에 맞게 잘 쓰이고 있는지, 회계 관리를 성실하게 하고 있는지, 회사의 운영 전반에 걸쳐서 잘 경영하고 있는지 등을 매년 숙제 검사하듯이 진행한다. 재무제표는 경영의 성적표이자 도덕적인 기업인지 판단하는 지표가 된다. 대체로 이는 대표의 얼굴과도 같다고 한다.

앞서 투자실사는 IR 자료의 진위 여부를 확인하고 재무 상태를 점검하는 것이라 하였다. 그렇다면 회계감사는 왜 하는 것일까?

첫째로 신뢰성 있는 재무 정보를 투자자와 외부에 제공하기 위해서다. 일반적으로 투자자는 기업의 재무제표 등을 보고 투자 결정을 내리는데, 그러려면 재무 정보의 신뢰성을 확보해야 한다. 이때 감사는 정보의 오류를 탐지하고 정확도를 높이는 역할을 한다.

둘째로 법률 준수 여부를 판단하는 것이다. 대한민국의 다양한 법적 규정을 준수하며 운영되고 있는지 면밀히 조사하기 위해서다.

회계감사의 결과물을 통해 투자자에게 투자를 받거나 금융기관에서 대출을 받을 수도 있고, 회계의 투명성을 높여서 혹시 있을지 모를 관리 이슈를 발견하고 해결할 수 있다는 이점이 있다.

회계감사는 어떻게 진행되는가

사람들은 대개 모르는 것을 맞닥뜨렸을 때 긴장하거나 두려움을 느낀다. 수많은 일들을 도장깨듯 해결해나가며 보람을 느꼈지만 회계는 달랐다. 단순하게 이해하고 습득하기엔 많은 시간과 노력이 필요한 업무였고, 무엇보다 회계감사라는 '숙제 검사' 시간이 있다는 사실만으로도 부담이 됐다. 수년간 겪어본 결과 꼼꼼하게 기록하면 걱정의 크기가 줄어든다는 것을 깨달았다.

> 투자 후 회계감사가 이루어진 첫 해에 나를 보는 감사님의 표정을 아직도 잊을 수가 없다. 나는 감사님이 말하는 단어 하나하나를 이해할 수가 없었다. '기말 매출채권 자료 주세요'라는 말에 멀뚱멀뚱 쳐다보기만 했고 '고정자산 리스트 주세요'라는 말에 그게 뭐냐고 되물었다. '연차 관리 리스트

주세요'라는 말에는 그것도 해야 하는 거냐는 질문도 했으니 참담하기 짝이 없다.

감사가 진행되는 기간이면 손과 발에 자꾸 땀이 나고 아무것도 모르는 바보가 된 것 같아서 자괴감마저 들었다. 매년 진행되는 감사지만 그렇다고 매년 기대만큼 지식이 늘지도 않았다. 1년에 한 번씩 하는 감사도 중요했지만 매일 반복적으로 쳐내야 하는 일만으로도 야근을 밥 먹듯이 했기 때문에 충분한 회계 지식을 쌓기엔 물리적인 시간이 부족했다고 말하고 싶다.

그럼에도 불구하고 나는 참 운이 좋았다. 화를 낼 수도 있을 법한 상황에서 감사님은 늘 웃으며 친절하게 설명해주었다. 단어 하나하나를 풀어서 말이다. 입장 바꿔 생각하면 굉장히 한심한 일이었는데도 불구하고 전혀 내색하지 않아 늘 내년에는 더 잘해야겠다고 결심하곤 했다.

회계감사는 분식회계* 등의 나쁜 짓을 하지 않았다면 겁먹을 필요는 없다. 이것도 참 다행인 것이 회계에 일자무식이었기에 분식회계 따위를 할 겨를도, 능력도 되지 않았다. 그저 숙제하는 어린이처럼 묵묵히 회사의 모든 자금 내역과 증빙을 하나도 빠짐없이 보고한다는 마음가짐으로 기록해나갔던 것 같다.

우리가 회계감사를 진행할 때는 다음과 같은 과정을 거친다.

1. 사전 준비
 - 금융기관 조회서, 보험거래 조회서 송부
 - 거래하고 있는 금융기관에 우리 회사의 거래 정보 조회 권한을 감사 담당 회계사에게 부여하는 것으로 세무기장한 내용이 정확한지 확인하는 방법

2. 회계 자료 송부
 - 세무기장한 내용을 조회 가능한 파일 형태로 송부

---

* 기업의 재정 상태나 경영 실적을 실제보다 좋게 보이려고 부풀려서 기록하는 것

3. 재고 실사
   - 재고 관리하는 아이템이 있을 시 매년 말일에 진행
   - 회계사와 동행하여 창고에 보관 중인 아이템의 실제 수량을 확인

4. 중간 감사
   - 11~12월 실시
   - 본 감사를 진행하기 전에 세무기장한 회계 기록을 토대로 확인

5. 본 감사
   - 2~3월 실시
   - 세무기장 내용과 금융 거래 내역이 일치하는지 확인하며 경영 실적과 재정 상태 확인

6. 감사 보고서 수령
   - 회계감사를 통해 확인된 내용을 정리된 보고서 형태로 수령

앞서 회계법인에 기장 대행을 맡기라는 조언은 여기서 빛을 발하게 된다. 나처럼 회계 지식이 없는 스타트업 대표들에겐 구세주나 다름없다. 여기서 보면 알 수 있듯이 3개월에 한 번씩 회계법인과 진행하는 분기 마감을 성실히 이행하면 회계감사 자료가 이미 80%는 완성된다. 사전 준비와 재고 실사를 제외하고는 직접적인 기장 업무를 모두 회계법인이 대행하기 때문에 혹시 모를 오류나 기장 실수 역시 쉽게 교정할 수 있다.

적격증빙 보유는 필수다

회계감사에서 우리가 할 일은 나머지 20%이지만 이 또한 그렇게 쉽지만은 않다. 하지만 회계감사를 회계 관리의 목표로 두면 일이 생각보다 쉬워진다. 처음부터 내가 작성하는 모든 기록이 숙제 검사의 대상이 된다고 생각하고 임하는 것이다. 1년에 한 번씩 숙제 검사를 맡고, 숙제에 대한 의견을 부모님에게 전달하는 것과 같은 방식이다.

우리 회사는 온라인과 오프라인 매출이 함께 발생하는 사업 구조였다. 온라인의 경우 매출 특성상 카드 결제일과 매출 대금 입금일이 다르다. 특히나 요즘 거래를 안 하는 게 더 어렵다는 쿠팡과의 거래는 정산이 아주 난감하기 짝이 없다. 매출 대금의 70%에 대한 입금일과 나머지 30%에 대한 입금일이 다른데, 그것이 매일매일의 매출에 각각 적용되니 생각만 해도 머리가 아프다.

그렇게 '설마 쿠팡이 매출 대금을 안 넣어주겠어?'라는 안일한 생각으로 넋 놓고 지내다 보면 감사 시기가 도래하고 영락없이 감사님이 확인을 한다. '쿠팡 매출채권 확인해주세요'라고 말이다.

매년 이렇게 난감함을 안겨주는 거래처들이 튀어나왔다. 이를테면 매출이 발생하고 돈이 입금되어 세금계산서를 발행하고 싶지만 거래처가 무려 1년 가까이 연락이 되지 않는 경우도 있었다. 얼굴도 모르는 거래처 사장님의 생사라도 확인하고 싶은 간절한 마음이 드는 건 이때가 처음이었다.

인플루언서 사업을 하면서 세금계산서를 발행할 때는 매입과 매출을 상계* 처리해야 하는 경우가 종종 발생했다. 이 사업은 일종의 수수료 사업이었다. A업체와 B업체 혹은 개인을 연결하고 중간에서 마진을 취득하는 구조이다 보니, 거래가 발생하면 각각 업체와의 계약서와 입출금 내역을 세트로 준비해두어야 했다. 그래서 이 사업부에서 벌어지는 모든 돈의 흐름을 따로 기록해서 관리했다. 어떤 매출과 어떤 매입이 연결돼야 하는지는 사업을 진행하는 담당자밖에 몰랐기 때문에 이 기록은 기장을 해주는 회계법인에도 따로 전달해야 한다. 인플루언서 사업을 막 시작했을 때는 회계 담당 서당개로 3년을 보낸 후인지라 묻기도 전에 기록을 미리 준비해놓는 치밀함을 보일 수 있었다. 스스로가 뿌듯해지는 순간이었다.

---

* 매출에서 매입을 뺀 나머지 금액. 사전적 의미는 채권과 채무를 대등액에서 소멸시키는 일방적 의사 표시다.

한편 공급자(판매자)와 소비자를 중개해주는 B2B2C* 구조의 플랫폼 사업을 한 적도 있다. 3년 가까이 유지하다가 수익 악화로 결국 사업을 접었는데, 이런 플랫폼 사업의 경우 회계 처리가 조금 더 복잡하다. 상품 중개 쇼핑몰은 제품을 온라인 몰에 올려 소비자에게 판매하는 이커머스 구조와는 매출입 구조가 다르다. 거래액을 중심으로 매출을 잡을지, 거래 수수료를 기준으로 잡을지에 따라 내부 회계 방식도 달라진다.

다행히 회계감사 기간이 B2B2C 플랫폼 사업 시작 전이라 사무실에 내방한 감사님에게 자문을 구할 수 있었다. 이를 통해 플랫폼 중개 사업에서의 매출은 판매 혹은 중개 수수료에 베이스를 두기 때문에 거래액과 수수료 매출로 나눈다는 것을 알았다. 하지만 PG사와 거래 품목의 건별 정산을 기록해야 했기 때문에 쉬운 작업은 아니었다. 쿠폰을 사용했다면 그 부담을 공급자, 플랫폼 사업자가 각각 어떻게 지는지도 정리해야 한다.

복잡한 회계 처리에 대해 어느 정도 이해하고 난 후 우리 회사의 수수료 구조를 뜯어봤더니 엉망진창이었다. 하필 플랫폼 초기 기획자가 수수료를 역마진 구조로 짜놓다 보니 그걸 수정하는 데 꽤나 어려웠고 회계감사 때도 이에 대한 히스토리를 푸느라 진땀을 흘렸다.

대개 회계감사에서 요구하는 증빙은 거래가 정상적인 방법으로 이뤄졌는지 여부와 거래가 이뤄졌다면 대금 정산이 잘 마무리됐는지를 확인하는 자료다. 계약서 누락 여부, 미지급 혹은 외상 매출금이 있다면 회사는 그 규모와 건별로 사실이 맞는지 입증해야 하고, 감사는 알 수 없는 내용의 자금 흐름을 추적해서 밝혀내는 작업을 한다. 일전에 대표자 앞으로 얼마의 금액이 기록돼 있었는데 어떤 계정인지 영문을 알 수 없었던 적이 있다. 알고 보니 회계법인에서 퇴직연금 충당부채를 대표자 이름으로 기록해두었던 것이다. 이러한 금액들은 회계감사 때 대체로 물어물어 알고 발

---

* B2B(기업과 기업 간 거래)와 B2C(기업과 소비자 간 거래)를 결합한 전자상거래. 기업들을 모집하여 기업 제품들을 소비자에게 판매하는 형태다.

견하게 된다. 이를 통해 우리 역시 한 해 동안 회사 운영을 잘 해냈는지를 반추해볼 수 있었다.

1년에 한 번씩 벼락치기로 기록하면 영원히 기억의 늪에서 빠져나오지 못할 것이다. 너무나도 다행인 것은 우리나라는 분기별로 부가세를 신고하게 되어 있다. 분기에 한 번씩 강제로 매출/매입을 정리해야 한다는 뜻이다. 이 과정을 네 차례 경험한 후 모든 자료를 한데 모으면 회계감사를 진행할 때 조금 수월해진다.

부가세 신고 시 기록만 잘 정리해두면 승산이 있다. 대부분의 스타트업은 외부기장을 맡기기 때문에 내부에서는 매출 관리만 따로 하는 경우를 종종 본다. 나는 이러한 방식을 굉장히 추천하는 바이다. 내 손을 떠난 기장은 더욱 정확하고 깔끔하게 관리될 수 있다. 그렇다고 해서 내 일이 전혀 없는 건 아니다. 완벽한 기장을 위해서는 대표의 개입이 꼭 필요하다. 회계 정리를 체계적으로 할 수 있는 효율적인 시스템 확립을 위해서다.

내가 선택한 방법은 구글 스프레드시트다. 마치 엑셀과 같은 기능을 하는데, 구글 계정이 있다면 하나의 문서를 여러 명이 공유해서 실시간으로 확인하고 수정할 수 있다. 우리가 할 일은 기장에 필요한 사항을 수시로 작성해두는 것이다. 부가세신고 기간이 되면 해당 파일에 접근 권한이 있는 회계법인 담당자가 기작성된 내용을 확인하고 이를 증빙으로 부가세신고서를 만들어 보내주게 된다.

스프레드시트에 탭을 나누어 필요 정보를 다음과 같이 기입한다.

| > | 사업용신용카드 세액공제내역 | 매출세금계산서 | 매입세금계산서 | 매출(온라인) | 사업소득 | 통장내역 | + |

각 탭에 필요 정보를 기록한다.

- **사업용 신용카드 세액 공제 내역**: 홈택스에서 다운받을 수 있으며 건별로 회계 처리를 위한 계정과목을 작성해둔다.

- **매출/매입 세금계산서**: 홈택스에서 다운받을 수 있으며 건별로 계정과목을 정리하되, 서로 연관된 매출과 매입은 따로 정리해둔다.

- **매출 기록**: 부가세 신고 자료 형태의 매출을 기록하며 온라인 매출의 경우 현금매출, 신용카드매출을 구분해두고 PG사별로 기록을 모아야 완성된다. 오프라인 매출의 경우엔 대개 세금계산서로 갈음되기 때문에 어렵지 않다.

- **사업소득**: 개인외주용역 등 인건비이지만 사업소득 3.3%만 원천징수 후 지급되는 비용 리스트이다. 대개 세금 신고를 위해 주민등록번호, 계좌번호, 입금액, 세액, 실지급액을 나누어 작성해둔다.

- **통장 거래 내역**: 통장 입출금 내역을 다운받아 수정 없이 계정과목만 추가하여 정리해둔다. 이는 세금계산서 및 영수증 등 현금을 사용한 증빙과 대조하는 기록이다.

이 밖에도 고정자산 관리대장과 같이 회사에서 사용하는 비품 리스트는 감가상각을 위해 작성 및 제출해야 하므로 함께 관리하면 좋다.

회계 관리의 관건은 '효율적인 표를 만드는 것'이다. 내가 아무리 대단한 엑셀 기능을 사용해도 제대로 활용할 수 없다면 무용지물이 된다. 나를 포함한 모두에게 필요한 것은 직관적으로 모든 현황을 파악할 수 있는 '표' 그 자체일 뿐이다. 나는 하나의 서식을 모든 시트에 대입했다. 회사가 앞으로 잔존 가능한 개월 수 파악을 위해 필수인 월 고정비를 정리할 때도 온라인 매출을 정리할 때도 같은 서식을 사용했다. 간단한 다음 그림의 서식 하나로도 매월 고정비로 지출되는 항목과 월별 합계, 변화추이, 1년간의 고정비 지출 등을 확인했다.

SUM을 활용한 고정비와 매출 정리 표

내가 늘 주장하는 것은 모든 업무는 초등학생도 할 수 있을 정도로 단순화해야 한다는 것이다. 이렇게 만들어진 서식 역시 일종의 회계 정리 매뉴얼이 된다. 대표가 하고 있는 모든 업무는 유기적으로 연결하여 효율적으로 정리 정돈되어야 한다. 이를 토대로 회사의 경영 현황을 한눈에 파악해야 다음에는 어떤 걸음을 내딛을지 선택할 수 있다.

창업 초기에는 회계감사에 깊이 관여하라

스타트업 창업 후 5년까지는 회사 대표가 회계감사 업무에 관여해야 한다. 재무회계 담당 직원이 아무리 믿음직스럽고 오래 다닐 것 같아도 그건 대표의 생각일 뿐이다. 직원들은 평생 회사에 몸 바쳐 일하겠다는 생각으로 입사하지 않는다. 대부분은 더 큰 곳으로 이직하기 전에 잠시 도움닫기를 할 목적으로 스타트업에 온다. 그렇기 때문에 이 일을 담당하는 직원의 손바뀜도 생각하지 않을 수 없다.

그만둔다고 마음먹은 직원이 하는 업무는 온전할 수 없다. 가장 완벽에 가까워야 하는 일이 바로 회계인데, 여기에 구멍이 생기면 우리 회사의 신뢰에도 구멍이 생기는 것과 같다. 신뢰도가 낮아지면 아무리 제품이 좋고 성장에 대한 의지가 충만해도 투자자를 찾을 수 없다. 결국 악순환인 것이다.

이 부분이 초기 창업자가 회계에 특히 정성을 쏟아야 하는 이유다. 회계감사로 인한 결과물은 창업자의 얼굴이자 성적표다. 그렇기 때문에 결코 놓을수 없고 놓아서는 안 되는 일이다.

요약

회계감사를 위해 알아야 할 것

- 회계감사는 사전 준비 – 회계 자료 송부 – 중간 감사 – 본 감사 – 감사 보고서 수령 순으로 이루어진다.
- 회계감사에는 관련 법규 준수 아래 적격증빙 보유가 필수다.
- 스타트업 창업부터 초기 5년까지는 회계감사 업무에 대표가 관여하고 살림살이를 파악해나가면 좋다.

알아두면 쓸모 있는
회계 업무 팁

돈과 관련된 업무는 예민할 수밖에 없다. 돈을 만지는 업무일 경우 새로 입사한 직원, 오래된 직원 모두 어디까지 권한을 줘야 할지 고민스럽다. 회사를 운영하면서 내야 하는 세금은 또 왜 그렇게 많은지 모르는 사이에 통장에서 빠져나가는 내역을 모아보면 한숨만 나온다. 그래서 하나씩 알아보도록 하자.

나만 모르는 세금의 종류

사업자등록을 하면 동시에 세금 납부의 의무가 생긴다. 내가 아는 것보다 모르는 것이 더 많았다는 생각이 들 정도로 세금의 종류는 다양하다. 인건비가 나간다면 근로소득세, 퇴직소득세, 지방소득세 그리고 짝꿍처럼 4대보험료가 부과된다. 여기에 일반 개인에 용역을 주고 비용을 지불했다면 사업소득세가 추가된다. 여기까지는 신고를 하는 순간 원천징수된다. 영업신고증이 있다면 등록면허세, 법인과 관련된 등기를 진행하면 관납료가 부과된다. 또 분기마다 부가세를, 해마다 법인세를 납부할 의무를 가진다. 이와 별도로 제조업이라면 재활용환경부담금을 납부해야 한다. 이렇듯 한 해 동안 사업하면서 내야 하는 세금은 생각보다 많다.

법인도 생명이잖아요

법인과 관련된 일을 할 때는 무조건 서류 4종 세트를 지참하고 움직이는 것을 추천한다. 대체로 기관이나 관공서에 제출하거나 각종 서류 처리에서 법인임을 증명하기 위해 제출해야 하는 필수 서류는 사업자등록증, 법인인감증명서, 법인등기부등본 그리고 위임장이다. 은행에서 통장을 개설할 때, PG사와 거래를 개시할 때, 통신사에서 인터넷 개통을 신청할 때에도 법인을 하나의 인격체로 보고 대리인임을 증명할 수 있는 서류들을 요구한다. 대표라고 해도 해당 서류는 필수로 지참해야 하니 꼭 참고하길 바란다.

공인인증서 맡기기 불안합니다

돈과 관련된 일을 할 때는 공인인증서가 필요하다. 하지만 법인공인인증서를 직원에게 덥석 줄 수도 없는 노릇이다. 그래서 이를 보호할 수 있는 장치가 이미 모두 마련돼 있다. 법인공인인증서도 사용 범위에 따라 범용 인증서, 용도제한용 인증서, 전자세금용 인증서 등 종류가 다양하다. 범용은 모든 인증을 할 수 있는 인증서이며 용도제한용은 특정 용도로만 사용 가능한 인증서다. 전자세금용 인증서의 경우 국세청에서 계산서 발급 수정 등의 용도로만 사용 가능하다.

이뿐만이 아니다. 은행에서는 법인의 경우 마스터 권한과 사용자 권한으로 나누어 사용자를 구분하고, 권한 범위도 특정 계좌는 보지 못하게 한다거나 이체 등록 시 2중 인증을 거치게 하는 등의 서비스를 제공한다. 이렇게 법인금융사고 예방을 위한 장치들이 마련돼 있으니 과부화된 업무가 있다면 즉시 정리하기 바란다.

제 5 장

'잘' 팔아야
'잘' 팔린다

홍보 · 마케팅

홍보는
회사의 가치를 높인다

스타트업이 홍보를 하는 이유는

첫째, 회사 브랜드 인지도 향상을 위해서다.

둘째, 방어를 하기 위해서다.

셋째, 회사 가치를 올리고 투자유치를 위해서다.

회사의 기술력이 뛰어나면 홍보 · 마케팅은 전혀 필요 없을까?

몇 년 전에 특허 기술을 가진 스타트업 대표를 만난 적이 있다. 이 기업은 대표를 비롯한 주요 직원 모두가 공학박사 연구원이었고 미세먼지와 관련된 흥미로운 주제를 연구했다. 당시 이 회사와 공동으로 제품을 생산하거나 ODM 방식의 생산이 가능한지 문의하기 위해 미팅을 하게 되었는데, 결론부터 이야기하자면 생산은 이루어지지 않았다. 그 이유는 나와 업체 대표와의 의견 차이 때문이었다.

업체 대표의 기본적인 생각은 '우리 기술력이 워낙 뛰어나기 때문에 고객은 무조건 우리 제품을 쓸 수밖에 없다'는 것이었다. 그러면서 마케팅이나 홍보가 따로 필요 없다고 했다. 나는 되려 물었다.

"소비자가 대표님 제품이 출시되었다는 것을 어떻게 알 수 있을까요?"

스타트업 내에는 이와 유사한 생각을 하는 대표들이 꽤 많다. 나는 종종 다양한 분야의 스타트업 대표를 만나 이야기를 나누곤 하는데, 현장에서는 아직도 대표 중 상당수가 독보적인 기술력만 있으면 홍보·마케팅을 하지 않아도 된다고 생각한다. 과연 정말 필요 없을까?

이에 대한 내 대답은 '기업이라면 반드시 해야 한다'이다.

기업을 알리는 홍보 활동과 우리의 브랜드, 서비스를 알리는 마케팅 활동은 기업이 문을 닫기 전까지는 지속되어야 한다. 마케팅의 대가 세스 고딘은 '마케팅은 업무가 아니다. 마케팅은 부서가 아니다. 마케팅은 직업이 아니다. 마케팅은 과거, 현재, 잠재 고객과 교류할 때(또는 하지 않을 때마다) 발생한다'라고 말했다. 즉 마케팅은 단순히 업무에 국한되는 것이 아니라 고객과의 상호작용을 통해 이루어지는 행위이며 기업이 경영 활동을 하는 동안 항상 해야 하는 것이라고 말할 수 있다.

100년 이상의 역사를 자랑하는 글로벌 기업 코카콜라는 이미 전 세계인에게 두터운 브랜드 로열티를 가지고 있음에도 불구하고 2022년에 쓴 광고비만 41억 달러로 전 세계 광고주 21위에 올랐다. 코카콜라 정도면 광고하지 않아도 사람들이 알아서 마시지 않냐고 생각할 수 있지만, 홍보·마케팅 활동을 멈추는 순간 소비자들은 금세 코카콜라를 잊고 다른 브랜드에 애정을 쏟을 것이다. 또 경쟁 업체는 이때다 싶어 공격적으로 시장 점유율을 뺏어나갈 것이므로 코카콜라는 늘 경쟁 기업으로부터 시장 점유율을 지켜내야 한다.

소비자는 마치 영혼을 내어줄 것처럼 특정 브랜드에 열광하다가도 일순간 언제 그랬냐는 듯 가차 없이 떠나버리기도 한다. 그러므로 소비자와 브랜드 사이에는 끊임없는 커뮤니케이션 활동이 일어나야 한다.

그럼 스타트업에서 기업 홍보가 필요할까? 당연히 필요하다. 스타트업에서 기업 홍보를 반드시 해야 하는 이유는 크게 세 가지다.

- 홍보는 우리 회사를 대외적으로 알려서 브랜드 인지도를 높인다.
- 홍보는 우리를 알리는 것만큼이나 방어하기 위한 목적을 가진다.
- 홍보는 회사의 가치를 올리고 투자자를 유치하기 위한 활동이다.

이에 대해 하나씩 살펴보자.

홍보는 우리 회사를 대외적으로 알려서 브랜드 인지도를 높인다

홍보는 스타트업이 보유한 특허나 기술력을 언론 매체를 통해 알리는 행위다. '우리가 이런 경쟁력을 가지고 있다'고 말하는 것이다. 또한 회사가 투자 유치를 할 때나 매출이 개선되었을 때 '이번에 투자유치에 성공했어요!'라고 대외적으로 알리는 행위다. 즉, 회사가 가진 다양한 소식을 외부에 알리는 모든 활동은 홍보에 속한다.

지금 하고 있는 일과 이루어낸 일을 주기적으로 이야기하면 외부 투자자 혹은 파트너십을 맺고자 하는 쪽에서 우리 기업을 더 자세히 이해할 수 있고, 이러한 정보를 바탕으로 신뢰를 형성할 수 있다.

내 경우에도 언론 기사에서 우리 회사 소식을 본 투자기관으로부터 연락을 받은 적이 있다. 그리고 그 인연이 이어져 시리즈 B 단계에서 20억 원의 투자를 유치했다. 이처럼 언론에 우리를 알리는 행위는 예상치 못했던 추가 기회를 창출할 수도 있고, 대외적인 신뢰도를 높이는 데 큰 도움이 된다.

만약 시장에 우리와 비슷한 수준의 기술력을 가진 경쟁 업체가 있다고 가정해보자. 그들은 꾸준히 홍보 활동을 통해 자신들의 기술력을 선보이는데,

우리는 전혀 소식을 알리지 않고 있다면 외부에서 특정 기술력을 가진 기업을 찾을 때 우리는 당연히 배제될 것이다. 그리고 자연스럽게 홍보를 열심히 하는 경쟁 업체가 좋은 기회를 가져갈 것이다. 그러므로 홍보 활동을 통해 우리가 잘하고 있다는 것을 외부에 꾸준히 알릴 필요가 있다.

홍보는 우리를 알리는 것만큼이나 방어하기 위한 목적을 가진다

방어적인 측면에 있어서도 홍보는 반드시 필요하다. 만약 홍보 활동을 전혀 하지 않는데 회사가 부정적인 이슈나 스캔들, 악성 루머에 휩싸였다면 우리의 목소리를 낼 창구가 없기 때문에 한순간에 기업 이미지가 추락할 수 있다. 그러므로 방어적 관점에서도 기업 홍보 활동은 이루어져야 한다.

다른 의미에서의 '방어' 목적으로도 홍보가 활용된다. 앞서 이야기한 코카콜라의 경우 꾸준한 홍보 · 마케팅 활동을 통해 브랜드를 노출하기 때문에 소비자가 이를 인지하고 구매 활동으로 연결되는 것이다. 즉, 자신들을 잊지 않도록 지속적으로 홍보함으로써 장기적으로는 시장 점유율을 방어할 수 있다. 그러므로 외부의 여러 부정적인 이슈를 방어하고 기존 시장에서의 지위를 빼앗기지 않기 위해서도 홍보는 열심히 해야 한다.

홍보는 회사의 가치를 올리고 투자자를 유치하기 위한 활동이다

마지막으로 홍보는 회사의 가치, 로열티 측면에서도 긍정적인 작용을 한다. 스타트업이 가지는 경쟁력을 꾸준히 홍보하면 추가 투자를 유치할 때 긍정적인 기업 평가를 받을 가능성이 높다. 다양한 투자기관의 심사역이 해당 산업에서 잠재력 있는 기업을 찾을 때 회사가 여기저기 노출되어 있으면 자연스럽게 만날 기회가 더 많아지고, 이러한 인연은 향후 투자유치로 연결될 수 있다. 그러므로 스타트업을 운영하는 대표라면 기업 홍보를 반드시 해야 하며 기업의 상황에 따라 단계적으로 홍보하는 것이 좋다.

요약

스타트업이 홍보를 해야 하는 이유 세 가지

- 홍보는 우리 회사를 대외적으로 알려서 브랜드 인지도 향상을 가져온다.
- 홍보는 우리를 알리는 것만큼이나 방어를 위한 목적을 가진다.
- 홍보는 회사의 가치를 올리고 투자자 유치를 위한 활동이다.

스타트업 홍보는
이렇게 하자

스타트업 홍보의 시작은 내부 커뮤니케이션 채널 일원화에 있다.
프로페셔널한 홍보는 얼마나 자주, 어떠한 형태로, 어디에 실을지를 결정하고
이를 실행하는 데에서 이루어진다.

여기서는 스타트업에서 홍보는 어떻게 이루어지고 또 어떻게 하면 되는지
에 대해 좀 더 구체적으로 이야기하겠다.

스타트업을 창업하기 전에는 증권사와 뉴미디어 스타트업에 재직하면서
홍보 업무를 담당했다. 증권사에서의 홍보 업무는 어렵지 않았다. 기본적
으로 이미 확보된 기자와 언론사 네트워크가 있었고, 바로 위에 팀장이 있
었기 때문에 열심히 쫓아다니면서 배울 수 있었다.

그러나 뉴미디어 스타트업에 스카웃되어 홍보 담당 이사로서 홍보팀을 세
팅하던 당시는 정말 어려웠다. 처음이라서가 아니라 홍보를 안다고 주장
하는 경영진들이 많았기 때문이다. 각 업계에서 내로라하는 사람들이 주
요 경영진 자리를 꿰차고 있었고, 이들이 각자의 네트워크를 통해 언론사
기자들과 소통하다 보니 기사가 중구난방 엉망진창으로 나오고 있었다.
경영진들은 서로 합의도 없이 기자와 인터뷰했고 매체에는 하루가 멀다
하고 기사가 실렸으며 부정 기사를 막지도 못했다. 정작 홍보 담당 이사인
나는 모르는 채 말이다.

하나의 창구에서 소통해야 한다

홍보 채널이 일원화되어 있지 않고 여기저기에서 기업 메시지가 전달되면 부정적 이슈에 대응할 수 없고, 리스크가 발생할 경우 통제 불가능 상태에 놓인다. 스타트업 기사에 부정적인 내용이 나오면 회사 신뢰도와 회사 가치에 치명적이다. 그렇기 때문에 스타트업 홍보는 대외적으로 소통하는 창구를 일원화하는 작업이 먼저다.

회사 내부의 경영진과 직원들이 저마다 자신만의 언론 네트워크가 있다고 하더라도, 회사에 대한 메시지는 한 창구에서만 나가도록 해야 한다. 그리고 외부에서 연락이 왔을 때도 연락받는 사람마다 바로 응대하는 것이 아니라 하나의 채널로 모이게끔 시스템을 만들어야 한다. 이를 위해선 내부 교육도 필요하다. 내가 뉴미디어 기업에서 홍보를 담당할 때에도 가장 중요하게 했던 것이 매체 기자와 개인적으로 접촉하지 못하도록 경영진을 대상으로 교육하고, 대표이사가 사전에 정리되지 않은 코멘트로 의사소통하지 못하게 막는 일이었다.

기업 홍보는 개인의 역량을 강조하기 위한 창구가 아니다. 그러므로 홍보 활동을 하기로 마음먹었다면 대외 커뮤니케이션을 위한 채널 일원화 작업을 가장 먼저 해야 한다.

매체와의 소통 창구가 일원화되면 그때부터는 기업 홍보가 상대적으로 쉬워진다. 회사의 메시지를 정하고, 어떠한 이야기를 외부에 알리는 게 긍정적일지 나열하고, 이를 카테고리로 엮어 정기적, 비정기적으로 기사를 내보내는 것이다.

이때 회사에서 알려야 하는 소식과 통제해야 하는 소식을 내부 경영진이 사전 점검하는 것도 중요하다. 매체에 적극적으로 알려야 하는 내용은 내부에서도 정기적으로 공유해야 하고, 관리해야 할 리스크나 회사의 약점의 경우 내부 공유는 하되 외부 언론 매체에서 질의가 들어올 경우 정해진 공식 답변으로만 응대할 수 있도록 사전 교육도 필요하다.

> 실제 홍보 활동을 하면서 겪었던 일이다. 모 매체의 기자가 나와 소통하지 않고, 굳이 재무팀이나 회계 관련 팀의 연락처를 파악해 그곳에 연락했던 적이 있다. 당시 회사 매출이 떨어진 시기였다. 그와 관련된 대외적인 답변이 준비되어 있었지만 기자는 이러한 답변이 아닌 정제되지 않은 내용을 취재하려고 재무팀에 직접 연락했던 것이다.
>
> 다행히 재무 담당 직원은 사전에 내부 교육을 받은 내용에 따라 '대외 소통은 커뮤니케이션팀을 통해서만 해주기 바란다'라고 답하고 자연스럽게 홍보 담당자에게 바톤을 넘겨주었다. 만약 사전에 내부 교육이 이루어지지 않았다면 곤혹을 치렀을 뻔했다.

홍보를 위해 필요한 내부 기준 세 가지

나는 창업 초기에 기존에 쌓아둔 기자 네트워크를 바탕으로 보도자료를 배포하기도 했는데, 창업 3년 차가 지나면서부터는 언론 대행사를 활용했다. 스타트업 홍보를 전혀 모르더라도 어떻게 하면 쉽게 홍보할 수 있는지, 그 노하우를 이야기하겠다.

스타트업은 내부 체계가 없고 홍보 관련 노하우도 없기 때문에 홍보 프로세스를 세팅하기 어렵다. 업계에서 홍보 전문가를 구하려고 해도 초기 스타트업에 입사하려는 사람은 적다. 아무리 업계에서 유명한 홍보 전문가라 하더라도 초기 스타트업에서 홍보 관련된 주제를 뽑아내거나 회사를 PR하는 데에는 한계가 있기 때문이다. 또한 홍보를 적극적으로 한다고 해도 회사에서 원하는 만큼의 성과가 나오기 어려울 뿐만 아니라 소재의 한계도 있기 때문에 홍보 담당자 입장에서도 굳이 자처해 일하려고 하지 않는다.

그렇다면 초기 스타트업은 홍보를 어떻게 하면 좋을까?

홍보 경력이 없는 스타트업 대표나 초기 설립 멤버가 기자를 직접 상대하면 리스크가 상당히 크다. 언론 매체 기자들은 우리가 원하는 메시지를 원하는 방식으로 실어주지 않기 때문이다. 때로는 인터뷰를 해도 의도한 내용과 다르게 기사화되는 경우도 있고, 숨기고자 하는 부정적인 이슈가 언급될 때도 있다. 그렇기 때문에 홍보 경험이 없는 대표가 직접 나서는 것은 자제하는 편이 좋다. 오히려 홍보와 관련된 내부의 기준을 정하고, 필요한 경우에는 언론 홍보 대행사를 쓰는 것이 효율적이고 안전하다.

그렇다면 홍보 관련 내부 기준이란 무엇일까? 이는 얼마나 자주, 어떠한 형태로, 어디에 기사를 실을지를 결정하는 것부터 시작된다.

1) 얼마나 자주

'얼마나 자주'는 주기성을 의미한다. 정기적 혹은 비정기적으로 기사를 배포하는 행위를 의미하는데, 예를 들어 '보도자료는 일주일에 한 번, 기획 기사는 월 1회 배포한다'와 같이 회사 소식을 대외에 얼마나 자주 알릴지를 정하는 것이다. 언론 홍보 대행사를 활용할 경우에는 비용이 소모되기 때문에 예산에 맞게 기사 배포 횟수를 조율하면 된다.

만약 전략적으로 브랜드 인지도를 빠르게 올려야 한다면 언론 노출의 빈도수를 높이고 비용을 홍보에 집중적으로 쏟아야 한다. 예를 들어 생성AI와 관련된 기술 스타트업이 주목받고 있는데, 우리 회사가 이 분야의 특허를 가진 기술 기업이라면 적극적으로 우리 기술을 언론을 통해 알려야 한다. 투자기관이 생성AI 관련 기술 기업을 찾을 때 자주 들여다보고 신뢰를 갖는 곳은 언론 기사다.

홍보 활동을 전략적으로 열심히 해서 해당 기술 스타트업으로 성과를 보여준다면, 우리 회사를 자세히 알고 싶은 투자기관이 연락할 것이다. 이러한 인연은 좋은 네트워크 형성이나 투자로 이어질 수도 있다.

비슷한 기술이나 서비스를 가진 경쟁사와 우리를 비교하는 상황에서도 마찬가지다. 고객은 어떤 기업이 나은지를 검색할 때 블로그나 카페의 정보보다 언론 기사를 더 주목한다. 따라서 브랜드 인지도를 쌓고 신뢰도를 높이기 위해서는 매체를 통해 기업을 홍보하자.

2) 어떠한 형태로

'어떠한 형태'란 기사의 형태를 의미한다. 이는 보도자료, 칼럼 기고, 기획 기사, 인터뷰 등 어떤 방식으로 홍보할 것인지 결정하는 것을 의미한다.

'보도자료'는 '스트레이트 기사'라고도 하는데, 육하원칙에 따라 어떠한 사건이나 행사, 사실적 정보를 일목요연하게 정리해 전달하는 방식의 기사를 의미한다. 포털 사이트를 통해 뉴스를 보면 비슷한 뉴스가 엮여서 보이는 경우가 있는데, 이러한 형태의 기사들은 다양한 매체가 하나의 보도자료를 받아 쓴 경우라고 보면 된다. 신제품을 출시할 때나 이벤트를 진행할 때 또는 기업의 경영 관련 소식이나 사회공헌활동, 연구나 성과, 투자유치 관련 소식을 전할 때는 스트레이트 기사 방식으로 작성해 보도자료를 배포한다.

'칼럼' 기고의 경우 스타트업 대표가 직접 칼럼 외부 필진으로 참여하는 경우도 있고 홍보 담당자가 정기적인 기고를 통해 기자 수첩, 전문인 칼럼 등에 글을 쓰는 경우도 있다. 칼럼은 대개 CEO의 경영 철학이나 기업의 경영 활동, 트렌드에 대한 내용을 담으며 대략 A4 용지 한 페이지에서 한 페이지 반 정도의 분량이다. 칼럼은 보도자료와 다르게 CEO의 생각을 엿볼 수 있다는 특징이 있다.

호흡이 긴 기사의 종류로는 기획 기사와 인터뷰 기사가 있다.

'기획 기사'는 홍보팀에서 전반적인 내용을 기획해 매체 기자와 함께 제작하거나 기자가 회사의 정보를 직접 취재해서 작성하기도 한다. 트렌드나 업종 관련 소식, 스타트업 대표 릴레이 소개와 같이 큰 주제와 방향 안에서 작성된 기사들이 대부분이다. 업계 후발주자 스타트업이라면 소비자의 뇌리에 각인시키기 위해 선두 업체들과 함께 엮는 경우도 있다. 예를 들어 우리 회사가 업계 5위 정도인데 1위 업체와 함께 기획 기사에 실리면 자연스레 1위와 경쟁하는 2~3위로 포지셔닝될 수도 있다. 그래서 기획 기사를 쓸 때는 기사를 쓰는 목적이 무엇인지, 이 기사를 통해 무엇을 얻으려고 하는지를 먼저 생각하고 전략적으로 접근하면 훨씬 도움이 된다.

마지막으로 '인터뷰 기사'는 CEO나 회사 내 뛰어난 인재의 인터뷰를 싣는 경우가 많다. 직접 취재할 수도 있고 서면으로 진행할 수도 있는데, 이때 주의해야 할 점은 홍보 담당자가 있다면 반드시 인터뷰 현장에 배석해야 하고, 인터뷰 질문지를 사전에 받아야 한다는 점이다. 회사의 부정적인 이슈에 대한 질문을 받을 수도 있고, 사전 질문지에 대답하기 곤란한 회사의 기밀과 관련된 질문이 있을 수도 있기 때문이다. 그러므로 사전에 질문 리스트를 받고 빼야 할 부분이 있으면 기자에게 양해를 구하고 질문 내용을 조율해야 한다.

대표가 직접 인터뷰에 응할 경우 회사 내부에 홍보 담당자가 있다면 사전 인터뷰 질문지에 대한 답안을 작성한 후 대표가 인터뷰 전 내용을 숙지할 수 있게 하고, 만약 대표의 시선에서 변경할 사항이 있다면 이를 수정하면서 인터뷰에 대비하는 게 좋다.

만약 대표가 사전에 논의되지 않은 질문을 받으면 인터뷰 도중이라도 홍보 담당자가 직접 중재하는 상황도 필요하다. 또 부정적인 이슈 질문이 예상될 경우에는 어떠한 답변이 최선인지 홍보 담당자와 사전에 의견을 조율하는 것 역시 필요하다. 인터뷰는 기자의 요청에 의해 하는 것이므로 불리한 질문에 대해 모두 성실하게 답할 필요는 없다. 홍보 담당자가 없을 경우에도 대표는 사전 인터뷰 질문지를 확인한 후 미리 답안을 작성해 연습하고, 부정 이슈는 매체 기자와 조율해야 한다.

마지막으로 우리 회사의 역량 있는 인재가 기사에 자주 노출되는 것은 장점이 될 수도 있고 단점이 될 수도 있다. 증권사에 재직 당시 역량 있는 직원이 인터뷰를 종종 진행했는데, 결국 경쟁 업체에게 인재를 빼앗긴 적이 상당히 많았다. 그렇기 때문에 인터뷰이를 정할 때는 핵심 인력을 배제하는 방향도 고려하며 신중히 접근해야 한다.

3) 어디에 기사를

이렇게 기사의 주기와 형태를 정의했다면 다음으로 고려해야 하는 것은 기사를 어떠한 매체에 실을지에 대한 의사결정이다. 일간지, 종합지, 경제지, 인터넷 신문 등 다양한 매체 중에서 기사의 경중에 따라 진행할 곳을 선정한다. 대표의 인터뷰 기사라면 특히 매체 선정이 중요한데, 외부 시선에서 봤을 때 대표의 무게에 맞는 매체에서 진행해야 긍정적인 평가를 받을 수 있다.

만약 투자 관련 소식이라면 네이버, 다음과 같이 포털 사이트에서 검색했을 때 노출될 수 있는 매체를 선정해야 한다. 이를 포털에 전재되는 매체라고 부른다. 특히 전문지, 경제지와 같은 매체라면 투자 내용의 신뢰도가 훨씬 높아진다. 우리 회사도 투자 관련 소식은 주로 경제 전문지에 알렸는데, 이를 통해 여러 기업으로부터 연락이 와서 미팅을 진행한 적이 꽤 있다. 그만큼 신뢰성 있는 매체 선정과 매체에 맞는 기사를 송출하는 것이 중요하다.

보도자료나 칼럼은 매체에 제한을 특별히 두지 않고 두루두루 실을 수 있다. 보도자료는 정보의 특성상 회사의 사실 정보나 행사와 같은 내용을 담고 있기 때문에 많은 채널에 실릴수록 매체 장악력을 넓힐 수 있다. 그러나 기획 기사나 인터뷰 기사는 방향 설정에 따라 IT 전문 매체에 실을지, 벤처기업 전문 매체에 실을지 결정하고 진행하는 것이 좋다.

홍보는 회사의 좋은 점을 알리고 소식을 전하는 데 목적이 있다. 고객이 예쁘게 포장된 회사를 열어봤는데 '참 괜찮은 회사네'라고 여길 때 비로소 제대로 된 홍보 활동이 이루어지고 있다고 판단하면 된다. 그러므로 부정적 이슈와 리스크를 철저히 관리하고 홍보 채널을 통해서는 기업의 좋지 않은 면을 최소한으로 노출하는 것이 홍보의 요령이다.

요약

홍보를 위해 해야 하는 의사결정 세 가지

- 얼마나 자주 홍보 기사를 배포할 것인지 홍보 주기 결정하기
- 보도자료, 기획기사, 인터뷰 등 어떤 방식으로 홍보할지 결정하기
- 어떤 방식의 기사를 어떤 매체에 실으면 효과적일지 결정하기

스타트업 마케팅,
어떻게 하면 잘할 수 있을까

3C는 나를 알고, 고객을 알고, 경쟁사를 아는 것이다.
Company(회사), Customer(고객), Competitor(경쟁사)를 파악하면
자연스럽게 마케팅 전략과 전술이 결정된다.

기업 홍보에 이어 '마케팅'에 대해 이야기하고자 한다. 홍보와 마케팅은 회사의 서비스, 제품, 브랜드를 알린다는 관점에서 비슷한 개념이다. 그러나 홍보가 일반 대중에게 회사를 알리는 목적으로 이루어지는 행위라면, 마케팅은 고객이 서비스를 구매하거나 이용하면서 매출로 이어질 수 있게 하는 모든 활동이라 할 수 있다.

나는 시드투자 단계의 초기 스타트업부터 시리즈 A 라운드 투자 단계의 스타트업까지, 다양한 기업을 대상으로 강의 및 기업 전략 컨설팅을 진행하고 있다. 현장에서 기업 대표와 마케터를 만나 그들의 이야기를 들어보면 마케팅 필요성에 대해서는 공감하지만, 모두가 어디서부터 어떻게 해야 잘할 수 있을지를 몰라 고민하고 있다.

수산업 분야 스타트업의 컨설팅을 진행한 적이 있다. 이 업체는 스마트 양식 관련 AI 기반 기술력을 보유한 기업이었는데, 브랜드 마케팅 방법을 모르겠다며 도움을 요청했다. 이 기업은 초기 스타트업으로 Pre-A 단계의

투자유치를 했고, 이후 점프업하기 위해 본격적인 마케팅 활동을 준비 중이었다. 나는 이 기업이 빠르게 성장해 다음 단계 투자도 받으면 좋겠다는 마음에 적극적으로 컨설팅을 도왔다. 그런데 컨설팅을 진행하면서 내부 현황을 살펴보니 이들은 브랜드 마케팅을 원했지만, 기업 홍보가 선행되어야 함을 깨달았다.

이 기업은 B2B 혹은 B2G에 가까운 스타트업이었는데, 이러한 기업은 고객을 먼저 파악하고 그들이 원하는 방식으로 홍보 및 마케팅 방향을 정해야 한다. 만약 고객들이 온라인보다는 오프라인에서의 미팅을 더 선호할 경우, SNS 마케팅보다는 박람회 부스를 통해 홍보하거나 현장에서 판매하는 방향이 기업을 알리는 데 훨씬 도움이 될 것이다.

수산업 분야 스타트업의 잠재 고객들은 기존의 전통적인 기술만 고집하거나 신기술에 편견이 있는 고객이 많았고, 디지털 마케팅 환경에서는 SNS보다는 언론 매체나 블로그, 카페 정보를 찾는 고객이 대부분이었다. 이 회사를 알리려면 일반적인 B2C 마케팅 방식과는 다른 접근 방식이 필요했다. 그래서 B2B, B2G 잠재 고객과의 수차례 미팅을 통해 구체적인 방향과 액션 플랜을 정리했고, 상호 의지를 다지며 컨설팅이 마무리되었다.

이렇듯 우리가 알고 있는 일반적인 마케팅 전략을 모든 업체에게 동일하게 적용할 수는 없다. 스타트업의 보유 기술, 비즈니스 모델, 타깃 고객 및 해당 기업이 처한 환경에 따라 마케팅 방식은 바뀐다.

고객을 분석하고 현황을 파악해 큰 방향을 정하는 것이 마케팅 전략이며, 기업별 맞춤화된 세부 플랜을 세우는 것은 마케팅 전술이라 할 수 있다.

마케팅의 기본은 3C

마케팅의 주요 방향을 먼저 설정하려면 기본적으로 나를 알고, 고객을 알고, 경쟁사를 알아야 한다. 이를 마케팅 용어로는 3C라고 한다. 각각 Company(회사), Customer(고객), Competitor(경쟁사)를 의미하는데, 어느 기업이든 이 세 가지를 제대로 파악하면 기업의 마케팅 전략과 전술을 수립하는 데 큰 도움이 된다.

'마케팅 전략'이라는 단어를 떠올리면 거창하고 원대한 계획과 어마어마한 분석 방법이 필요할 것 같지만, 마케팅의 기본은 3C에 있다. 기본을 먼저 이해해야 다양한 모델을 활용해 분석할 수 있는 것이다. 이를테면 SWOT 분석과 같이 강점, 약점, 기회, 위기를 분석할 수도 있고, 조직 역량 측면에서 7S 모델이라 하여 기술, 전략, 구조, 스태프, 시스템, 스타일, 공유 가치와 같은 것들을 파악해나갈 수 있다.

그렇다면 다시 3C로 돌아가 각각 어떤 의미를 갖는지, 이를 통해 마케팅 측면에서 어떤 전략을 구상할 수 있는지 살펴보자.

우선 '회사를 안다'는 것은 무엇을 의미하는가.

이는 우리 제품과 서비스에 대한 이해를 의미한다. 예를 들어 '우리 기업이 소비자에게 팔려고 하는 제품과 서비스는 무엇인가?', '어떠한 장점을 가지고 있으며 소비자가 우리 제품을 선택해야 하는 이유는 무엇일까?', '어떤 점을 강조하면 좋을까?', '우리가 가진 기술적 우위는 무엇일까?' 이러한 질문들에 대한 답을 알고 있는 것이 '회사를 안다'는 뜻이다.

앞서 예로 들었던 수산업 관련 스타트업에서 개발한 제품이 스마트 양식이라고 하자. 그러면 스마트 양식은 기존 양식과 무엇이 다르며, 어업 종사자들은 왜 스마트 양식을 도입해야 하는지를 나열해보는 것이다.

- 연 단위 생산성이 기존 제품 대비 10배 이상 높아진다.
- 기존 제품 대비 수익성이 30% 이상 개선된다.
- AI에 기반한 자동화 설비로 업무 소요 시간은 1/4로 줄어든다.

이렇게 열거한 경쟁적 차별점은 곧 마케팅의 핵심 메시지이자 고객을 설득하는 근거가 된다.

다음으로 '고객을 안다'는 것은 무엇을 의미하는가.

이는 우리 제품과 서비스를 사용할 만한 타깃 고객을 정의하는 데서 시작한다. 여기서는 다양한 질문을 던져볼 수 있다. '우리 제품을 이용할 고객은 남성인가 여성인가?', '연령대는 어떻게 되는가?', '타깃이 선호하는 SNS 채널은 무엇인가?', '블로그와 같은 글 읽기를 선호할까, 유튜브와 같은 영상 소비를 좋아할까?' 이와 같은 질문들을 던지고 답을 찾아가는 과정 속에서 우리가 생각하는 고객의 페르소나가 완성되고 타깃이 더욱 정교하게 정의된다.

타깃 고객을 쉽게 이해하기 위해 앞서 이야기한 스마트 양식 사례를 다시 들어보자. 스마트 양식을 사용할 만한 어업 종사자는 누구일까?

- **타깃의 예상 성별 및 연령**: 30~50대 남성
- **타깃의 특징**: 귀어(歸漁)를 희망하는 예비 창업자
- **타깃을 만날 수 있는 곳**: 정부지원사업이나 지자체 운영 교육 프로그램 현장

나는 스마트 양식을 구매할 만한 타깃 고객을 30~50대 남성, 귀어를 희망하는 예비 창업자로 좁혔다. 그리고 이들은 창업을 위해 정부지원사업이나 여러 지자체 교육 프로그램에 참여할 것이라 가정했다.

타깃을 정의하고 이들이 어디에 있는지 구체적으로 정의하면 자연스럽게 명확한 마케팅 플랜을 세울 수 있다. 예를 들어 지자체나 교육 기관과의 제휴 협력을 통해 직접적으로 타깃 고객과 대면하는 전략을 펼칠 수도 있고, 특정 기관에 브로셔를 비치해 간접적으로 홍보할 수도 있다. 혹은 좀 더 과감하게 현장에 나가 대면 상담을 통해 고객의 요구 사항을 파악할 수도 있다. 이렇게 다양한 방식으로 고객을 만나면서 우리만의 차별점을 가지고 다가가면 그들이 어떤 의사결정을 할지 알아낼 수 있다.

타깃 고객을 좁게 정의하면 할수록 마케팅 활동은 훨씬 정교해진다. 대기업의 마케팅과 달리 스타트업 마케팅은 한 번에 다양한 연령, 성별 고객을 대상으로 펼치기에는 예산과 인력 면에서 한계가 있다. 또한 타깃층이 너무 넓으면 메시지가 모호해질 수도 있다.

예를 들어 우리가 어떤 화장품을 판매하는데 타깃을 '20~50대 미백을 원하는 여성'이라고 정의하면 메시지 하나로 모두를 만족시킬 수 있을까? 그렇지 않다. 20대를 위한 마케팅 메시지는 50대가 받아들이기에는 너무 트렌디하고, 반대로 50대 여성을 위한 메시지가 20대에게는 다소 올드하게 느껴질 수 있다.

대기업이라면 다양한 연령에 맞게 여러 개의 브랜드를 출시하고 충분한 예산 및 인력을 배치한 다음 각기 다른 메시지나 다른 방식의 마케팅을 펼칠수 있다. 그러나 스타트업에서는 제한된 예산과 적은 인력이라는 상황하에 마케팅 방법을 논의해야 한다.

따라서 스타트업이라면 타깃 범위를 좁혀 마케팅 활동을 시작하는 것이 효과적이며, 핵심 타깃과의 관계를 우호적으로 형성하여 브랜드 로열티를 쌓아 자연스럽게 충성 고객으로 인한 매출이 안정적으로 발생하도록 하자. 이를 기반으로 하면 앞으로 고객을 더 확장해나갈 수 있다.

마지막으로 '경쟁사를 이해'해야 한다.

경쟁사를 파악하려면 주기적으로 이들이 어떤 마케팅 활동을 펼치는지 조사해야 한다. 최근 마케팅 전략은 어떻게 바뀌었는지, 주력 광고가 인스타그램인지 유튜브인지, 어떤 프로모션을 펼쳤을 때 고객의 반응이 가장 좋았는지 등 구체적인 성공 레퍼런스도 수집해야 한다.

성공한 경쟁사의 사례를 수집하면 우리 전략을 수립할 때도 도움을 받을 수 있다. 또한 성공한 광고 레퍼런스를 기반으로 우리의 아이디어를 발전시킬 수도 있다. 경쟁사의 실패 사례 역시 도움이 된다. 경쟁 기업의 부정적 이슈, 실패한 이벤트가 있을 경우 이를 바탕으로 우리가 프로모션을 진행할 때 참고하여 실패 가능성을 낮출 수 있다.

지금까지 스타트업이 마케팅을 하기 위해 가장 기본적으로 파악해야 하는 3C에 대해 알아보았다. 앞서 이야기했듯이 나를 알고 고객을 알고 경쟁사를 아는 것은 전략을 수립하기 위한 기본 중의 기본이다.

마케팅 채널, 인력, 예산 결정하기

이제부터는 어떤 채널에, 누가, 얼마의 비용으로 광고 마케팅을 펼쳐나갈지를 결정해야 한다. 즉 어떤 마케팅 채널에서 진행할지, 회사 내부 인력과 외부 대행 업체 중 누가 진행할지, 내부에서 책정한 광고 예산은 얼마인지 등을 결정하는 것이다.

만약 대기업이거나 마케팅 예산이 넉넉하다면 TV 광고, 버스 광고, 옥외 광고, 팝업 스토어에 이르기까지 수많은 매체와 온/오프라인 플랫폼을 모두 활용해 광고를 집행할 수 있다. 그러나 스타트업의 마케팅 예산은 매우 제한적이고 초기에는 아예 고려하지 않는 경우도 많다. 한 달에 1천만 원의 광고 예산을 책정하면 1년이면 1억 원이 넘는데, 초기부터 이렇게 큰 금액을 광고 마케팅 예산에 투입하는 건 거의 불가능하다. 스타트업은 월 100~200만 원 내외의 비용으로 마케팅을 시작하는 경우가 대부분이므로 어떻게 하면 소액으로도 효율적인 마케팅 성과를 얻을 수 있을지를 고민해야 한다. 그리고 내부 예산이 결정되면 그 안에서 어떤 마케팅 캠페인을 선택하는 것이 가장 효과적인지도 결정해야 한다. 만약 예산이 월 100만 원이면 일간 3만 원 정도의 광고비를 집행할 때 가장 효과적인 매체를 찾아야 하고, 예산이 월 1천만 원이면 몇 개의 광고 플랫폼을 선택해 어떠한 방식으로 비용을 배분할지를 결정해야 한다.

회사 대표는 인력 활용에 대한 의사결정도 해야 한다. 마케팅 전담 인력을 둘 것인지, 둔다면 몇 명을 둘 것인지, 어떤 마케팅을 잘하는 마케터를 채용할 것인지 고려해야 한다. 간혹 마케팅 업무에 대한 이해도가 낮은 스타트업 대표들이 '마케팅은 시간이 남는 막내가 SNS를 관리하는 걸로 충분하지 않나요?'라고 말하는 경우를 본다. 그저 '블로그를 만들고 인스타그램을 운영하면서 키워드 태그만 넣으면 되겠지'라며 안일하게 생각하고 만다.

이렇게 주먹구구식으로 운영되는 회사의 SNS 계정은 제대로 운영되지도 않을 뿐만 아니라 시간과 노력을 들이는 데 비해 성과로 이어지는 경우가 거의 없다. 그러므로 마케팅을 제대로 하려면 내부 예산 가이드라인을 정확하게 설정하고 인력 배치에 대한 의사결정도 사전에 이루어져야 한다.

따라서 마케팅 예산을 기반으로 '마케팅 채널'을 선택해야 하며, 인력 배치에 대한 고민은 '인하우스 vs. 아웃소싱'의 선택 문제가 된다. 그럼 각각의 활동을 구체적으로 알아보자.

1) 마케팅 채널 정의와 선택

먼저 마케팅 채널을 선택해야 한다. 스타트업이 본격적으로 마케팅 활동을 하려면 온/오프라인의 다양한 채널을 파악하고 제한된 예산 내 어떤 채널에서 마케팅할지 결정해야 한다.

이 중 온라인 마케팅 채널에 대해 살펴보자. 실제 온라인 환경에서 실행되는 마케팅의 종류는 상당히 많지만 주요 마케팅 방식 10가지만 우선 알아보자.

- **소셜 미디어 마케팅**: 페이스북, 인스타그램, X(전 트위터), 링크드인과 같은 플랫폼 내에서 다양한 콘텐츠를 포스팅하면서 고객과의 소통과 관계 구축 및 브랜드 홍보를 위한 목적으로 수행된다.
- **검색 엔진 최적화(SEO)**: 많은 고객이 우리 웹사이트를 잘 찾아 방문할 수 있도록 웹사이트와 콘텐츠를 최적화하는 방식이다. B2B에서는 가장 높은 중요도를 부여해 전략적으로 세팅하는 것이 좋으며, 검색 최적화를 잘 세팅하면 마케팅 비용은 줄이면서 고객의 유입을 극대화할 수 있다.
- **디스플레이(DA) 광고**: 네이버, 구글, 다음과 같은 플랫폼에 노출되거나 배너 광고를 통해 고객을 우리 웹사이트로 유도하는 광고 방식이다. 여기에는 크게 키워드 광고, 쇼핑 검색 광고 등이 포함된다. 디스플레이 광고를 통해 소비자들은 우리 사이트에 쉽게 들어와 구매 활동을 펼칠 수 있다.
- **콘텐츠 마케팅**: 콘텐츠 마케팅은 SNS 마케팅과 엮어 콘텐츠마케팅팀 산하에 같이 운영하는 경우가 많다. 고객에게 정보를 제공하고 브랜드 인지도와 신뢰도를 높이기 위해 블로그, 인포그래픽, 동영상 등 다양한 플랫폼에서 콘텐츠를 생성하고 배포한다.
- **이메일 마케팅**: B2B, B2C에서 모두 활용해야 하는 마케팅 방법이다. 과거에는 단순히 고객들에게 정기적으로 메일을 보내는 수준의 마케팅만 이루어졌지만, 현재는 기술이 고도

화되어 발송 수, 발송률, 열람률, 클릭률, 해지율 등의 데이터를 파악하면서 좀 더 객관적인 지표 중심으로 마케팅 행위가 이루어진다.

- **인플루언서 마케팅**: 2015년부터 본격적으로 이루어지고 있는 마케팅 방법으로 유튜브, 틱톡, 인스타그램, 블로그 등 다양한 SNS에서 높은 구독자 수와 팔로워 수를 확보한 인플루언서와 협력해 제품, 브랜드, 서비스를 홍보하는 방식이다. 이를 통해 기업은 신뢰성 있는 이미지를 쌓거나 제품 홍보를 할 수 있다.

- **리타기팅, 리마케팅**: 고객이 우리 웹사이트에 방문한 후에도 다른 웹사이트와 SNS에 노출된 우리 광고를 보게 하는 방식이다. 이를 통해 고객들의 재방문을 유도하고 구매로 이어지게 만들 수 있다.

- **앱 마케팅, 온사이트 마케팅**: 모바일이나 웹페이지 내에서 이루어지는 다양한 앱 푸시나 팝업 메시지를 설계하고 관리하면서 고객의 행동 데이터를 수집하고, UI/UX 등의 개선을 통해 고객의 경험 강화 및 구매 여정의 종료까지 만들어내는 마케팅 방법이다.

- **퍼포먼스 마케팅**: 말 그대로 '성과를 내는 마케팅'이라는 뜻으로, 목표에 따라 달성한 결과를 확인하고 효율적인 광고비를 쓸 수 있도록 전략을 짜는 마케팅이다. 적은 예산으로 광고를 집행하면서 성과를 만들기 위해 이루어지므로 스타트업에게 필수적인 마케팅이라 해도 과언이 아니다. 다양한 광고 플랫폼에서 광고 캠페인을 운영하면서 어떤 매체에서 유입되는 고객이 매출 기여도가 높은지를 파악한다. 퍼포먼스 마케팅에 대한 더 자세한 내용은 『데이터로 말한다! 퍼포먼스 마케팅』(한빛미디어, 2022)에서 확인하기 바란다.

- **CRM(고객관계관리) 마케팅**: 퍼포먼스 마케팅과 더불어 최근 스타트업에서 가장 핫한 마케팅 방법이다. 기존의 CRM 마케팅은 세일즈를 위한 목적으로 많이 활용되었다면 최근에는 고객의 로열티 증가, 고객생애가치(LTV) 강화를 위해 많은 기업에서 사용하고 있다.

온라인에서 수행할 수 있는 대표적인 마케팅 기법을 소개했지만, 실제 현업에서의 마케팅은 이보다 훨씬 광범위하다. 그러나 스타트업 초기 마케팅은 이 정도 범위에서 실행해도 무방하다. 참고로 오프라인 마케팅 수단으로는 신문, 잡지, TV, 옥외광고, 인쇄물 광고 및 전시회 박람회 등이 있지만, 스타트업 입장에서는 비용 이슈로 인해 실제로 진행 가능한 마케팅이 지극히 제한적이라 생략한다.

그렇다면 앞에서 언급한 10가지 방법 중 우리 회사에 맞는 마케팅 방법은 무엇일까? 각자 회사의 상황을 기반으로 다음과 같은 질문을 확인해보면 좋다. 그리고 해당 질문에 따른 답을 찾다 보면 어떤 방식을 선택하면 되는지 쉽게 알 수 있다.

- 마케팅 목적이 지속적인 관계 형성으로 브랜딩하는 것이라면?
  → 이메일 마케팅, SNS 마케팅

- 마케팅 목적이 신규 고객을 빠르게 확보하는 것이라면?
  → 검색 엔진 최적화, 디스플레이 광고, 퍼포먼스 마케팅

- 기존 고객 데이터를 활용해 고객 구매율을 높이고 싶다면?
  → 온사이트 마케팅, 앱 마케팅 및 리타기팅, 리마케팅 및 CRM 마케팅

- 브랜드 인지도, 신뢰도를 빠르게 쌓고 싶다면?
  → 인플루언서 마케팅, 콘텐츠 마케팅, 소셜미디어 마케팅

2) 인하우스 vs. 아웃소싱

마케팅을 내부 인력이 수행할지, 외주 대행으로 진행할지 결정해야 한다.

인하우스 마케팅in-house marketing이란 회사 내부에 마케팅팀을 구축해 자체적으로 마케팅 전략을 수립, 실행하는 방식을 의미한다. 마케터가 내부에 있기 때문에 회사 브랜드와 제품에 대한 높은 이해를 바탕으로 브랜드 전략을 수립하고 직접 통제할 수 있다는 장점이 있다. 단점은 전문적인 영역까지 커버하는 데는 한정적일 수 있고, 인력의 한계로 인해 다양한 마케팅 전략 시도에 어려움이 있을 수 있다.

아웃소싱outsourced marketing은 에이전시 등 회사 외부의 전문 마케팅 대행사와 협력해 마케팅 전략을 수립하고 실행하는 방식이다. 대행사가 갖춘 전문 지식과 경험을 활용하여 다양한 마케팅 전략을 시도하면 내부 인력의 한계를 보완할 수 있다. 그러나 외부인과의 소통을 기본 전제로 하기 때문에 커뮤

니케이션하는 과정에서 문제가 발생할 수 있으며, 대행사는 여러 고객사를 동시에 관리하다 보니 우리 회사에 대한 집중도가 떨어지는 문제가 생길 수도 있다.

(좌)인하우스 (우)아웃소싱

스타트업 대표에게 가장 많이 받는 질문 중 하나가 '외주 대행사와 효과적으로 소통하는 방법'이다. 그만큼 스타트업이 외주 대행사를 많이 활용하긴 하지만 어떻게 해야 '잘' 활용할 수 있는지에 대한 고민이 많다는 의미다.

효과적인 외주 대행사 관리 방법 네 가지

외주 대행사를 활용할 때 효과적으로 의사소통하는 방법은 무엇일까? 여기에는 네 가지 해결책이 있다.

첫째, 명확한 목표를 설정하고 공유한다. 외주 대행사에 1부터 10까지 전부 알아서 해오라고 하는 것이 아니라, 회사 내부에서 명확한 목표를 세운 후에 대행사와 소통하라는 의미다. 예를 들어 블랙 프라이데이 행사를 하고 싶은데 재고 소진이 먼저인지, 이벤트 참여율을 높이거나 브랜드 노출도를 높이는 것이 중요한지에 대해 내부에서 먼저 가이드를 정리한 다음 외부에 목표를 공유해야 한다. 그래야 우리가 원하는 목표에 맞게 대행사가 솔루션을 제안할 수 있고, 마케팅 캠페인의 성공 확률도 높일 수 있다.

둘째, 커뮤니케이션과 피드백을 꾸준히 한다. 외주 대행사는 여러 고객사를 동시에 관리하다 보니 우리가 적극적으로 요청하지 않으면 최소한의 기본적인 커뮤니케이션만 하는 경우가 많다.

> 얼마 전 보험 견적 비교 관련 업체의 컨설팅을 도운 적이 있다. 이 업체의 경우 상당히 많은 비용을 네이버 키워드 검색광고에 할애하고 있었으며 외주 대행사를 통해 광고를 운영 중이었다. 나는 대행사가 어떤 방식으로 리포트를 보내주는지 궁금하여 보고서 파일을 요청했다. 그리고 공유받은 문서는 형편없었다. 가공되지 않은 데이터를 단순히 나열하는 방식의 엑셀 파일 하나가 전부였다. 추가적으로 대행사가 생각하는 주간 단위의 운영 리뷰나 인사이트, 전략 수정과 관련된 내용도 없었다.

기본적으로 대행사가 광고주의 검색광고를 대신 운영하면 네이버로부터 해당하는 만큼 수수료를 수취한다. 대신 우리가 직접 운영하면 네이버가 월 단위로 대행사에게 수수료를 주는 대신 우리의 광고 시스템에 광고 비용의 10% 내외의 비즈쿠폰을 넣어준다.

비용을 지불하고 외주 대행을 활용한다면 정기적인 회의와 리포트를 통해 지속적으로 진행 과정과 결과를 확인해야 하고, 스타트업 내부 마케터가 주니어라면 이를 통해 배워나가야 한다. 그러므로 외주 대행을 맡길 때는 내부 직원과 대행사 직원이 꾸준히 커뮤니케이션하고 적극적으로 피드백을 받아 성과를 올릴 수 있어야 한다.

셋째, 커뮤니케이션 채널을 설정한다. 이는 담당자를 지정하고 역할 및 책임을 부여하다는 것을 의미한다. 이를 위해 기업 내부에서는 외주 대행사와 소통할 사람을 누구로 정할지, 어떻게 소통을 일원화할지 명확히 해야 한다. 실제로 외주 대행사 한 곳과 소통할 때 내부 직원 여러 명이 달라붙으면 업무가 누락되기 쉽고 어느 누구도 잘못에 대해 책임지려 하지 않는 상황이 발생하기도 한다.

> 우리 회사도 과거에 대행사를 활용해 인플루언서 마케팅 업무를 마케팅팀에 부여한 적이 있다. 그런데 세 명이 동시에 소통하다 보니 항상 누수가 발생했다. 이를테면 외주 대행사에서 이슈가 발생해 A 직원에게만 업무 관련 팔로업을 했는데, 마침 A가 연차를 내어 해당 내용이 내부에 전혀 공유되지 않았던 것이다. A는 B와 C가 함께 담당하고 있었으니 당연히 외주 대행사가 B, C에게도 따로 소통했을 거라 여겨 팔로업을 하지 않았다. 이러한 경우는 우리 회사에서 소통 체계를 일원화하지 않기 때문에 명백히 우리의 책임이 된다. 그러므로 아웃소싱할 때는 담당자를 지정해 역할과 책임을 부여하고, 긴급 사항이 있을 때나 부재 시 어떻게 팔로업해야 하는지 매뉴얼을 정하면 더할 나위 없이 좋은 대응 방식이라 할 수 있다.

넷째, 모든 기록을 문서화한다. 외주 대행 업무를 할 때 매우 중요한 활동이 기록과 증빙을 남기는 것이다. 계약서, 회의록, 프로젝트 기획서 및 대행사와 주고받은 문서를 기록하면 담당자 부재 상황이 발생해도 해당 문서를 통해 업무를 처리하거나 긴급 상황에 대응할 수 있다. 또한 이슈가 발생했을 때도 문서화된 기록을 바탕으로 책임 소재를 명확히 할 수 있다.

이 네 가지 가이드라인만 잘 지켜도 외주 대행사와의 소통을 프로페셔널하게 진행할 수 있다.

스타트업 마케팅 잘하는 방법

- 3C(회사, 고객, 경쟁사)를 이해하기
- 우리에게 적절한 마케팅 채널을 선택하고 고객과 소통하기
- 다양한 디지털 마케팅 기법을 우리에게 맞게 섞어 쓰는 미디어 믹스 전략으로 적극
  활용하기

비즈니스 구조와
SNS 마케팅 노하우

스타트업이 SNS 마케팅을 우선적으로 수행하는 이유는
일상 속에서 매일 접하는 매개체이므로
익숙하면서도 광범위한 영향력을 발휘할 수 있기 때문이다.

어떤 상황인지, 어느 조직에 속해 있는지에 따라 마케팅 방법은 달라진다. 마케팅팀 내 마케터로서 업무하는 경우도 있고, 스타트업 대표로서 자신이 만든 제품을 팔기 위해 마케팅해야 할 때도 있다. 그밖에 광고 대행사가 기업의 마케팅 캠페인 의뢰를 받고 프로모션 계획을 세워야 하는 경우도 있다. 실무 담당자 가운데 해당 업무를 5년 이상 꾸준히 해왔다면 어려움 없이 이벤트를 기획하고 실행하겠지만, 관련 경험이 부족할 경우 '어디서부터 어떻게 할까'라는 질문부터 던지게 된다.

특히 스타트업과 같이 규모가 작은 조직은 마케팅 담당자가 한 명으로 시작하거나 아예 없는 경우가 많다. 한 명만 있는 조직에서는 주니어 마케터가 모든 마케팅 업무를 혼자 도맡아서 해야 하며, 마케터가 아예 없는 경우 기업 내부 직원 중 한 사람이 임의로 마케팅을 해야 한다. 그러다 보니 이들이 하는 마케팅은 대체로 남들은 일을 어떻게 하는지 찾는 것부터 시작한다.

나는 종종 마케팅 실무자가 모여 있는 단체 커뮤니티에서 주니어 마케터들이 질문을 남기는 게시판 글을 읽곤 하는데, 대체로 스타트업 마케터들이 '어떻게 할지 모르겠다'는 질문을 많이 남겼다. 사수도 없고 홀홀단신이다 보니 이들의 마케팅 방식은 대개 주먹구구식이다.

이들은 각종 정보를 직접 찾아보거나 커뮤니티, 지인을 통해 얻은 정보를 종합해 블로그 마케팅도 시도해야 할 것 같고, 인스타그램 광고도 집행해야 할 것 같고, 유튜브 채널도 운영해야 할 것 같다고 생각한다. 그러나 조직 내 가용 자원은 충분하지 않고 시간은 한정돼 있기 때문에 마케터는 제한된 예산으로 효과적인 마케팅 채널을 선정하고 성과를 낼 수 있는 프로모션 활동을 찾아야만 한다.

스타트업 마케팅, 어디부터 할까

자, 그럼 스타트업의 주니어 마케터는 한 달 혹은 하루 단위로 예산이 주어질 때 어떤 매체에 어떤 비중으로, 어떤 방식으로 마케팅을 펼쳐야 할까?

앞서 수많은 온라인 마케팅 방식 중 한 가지를 선택해야 한다는 사실을 배웠다. 그러나 문제는 채널을 선택한다고 하더라도 각각의 마케팅 방식이 주니어 마케터에게는 모두 생소하다는 것이다. 어디 그들뿐이겠는가. 스타트업 대표도 마케팅 전문가가 아닌 이상 모든 마케팅 방법을 알지 못한다.

광고 집행 매체나 채널이 워낙 다양하고 광고 형태도 지속적으로 변하다 보니 모든 방법을 배울 수는 없다. 수많은 종류의 광고 방식을 배운다고 해도 전 매체에 광고를 집행할 수도 없거니와 한정된 예산으로 결국 선택의 상황에 놓이게 된다. 따라서 이 책에서는 가장 우선적으로 해야 하는 'SNS 광고'에만 포커스를 두고 이야기할 것이다.

SNS 광고를 중요시하는 이유는 일상 속에서 매일 접하기 때문에 익숙하고 쉬우면서 그만큼 큰 영향력을 발휘할 수 있기 때문이다. 온라인상에서 활동하는 우리의 타깃 고객은 우리가 전달하는 메시지를 24시간 내내 수신할 수 있다. 타깃은 설정하기 나름이다. 20~30대 남성이 타깃이 될 수도 있고, 40~50대 여성 고객이 될 수도 있다. 타깃 고객이란 한마디로 우리 브랜드 제품을 구매하고 이용할 수 있는 사용자층이라 보면 된다.

이들은 스마트폰을 이용해 수십 개 이상의 앱을 자유롭게 사용하며 자신의 흔적을 남긴다. 인스타그램에서 어떤 콘텐츠에 '좋아요'를 누르거나 유튜브에 댓글을 남기고 재미있는 글은 공유하는 등의 모든 활동은 마케터 입장에서는 타깃 고객을 발견하는 중요한 단서가 된다. 우리는 이들을 대상으로 SNS 광고를 진행하면서 제품을 알리고 이들의 움직임을 추적할 수 있다.

SNS 광고를 하면 몇 명의 고객이 게시물을 봤는지, 몇 명이 클릭해 웹사이트로 들어왔는지, 광고를 보고 쇼핑몰에 들어온 사람 중 몇 명이 구매했는지와 같은 데이터를 얻을 수 있다. 아무리 적은 비용으로 광고를 집행한다고 해도 데이터는 항상 받을 수 있다는 것이 중요하다.

요약하면 SNS 광고는 적은 비용으로도 많은 정보를 얻을 수 있기 때문에 한정된 예산으로 효율적인 마케팅을 해야 하는 스타트업에게는 가장 우선시되어야 한다.

스타트업이 알아야 하는 SNS 광고

그러면 우리가 배워야 할 SNS 광고에는 어떠한 것이 있을까? 플랫폼을 먼저 이야기하면 네이버, 메타(구 페이스북), 구글, 유튜브, 카카오 등이 있다.

네이버에서는 검색광고, 브랜드광고, GFA와 같은 광고를 선택할 수 있고 메타, 구글, 유튜브, 카카오에서는 노출광고, 트래픽광고, 전환광고와 같은 유형을 선택해 광고를 집행할 수 있다. 광고 플랫폼의 종류는 다양하지만 광고 유형에 접근하는 방식은 기본적으로 비슷하기 때문에 하나의 플랫폼만 제대로 배워도 된다. 다른 플랫폼들은 이를 응용해 확장해나갈 수 있기 때문에 중복해서 여러 플랫폼 광고를 일일이 배울 필요는 없다는 의미다.

B2B, B2C, B2G 등 스타트업의 비즈니스 구조가 다른 경우에도 SNS 광고 집행은 동일하게 적용될까? 결론부터 이야기하자면, 마케팅에 접근하는 순서는 다르지만 SNS 광고 하나만 볼 때는 동일하다. 우리 고객이 기업 고객, 일반 소비자, 정부 관리자 등으로 나눠져 있다고 해도 이들이 정보를 탐색하는 과정에서 온라인을 아예 배제하지는 않기 때문이다.

B2B 비즈니스만 해도 우리의 잠재 고객들은 서비스나 제품 혹은 기술을 찾기 위해 포털 검색을 먼저 한다. 그리고 검색 결과에 나와 있는 다양한 기업의 웹사이트를 방문하고 기술, 서비스를 파악한 후 필요 시 미팅을 진행한다. B2B 기업에서 검색으로 웹사이트에 유입된 잠재 고객과의 첫 만남은 상당히 중요하다. 왜냐하면 고객이 직접 검색을 하고 웹사이트에 진입했다는 것은 해당 제품에 대한 니즈가 있는 상태임을 반증하기 때문이다.

아무런 니즈가 없는 고객들에게 니즈를 만드는 과정보다는 관심을 가진 고객들에게 제품을 소개하는 과정이 훨씬 수월하다. 그러므로 B2B 비즈니스 모델을 가지고 있는 스타트업이라면 '검색'과 '탐색' 과정에서의 마케팅 활동이 무엇보다 중요하다. B2B 기업이라면 마케팅의 가장 1순위로 '검색 엔진 최적화(SEO)'를 고민해야 하고, 그다음으로 검색 결과에 등장할 수 있는 블로그, 커뮤니티 등 콘텐츠 마케팅을 펼쳐야 한다.

B2G는 어떨까? B2G는 대개 정부, 기관과 관련된 비즈니스이다 보니 스타트업 파트너사가 사전에 정해져 있을 가능성이 높다. 실제 내가 컨설팅했던 기업 중 일부는 정부 혹은 공기관을 파트너사로 프로젝트를 수주하는 스타트업이었는데, 그럼에도 꾸준히 마케팅 활동을 하려는 니즈가 있었다. 그 이유는 정부나 기관을 파트너사로 둔다고 해도 평생 고정으로 수주할 수 있다는 보장이 없고, 경쟁사가 언제든 더 좋은 조건으로 프로젝트를 뺏을 수 있기 때문이다.

B2G를 기본으로 하는 기업은 기술의 우수성을 보여준다든지 회사의 신뢰도를 높이는 데 초점을 둔 대외 홍보 활동이 중요하다. 기업 홍보가 충분히 이루어졌다면 B2G 스타트업 마케팅은 가치의 전달과 우수한 기술력, 회사의 강점을 지속적으로 이야기할 수 있는 마케팅 채널을 활용하면 좋다. 그러므로 B2B, B2C, B2G를 통틀어 B2G 기업 마케팅의 최우선 마케팅 방법은 '홍보'를 활용한 마케팅에 주안점을 두는 것이 좋다.

한편 B2C의 경우 서비스의 종류, 제품 카테고리에 따라 마케팅의 접근 방식이 다양하다. 온라인 마케팅만 생각하면 퍼포먼스 마케팅에서부터 CRM 마케팅, SNS 계정 운영, 검색광고, 노출광고 등을 선택할 수 있다. B2C 마케팅과 관련된 조금 더 구체적인 방법은 뒤에서 자세히 이야기하겠다.

SNS 광고를 하는 이유

- 적은 비용으로 우리 고객이 누구인지에 관한 데이터를 얻을 수 있다.

- 광고를 본 고객의 노출수, 클릭률, 전환율과 같은 지표를 파악할 수 있다.

- 소비자가 좋아하는 광고, 클릭을 많이 하는 광고를 체크하다 보면 우리 고객을 훨씬 더 잘 이해할 수 있다.

유료 vs. 무료,
효과적인 마케팅 전략은?

인스타그램 계정에 정기적으로 콘텐츠를 올리는 것은 무료 마케팅,
이 콘텐츠에 타깃을 정하고 예산을 할당하면 유료 마케팅이다.
유/무료 마케팅 범위를 정하고 선택과 집중을 통해 마케팅 성과를 만들어내자.

한정된 예산으로 성과를 만들려면 어떤 플랫폼에서 광고를 해야 할까?

여기서는 스타트업에서 B2C 마케팅을 하는 데 효과적인 플랫폼과 매체 그리고 무료, 유료 마케팅에 대한 내용을 안내한다. 비용을 들여야만 마케팅을 집행할 수 있다고 생각할 수 있지만, 실제 마케팅은 기업 내부에서 직접 SNS 계정을 운영하는 무료 영역과 광고 플랫폼을 활용해 광고 집행, 성과 측정을 하는 유료 영역으로 나뉜다.

무료, 유료 마케팅 구분하기

사실 무료 마케팅의 기준은 어떤 주체가 어떠한 행위를 하는지에 따라 나뉜다. 만약 기업 내부 담당자가 인스타그램에 정기적으로 콘텐츠를 포스팅하거나 블로그에 제품 정보나 다양한 상식 콘텐츠를 공유한다면 이는 무료 마케팅 활동이다. 그러나 인스타그램에 올린 콘텐츠에 예산을 할당해 타깃 소

비자에게 노출하면 이는 유료 마케팅이다. 마찬가지로 블로그도 단순히 콘텐츠를 만들어 올리는 건 무료 마케팅, 여기에 광고를 집행하면 유료 마케팅이 된다.

스타트업의 성장 단계에 따라 유/무료 마케팅을 살펴보면 초기 스타트업은 브랜드 론칭 시 무료 마케팅에 집중해 바이럴 효과를 노리는 경우가 많다. 한정적인 예산 내에서 공격적인 유료 마케팅을 하기에는 부담이 되기 때문이다. 그러나 매출 성장기에 있는 스타트업이라면 상대적으로 유료 광고에 비중을 두는 경우가 훨씬 많다. 이들은 단기간에 빠른 속도로 시장 점유율을 높이고 고객을 확보해 매출을 만들어야 하기 때문이다. 그리고 안정기에 접어든 기업들은 무료, 유료 마케팅 담당자를 따로 두고 정기적인 콘텐츠 발행을 통해 고객의 브랜드 로열티를 높이는 활동을 하는 경우가 많다.

마케팅 채널 정확히 이해하기

스타트업은 어떻게 무료 마케팅을 잘할 수 있을까? 이에 대한 답은 의외로 간단하다. 우리가 진행하는 마케팅 채널의 알고리즘을 정확히 이해하면 성과를 낼 수 있다.

예를 들어서 블로그 마케팅을 한다고 가정해보자. 블로그는 기타 SNS와 달리 '검색'을 기반으로 유입이 발생한다. 즉 블로그에 소비자가 유입되려면 그들이 찾는 검색 키워드에 우리가 만든 콘텐츠가 노출되어야 한다. 만약 여러분의 회사에서 운영하는 블로그 콘텐츠 주제가 소비자 검색이 거의 이루어지지 않은 키워드로 제작되었다면 아무리 양질의 콘텐츠라 해도 아무도 찾지 않는 콘텐츠가 될 뿐이다.

그렇다면 블로그에 소비자가 많이 찾는 검색어 위주의 콘텐츠가 많다고 모든 문제가 해결될까? 꼭 그렇지도 않다. 소비자 검색이 높은 키워드로 이루어진 콘텐츠라 해도 상위에 노출되려면 여러 원칙이 있다. 이때 필요한 게 바로 '플랫폼의 알고리즘에 대한 이해'다.

각 기업의 플랫폼은 저마다의 알고리즘이 있고, 그 알고리즘 원리를 따를수록 상위에 노출될 확률이 높다. 이를테면 블로그 콘텐츠당 몇 단어 이상의 글을 작성하는 것이 좋은지, 동영상이나 이미지는 삽입하는 것이 좋은지, 링크는 어떻게 활용하면 좋은지 등 그 원리를 이해하고 콘텐츠를 쌓아나가야 빠른 시간 내에 상위 노출이 가능하다. 스타트업에서는 '블로그를 운영한다'가 아니라 '전략적으로 블로그를 한다'라는 생각으로 마케팅 활동을 해야 한다. 한때 마케터들 사이에서 블로그 마케팅, 카페 마케팅이 인기였는데, 알고리즘을 잘 이해하면 상위에 노출될 수 있기 때문이었다. 이렇듯 콘텐츠가 상위에 노출될수록 그만큼 회사의 마케팅 비용을 줄일 수 있다.

상위 노출과 절감은 쇼핑을 예로 들면 쉽게 이해할 수 있다. 온라인 쇼핑 고객 중 70%는 검색 결과 첫 페이지 또는 두 번째 페이지 링크에서 구매한다. 일례로 우리가 쿠팡이나 네이버 지식쇼핑에서 어떤 제품을 검색하면 일반적으로 검색 결과의 한두 페이지 내에서 가격 비교, 리뷰 수, 판매량 등을 종합해 구매하는 것처럼 말이다.

블로그 역시 고객이 특정 키워드를 검색했을 때 관련 콘텐츠가 한두 페이지 내 상위에 노출되어야만 소비자의 선택을 받는다.

수년 전 블로그 마케팅이 활성화되다 보니 소위 '파워블로거'가 생겼고, 이들의 영향력이 커지면서 일부 블로거들의 갑질이 심했다. 몇몇 언론에서는 이들을 '파워블로거지'라고 비하할 정도로 부정적인 모습으로 보도하기도 했다. 결국 네이버는 '파워블로거' 제도를 폐지했다.

수년이 지난 후 네이버는 인플루언서 제도를 신설해 기존 파워블로거 제도의 부정적인 면을 보완해나가고 있다. 기업 입장에서는 네이버의 이러한 인플루언서 제도를 이해하고 기업 계정을 키우는 것이 좋다. 기업 계정이 인플루언서가 될 경우 비용을 들이지 않고 소비자들에게 더 많이 노출되는 효과를 얻을 수 있기 때문이다.

2020년에 실제로 네이버 블로그 알고리즘의 이해를 바탕으로 1년 정도 집중적으로 운영해본 경험이 있다. 소비자가 찾는 키워드를 분석해 시의적절하게 콘텐츠를 발행하고 글자 수, 이미지 수, 동영상 삽입 및 내부 링크 삽입까지 활용했다. 이렇게 운영한 결과 2020년 200만 위에서 출발했던 내 블로그는 정확히 1년 뒤에 7천 위까지 상승했고, 수십 개 이상의 키워드가 상위 노출되었다. 그리고 현재는 네이버 인플루언서에 지정되어 특별히 블로그를 관리하지 않아도 꾸준히 방문객이 찾고 있다.

다른 SNS는 어떨까? 인스타그램, 틱톡, 페이스북도 블로그와 마찬가지로 '해당 채널의 알고리즘을 이해하는 것'이 기본이다. 소비자가 찾는 목적을 먼저 생각한 다음 거기에 맞는 SNS를 운영해야 효과적인 성과를 만들어낼 수 있다.

SNS 운영 매뉴얼 만들기

스타트업에서 SNS 계정을 운영하는 것은 지속적으로 고객과 소통할 수 있는 창구가 있다는 측면에서 긍정적이다. 그러나 제한된 인력으로 수많은

SNS를 운영하면 콘텐츠의 질이 떨어지며 업무 누수도 발생할 수 있다. 그러므로 SNS 마케팅을 고려하고 있다면 어떤 채널에서, 어떠한 방식으로 운영할 것인지 먼저 선정하고 해당 채널에 맞는 운영 매뉴얼, 즉 가이드를 만드는 것이 좋다.

SNS 운영 매뉴얼까지 굳이 만들어야 하냐고 질문할 수도 있지만, SNS를 담당하는 직원은 언제든 퇴사할 수 있고 후임자에게 인수인계 없이 떠날 수도 있다. 또는 기존 담당자가 다른 업무에 배정될 수도 있다. 이때 운영 가이드나 구체적인 매뉴얼 없이 SNS 운영자가 교체되면 갑자기 새로운 관리자에 의해 우리 회사 계정의 콘텐츠의 스타일이나 톤앤매너, 소통 방식이 바뀌고 심하게는 브랜드의 일관성까지 훼손된다.

그러므로 SNS 마케팅을 진행할 때는 어떠한 방향으로 콘텐츠를 제작하고 업로드할 것인지, 어떤 주기로 콘텐츠를 발행할 것인지, 계정 운영자는 소비자들과 SNS상에서 어떻게 소통할 것인지, 콘텐츠를 만든다면 로고는 어느 위치에 고정하여 노출할 것인지와 같은 운영 가이드가 반드시 있어야 한다. 처음부터 가이드를 잘 만들어두면 마케팅 담당자가 바뀌어도 기존 톤앤매너를 유지하며 운영할 수 있다.

실제로 여러 기업이 운영하는 SNS 계정에서 담당자나 외주 대행사가 바뀌면서 SNS 계정 성격 또한 급격하게 바뀌는 경우를 상당히 많이 봤다. 그러면 소비자도 이를 눈치채고 이탈할 가능성이 높다. 소비자가 '좋아요'를 누르거나 SNS를 구독하는 행위는 콘텐츠의 방향, 톤앤매너, 소통 방식, 포맷 등이 그들의 니즈와 취향에 맞기 때문이다.

마지막으로 SNS 마케팅에서 가장 강조하고 싶은 점은 한 번 하기로 결정했으면 정기적으로 꾸준히 운영하라는 것이다. SNS 공식 계정 운영은 소비자를 꾸준히 유치하고 의사소통하는 데까지 상당한 시간이 필요하다. 운이 좋으면 바이럴이 잘 되어 소비자가 한꺼번에 몰리는 경우도 있다. 그러나 기업의 SNS 공식 계정은 대부분 소비자가 매일 들여다보지 않을뿐더러 팬덤이 형성되기도 힘들다. 따라서 기업은 SNS 운영에 상당 기간 노력을 기울이며 꾸준하게 관리해야 한다. 그렇게 신뢰도가 쌓이면 우리 브랜드, 서비스에 지속적으로 관심을 가지는 사람들이 자연스럽게 늘어난다.

한편, 소비자를 단기간에 모으고 매출을 만들어내려면 유료 마케팅을 해야한다. 온라인에서는 수많은 채널에서 다양한 형태의 광고를 집행할 수 있는데, B2C 스타트업이 효율적인 광고를 염두에 두고 있다면 개인적으로 퍼포먼스 마케팅 방식을 추천한다.

요약

무료 마케팅, 유료 마케팅 전략
- 바이럴 효과를 노리려면 콘텐츠 마케팅에 집중하라.
- 단기간에 성과 지표를 높이려면 유료 마케팅 비중을 올려라.
- 공략하려는 SNS 플랫폼의 알고리즘을 이해하고 운영 가이드를 만들어라.

CEO 마케팅은
브랜드 가치를 높인다

대표의 대외 활동을 통해 기업 철학, 비전, 문화, 기술력을 알리고
이를 통해 잠재적인 투자자, 인재, 소비자의
긍정적인 행동을 이끌어낼 수 있다.

CEO 마케팅은 최고 경영자의 이미지를 활용해 회사 브랜드 이미지를 구축하고 제품, 서비스를 홍보해 대중의 관심을 높이는 마케팅 기법으로 PI^(president identity) 마케팅이라고도 한다.

과거에는 기업 대표가 직접 나서서 대중과 소통하는 것을 자제하는 분위기였고, 대표는 근엄한 카리스마를 보이는 게 미덕이라 여겼다. 그러나 요즘에는 SNS로 고객과 직접 소통하는 대표부터 광고에 직접 출연하는 대표까지 자신의 기업을 적극적으로 홍보하는 최고 경영자의 행보가 많아졌다.

국내외 CEO 마케팅 능력자 4인방

CEO 마케팅에 적극적인 사람으로 국내에서는 신세계그룹의 정용진 부회장, NC소프트의 김택진 대표, 해외에서는 테슬라의 일론 머스크, 애플의 故 스티브 잡스를 들 수 있다.

정용진 부회장은 인스타그램에 일상, 요리, 가족 및 각종 정보와 관련된 콘텐츠를 지속적으로 포스팅하고 있다. 그는 SNS를 활용해 대중과의 소통뿐만 아니라 언론 소통도 전략적으로 하여 친근한 이미지로 포지셔닝되어 있다. 그에게는 용지니어스, 제이릴라와 같은 부캐(부캐릭터)가 있고 대중들은 그를 '용진이 형'이라 부른다. SNS상에서 그의 영향력이 지속적으로 높아지면서 인스타그램에 포스팅된 제품들이 품절 대란을 빚기도 하고, 그의 일상이 언론 기사에 자주 등장하면서 화제몰이를 하고 있다.

NC소프트 김택진 대표는 2011년 NC다이노스를 창단한 구단주로도 활동하면서 본격적인 CEO 마케팅 행보를 펼치고 있다. 리니지 게임 광고에도 수차례 출연해 의외의 모습을 보여주기도 했으며, 게임 광고에서 사용한 칼(집행검)은 프로야구 한국 시리즈에서 NC다이노스가 우승했을 때 세레머니에 사용되기도 했다. 김택진 대표는 적극적인 SNS 소통을 하지는 않지만 기업 광고에 출연하거나 야구 관련 행사에 참여하면서 대중과 소통하려는 모습을 보이고 있다.

일론 머스크와 故 스티브 잡스는 CEO가 곧 회사라는 인식을 심어줄 만큼 대단한 영향력을 행사하고 있다.

테슬라의 CEO 일론 머스크는 X(전 트위터)에 적극적으로 글을 올리는, 일명 헤비 트위터리안heavy twitterian으로도 유명하다. 과거 테슬라는 제품을 홍보하는 데 광고 비용을 한 푼도 안 쓴다고 이야기한 적이 있다. 실제로 몇 년 전에 홍보부를 폐지했고, 일론 머스크조차 '광고에 돈 쓰는 것을 경멸한다'고 이야기할 정도로 광고 예산을 따로 두지 않았다. 물론 최근에는 미디어의 편견에 대응하기 위해 광고를 고려하고 있다고 밝히기는 했지만, 일론 머스크의 영향력이 워낙 강력하다 보니 테슬라는 굳이 광고하지 않아도 인기를 끌고 있다. 일론 머스크의 트윗 하나로 테슬라의 주가도 출렁인다. 가끔 정치적인 발언이나 과격한 트윗으로 인해 여론의 뭇매를 맞기도 하지만, '일론 머스크가 곧 테슬라'라는 브랜딩을 했기 때문에 CEO 마케팅 측면에서는 성공적인 결과라고 할 수 있다.

애플의 CEO 故 스티브 잡스도 CEO 마케팅에 탁월했다. 오히려 스티브 잡스 사후에 애플 CEO가 된 팀 쿡이 과연 자격이 있는지, 애플이 무너지는 건 아닌지에 대한 심각한 우려가 있을 정도였으니 애플에 대한 잡스의 영향력이 얼마나 대단했는지 알 수 있다. 스티브 잡스 추종 세력이라 불리는 팬덤 또한 매우 두터웠다. 지금도 그의 충성 고객들이 애플의 매출을 단단히 잡아주고 있으며, 사망한 지 꽤 오랜 시간이 지났음에도 기업 아이덴티티에 강력한 영향을 행사하고 있다.

CEO 마케팅은 어떻게 하는가

그렇다면 스타트업에서 CEO 마케팅은 어떻게 접근하면 좋을까?

스타트업은 대중과의 소통을 더 적극적으로 이어나갈 필요가 있다고 생각한다. 혹자는 CEO 마케팅을 잘하면 기업을 살릴 수 있지만 못하면 내 얼굴에 침 뱉기가 되지 않느냐며 비판적인 시각으로 바라보기도 한다. 그러나 기업 홍보라는 것은 CEO 마케팅이든 언론 홍보 활동이든 대중이 보기에 긍정적일 수도 있고 부정적일 수도 있다. 즉, 발생 가능한 리스크를 최소화하거나 이를 제거하는 방식으로 이루어지는 것이지, 조금이라도 부정 이슈가 일어날 수 있는 일은 무조건 하지 않겠다고 생각한다면 기업을 대외적으로 알리는 행위를 포기하는 것과 다름없다.

더군다나 스타트업은 비용 제약이 많고 홍보·마케팅에 할애할 수 있는 예산이 적다. 그러므로 CEO가 회사의 기술력, 비전, 철학, 기업 문화를 직접 소개하면 비용을 줄이면서도 효과적으로 회사를 알릴 수 있다.

스타트업 CEO가 페이스북을 운영하고 있다고 하자. 그는 페이스북 안에서 일상 이야기도 하고 가끔 회사 에피소드도 나누고 이번에 출원한 특허에 관해서도 이야기한다. 이 콘텐츠를 보는 사람 중에 투자자가 있다면 미팅으로 이어질 수 있고, 미팅은 곧 투자 기회가 되기도 한다. 또한 구독자 중에 우리의 잠재 고객이 있을 수도 있고, 미래의 회사 직원이 있을 수도 있다. 스타트업 대표가 온라인에서 대중과 소통하면 친밀감이 형성되며 기업의 옹호자들이 생기기 때문에 부정적인 여론, 이슈가 발생했을 때 이를 바로잡을 수 있는 목소리도 낼 수 있고 기민한 대응 역시 가능하다.

따라서 CEO 마케팅도 일반 SNS 계정과 마찬가지로 가이드라인을 설정하는 것이 중요하다. 다음과 같은 가이드라인을 설정하고 그에 맞는 전략을 짜는 것이다.

- SNS 채널을 정한다.
- SNS 채널에 올릴 포스팅 방향을 설정한다.
- SNS 채널의 반응을 살펴보면서 소통 전략을 수정해나간다.

CEO 마케팅은 단문을 위주로 하는 X가 적합할 수도 있고, 페이스북에 다소 긴 호흡으로 자신의 생각을 표현하는 방법이 유리할 수도 있다. 신세계 정용진 부회장처럼 인스타그램을 주력 채널로 설정할 수도 있고, NC소프트의 김택진 대표처럼 광고를 통해 대중 앞에 나설 수도 있다.

CEO 마케팅 채널을 설정하려면 우리 회사 서비스의 성격을 먼저 고려하는 것부터 출발해야 한다. 예를 들어 기술 기업의 경우 기술에 대한 전문적인 내용은 페이스북에 간략히 공유하고, 블로그나 브런치와 같은 채널에 긴 호흡의 글을 업로드하면 좋다. 회사가 다양한 제품군을 보유하고 있다면 이를 시연이나 시식 등으로 보여줄 수 있는 인스타그램 혹은 유튜브 쇼츠와 같은 채널이 적합할 수도 있다. 어떤 채널이든 CEO 마케팅은 늘 기업의 홍보와도 연관 지어 고려하는 것이 좋다.

더불어 기업 대표가 SNS에서 개인적인 이야기를 다소 많이 하는 경향이 있다면 기업 계정과 개인 계정을 분리해 운영할 것을 추천한다. 투자자를 비롯한 외부의 시선에서 보면 스타트업 대표는 대체적으로 바쁘게 뛰어다닌다는 이미지를 가지고 있기에 SNS에 자주 등장하면 시간을 낭비한다고 보는 시선도 무시할 수 없다.

CEO 마케팅을 하기로 결정했으면 구체적인 콘텐츠 내용도 기획하는 것이 좋다. 예를 들어 주에 3회 포스팅한다면 회사의 에피소드, 일상, 회사 서비스 내용을 차례대로 이야기한다든지, 주 1회 포스팅한다면 다소 긴 호흡의 기업 철학에 대해 이야기를 한다든지 콘텐츠의 기획과 방향을 잡는 것이다. CEO가 운영하는 SNS 채널에서 매일 일상 이야기만 하는 건 신변잡기적인 SNS, 기업 홍보 채널이 아닌 개인 계정으로 봐야 한다. 일단 스타트업의 기업 홍보 수단으로 CEO 마케팅을 선택했다면 기획과 전략이 들어가는 것은 필수라는 점을 잊지 말자.

PR의
위기 대응 매뉴얼

스타트업에서 기업 홍보, PR 활동을 하다 보면 의도와 상관없이 기업 활동에 부정적인 영향을 주는 위험 요소가 발견될 수 있고, 이러한 내용이 대외 언론 매체나 SNS 등을 통해 퍼져 나갈 수도 있다. 이 경우 빠르게 조치를 취하면 타격이 적지만, 방치하면 걷잡을 수 없을 정도로 상황이 심각해질 수 있다. 기사 하나로 인해 여론이 들끓거나 기업 활동에 위협이 되는 행동으로 이어질 수도 있으므로 사전에 내부 교육이 꼭 필요하다. 그러나 대부분의 스타트업에는 위기 상황에 대한 사전 훈련과 교육, 매뉴얼이 없다.

따라서 실전에서 사용할 수 있는 PR 위기 대응 매뉴얼을 소개한다. 이는 내가 홍보 담당 이사로 재직할 때 직접 만들었던 가이드로, 실제 리스크가 발생했을 때 어떤 순서로 위기를 관리하고 대응하는지에 대한 액션 플랜이 담겨 있다. 프로페셔널한 홍보 활동을 하는 데 도움이 되길 바란다.

일반적으로 스타트업은 초기 단계를 지나면 홍보 담당자를 채용한다. 이때부터 본격적인 대외 언론 활동이 시작되는데, 이때 리스크 발생 시의 대응 방안도 함께 생각해두어야 한다. 리스크 관리 매뉴얼은 크게 사전 위기 감지, 위기 관리, 사후 위기 관리의 3단계로 나뉜다. 그럼 각 단계별 가이드를 살펴보자.

1단계 사전 위기 감지

홍보 담당자가 언론 기사, SNS 채널 등 회사 관련된 소식을 모니터링하면서 발생 가능한 위기를 유형별로 분석하고 리스트를 정리하는 단계다. 그리고 리스트 내에 기재된 종류의 위기 상황 신호를 감지하면 신속하게 위기대응팀을 구성한다.

1단계에서는 사전에 위기 징후를 감지하기 위해 해당 업무를 담당하는 팀들이 정보를 탐색하고 공유해야 한다. 홍보팀은 상시 언론 매체와 방송을 모니터링하고 기존에 형성해둔 기자 네트워크, 취재단을 활용해 동향을 파악한다. 재무회계 및 IR 업무를 담당하는 팀은 회계감사를 비롯한 매출, 이익, 손해와 관련된 이슈가 없는지 취합한다. 만약 CS센터를 별도로 보유하고 있다면 CS로 접수된 소비자의 불만 사항과 그에 대한 처치를 모니터링하고, 우리 제품 서비스와 관련된 유관 기관(식약처, 공정거래위원회, 소비자 보호원 등)의 동향을 파악하면 좋다.

모니터링의 목적은 우리 회사의 상황에 맞는 위기 유형을 정의하고 거기에 적발되는 사항을 파악하는 것이다. 다음 표는 내가 속했던 조직에서 나올 만한 위기 유형을 분류했던 내용이다.

뉴미디어 스타트업의 위기 유형 분류 예시

카테고리	내용	주관 팀	해당 팀
기업 경영	• M&A / 신규 사업 론칭 / 사업 철수 / 구조조정 등의 경영 이슈 • 불법 행위 적발 • 주요 경영 사항 공시 • 회계감사 등 이슈 발생	홍보팀	경영지원팀, 신사업팀, 기타 유관팀
제품 콘텐츠 등	• 품질 및 서비스 불만 사항 • 소비자 보호원 / 공정거래위원회 제소 등 • 제품 관련 이슈 발생(예. 저작권)	홍보팀	소셜팀, 모바일콘텐츠팀, 콘텐츠제작팀
기타	• 악성 루머 및 언론 가입 • 내부 고발	홍보팀	사안별 결정

이렇게 회사 위기를 일반적인 기업의 경영상 이슈, 제품/서비스/콘텐츠와 관련된 브랜드 이슈 그리고 기타 이슈로 분류했다. 기업 내부에서 판단할 때 이 유형에 해당하는 이슈가 발생할 경우 '위기'라고 파악하고 대응 단계에 돌입한다.

2단계 위기 관리

실제 위기 상황을 발견하면 사안에 따라 위기대응팀을 구성한다. 이때는 기본적으로 홍보 담당자가 속한 홍보팀 외에도 해당 위기 유형에 속하는 팀의 구성원들이 위기대응팀으로 함께 움직인다. 그 이유는 내부 입장이 정리되기도 전에 별도의 채널을 통해 접촉해오는 언론 매체와의 커뮤니케이션을 통제하고 추가 피해를 막기 위해서다.

현업에서 홍보 업무를 진행했을 때 회사의 M&A 루머, 대표이사 변경 관련 이슈가 발생한

적이 있다. 당시 몇몇 매체의 기자들이 홍보팀이 아닌 IR팀에 직접 전화를 걸어 취재했고, 해당 내용이 기사화되어 곤혹을 치렀다. 그러므로 반드시 홍보팀을 통해서만 의사소통이 이루어지도록 사전 교육을 해야 하고 직원 모두가 협조해야 한다. 더불어 합의된 규칙을 어기고 취재에 응하면 향후 제재 조치를 취하는 등 채널 일원화를 위한 적극적인 협조를 받아내야 한다.

실제 리스크가 발생할 경우 위기대응팀의 담당자를 한 명으로 지정하고 홍보팀과의 소통은 지정한 담당자를 통해서만 진행할 수 있도록 해야 한다. 더불어 초기 대응, 사외 커뮤니케이션, 사내 커뮤니케이션을 통해 위기를 관리한다.

초기 대응이란 홍보팀이 이슈 발생 24시간 내에 신속하게 대응하는 것을 말하며, 회사의 논리를 만들고 초기 대응 전략을 수립하는 활동이다. 24시간 내에 위기 관리를 하는 행위를 골든아워 규칙이라고도 한다. 여기에는 기자 간담회, 공식 보도자료 배포 등이 포함된다.

사외 커뮤니케이션은 초기 대응 완료 후 지속적으로 이슈가 진행되는 사항에 대해 모니터링하고 점검하면서 전략을 모색하는 단계. 추가적인 자료 배포가 필요하거나 입장 표명이 요구될 때 기업은 '정리된 내용'으로만 응대하는 것을 원칙으로 해야 한다. 홍보팀은 위기대응팀의 각 담당자에게 정립한 논리와 브리핑 자료를 공유해 해당 내용을 숙지하게끔 한다. 또한 다른 팀을 통해 추가 취재가 올 경우에는 '현재 파악 중이며 파악되는 대로 알려드리겠다'고 응대하면서 모든 의사소통 채널을 홍보팀으로 일원화한다. 더불어 외부 취재 요청을 홍보팀에 전달할 때는 사전에 언론사명, 기자 성명, 연락처, 취재 시각 등을 반드시 메모해 전달하도록 한다. 사외 커뮤니케이션에서는 추가적인 이슈가 발생하고 루머가 확산될 수 있는 단계에 돌입할 수 있으므로, 문제 해결에 최선을 다하고 있음을 강조하며 사실을 축소하거나 은폐하는 인상을 주지 않도록 내부 전략을 잘 세우는 것이 중요하다.

더불어 사내 커뮤니케이션에도 상당히 신경 써야 한다. 위기에 대응하는 관련팀 외 다른 팀에서 불필요한 대외 커뮤니케이션이 발생할 수 있으므로, 내부 정보 통제와 단속을 위해 관련 메시지를 배포하거나 위기 대응 매뉴얼을 숙지할 수 있도록 내용을 전파해야 한다.

악성 기사가 확산되는 데 불을 끼얹는 대부분의 경우는 일반 직원이 SNS에 불필요한 내용이나 '~카더라' 같은 이야기를 노출하는 데에서 시작한다. 그리고 이는 사실 관계와 상관없이 '내부 직원의 의견'이라는 기사로 이어진다. 그러므로 대외 커뮤니케이션을 하는 동시에 사내에서도 불필요한 의사소통을 막고 채널을 관리하는 작업이 필요하다. 먼저 임직원의 단결심을 고취하고 이슈 개요와 조치 사항, 단속해야 하는 정보를 정리해 공유해야 한다.

3단계 사후 위기 관리

마지막 단계는 이슈를 수습하고 리뷰하는 단계다. 사후 위기 관리 단계라고도 하는데, 이때는 언론의 대응과는 별개로 이슈에 대한 근본적인 원인을 파악하고 이를 근거로 신속하게 사태를 해결하며 보완한다. 위기 상황이 종료되더라도 유사한 위기가 또다시 발생할 가능성은 언제나 남아 있다. 그러므로 위기를 촉발한 원인을 정확히 파악하고, 이러한 위기가 발생하지 않으려면 사전에 어떠한 조치를 취해야 하며 앞으로는 어떻게 대응할 것인지 정리하고 넘어가야 한다.

또한 위기 해결 과정에서 지속적으로 얻은 인사이트를 바탕으로 최종적으로는 위기를 완전히 통제할 수 있을 때까지 시스템화하는 작업이 필요하다. 이때의 '시스템'이란 기술적인 의미보다는 대응 매뉴얼을 정교화하는 작업이라 생각하면 된다. 예를 들어 어떠한 위기 유형이 발생했을 때 24시간 이내에 보도자료를 배포하는 것이 훨씬 효과적이었다는 것이 증명되면, 비슷한 위기 발생 시 해당 방법을 도입해 빠르게 문제를 해결해나가는 것이다.

위기 상황 종료 후에는 관련 팀과 지속적으로 커뮤니케이션해야 한다. 후속 조치가 제대로 이행되고 있는지 점검하고, 이후 새로운 이슈가 제기될 소지는 없는지를 면밀히 파악하는 것이다. 더불어 매체에서 다시 기사화할 가능성이 없는지에 대한 사후 모니터링도 진행한다.

기업 홍보 활동은 기업의 메시지를 대외 커뮤니케이션 채널에 알리는 것이지만, 이로 인해 기업의 부정 이슈나 악성 루머가 퍼질 수도 있다. 의도와 상관없이 언제든 위기 상황이 발생할 수 있으므로, 사전에는 모니터링으로 관리하며 사후에는 점검하는 과정을 매뉴얼화하자. 이러한 과정을 통해 기업은 한층 더 성장하고, 대외적으로도 좀 더 프로페셔널한 홍보 활동이 이루어질 것이다.

제 6 장

투자를 받았으면
사후 관리까지

투자유치 · 투자자 관리

투자유치는 창업자의
구두 굽 닳는 속도에 비례한다

창업자는 회사의 성장 단계를 정확히 이해하고
내부 자금 운영 계획을 세워야 한다.
이에 근거해 자금 마련을 위한 방안을 찾고
다양한 경로로 부지런히 뛰어다녀야 한다.

증권사 재직 시절 수익률이 뛰어났던 펀드매니저에게 성공 노하우를 물어 봤더니, 그는 구두 굽 닳는 속도와 주식 수익률의 상관관계를 이야기해주었 다. 이는 스타트업 대표에게도 적용할 만한 인사이트라 공유한다.

증권사에서 일했던 2010년경 여의도에서 금융권 모임이 있었다. 당시 나는 증권사에서 해외 주식 매매와 영업을 담당했다. 시스템을 통해 정해진 시간에 맞춰 해외 매매를 진행하고, 주식 시장이 끝나면 펀드매니저를 만나 영업을 했다. 다양한 외부 활동을 하다 보니 자연스럽게 업계 인맥들이 쌓였고 금융 업계에 종사하는 펀드매니저, 애널리스트, 법인 영업 담당자들이 모이는 정기 모임이 생겼다.

지금까지도 내 머릿속에 깊게 남아 있는 한 펀드매니저가 있는데, 그는 하루 24시간을 치열하게 살며 스몰캡^{small cap} 종목에 투자하는 사람이었다. 스몰캡은 시가총액이 상대적으로 작은 기업을 의미하며, 스몰캡 투자란 대개 중소형주, 코스닥에 상장된 주식 등에 투자하는 것이라고 이해하면 된다.

일반적으로 스몰캡에 해당하는 주식은 대형주보다 자세한 정보를 얻기 어려울 뿐만 아니라 때때로 작전에 의해 급등락을 반복하는 등 소위 리스크가 큰 주식이다. 그럼에도 불구하고 스몰캡의 매력은 하이 리스크 하이 리턴high risk, high return 구조에 있다. 즉, 변동성이 큰 만큼 손실이 크거나 수익 또한 크게 얻을 수 있기 때문에 공격적인 투자 성향을 가진 사람들은 소위 '대박'을 노리며 투자하는 종목이다.

당시 스몰캡에 투자했던 펀드매니저는 대박을 낼 가능성이 있는 우수한 스몰캡 기업을 찾아 전국 방방곳곳 기업 탐방을 다녔다. 그러다 보니 숨겨진 보석들을 발굴하여 투자 수익률도 꽤 좋았다. 그는 내가 증권사에 재직했던 당시에 투자 고수로 이름을 날리고 있었다.

어느 날 정기 모임 술자리에서 우연히 이야기를 나누게 되었는데, 그때 그가 했던 말을 잊을 수가 없다.

"나는 항상 두 발로 뛰면서 기업을 탐방하고 있어. 탐방을 많이 하면 할수록 주식을 보는 눈이 좀 더 날카로워지고 좋은 종목에 투자할 수 있게 돼. 신기한 게 내가 귀찮다고 탐방을 적게 하면 반드시 그 기간의 수익률은 떨어지게 되어 있어. 난 2개월에 한 번씩 구두 굽을 갈곤 하는데, 구두 굽이 닳는 속도와 수익률은 비례해."

그는 3~4개월이 지난 후에 구두 굽을 교체하면 반드시 수익률이 떨어져 있더라면서, 중소형주는 땀을 흘리는 것과 정보 획득량이 비례한다고 했다.

구두 굽이 닳는 속도와 수익 성공률이 비례한다는 이 논리는 비단 주식 투자에만 한정되지 않는다. 투자를 유치해야 하는 스타트업 대표에게도 동일하게 적용된다. 투자자 한 명을 유치하기 위해 열 곳이 넘는 벤처캐피털 문을 두드리는 건 기본이다. 해당 분야에 인맥이 없는 경우 수십 곳 이상을 만나는 스타트업 대표들도 많다.

나는 2017년에 스타트업을 창업해 2019년까지 시드투자, 시리즈 A, 시리즈 B 단계를 거쳐 총 세 번, 누적 70억 원의 투자를 유치했다. 시드투자 때는 개인투자자, 전략적 투자자, 엔젤투자자가 주주로 들어왔고 시리즈 A, B 단계에서는 벤처캐피털과 은행권이 들어왔다.

시드투자의 경우 창업하기 2~3개월 전부터 현역 벤처캐피털 심사역으로 있는 지인의 소개로 다양한 심사역을 만나 IR을 진행했고, 시리즈 A, B 단계에는 수십 군데 이상의 투자처와 연락하고 IR을 진행했다.

나는 IR 발표에서 수많은 심사역에게 호되게 혼난 적도 있고 공격적인 질문을 퍼붓는 통에 멘탈이 흔들리기도 했다. 그러나 감정을 느낄 새가 없었다. 연이은 투자 거절 소식 때문이었다. 그럴 때마다 더욱 단단하게 마음을 먹고 투자자를 만날 때마다 받았던 질문, 지적받았던 장표들을 꾸준히 수정하고 보완했다. '다음 번에 비슷한 질문을 받으면 당황하지 말고 이렇게 답하자'라고 생각하며 발표를 다듬고 완성하는 데 에너지를 쏟았다.

증권사, 자산운용사 인맥은 제법 두터운 편이었지만, 벤처캐피털 쪽 인맥은 전혀 없었기 때문에 업계 종사자를 소개받거나 콜드콜 방식으로 제안서를 보냈다. 참고로 스타트업이 초기 단계에서 투자를 유치할 때는 증권사와 같은 금융권은 거의 참여하지 않는다. 증권사가 투자에 들어왔다고 하면 대개 B, C 라운드 이상으로 상장에 임박했다거나 J 커브를 보이면서 성장이 뚜렷하다고 여겨질 때다. 즉, 내가 관계를 형성하고 있는 증권사 인맥들은 어느 정도 성장성을 보이고 매출에 유의미한 그래프를 보여야 할 때만 쓰임이 있었다.

그뿐만이 아니었다. 스타트업 경영은 금융권에서 경력을 쌓았다고 해서 남들보다 재무 관리를 훨씬 더 잘한다는 것을 뜻하지도 않았다. '이번 달은 잘 마감했구나. 다음 달은 어떻게 할까?'와 같이 늘 다가오는 월급날의 압박과 현실적으로 부딪히는 문제들을 쳐내는 데 대부분의 시간을 할애했다. 또 유의미한 매출은 대체 어디서부터 어떻게 만들어가야 하는지 모든 게 낯설고 어려웠다.

투자의 경우에도 초기 여섯 명의 공동 창업자가 함께 사업을 시작했지만 '금융'이라는 키워드가 익숙한 사람은 오직 나밖에 없었다. IR이 뭔지, 투자를 어떻게 받는 것인지에 대해 전원이 무지했기 때문에 내가 총대를 메고 모든 발표 자료부터 논리 구조, 재무 추정 등의 이야기를 짜내야 했다. 사실 이러한 모습은 나뿐만 아니라 대부분의 초기 스타트업 창업자의 모습일 것이다.

자금을 마련하는 다양한 방법

창업創業이란 말 그대로 업業을 시작始한다는 뜻이다. 새로운 비즈니스, 기업을 새로 연다는 것은 그 자체가 낯설고 새로운 도전이다. 한국에서 새로운 스타트업 10곳이 탄생한다고 하면 5년 내에는 30% 미만, 10년이 지나면 16%만이 생존한다. 10곳이 창업을 하면 한두 군데 정도만 살아남는다는 뜻이다.

그리고 대개의 스타트업은 적은 자본으로 사업을 시작하기 때문에 추가적인 자금 유입이 필요한 시점이 반드시 도래한다. 그러나 자금줄이 마른다고 해서 누구나 투자를 받을 수는 없다. 2019년에 창업한 법인 8만 개 중 청년창업은 2만 2천 개라고 하는데, 이 중 실제 투자를 받은 건수는 불과 615건이었다고 한다.

스타트업 초기부터 이익을 만들어내는 기업이라면 투자 자체가 필요 없다고 여길지도 모른다. 그러나 대부분의 스타트업은 혁신적인 비즈니스 모델과 아이디어를 기반으로 하지, 넉넉한 자금력으로 출발하는 곳은 거의 없다. 그렇기 때문에 우리의 혁신적인 아이디어를 성공적으로 구현하기 위해서는 외부에서 자금 수혈을 해야 한다.

스타트업이 자금을 마련할 수 있는 방법은 외부의 투자유치 외에도 다음과 같은 다섯 가지 방법이 있다.

- 개인 또는 가족이나 친지의 도움
- 엔젤투자자
- 정부지원사업 및 각종 지원 프로그램
- 크라우드 펀딩
- 신용보증기금, 기술보증기금 등을 통한 대출

먼저 개인 또는 가족이나 친지를 통해 자금을 마련할 수 있는 방법은 스타트업 창업자나 공동 창업자가 개인 자금을 투자해 사업의 밑천을 마련하거나 가족, 친구 등을 통해 개인 대출, 기부, 지분 매입 등의 형태로 마련할 수 있다.

엔젤투자의 경우 초기 단계의 스타트업에 투자하는 개인 엔젤투자 및 기업 단위의 액셀러레이터accelerator(AC)*로 구성돼 있으며, 이들은 대개 자신의 경험과 네트워크를 활용해 기업을 지원하고 다음 단계의 투자를 받으면 투자 자금을 회수하는 전략을 취한다.

정부지원사업 및 각종 지원 프로그램은 벤처기업 육성을 위해 정부나 지자체, 기업 단위에서 다양한 자금을 지원하는 프로그램으로, 여기에 선정되면 자금 확보뿐만 아니라 다양한 교육, 멘토링, 네트워킹 등의 보육 프로그램도 지원받을 수 있다.

---

* 초기 스타트업에 투자하고 교육 및 커뮤니티 지원, 멘토링을 통해 빠르게 성장하도록 돕는 기관

크라우드 펀딩은 일반 대중으로부터 자금을 모으는 방식으로, 크라우드 펀딩 플랫폼에 프로젝트를 등록하면 대중으로부터 자금을 기부 또는 투자받는다.

신용보증기금, 기술보증기금을 통한 대출도 자금 마련을 위해 이용할 수 있다. 신용보증기금은 스타트업이 은행과 같은 금융기관으로부터 대출을 받을 때 대출금에 대한 일정 부분의 신용보증을 제공하며, 스타트업이 부채를 갚지 못할 때 금융기관의 손실을 제약하는 방식으로 운영된다. 기술보증기금은 과학 기술 분야의 스타트업을 지원하기 위해 설립된 기금으로, 재무 상태에 대한 평가보다는 특허 등을 보유하고 있는지에 대한 기술 평가를 중심으로 보증이 이루어진다.

다만, 신용보증기금과 기술보증기금은 기관에서 부채를 갚지 못하면 일정 부분의 신용 보증을 제공한다고 하여 창업자의 부채가 완전히 사라지는 것은 아니라는 점을 명심해야 한다. 기관의 돈을 받고 폐업한다고 해도 부채 상환의 의무는 대표에게 귀속된다. 일부 스타트업 대표들이 신용보증기금과 기술보증기금을 통해 받은 대출과 보증을 갚지 않아도 되는 돈이라고 생각하는 경우가 있는데, 폐업을 하는 순간 상환 요청이 들어온다는 사실을 잊지 말자.

스타트업이 자금을 마련하는 다섯 가지 방법을 살펴봤다. 그러나 우리가 가장 중요하게 다루어야 할 주제는 '투자유치'다. 투자유치는 기업 대표가 IR을 통해 벤처캐피털 또는 기관의 투자 심사역을 설득해 자금을 확보하는 방법이다.

앞서 수차례 언급했지만, 스타트업 대표가 초기 단계부터 투자를 유치하기 위해서는 부지런히 발품을 팔아야 한다. 그리고 지속적으로 IR Deck을 수정하는 과정 속에 운 좋게 한 번의 기회가 생겨 발표를 할 수도 있고, 반복되는 거절 속에서 어느 순간 합의점이 맞는 기회를 만날 수도 있다. 그 인연이 바로 투자가 시작되는 순간이다.

사실 초기 스타트업은 투자자를 만나기 쉽지 않다. 그 이유는 아이디어나 비즈니스 모델이 아직 실현되지 않아 매출이 발생하는 단계가 아니므로 가정에 의한 숫자에 확신하는 투자자만 투자하기 때문이다. 물론 아예 투자자를 만나는 방법이 없는 것은 아니다. 정부지원사업이나 창업 지원 프로그램에 지원하면 운영 주체가 액셀러레이터인 경우가 많아 초기 투자자들과 만날 접점이 생긴다. 그러므로 초기 스타트업이라면 이러한 정부지원사업을 적극 이용하는 것이 현명하다.

성장 단계에 따라 달라지는 투자유치

참고로 스타트업의 성장 단계에 따라 투자유치에도 단계가 있다. 시리즈 또는 라운드라고 표현하는데, 이는 스타트업의 성장에 따라 대략의 기업 가치와 투자 금액 구간을 정의한 것이다. 스타트업 단계로 볼 때 크게 초기, 중기, 후기 세 가지 단계로 나뉜다.

스타트업의 성장 단계에 따른 투자유치

	투자 라운드	투자 금액	투자기관
초기	시드투자	수천만~수억 원	엔젤투자자, 창투사, 기술지주회사, 정부 벤처투자 펀드
	Pre 시리즈 A	5~15억 원	
중기	시리즈 A	20~40억 원	벤처캐피털, 창투사, 신기사, PEF 운용사, 은행, 증권사
	시리즈 B	50~150억 원	
후기	시리즈 C, D, E, F	수백억~1천억 원 이상	기존 투자자의 후속 투자, 금융기관, 경영 참여 PEF 운용사 등
	Pre IPO		

초기 단계의 투자 라운드는 시드투자, Pre 시리즈 A가 해당되는데, 시드투자의 경우 투자 금액은 대략 수천만~수억 원 정도로 이루어진다. Pre 시리즈 A는 시리즈 A의 바로 직전 단계에 해당되며 투자 금액은 대략 5~15억 원 사이이다. 초기 단계에 참여하는 투자자들은 엔젤투자자, 창투사, 기술지주회사, 정부의 벤처투자 펀드 등이 있다.

중기 단계의 투자는 시리즈 A, 시리즈 B 단계로 나뉘며 투자 규모는 시리즈 A는 20~40억 원, 시리즈 B는 50~150억 원 사이로 형성되어 있다. 이 단계의 투자자는 투자 전문 업체라 볼 수 있는 벤처캐피털, 창투사, 신기사, PEF 운용사 등이 있고 은행, 증권사가 참여하기도 한다.

후기 단계의 투자는 시리즈 C를 비롯해 D, E, F 및 Pre IPO로 이루어져 있다. 이 단계부터는 투자 금액이 수백억 원 이상으로 형성되어 상장으로 가는 길목에 있다고 보면 좋다. 시장에서 대형 플랫폼 기업들이 수백억에서 1천억 원 이상의 투자를 유치하면서 상장 또는 M&A 단계에 진입했거나 유니콘 기업에 오르는 등 폭발적인 외형 성장을 일으킨 것을 볼 수 있다. 시리즈 C 이상부터는 기존의 시리즈 A, B에 투자한 투자자들의 후속 투자로 이어지기도 하고 기타 금융기관, 경영 참여 PEF 운용사 등이 참여하게 된다.

이렇게 스타트업의 성장에 따라 초기, 중기, 후기 단계로 나누어 투자자들이 들어오고, 해당 투자유치를 통해 기업은 성장으로 도약한다. 단계별 투자 외에 어떤 목적으로 투자를 하느냐에 따라 투자자의 유형도 나뉜다.

투자자 유형에 따른 재무적 투자자, 전략적 투자자 비교

재무적 투자자	• FI(financial investor)를 의미함 • 재무적 수치, 지표에 의존해 투자 결정을 내림 • 단기적인 수익을 추구하는 경향이 있음 • 투자 기업의 가치가 높아져서 투자금 회수로 수익을 얻는 것을 목표로 함 • 수익 극대화에 초점을 두고 주식 가격 상승이나 채권 이자 수익을 추구함
전략적 투자자	• SI(strategic investor)를 의미함 • 장기적 전략과 비전에 기반해 투자 결정을 내림 • 꾸준한 성장과 장기적 가치를 추구하는 경향이 있음 • 신기술 확보, 신사업 발굴, 시장 동향 파악 등의 목적으로 투자가 이루어짐 • 향후 시너지 정도에 따라 M&A 기회 및 경영권 취득 가능성 있음

투자자 유형은 크게 재무적 투자자와 전략적 투자자로 나뉜다. 재무적 투자자financial investor(FI)는 투자 기업의 가치가 높아져서 투자금 회수로 수익을 얻는 것을 목표로 하는 투자자를 의미하며, 투자 기업과의 직접적인 이해관계가 없기 때문에 상대적으로 중립적인 편이다. 이에 반해 전략적 투자자strategic investor(SI)는 투자 수익 외의 다른 목적으로 투자가 이루어지는 경우로, 주로 기존 사업과의 시너지를 목표로 한다거나 신기술 확보, 신사업 발굴 또는 시장 동향 파악 등의 목적으로 투자가 이루어진다.

전략적 투자가 이루어질 경우 스타트업은 기존 전략적 투자자를 통해 계열사의 인프라 및 네트워킹을 지원받을 수 있고, 향후 시너지 정도에 따라 M&A 기회가 생길 수도 있다. 전략적 투자는 재무적 투자와 달리 경영권 취득을 염두에 두기 때문에 후속 투자에 대한 우선권, 사업 관련 독점권을 요구할 수도 있어서 투자유치 단계에서 신중함이 요구된다. 현재 보유한 기술과 아이디어 및 비즈니스 모델의 시너지가 예상되는 기업에서 투자 요청이 올 경우 어떻게 협업할 수 있을지 면밀히 검토하고 투자를 받는 것도 좋겠다.

> 우리 회사의 경우 초기 단계에는 엔젤투자와 더불어 전략적 투자자가 투자에 참여했고, 시리즈 A 단계부터는 재무적 투자자가 본격적으로 참여했다.
>
> 실제 우리 회사의 전략적 투자자는 회사가 미디어커머스 기업으로 비즈니스를 확장해나가는 과정에서 인플루언서를 활용한 업무 협업을 통한 시너지를 일으켰고, 회사의 성장 정체기나 이슈가 발생했을 때에도 적극적으로 문제 해결을 위한 도움을 주었다.

한편, 투자자 유형에 분류돼 있지는 않지만 '블랙 투자자'라 불리는 사람들도 있다. 이들은 스타트업 대표라면 무조건 피해야 할 블랙리스트로, 투자계약 시 비상식적인 조항을 포함한다거나 비정상적인 경영 간섭을 지속하는 유형이다. 그러므로 선의로 접근한다 해도 의무 조항, 계약 조항 등에서 과도한 요구를 하거나 그러한 징후를 보인다면 가능한 피해야 한다.

스타트업 대표는 '대표'라는 타이틀 때문에 본업을 하면서도 꾸준히 투자유치 활동을 해야 한다. 어떻게 보면 대표의 본업 중 하나가 투자유치일 수도 있다. 스타트업은 기본적으로 제한적인 자본하에 비즈니스 모델의 가설을 검증하며 성장해야 한다. 그러므로 대표는 우리 회사가 J 커브를 일으킬 수 있는 성장 잠재력이 높은 회사인지를 판단하고, 이에 따라 투자유치나 자금 확보 중 어떤 방법이 가장 유리한지에 대한 의사결정도 해야 한다.

스타트업 대표 중 초반에는 자신이 직접 투자유치를 위해 뛰어다니다가 회사가 성장하면 CFO에게 투자를 일임하려는 사람들도 많다. 나 역시 투자유치 업무는 CFO가 해야 하지 않나라는 생각을 한 적이 있었고, 실제로 몇 년 전에는 CFO를 뽑아 투자자들과 네트워크를 만들어서 투자유치까지 알아서 하라고 주문한 적도 있었다. 그러나 얼마 지나지 않아 투자유치를 대행시키는 건 스타트업 대표의 업무 태만이라는 생각이 들었다.

그 이유는 회사가 안정기에 접어들기 전까지는 대표의 역할이 매우 중요하며, 투자자들 역시 그 회사에 투자하는 이유 중 상단 부분이 '그 대표가 회사를 이끌기 때문'이라고 평가하는 곳도 많기 때문이다.

투자자들은 대표가 조직 리더십이 있는지, 일에 대한 열의와 비즈니스 모델에 대한 확신을 가지고 있는지, 아집에 빠지지 않고 회사가 피보팅해야 하는 경우에도 유연하게 경영할 수 있는지를 살핀다. 우리 회사의 투자자들도 한결같이 '이 대표 보고 투자한다'라는 표현을 했다. 'CEO 프리미엄'이나 'CEO 리스크'라는 단어가 공존하는 이유가 이 때문이 아닐까? 그만큼 스타트업 대표는 투자자들이 신뢰하는 것 이상으로 기업 경영에 대한 책임을 져야 하고 투자자와의 관계에 있어 중심점이 되어야 한다.

따라서 CFO가 있다 하더라도 투자유치 활동은 온전히 CEO의 몫이며, CFO는 함께 뛰는 사람이지 알아서 투자유치를 해오는 사람으로 여겨서는 안 된다. 실제 우리 회사에 투자했던 벤처캐피털 심사역도 '투자유치는 대표가 해야 할 본업의 일부'라고 말했다.

투자유치를 고민하는 스타트업 대표라면 구두 굽이 닳는 줄 모르도록 사람들을 만나고 IR을 해야 하며, 끊임없는 거절에도 무뎌져야 함을 잊어서는 안 된다. 그 단계를 거쳐야 비로소 회사가 성장하고 흘린 땀만큼 보상으로 다가올 것이다.

> **요약**
>
> **스타트업 성장 단계에 따른 투자유치 방법**
> - **초기 단계 투자**: 시드투자, Pre 시리즈 A 투자 (수천만~수억 원)
> - **중기 단계 투자**: 시리즈 A 투자, 시리즈 B 투자 (20~150억 원)
> - **후기 단계 투자**: 시리즈 C, D, E, F 등의 투자 (수백억~수천억 원)

[특집 인터뷰]
투자는 어떻게 받는가

액셀러레이터의 목표는 투자한 스타트업이 후속 투자를 유치하는 것이다.
기업이 성장하면 액셀러레이터는 투자금 회수 기회를 얻으니
그야말로 후속 투자는 서로 윈윈인 동시에 아름다운 이별이다.

스타트업에 있어 투자유치는 현재 자금이 부족한 상태에서 기업 성장, 발전을 위해 외부로부터 자금을 조달하는 행위인 동시에 사업을 가속화하기 위한 중요한 수단이다. 성장 잠재력을 충분히 갖춘 스타트업이라 할지라도, 한정된 자본으로 창업을 시작하기 때문에 늘 자금 압박 상황에 놓인다.

따라서 초기 단계의 스타트업에 투자하는 액셀러레이터 기업 대표와의 인터뷰를 통해 투자를 잘 받기 위한 요령과 어떻게 준비하면 좋을지에 대해 이야기하려고 한다.

스타트업 액셀러레이터로서 370곳이 넘는 스타트업에 투자한 씨엔티테크 전화성 대표와의 인터뷰 내용을 소개한다. 이를 통해 투자유치를 위해 어떤 준비를 하면 좋을지 살펴보자.

Q. 씨엔티테크의 투자에 대해 이야기해달라.

씨엔티테크는 2012년부터 투자를 시작해 2022년 기준 국내 액셀러레이터 최초로 330개 투자를 돌파한 기업으로 2022년, 104개 스타트업에 152억 원의 투자를 진행했다. 또한 2023년에는 78개사에 120억 원을 투자했으며 누적 투자기업 포트폴리오 수는 370개에 달한다.

우리는 액셀러레이터로서 자금조달뿐만 아니라 교육, 멘토링, 컨설팅 등 종합 지원 서비스도 제공하고 있다. 대개 액셀러레이터는 성장 잠재력과 유망 창업 아이템을 보유한 3년 이내의 초기 스타트업을 대상으로 최대 5억 원까지의 투자를 진행한다. 우리 회사는 기업당 2억 원 정도의 투자를 가장 많이 집행했으며 1억 원, 3억 원 순으로 투자를 집행해오고 있다.

Q. 투자자로서 관심 있게 보는 분야가 있는가?

스타트업의 성장 잠재력을 중점적으로 보기 때문에 특정 분야 아이템에 국한하지는 않는다. 회사 내부적으로 16개 카테고리를 나누어 가능성 있는 기업들을 다방면으로 검토하고 있다.

씨엔티테크가 투자한 포트폴리오의 16개 분야는 ▲푸드테크 ▲사스(SaaS) ▲딥테크 제조 및 소부장 ▲공간/관광/문화예술 ▲디지털트윈/게임/메타버스 ▲메디테크/헬스케어/바이오 ▲스포츠 딥테크 및 O2O ▲에듀테크 ▲큐레이션 커머스 ▲펫테크 ▲프롭테크 및 물류 ▲핀테크 ▲O2O 서비스 커머스 ▲해양수산 ▲모빌리티 ▲블록체인을 말한다.

우리 회사가 국내에서 가장 많이 투자하는 만큼 강한 경쟁력을 갖는 분야는 바로 푸드테크, 모빌리티, 스포츠, 관광 콘텐츠, SaaS, 프롭테크, 물류 분야다. 해당 분야에서는 우리 회사가 1위를 차지하고 있으며 조각투자 플랫폼의 선구자이기도 하다.

특히 액셀러레이터 중 농식품 펀드를 유일하게 운영하는 씨엔티테크는 3년 연속 농림축산식품부, 한국농업기술진흥원과 함께 농식품 분야 전문 액셀러레이팅 프로그램을 운영하고 있다.

Q. 투자 회수가 이루어진 기업이 있는가?

현재까지 370곳이 넘는 기업에 누적 410억 원의 투자를 단행했고, 약 120개 기업의 후속 투자유치에 성공했다. 이 중 28개 기업에서 평균 멀티플 multiple* 7~8배 정도로 투자금 회수가 이루어졌는데, 대표적인 기업으로는 쿠캣, 키위플러스, 플러스티브이, 한터글로벌, 아워박스, 더스윙 등이 있다. 액셀러레이터 입장에서의 회수란 기 투자한 스타트업이 시리즈 B 이상의 단계에서 후속 투자를 유치할 때 벤처캐피털에게 우리가 보유한 구주를 팔면서 나오는 것을 의미한다.

그러므로 액셀러레이터에게 투자 회수를 위한 목표(KPI)란 기 투자한 스타트업이 후속 투자를 유치하게 하는 것이다. 이를 위해 우리는 초기 스타트업이 보유한 성장 잠재력을 끄집어낼 수 있게끔 멘토링과 보육 및 육성 정책을 적극적으로 펼친다. 이 과정에서 스타트업은 지원을 받으면서 성장하고 우리 회사는 투자금을 회수할 가능성이 높아지니, 후속 투자는 그야말로 서로 윈윈인 동시에 아름다운 이별이다.

---

* 회사 가치 평가에 사용되는 지표 중 하나로, 회사 주당 가격을 주당순이익(earnings per share, EPS)으로 나눈 값. 이는 회사 성장 가능성, 수익성, 안정성 등을 고려해 결정되는데, 예를 들어 A 기업 주가가 10만 원이고 주당순이익이 1만 원일 경우 이 회사의 멀티플은 10배가 된다.

아름다운 이별은 우리가 투자한 스타트업과의 이별을 의미하지만, 우리에 이어 후속 투자로 들어오는 벤처캐피털과의 3자 관계에도 적용된다. 스타트업이 시리즈 B 단계의 투자를 유치하게 되면 기업 가치 산정에서 난항을 겪게 된다. 투자를 받는 쪽은 가치를 더 높이고 싶어 하고, 투자를 하는 쪽은 낮추고 싶어 하기 때문이다.

이러한 문제를 해결하기 위해 액셀러레이터는 중재자로서 기 투자한 스타트업이 후속 투자를 원만하게 마무리 지을 수 있도록 보유하고 있던 구주를 할인해 벤처캐피털에 매각한다. 이처럼 액셀러레이터는 초기 스타트업이 후속 투자 단계로 갈 수 있도록 물심양면 도우면서 이별하기 때문에 아름다운 이별이라 부를 수 있겠다.

Q. 스타트업에 투자할 때 중요한 것은?

액셀러레이터는 기업의 극초기, 초기 단계에서 투자를 진행하기 때문에 재무제표나 구체적인 성과 수치가 없는 상태에서 의사결정을 해야 하는 경우가 많다. 2012년 처음 초기 스타트업에 투자했을 때만 해도 5년간은 회수한다는 기대 없이, 기부한다는 생각으로 투자했다. 우선주가 아닌 보통주 투자에 한 장짜리 투자계약서가 전부였다. 그러나 우연찮게 투자한 기업 중 3개 기업에서 투자금을 회수했고, 이는 당시 전체 투자한 원금의 2.5배에 달했다. 이때를 기점으로 점차 기부의 관점에서 투자의 관점으로 생각을 전환하게 됐다.

대개 투자를 결정하기 전 검토 단계에서는 3~4배수 정도 기업들의 사업 계획서를 살펴본다. 액셀러레이터로서 어떤 기업이 성장 잠재력을 가지는지 꾸준히 관찰하고 수년 동안 기업 발굴, 검토 투자 과정을 반복하다 보니 자연스럽게 스타트업을 보는 눈이 좋아졌다. 그 결과 초기 단계 투자 시에는 직관에 따라 공정하게 투자하는 방법을 지향하고 있다.

더 자세히 이야기하자면 씨엔티테크는 투자를 진행할 때 탑다운^{top-down} 방식을 사용한다. 대표가 1차로 서류 및 IR 발표를 통한 선별 작업을 진행한 뒤 11개 팀의 심사역, 직원들이 서류를 검토하고 실사 단계를 진행한다. 이 과정에서 투자 부적격이라 생각되는 기업이 있을 경우 직원들은 투자를 드롭할 권한을 가진다. 2차 선별 작업까지 완료되면 내부 팀에서는 투심 보고서를 작성하고 투자심사위원회를 통해 대표 펀드매니저, 핵심 운용 인력 등의 만장일치를 거쳐 투자가 이루어진다. 보통 한 달에 수 백 개의 스타트업 투자 검토가 진행되며, 30개 내외 기업이 실사 단계를 거친 다음 실제 투자는 월 8~9건 정도 이루어진다고 보면 된다.

Q. 투자를 받기 위한 요령이 있다면?

사실 스타트업과 투자자와의 첫 대면 만남은 대개 IR 자리에서 이루어진다. 그리고 스타트업 대표가 제한된 시간 안에 얼마나 임팩트 있게 회사의 비즈니스 모델과 성장 잠재력을 어필하느냐에 따라 심사역의 주목을 끌지 외면받을지가 결정된다.

스타트업이 투자를 받기 위한 요령은 간단하다. 사업계획서를 잘 쓰고 제한 시간 내에 잘 발표하는 것이다. 사업계획서에는 순서가 있는데, '잘' 한다는 의미에는 이 순서를 잘 지키는 것을 내포한다.

잘 쓴 사업계획서란 '문제 정의 – 문제 해결을 위한 기술 – 핵심 역량 – 경쟁사 분석 – 비즈니스 모델 – 팀 소개'의 6단계로 구성된 문서라고 생각한다. 처음 화두를 던지고 이에 대한 해결안을 제시한 후, 핵심 역량 순으로 스토리를 엮으면 투자자 입장에서도 제한 시간 안에 빠르게 기업의 비즈니스 모델과 경쟁력을 캐치할 수 있다. 또한 테크 기반 기업이라면 기술 핵심 역량 부분은 강조해서 쓰는 게 좋다.

일반적으로 IR을 진행하는 스타트업이 투자자 앞에서 발표하는 시간은 5~7분 정도에 불과하다. 제한된 시간 동안 투자자에게 확신을 주기엔 부족한 시간일 수 있다. 그러나 아주 작더라도 가설에 대한 검증을 수치로 보여 준다거나 제품의 동작 가능한 기본 버전인 MVP^{minimum vialble product}를 보여 준다면 투자자에게 신뢰를 얻을 수 있다. 단, 발표 시간 대부분을 맨파워 역량에 할애하거나 사람을 먼저 강조할 경우 해당 기업의 비즈니스 모델이 뛰어나지 않다는 인상을 줄 수도 있으므로 유의해야 한다.

Q. IR Deck을 잘 작성하는 팁이 있다면?

일반적으로 IR을 진행하는 스타트업이 투자자 앞에서 발표하는 시간은 보통 5~7분, 길어야 15분 남짓이다. 초기 스타트업 대표는 대부분 자기소개를 하는 데 전체 시간의 70%를 사용하고 나머지 30% 시간에 사업 모델을 설명한다. 스타트업 대표가 말하는 시장의 문제점을 통해 대표의 경험치를 파악할 수 있고, 문제점을 해결하기 위한 솔루션 제시를 통해 인사이트를 볼 수 있다. 즉, 개인 소개를 장황하게 할 필요가 없다는 뜻이다.

더불어 해당 대표가 설명하는 핵심 역량과 기술 설명을 기반으로 현재 확보하고 있는 기술, 앞으로 확보 가능한 기술을 예측할 수 있으며 경쟁 업체 분석과 비즈니스 모델을 통해 시장을 바라보는 분석 능력 역시 파악할 수 있다고 했다. 마지막으로 팀 소개는 결국 기술과 맞닿아 있다. 핵심 기술을 구현할 수 있는 팀 역량을 보유하고 있는지, 반대로 해당 맨파워를 통해 기술 구현이 가능한지 여부를 파악할 수 있는 것이다.

따라서 잘 쓴 IR Deck은 다음과 같이 6단계로 구성할 수 있다.

문제 정의 – 솔루션 – 기술 소개 – 경쟁사 분석 – 비즈니스 모델 – 팀 소개

첫 번째 단계인 문제 정의는 회사가 이 사업을 하게 된 계기이자 시작점이다. 시장에서 문제점을 발견하고 이를 극복하기 위해 어떠한 해결안을 가져왔는지의 스토리를 담는다. 이는 초반에 주의를 끌기 위해 매우 중요하다. 대개 초기 스타트업 대표들은 문제 정의를 하는 도입 부분에서 일반적인 시장의 문제와 시장의 데이터를 이야기하는 경우가 많다. 그러나 이때는 누구나 찾을 수 있는 지표가 아닌 '경험'에 대한 이야기를 하는 것이 중요하다.

스타트업 대표가 가진 문제 인식에서 비롯된 솔루션은 얼마나 깊은 인사이트를 가지고 있는지를 보여줄 수 있는 중요한 부분이다. 경험 속에서 발견한 문제점의 해결책을 한두 장 정도의 장표로 전하면 좋다.

기술 소개는 해당 회사의 가장 중요한 핵심 역량이자 투자자들이 주목하는 부분이므로 서너 장 정도를 할애한다. 딥테크 기업의 경우에는 기술에 대해 서술할 수 있지만, 기술 기반 스타트업이 아닐 경우에는 프로세스나 UI/UX, 제품에 대한 혁신 등 회사가 보유하고 있는 역량을 충분히 보여줄 수 있는 근거가 있으면 좋다.

경쟁사 분석에서는 기술 기반 스타트업의 경우 유사 기술 보유 기업 중 투자를 유치한 사례 혹은 상장한 기업 사례가 있는지와 같이 잘된 국내외의 사례를 제시하는 것이 좋다. 이때 포지셔닝 맵 형태로 간결하게 보여주는 것이 투자자가 선호하는 형태다. 포지셔닝 맵은 자사 제품과 경쟁 회사 제품의 위치를 2차원 또는 3차원 도면으로 작성한 것이다.

비즈니스 모델에는 시장 규모, 수익화, 전략, 매출 추정 등의 내용이 들어가면 좋다. 시장 규모는 TAM, SAM, SOM으로 구성하는 것을 추천한다. TAM, SAM, SOM이란 시장 규모를 설명하는 개념이다.

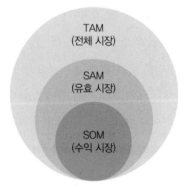

TAM, SAM, SOM의 개념과 범위

먼저 TAM^{total addressable market}은 사업이 속한 전체 시장의 규모를 의미한다. 이러한 전체 시장 규모를 통해 투자자는 해당 스타트업의 성장 최대치를 가늠할 수 있다. SAM^{served available market}은 유효 시장을 의미한다. 해당 스타트업의 비즈니스 모델을 적용할 수 있는 시장으로, 기업의 비즈니스 모델이 실현 가능한지를 판단하고 사업 역량을 엿볼 수 있는 근거가 된다. 마지막으로 SOM^{service obtainable market}은 수익 시장, 즉 공략 가능한 시장을 뜻한다. 해당 스타트업이 지금 당장 사업을 시작했을 때 제품 혹은 서비스를 구매할 고객이 얼마나 있을지를 추정하는 것이다. 그렇기 때문에 SOM의 경우 실제 확보할 수 있는 소비자를 중심으로 추정하는 것이 중요하다.

비즈니스 모델에서는 이러한 시장 규모 추정을 바탕으로 수익화 모델을 제시할 수 있어야 하고 필요한 경우 전략을 제시하는 것도 좋다. 마지막으로 매출 추정을 하는데, 일반적으로 5년 재무 추정을 통해 스타트업 대표가 바라보는 기업의 성장 추이를 예측할 수 있다.

마지막 장표에는 팀 소개를 넣는다. 주요 맨파워 2~6인 정도의 팀원 사진과 함께 경력을 기재하면 좋다.

Q. 스타트업 창업자에게 하고 싶은 말

요즘은 투자 혹한기다. 인플레이션, 금리 인상 기조 속에서 자본 조달 비용이 높아짐에 따라 투자 업계에서도 투자에 신중을 기울이고 있다.

그러다 보니 스타트업의 이슈는 회사의 런웨이, 월 버닝burning(월간 고정 지출비)을 따져가면서 가장 노련하고 효율적인 길이 무엇인지 찾아가는 것이다. 스타트업이 외부 투자나 지원 없이 성장하는 길은 매우 험난하다.

따라서 창업자는 활용할 수 있는 모든 지원 프로그램을 적극 활용해야 한다. K-스타트업 홈페이지나 중소벤처기업부의 가이드북을 통해 각종 지원 사업을 살펴볼 수 있다. 이러한 정보를 기반으로 초기 창업 패키지, 팁스, R&D 자금 등 스타트업이 이용할 수 있는 기회를 적극적으로 얻으려는 자세가 필요하다.

더불어 씨엔티테크와 같은 액셀러레이터를 통해 투자를 받고 보육이나 육성 프로그램이 있다면 적극적으로 참여하고 배워야 한다. 액셀러레이터들이 운영하는 프로그램을 통해 사업 계획서 작성, 재무제표, 인사관리 관련 교육, 멘토링 과정을 배우면 기업 운영의 실패 확률을 낮추고 시행착오를 줄일 수 있다. 이를 통해 어려운 시기를 잘 극복해 성공하는 스타트업으로 성장하길 바란다.

요약

액셀러레이터가 말하는 투자받는 요령

- 투자자는 특정 분야 아이템에 국한하지 않고 다양한 영역에서 성장 잠재력을 파악하는 데 우선가치를 둔다.
- 짧은 시간 내에 투자자에게 인상을 주기 위한 IR 전략은 '문제 정의 – 문제 해결을 위한 기술 – 핵심 역량 – 경쟁사 분석 – 비즈니스 모델 – 팀 소개'의 6단계 원칙을 따르는 것이다.
- 스타트업 초기 단계에서 투자자는 창업자의 경험의 깊이와 문제 인식에 기반한 솔루션에 가장 관심을 기울인다.

투자유치 시
이것이 중요하다

끝날 때까지 끝난 게 아니다.
투자유치는 투자실사, 투심위를 거쳐 계약서에 날인하고
최종적으로 기업 통장에 투자금이 입금되어야 비로소 마무리된다.

스타트업 초기에는 어떻게 투자를 받는지부터 투자를 받은 후에는 어떻게 관리해야 하는지 등 모든 과정이 생소할 것이다.

회사를 운영하면서 처음 개인 엔젤투자자로부터 시드투자를 받았을 당시만 해도 투자가 어떻게 이루어지는지, 투자 후에는 어떤 일들을 해야 하는지에 대한 이해가 전혀 없었다. 단지 투자를 위해 우리 회사에 관심 있는 사람들을 만나고 회사의 비전과 사업 모델을 잘 설명하면 됐다.

2017년 2월, 회사를 막 설립했을 때는 매출은 고사하고 아이디어와 차별점, 맨파워밖에 없었기 때문에 실제 우리 회사가 '뛰어나다'고 판단할 수 있는 근거는 없었다. 오로지 소통을 통해 사람들에게 확신을 주는 게 전부였다. 그래서 전문 엔젤투자자가 우리 사무실에 수차례 찾아와 나를 비롯한 공동 창업자들과 1:1 면담과 단체 미팅을 진행하면서 회사에 확신을 가질 때까지 꾸준히 질의 응답을 했던 것 같다. 그리고 그 엔젤투자자는 2017년 3월, 회사의 첫 투자자로 들어왔다.

우리 회사에 투자한 엔젤투자자는 2배수 매칭 펀드를 신청할 수 있었기 때문에 그로 인해 한국벤처투자의 모태펀드가 추가로 투자에 참여했다. 덕분에 우리 회사는 사업 초기부터 벤처기업인증을 받을 수 있었다.

초기 엔젤투자자가 투자를 결심하고 나니 바로 이어서 다른 기업이 전략적 투자자로 참여했고, 설립한 지 3개월 만에 총 5억 원의 투자를 유치했다. 당시만 해도 우리는 앞으로 이어질 어마어마한 서류 작업과 보고의 의무는 까마득하게 모르고 투자를 받았다는 사실에만 흥분해 있었다.

투자를 받으면 어느 단계에서든 투자자를 위한 보고 절차를 거쳐야 한다. 회사 운영을 어떻게 했는지에 대한 분기별 가결산 재무제표부터 경영 운영 현황 및 각종 요청 서류까지 제출해야 할 서류가 산더미다. 그러나 시드투자는 예고편에 불과했다.

우리 회사는 2018년 시리즈 A, 2019년 시리즈 B 투자를 유치했고, 시드투자를 포함해 총 70억 원을 투자받았다. 그리고 시리즈 A 단계가 본격적으로 시작되면서 투자에는 공식적인 절차가 있고 이를 준수해야 한다는 사실도 알게 되었다.

앞으로 이야기할 투자유치 절차는 시리즈 A 라운드부터 이후의 단계까지 동일하게 적용되니 참고하길 바란다. 스타트업 초기 단계의 대표에게 분명 도움이 될 내용이라 본다.

투자유치 절차 6단계

스타트업이 시리즈 A단계에 돌입하면 겪는 투자의 절차와 반드시 체크해야 할 사항에는 어떤 것들이 있는지 안내하겠다.

우선 시리즈 A 단계 이후의 투자는 스타트업 대표가 초기 단계의 시드투자를 거치고 어느 정도 유의미한 재무제표 상의 성과를 보일 때 '한 번 더 투자를 받아 점프업해보자'라는 결심이 서면 진행하게 된다.

이는 대개 여러 벤처캐피털과 투자기관을 만나 가볍게 티타임을 하는 것부터 시작한다. 보통 첫 대면에서 '우리 회사는 이렇게 매출을 만들어왔고 앞으로 어떠한 단계를 거쳐 어떻게 성장할 것이다'는 비전과 포부를 이야기한다. 그리고 투자에 관심을 보이는 심사역들은 궁금한 사항을 아주 가볍게 질의한다. 그야말로 캐주얼 토크가 진행된다고 해도 무방하다.

그리고 우리에게 관심을 보이는 심사역이 있어 IR을 요청하면, 담당 심사역 한두 명 앞에서 회사의 IR Deck을 보여주면서 발표하고 거기에 추가적인 질의응답이 진행된다. 그러나 IR이 마음에 들었다고 해서 바로 투자가 이루어지지는 않는다. 심사역은 이메일, 유선 등을 통해 회사의 다양한 자료를 요청하고 투자할 만한 회사인지 검토한다. 투자 절차는 이 단계를 거친 후 해당 심사역이 '투자할 만하다'라고 생각하는 순간부터 본격적으로 시작된다.

심사역은 내부에 여러 자료를 기반으로 보고하고, 투자 대상 기업에 회계법인 담당자들을 보내 기업 실사를 진행한다. 동시에 투자기관 내에서는 투자심의위원회를 소집한 다음 투자를 결정한다. 스타트업과 투자기관 간 투자 조건을 조율한 후 합의가 이루어지면 계약과 날인 그리고 투자가 마무리된다.

일반적인 투자 절차는 6단계로, 다음과 같이 정리할 수 있다.

투자유치 절차 6단계

이 단계를 모두 거쳤다고 해서 100% 투자유치에 성공하는 것은 아니다. 실사 단계에서 결격 사유가 발생할 경우 투자가 철회될 가능성도 있다. 그러나 투자 심의위원회까지 가는 와중에 담당 심사역과 스타트업이 서로 주요 데이터를 확인하기 때문에 일반적으로 투자 절차가 시작되면 투자유치까지 무난히 진행된다고 생각해도 무방하다.

투자유치 단계별 체크 포인트

앞에서 언급한 각 단계를 살펴보면서 중요한 체크 포인트를 살펴보자.

1) 투자심의위원회 준비

스타트업 대표가 투자기관과 IR을 진행할 때 현장에서 담당 심사역(투자자)을 만나 소통하게 되는데, 이 심사역은 투자를 진행하는 단계부터 사후 관리까지 의사소통하는 주요한 인물이다. 그러므로 심사역과 적극적으로 커뮤니케이션하며 조율하는 것이 중요하다.

IR에서 어느 정도 확신을 가진 담당 심사역은 투자심위위원회를 진행하기 위한 준비 과정으로 스타트업 대표에게 여러 자료를 요청한다. 요청하는 자료는 회사의 비즈니스 구조에 따라 다르다. 예를 들어 우리 회사와 같이 온라인 쇼핑몰에서 제품을 판매할 경우에는 월별 자사몰의 월간 활성 사용자 수(MAU)부터 매출 추이, 카테고리별 매출 현황, 광고 집행 데이터, 주요 성과 지표 및 임직원 현황 등 비즈니스 모델과 관련된 갖가지 정보를 요청한다. 심사역이 이러한 지표를 요청할 때 스타트업 대표는 신속하고 적극적으로 자료를 공유하고 성실하게 커뮤니케이션해야 한다.

심사역은 취합한 자료를 바탕으로 투자할 회사의 비즈니스 모델을 요약하고 시장 현황 분석, 재무 분석, 맨파워, 투자와 회수 방법 등을 정리한다. 그리고 각종 자료를 근거로 하여 투자 대상 회사의 가치, 즉 밸류에이션valuation을 책정한다. 이때의 밸류에이션은 투자금, 지분율과도 관계가 있기 때문에 대표는 회사가 받아야 한다고 생각하는 적정 가치를 적극적으로 이야기하고 그에 대한 근거 자료를 준비하는 것이 좋다.

만약 투자자가 추정하는 회사 가치는 100억 원인데, 대표는 브랜드 로열티나 특허 기술과 관련된 특이 사항을 감안해 150억 원의 가치로 평가받아야 한다고 생각하면 적정 밸류에이션을 맞추기 위한 조율이 필요하다.

만약 스타트업 대표가 본인의 의사를 전혀 표시하지 않고 투자자가 책정한 가치대로만 받아들여 투자를 유치하면 향후 대표의 지분율이 빠르게 희석될 수도 있고 투자가 만족스럽지 않을 수도 있으므로 적극적인 상호 조율이 필요하다.

2) 투자실사

두 번째 단계는 투자실사로, 투자자가 지정한 외부 지정 회계법인의 회계사가 방문해 하루 이틀 동안 정기 감사 수준의 아주 디테일한 실사를 진행한다. 투자실사는 시리즈 A에서 B로 갈수록 더 복잡하고 정밀해진다. 그만큼 회사가 성장했고 누적된 정보가 많아졌기 때문이기도 하다.

투자실사 때 요청하는 자료는 생각보다 방대하기 때문에 실사를 담당하는 회계법인이 방문하기 전에 투자자를 통해 사전에 준비해야 하는 자료를 요청하는 것도 좋다. 예를 들어 일반적인 매출 관련 자료, 각종 계약서, 특허 및 상표권 원본 및 주 거래처 리스트와 계약서 등은 반드시 살펴보는 자료이므로 해당 파일을 미리 구비해두면 제한된 시간 내에 실사를 마무리할 수 있다.

더불어 현장에 파견된 회계사와의 커뮤니케이션도 무척 중요하다. 이들이 실제 회사를 평가하고 보고서를 제출하기 때문에 적극적으로 소통하고 명확한 근거를 바탕으로 이야기하는 것이 좋다.

이렇게 투자실사가 종료되면 해당 재무 자료를 덧대어 담당 심사역이 회사에서 투자심의위원회를 소집하고, 투자기관 내부에서는 투자 여부를 결정하는 단계에 들어간다.

3) 투자심의위원회 진행

투자심의위원회는 투자기관 내부에서 진행하는 투자 여부를 결정하는 회의로, 담당 심사역이 회사 내부에서 투자할 대상 기업에 대해 발표한다. 그리고 이 회의에는 회사 내부의 투자 심사역 전원과 파트너가 참석하며, 스타트업 대표의 IR 수준보다 훨씬 정밀한 회의가 이루어진다. 또한 투자심의위원회를 통해 최종 투자 금액과 투자 조건 등이 조율되는데, 스타트업 대표와 미리 회사 가치를 협의했다고 하더라도 투자심의위원회에서 조정될 가능성이 충분히 있다.

투자심의위원회를 진행해도 모든 투자안이 통과되지는 않는다. 간혹 안건을 뒤엎는 일이 발생할 수도 있고, 거절로 인해 투자가 좌절될 수도 있다. 그러므로 투자심의위원회 단계를 통과하기 전까지는 투자가 확정된 것으로 볼 수 없기에 스타트업 대표는 안심할 수 없다.

4) 투자 조건 협의

투자 조건은 담당 심사역이 메일을 통해 전달한 텀시트$^{term\ sheet}$를 기반으로 협의하는 것이 일반적이다. 텀시트는 투자심의위원회에서 결정된 내용을 바탕으로 최종 투자계약서에 넣을 주요 항목으로 구성되는데, 여기에는 회사의 가치, 투자 금액, 어떤 주식 종류로 발행할 것인지에 대한 조건들이 기재돼 있다. 또한 투자금의 사용처, 주식매수 청구권, 상환 조건, 계약 불이행 제재 사항 등이 들어가므로 계약 시의 의무 조항, 패널티 조항의 근거를 사전에 공유한다.

계약서의 기본 사항 외에도 회사의 핵심 인물이라 판단되는 직원이 이해관계인*으로 지정되기도 하고 그들의 권한, 의무가 텀시트에 추가되기도 한다. 이처럼 투자 조건에 대한 사전 합의서인 텀시트를 스타트업 대표가 최종 합의하면 이를 기반으로 투자계약서가 만들어진다.

---

* 이해관계인은 대개 스타트업 내 대주주, 대표, 핵심 멤버로 구성된다. 일반적인 계약서와 달리 스타트업 투자계약서의 거래 상대방은 스타트업, 투자사 그리고 이해관계인으로 구성돼 있으며, 투자계약을 할 경우 이해관계인의 신의성실 원칙 및 공동연대에 대한 책임을 담은 조항으로 구성된 별도의 이해관계인 계약서에 날인한다.

일부 투자자는 구두로 텀시트를 합의하는 경우도 있지만, 구두로 합의한 내용은 투자계약서에 들어가지 않을 가능성도 있으니 텀시트는 메일로 기록을 남기는 게 중요하다. 나는 시리즈 A, B 단계에서 총 세 곳의 투자기관으로부터 텀시트를 받았는데, 모두 메일로 조건을 협의했고 동의하는 내용 역시 메일로 회신함으로써 상호 증빙을 남겼다.

5) 투자계약서 날인

투자자와 스타트업 대표 간 최종 텀시트에 대한 조율을 마무리하면 투자계약서가 메일로 발송되고, 날인할 날짜를 정해 투자기관에서 스타트업 대표, 투자 심사역이 모여 함께 날인을 진행한다. 계약서 날인 시 이해관계자가 있다면 해당 인원도 모두 참여한다.

스타트업 대표가 투자계약서에 최종 날인하기 전에 반드시 체크해야 하는 부분이 있는데, 바로 의무와 패널티 조항이다. 의무의 경우에는 경영상 보고, 동의, 협의와 같은 준수의 의무가 있고 경영 활동을 함에 있어 반드시 사전에 주주의 동의를 받아야 하는 사항들이 있다. 이를 사전동의권이라고 하는데, 보통 사업양수도, 유상증자, 신규 사업 진출과 같은 중요한 의사결정을 할 때 주주에게 사전 동의를 받도록 하는 규정으로 투자자에게 유리한 조항이다.

이와 관련하여 서울고등법원에서는 특정 주주에게만 사전 동의권을 부여하는 것은 주주평등원칙에 위배된다는 판결을 내렸다. 그러나 2023년 7월 말 대법원에서 이를 뒤집었다. 특별한 사정이 인정될 경우 사전 동의권은 유효하다는 것이었다. 대법원은 주주평등에 위반되는 약정은 무효라고 본 원칙은 인정하지만 회사가 투자자 일부 주주에게 차등권 취급을 정당화할 수 있는 특별한 사정이 있는 경우에는 허용한다고 결론지었다.

또한 특정 경영 환경의 변화가 있을 때는 사전 혹은 사후 1개월 내에 보고해야 하는 의무도 있다. 투자금의 사용 용도 역시 계약서상 정해진 용도로만 사용해야 하며, 그 외의 비용으로 집행할 경우에는 계약 위반 사유가 된다.

계약서 내의 진술과 보장에 대한 내용은 대표와 이해관계자 모두에게 해당되며, 이와 관련된 내용이 사실과 다를 경우에는 계약이 철회되거나 법적 책임을 동반할 수도 있기 때문에 꼼꼼히 살펴봐야 한다.

투자금 상환 조건이나 패널티 조항, 독소 조항을 파악하는 것 역시 중요하다. 주식매수 청구권 행사 조항에서 대표의 연대 책임 범위가 어디까지인지, 공동 매도 청구권, 상환시의 이자 등도 꼼꼼히 체크해야 한다.

이와 관련해 확인해야 하는 조항은 전환권과 이해관계인의 풋옵션 조항이다. 우선 전환권 조항은 일반적으로 투자자가 인수한 종류주식을 보통주로 전환할 권리를 담은 내용이다. 대개 투자자는 전환상환우선주 형식으로 신주 인수를 하기 때문에 보통주로 전환할 경우에 대한 단서를 계약서에 담는 것이다.

전환권 조항 중 꼭 살펴봐야 하는 사항이 있는데, 바로 '전환권 조정' 관련 내용이다. 이 조항을 간과할 경우 큰 리스크가 발생할 수도 있다. 전환권 조정은 '리픽싱 조항'이라고도 부르는데, 이는 일반적으로 우리가 투자를 받았을 당시의 회사 밸류에이션이 깎여서 디밸류devalue*가 되었을 때 전환가액을 조정하는 것을 의미한다.

---

* 기존 회사가 대외적으로 인정받은 밸류에이션이 깎이는 것

최근 투자 혹한기에 접어들면서 그동안 다소 거품이 낀 고밸류를 받았던 기업들이 후속 투자를 유치할 때 밸류에이션이 깎이곤 했는데, 이때 기존 투자계약 내에 전환권 조정 조항이 있을 경우 해당 계약서의 영향을 받게 된다. 특히 매출에 연동된 전환권 조정이 있을 경우 유의해야 한다. 기존에 100억 원의 매출을 발생하는 기업이 100억 원 이상의 매출을 기록하지 못하고 80억 원으로 떨어질 경우, 밸류에이션이 조정되어 해당 투자자에게 디밸류로 인한 주식을 더 줘야 하는 상황이 발생할 수 있다. 실제로 전환권 조정을 행사할 경우 투자자가 대주주에게 주식을 요구하게 되면 기존 주주의 반발이 생길 뿐만 아니라 후속 투자를 유치하게 될 경우 신규 투자와 마찰이 발생할 수도 있다.

이해관계인의 풋옵션 조항 역시 까다롭게 봐야 한다. 풋옵션이란 일명 주식매도청구권을 의미하는데, 풋옵션 조항 중 투자 단계가 시리즈 C 단계 이상으로 넘어가면 투자자들은 스타트업의 기업공개(IPO) 또는 인수합병을 고려해 투자한다. 그리고 간혹 풋옵션 조항에 단서 조항을 넣는 경우가 있다. 예를 들면 '3년 안에 기업공개를 해야 하며 만약 하지 못할 경우 대주주가 해당 지분을 인수해야 한다'고 쓰는 경우다. 실제 내가 속해 있는 업계의 선두 업체인 B사가 기간 내에 상장하지 못했고, 이에 대해 여러 벤처캐피털에서 대주주가 풋옵션을 받아줘야 한다고 소송한 사례가 있었다. 그러므로 투자계약서의 단서 조항이나 독소 조항이 있다면 사전에 변호사와 검토하는 것이 매우 중요하다.

'설마 투자금을 회수하겠어?'라고 생각할 수 있겠지만, 내 지인인 스타트업 대표가 실제로 투자자로부터 상환 요청을 받은 적이 있다. 계약서상에서 회사에 이익이 발생했을 때의 상환 조건 관련 계약 내용을 인용해 투자금 일부에 대한 상환을 요청했던 것이다. 이 대표는 당시 회사 잔고의 거의 80% 수준을 상환해야 하는 상황에 직면해 직원 상당수를 구조조정했고, 임대했던 사무실을 축소하고 현금화할 수 있는 것들을 모두 리스트업했다.

사실 계약서를 날인하는 상황에서는 이 내용을 봐도 계약을 철회하거나 변경하지 못한다. 왜냐하면 사전에 투자 텀시트를 제공해 조율하고 완성된 투자계약서를 이메일로 보내기 때문이다. 그래서 불합리한 조항이 있거나 독소 조항이 없는지 투자계약서를 메일로 받았을 때 즉시 확인하지 않으면 그 이후로는 어떠한 내용도 수정할 수 없다.

그러니 계약서를 작성할 때는 항상 신중해야 한다. 투자금이 생기면 그다음 사업 방향을 구상하고 추진할 수 있는 힘을 얻기 때문에 받고자 하는 열망이 가득할 수 있겠으나, 스타트업 초기 단계일수록 맨 처음에 이루어지는 투자자와의 계약서가 가장 중요하다는 점을 잊지 말자. 그 이유는 초기 계약서를 근거로 후속으로 이루어지는 투자계약이 이루어질 가능성이 매우 높기 때문이다. 초반에 독소 조항이 가득한 불리한 계약을 체결했다면 이후의 투자자들도 '우리도 동일하게 해달라'는 조건을 내걸 가능성이 높고, 그제서야 첫 단추를 잘못 꿰었다는 것을 깨달을지도 모른다. 그러므로 초반의 계약서는 변호사 비용을 쓰더라도 재차 검토할 것을 추천한다.

6) 투자금 납입

투자계약서에 최종 날인이 끝나면 투자금이 입금되고 투자유치가 마무리된다. 만약 투자자가 한 곳이라면 투자금을 입금받을 별도의 통장 하나만 개설하면 되지만, 여러 곳의 투자기관에서 자금을 유치할 경우에는 각각 별도의 법인통장을 개설해야 한다. 투자금은 신규 발급한 통장에 입금된다.

이는 투자금을 받은 후에 해당 통장에서 돈이 출금되는 내역이 원래의 투자금 사용 용도에 맞게 쓰였는지 감사하기 위해서다. 따라서 투자기관별로 통장을 별도로 개설하고, 해당 통장은 철저히 사용 용도에 맞게 쓰여야 한다. 만약 용도 외의 출금이 있을 경우에는 계약 위반 사항이 될 수도 있으니 주의해야 한다.

더불어 투자금을 납입하는 과정에서 스타트업 대표는 투자자들과 만나 날인하는 행위와는 별개로 법무법인을 통한 정관 변경 등의 행정 처리를 함께 해야 한다. 원활한 투자 절차 진행을 위해 사전에 이사회를 소집하고 임시 주주총회를 개최해 정관 변경 및 투자유치에 대해 협의한 뒤 서류 행정 처리를 진행한다. 이렇게 투자금 납입과 행정 처리까지 마무리하면 모든 투자 절차가 종료된다.

시드투자 단계는 보통 1~2개월 정도, 시리즈 A는 최소 3개월, 시리즈 B 이상은 A 단계보다 조금 더 소요되는 편이다. 우리 회사는 4개월 만에 시리즈 A 단계의 투자가 이루어졌다. 그러므로 투자유치를 생각하고 있다면 투자 단계에 따른 소요 시간을 계산해두고, 회사의 현금 흐름을 파악하고 고정비나 지출을 고려해 시기에 맞는 투자유치 활동을 하는 게 좋다.

그러나 아직 끝날 때까지 끝난 게 아니다. 투자실사, 투자심의위원회를 거쳐 텀시트 조율 및 계약서를 날인하고 주주총회, 이사회를 거쳐 최종적으로 통장에 투자금이 입금되어야 비로소 투자유치가 마무리된다.

투자유치 절차 6단계

- 1단계 투자심의위원회 준비

- 2단계 투자실사

- 3단계 투자심의위원회 진행

- 4단계 투자 조건 협의

- 5단계 투자계약서 날인

- 6단계 투자금 납입

투자만 받으면 끝난 줄 알았겠지만
보고는 끝이 없다

**투자금에 대한 감시와 모니터링은
회사가 망하기 전까지 계속된다.**

스타트업이 투자 자금을 확보한다는 것은 END(회사가 망한다)로 생각되는
순간에 AND(계속된다)로 이어질 수 있는 중요한 순간이다.

어떤 지인은 회사 경영에 있어 선입선출의 원칙대로만 하면 항상 이익을 낸
다며 이 원칙을 지키며 사업하라고 조언했다. 선입선출이란 거래처에서 돈
을 먼저 받은 뒤 대금을 지급하는 것이다. 그러나 실제 사업을 하다 보면 항
상 시간 순서대로 돈이 들어오고 나가지는 않는다.

우리가 제품을 제조하는 업체라면 먼저 거래처에 제조비를 입금해야 한다.
비용을 사전 납입해야만 생산이 시작되는 것이다. 사업을 시작한 지 얼마
되지 않은 스타트업에게 신용 거래, 외상 거래를 할 제조 업체는 존재하지
않는다.

제품 판매 매출 역시 물건을 만들었다고 발생하지는 않는다. 고객이 제품을
구매해야만 입점한 쇼핑몰 혹은 자사몰의 PG사로부터 판매 대금을 정산받
게 된다. 만약 쇼핑몰에 입점했다면 정산 대금 주기는 짧게는 2주, 길게는

60일 정도 소요된다. 이러한 환경에서 선입선출의 원리가 적용되기는 쉽지 않다.

스타트업을 운영한다는 것은 성공 가능성의 확신을 가진 창업자와 설립 멤버들이 한정된 자본하에 함께 고군분투하면서 자신들의 가설을 하나씩 검증해나가는 것이다. 그 과정에서 마중물이 되어줄 좋은 투자자를 만나면 회사가 성장 궤도에 진입하고, 이것이 촉매제가 되어 급격한 J 커브 성장을 이루면 유니콘 기업에 입성하기도 한다.

> 내 경우 투자유치가 회사의 외형적 성장을 가속하는 촉매제가 되었음을 부인할 수 없다. 창업 첫 해 10억 원의 매출을 찍고 투자를 받은 뒤 그다음 해에는 39억 원의 매출을 기록했으니, 투자로 인해 1년 만에 매출 사이즈가 4배 가까이 점프했다.
>
> 사업 운영 과정에서는 운이 따라주지 않아 모든 것을 실력으로 증명해야 했지만, 다행히도 투자자를 만나 투자금을 확보하면서 끝날 것만 같았던 사업을 다시 시작했다. 막다른 길에 서서 돌아가야 하는가를 고민하던 차에 투자는 새로운 문을 열어준 기회가 되었다.

이때 깨달은 중대한 사실은 공짜 돈은 존재하지 않는다는 것이다. 우리가 유치한 돈은 '투자'라는 이름의 꼬리표를 달고 있지만, 이 돈에 대한 감시와 모니터링은 회사가 망하기 전까지 계속된다. 허투루 쓰지 않기 위한 일종의 안전장치인 것이다.

보고의 늪에 빠질 준비가 되었는가

투자를 받고 난 후 이제 열심히 회사 일에만 집중하자는 안일한 생각을 하는 스타트업 대표라면 아마 연중 내내 의무적으로 제출해야 하는 각종 보고서에 당황할 것이다. 전력 질주하는 고속도로 위의 자동차가 되고 싶지만, 투자 후에는 시내를 주행하다가 어린이 보호구역도 지나야 하고 종종 과속 방지턱도 만나야 한다. 한번씩 제동을 거는 과속방지턱처럼 투자 보고는 분기, 반기를 돌아보게 하는 장치다.

투자를 유치하면 투자기관 수에 따라 보고의 수도 증가한다. 보고에는 기간별 필수로 제출해야 하는 정기 보고가 있고, 투자자 요청 사항에 따라 이행해야 하는 수시 보고가 있다. 중대한 이슈가 발생할 경우 사전에 투자자 동의를 받거나 사후 언제까지 보고해야 한다는 등의 특별 보고 사항도 있다.

정기 보고는 모든 투자기관에 동일하게 제출해야 하며 분기마다 보고하는 가결산재무제표, 1년이 지나면 제출하는 연간 재무제표, 감사보고서가 있다. 감사보고서는 투자자가 지정한 회계법인이 연초에 현장에 나와 회계감사를 한 후 작성하는 보고서를 의미한다. 참고로 재무제표 보고는 아주 기본 중의 기본이다. 재무제표 외의 정기 보고는 투자기관에 따라 다르지만 대개 투자 기업의 가치 평가를 위한 각종 요청 서류가 있으며, 정기 현장 실사를 통한 회사 점검이 있다. 그리고 투자를 받고 1년이 지나면 투자금 사용 내역 실사를 받게 되는데, 투자처가 여러 곳일 경우 해당하는 모든 곳에서 각각의 실사를 받는다.

우리 회사의 경우 평균 한 곳의 투자자에게 제출하는 각종 서류, 보고는 연간 18건 정도다. 재무 상황 보고, 정기적인 주주명부 제출, 정기 보고, 특별 보고, 수시 요청 보고 등이 항시 존재한다. 7인의 투자자가 있다면 연간 보고해야 하는 서류는 총 126건이다.

서류 보고 외에도 사람들을 불러 모아 1년 가계 살림을 이렇게 했다며 공식적으로 발표해야 하는 경우도 있는데, 이것이 정기주주총회이자 이사회다.

매년 3월 지정된 회계법인을 통한 정기 감사가 끝나면 해당 감사보고서를 바탕으로 정기 주주총회를 개최하고 직전 연도 회계 보고를 한다. 이를 위해 사전에 주주총회 개최를 알리는 통지 메일을 보내고 불참석자에게는 사전에 동의서도 취합해야 한다. 그리고 주주총회와 이사회가 마무리되면 변호사를 통해 해당 사항에 대해 등기 처리를 한 후 이사회, 주주총회 의사록을 투자자들에게 다시 공유한다.

주주총회의 경우 매년 정기적으로 진행해야 하는 정기 주주총회가 있으며, 안건의 종류에 따라 때마다 주주를 소집하는 임시주주총회가 있다. 예를 들어 우리 회사가 기존 사무실을 서울 강남에서 경기도 성남으로 이전할 경우 본점 이전에 대해 임시주주총회를 열고 승인받아야 한다. 만약 제품을 제조해 판매하다가 유통기한이 지난 제품을 폐기해야 한다면 이 또한 이사회를 열어 승인받아야 한다. 심지어 대표이사가 개인이 거주하는 집을 이사한다고 해도 변경 사항을 등기부등본에 반영해 행적을 항상 남겨야 한다.

투자만 받으면 끝날 줄 알았더니 보고가 끝이 없다. 나는 회사를 창업한 후 초기 2년 동안에는 홀로 회사 경영도 하고 투자기관 보고서 작성 및 제출도 담당했다. 초기 시드투자에 엔젤투자자 세 명, 기관투자자 두 명이 들어와 첫해부터 얼마나 많은 보고를 했는지 상상도 할 수 없다. 그리고 창업 2년 차인 2018년에 시리즈 A 단계로 벤처캐피털에서 투자가 들어오면서 본격적인 사외이사 선임과 더불어 월 정기 보고 미팅까지 이루어지면서 그야말로 보고의 늪에 빠졌다.

그런데 생각해보면 남의 돈은 절대 공짜가 아니기 때문에 투자받은 돈을 잘 쓰고 있고 회사를 알차게 운영하고 있다는 것을 알려주는 것은 당연한 행위다. 보고가 너무 많다고 힘들어 할 필요가 없다는 것이다. 우리는 투자를 받은 만큼 의무를 다해야 한다. 그것이 스타트업이 투자기관에 신뢰를 쌓고, 꾸준히 성장하고 있으니 걱정 말라고 안심하게 해주는 행위다.

만약 이러한 과정이 모두 싫다면 대출을 받고 월 이자를 꼬박꼬박 갚으면 된다. 자금을 마련하는 방법으로는 투자 외에 앞서 이야기했던 각종 방법을 활용할 수 있다. 참고로 우리 회사도 사업 첫해에 시드투자 자금을 다 소진해 여력이 없었고, 투자유치 전까지 자금난을 해결하기 위해 금융기관으로부터 대출을 받기도 했다.

남의 돈으로 사업하는 것에 얼마나 큰 책임이 따르는지를 알았으면 한다. 돈을 빌려주거나 투자한 사람의 권리를 존중하고 그들이 원하는 정보를 원하는 때에 적극적으로 주는 것은 당연하다고 생각해야 한다. 그러나 무엇보다도 중요한 것은 투자받은 것만큼 성실하게 결과로 보답하는 것이다.

스타트업은 지독한 경쟁 환경과 변수로 인해 꾸준히 성장과 위기 좌절, 피보팅을 겪으면서 한 해를 살고 또 다음 해를 살아간다. 그중에서도 때를 잘만나 대박이 나는 회사가 있고 그렇지 못해 폐업하는 회사도 있다. 우리는 늘 도전하는 가운데 조금씩 성장해나간다.

요약

투자유치 후 투자자 관리하기

- 투자계약서상의 보고 내용을 꼼꼼히 읽고 해당 보고서는 정기적으로 제출해야 함을 잊지 말자.
- 월별, 분기별, 연 단위로 제출해야 하는 정기보고서, 수시보고서, 특별보고서를 체계적으로 관리하자.
- 회사에 투자하는 기관들이 늘어날수록 보고서 양도 같이 늘어난다는 것을 잊지 말자.

매출 vs. 이익 성장률,
뭣이 중헌디?

**캐시버닝이란 투자유치를 통해 매출 성장률을 만들어내고
더 높은 회사 가치를 만들어 투자를 이끌어내는 것이다.**

언론 기사를 통해 유니콘이라 불리는 대표적인 대형 플랫폼 기업들이 높은 성장률을 자랑하며 승승장구하는 모습을 볼 수 있다. 매출 규모도 수백억 원에서 수천억 원에 이르는 스타트업들은 어떻게 빠르게 성장하고, 어떤 맨파워로 구성돼 있으며, 조직 운영은 어떻게 하는 것일까.

이 기업들에는 공통점이 있다. 빠르게 증가하는 매출 성장률에 비례해 투자유치 역시 대규모로 이루어지고 있다는 것이다. 이들은 투자유치로 자금력이 탄탄한 상태에서 과감히 연관 기업과 인수합병을 하고 공격적인 투자를 통해 꾸준히 성장한다. 그런데 이들 중 실제로 이익을 내고 있는 기업은 매우 드물었다.

우리 회사는 2017년 창업한 후 꾸준한 성장세를 보이며 2년 만에 약 50억 원의 매출액을 달성했다. 그런데 갑자기 매출 성장세가 꺾였다.

나는 이 시기에 매출이 우선인지 이익이 우선인지 고민했다. 스타트업 창업 3년 차에 들어섰으니 매출 성장보다는 회사의 안정적인 운영과 손익분기점 돌파 그리고 이익 개선에 더 초점을 맞춰야 하는 게 아닐지 말이다.

국내 대표 유니콘 기업들은 잘하고 있을까

국내 대표적인 유니콘 기업 실적을 한번 살펴보자. 당근마켓은 2022년 매출 499억 원, 영업손실 564억 원을 기록했다. 이 기업은 2021년 기업가치 3조 원을 인정받았다. 오늘의집 운영사인 버킷플레이스는 2022년 매출과 영업손실이 각각 1864억 원과 362억 원, 직방은 882억 원과 370억 원, 리디는 2211억 원과 360억 원, 컬리는 2조 372억 원과 2334억 원이었다. 토스를 운영하는 비바리퍼블리카는 2022년 매출 1조 1888억 원, 영업손실 2472억 원을 기록했다. 모두 조 단위의 기업 가치를 인정받은 유니콘 기업이지만 창업 이래 흑자를 달성한 기업은 거의 없다.

앞서 이야기한 유니콘 기업들은 시장에서 수퍼앱으로 성장했지만 이익이 개선되지는 않았다. 매출 성장성에 대한 기대로 어마어마한 기업 가치를 인정받았고 일부 기업은 기존 코스닥, 코스피 상장 회사 가치를 한참 뛰어넘을 정도다. 그러나 스타트업계에서는 그동안 이 모든 상황이 당연하다고 생각했다.

스타트업이 빠르게 성장해 독점적 지위를 얻게 되면 해당 시장의 파이를 다 가져갈 수 있을 것이라는 믿음이 있었기에 가능했다. 그래서 투자기관들은 눈에 띄는 기업이 빠르게 그 위치까지 오를 수 있도록 앞다퉈 지원 사격하면서 매출을 끌어올리는 데 물심양면 도왔다.

투자자의 기조가 바뀌었다

그러나 코로나가 끝나가던 2022년부터 투자자의 태도가 조금씩 바뀌기 시작했다. 전 세계적인 인플레이션으로 인해 금리 인상 기조가 이어졌고, 조달금리가 올라감에 따라 자연스럽게 투자기관들은 투자에 신중을 가하기 시작했다. 그동안 고평가되었던 스타트업에 대한 평가도 냉정하게 바뀌었고 트렌드를 좇아 투자하는 방식이 아닌 옥석 가리기에 집중하게 되었다. 코로나로 인한 비대면 환경 속에서 급격히 성장했던 해외의 퀵커머스 스타트업과 신선 식품 분야의 기업들은 엔데믹으로 인해 급격히 무너졌고, 후하게 평가받았던 기업의 밸류에이션이 꺾였음은 물론 일부 대규모 투자를 받은 스타트업들이 일제히 폐업하거나 법정 관리에 들어가기도 했다.

이러한 전반적인 시장 흐름 속에서 투자 업계는 캐시버닝^cash burning 전략을 그대로 밀고 나가도 되는지에 대한 회의감을 가지기 시작했다. 캐시버닝이란 스타트업의 안정적인 마진 창출보다는 성장에만 초점을 두어 투자유치를 통해 지속적으로 돈을 태워 성장해나가는 전략이다.

스타트업들은 외부 투자유치를 통해 매출 크기와 성장률을 올리고, 높아진 매출에 비례해 더 높은 회사 가치를 인정받아 더 큰 규모의 투자를 받았다. 지속적으로 캐시버닝이 일어났던 것이다. 스타트업과 투자기관 모두 재무제표 상에서는 가장 상위에 위치한 매출만 신경 쓰고 하단의 영업 이익은 크게 상관하지 않았다. 이는 캐시버닝을 통해 시장에서 독점적 지위를 갖게 되면 그때부터는 이익을 발생시킬 수 있으리라는 믿음이 있었기 때문이다. 그러다 보니 앞서 언급한 유니콘 기업이라 하는 대표적인 스타트업의 매출액은 어마어마한데도 영업은 대규모 적자를 벗어나지 못하는 상황에 대해 '위험하다' 또는 '이러다가 문 닫는 거 아닐까'라는 걱정을 하지 않았던 것이다.

하지만 요즘에는 독점적 플랫폼으로 성장했다고 해서 매출과 수익을 모두 가져다주는 건 아닌 것 같다. 특히 플랫폼 규모를 확장하고 사용자를 끌어

모으는 것이 '무료 서비스'를 잔뜩 주거나 '할인 쿠폰'이나 '이벤트'를 자주 진행해 이루어진 것이라면, 서비스가 유료로 바뀌거나 할인 쿠폰이 없어지면 소비자는 너무나도 쉽게 플랫폼을 떠난다.

이러한 스마트한 소비자의 소비 습관을 일컬어 리퀴드 소비liquid consumption라고 한다. 리퀴드 소비는 말 그대로 액체처럼 흐르는 소비라는 뜻으로, 소비자의 소비 패턴이 정형화되어 있거나 고정돼 있지 않고 변한다는 의미다. 지난 2017년 영국의 경제학자 플로라 바디, 지아나 에커트가 쓴 논문에서 처음 등장한 단어로, 반대 의미의 솔리드 소비solid consumption와 구분해 사용한다.

리퀴드 소비 습관을 가진 소비자는 브랜드에 대한 몰입도와 로열티가 낮다. 특정 브랜드를 좋아한다고 해도 수개월 내에 싫증을 느끼기도 하고, 여러 개의 유사한 앱을 다운받아 더 많은 혜택이 있는 곳으로 쉽게 옮겨 다닌다. MZ세대 여성들이 많이 방문하는 카카오스타일, 에이블리, 브랜디와 같은 패션앱이나 명품 커머스 플랫폼 발란, 트렌비, 머스트잇이 그러하다. 이번 달에 A 업체 혜택이 더 많으면 거기에서 구매하고, 다음 달에 B 업체의 대규모 이벤트가 예정돼 있으면 그곳에서 쇼핑 계획을 세우는 것이다.

앞서 이야기한 스타트업들은 거래액도 상당히 크고 월간 활성 이용자 수 (MAU)도 꽤 높은 편이지만 소비자가 어느 하나의 플랫폼만 사용하진 않다 보니 꾸준히 할인 쿠폰을 발행하고 마케팅 비용을 경쟁적으로 써야만 한다. 광고 마케팅 비용이 줄어들면 금세 사용자를 뺏긴다. 그것이 리퀴드 소비로 인한 요즘 기업들의 어려움이다. 따라서 캐시버닝을 통해 플랫폼이 독점적 지위를 얻는다고 해도, 지속적으로 현 상태를 유지하기 위해서는 수익을 얻는 것 이상으로 많은 마케팅 비용을 써야 할지도 모른다.

그러나 금리 인상 기조와 불경기 속에서 투자자들은 캐시버닝보다는 런웨이로 조금씩 선회하고 있다. 스타트업의 최근 화두 역시 '성장'보다는 '생존'에 있다. 그동안 매출 성장만 중요시하다 보니 이익 개선을 크게 신경 쓰지 않다가 추가 투자유치가 불투명해지면서 허리띠를 졸라매고 있다. 투자기관 입장에서도 시장의 조달금리가 올라가면 자금을 융통할 때 이자가 높아지기 때문에, 예전보다 '높은 밸류로 캐시버닝을 위해 투자'하는 데 주저하게 된 것이다.

실제로 유니콘 기업으로 인정받던 모 스타트업의 경우 후속 투자유치에 실패해 자금난으로 제2금융권에서 대출을 받았으나 상환하지 못해 기업이 법정관리에 들어가 결국 대표이사가 사임했다. 아마 당연히 투자받을 수 있을 거라는 믿음이 있었을 것이고, 그로 인해 투자를 받기 전에 자금이 마르니 급하게 대출을 받았을 것이다.

이 기업뿐만 아니라 수많은 스타트업이 후속 투자유치에 실패해 생존을 위해 구조조정을 하거나 사업부를 정리해 규모를 줄이는 작업을 하고 있다. 승승장구할 거라 믿었던 글로벌 스타트업들이 폐업하면서 시장에 큰 충격을 주기도 했다.

매출이 먼저일까 이익이 먼저일까

스타트업 대표는 자신의 경영 방침과 회사를 바라보는 방향에 대해 투자자와 지속적으로 이야기를 나누며 의견을 조율해야 한다.

> 나는 50억 원의 투자를 유치한 후 심각한 고민에 빠졌다. 바로 '캐시버닝'을 외쳤던 투자기관의 믿음과 '안정적 이익을 만들어야 한다'는 내 믿음 간

의 갈등 때문이었다. 나는 여전히 기업이 이윤 추구 활동을 하는 데에서 재투자와 재고용이 일어나고 성장할 수 있다고 믿는다. 재무제표로 따지면 손익계산서 상단에 있는 '매출'보다는 하단에 있는 '순이익'의 가치에 더 무게를 두는 편이다. 그래서 늘 머리(매출)보다 하체(순이익)가 단단해야 한다고 생각했다.

그로 인해 매월 정기 보고 미팅을 진행하는 모 투자기관의 심사역과 만날 때마다 의견 차이가 발생했다. 투자자는 지속적으로 빠르게 돈을 소진해서 매출을 만들라고 압박했고, 심지어 특정 브랜드는 연예인을 광고 모델로 쓰라고 하거나 매월 몇 명씩 뽑아서 보고하라고도 했다.

나는 그때마다 반문했다. 이렇게 광고로만 밀어내서 매출을 만드는 것보다 이익을 개선하면서 매출을 올려야 하지 않겠냐고 말이다. 물론 이러한 질문이 우문愚問일 수도 있다. 어쩌면 투자기관이 하라는 대로 성장 일변도의 길을 걷고 추가 투자를 받으면서 폭발적으로 규모를 키워나가는 게 답이었을 수도 있다.

투자자와 미팅할 때마다 이러한 입장 차이로 인해 상당한 스트레스를 받았다. 그러나 매출 볼륨을 만들어내야 했기 때문에 직원들을 압박해 끊임없이 콘텐츠를 만들어 광고 캠페인을 진행하라고 지시했다. 이때 10명 내외의 콘텐츠 제작자가 매주 200여 개의 제작물을 만들어냈다.

수백 번, 수천 번 광고를 태워 가설을 검증하고 아닌 광고는 버리기를 무한 반복했더니 어느 날 번아웃이 왔다. 나는 현 상황을 회피하고 싶었고, 투자자는 계속해서 CFO를 뽑아 투자유치 활동과 숫자 관리를 제대로 하라고 압박했다. 어느 기간 내에 뽑지 않으면 자신들이 인재를 추천하겠다고도 했다. 이러한 상황을 타개하기 위해 정신을 차렸고, CFO를 영입하면서 초심으로 돌아갔다.

그 이후 나는 회사를 조금 냉정하게 바라보게 되었다. 이전에는 마케팅을 열심히 해서 광고비를 효율적으로 쓰고 매출 볼륨을 키우는 것에만 국한

돼 있었지만, CFO와 함께 재무제표를 분석하면서 그 외에 개선해야 하는 지표들은 어떤 것이 있으며 어떻게 해야 건전한 재무제표로 바뀔 수 있는 지에 대해 꾸준히 논의했다.

그리고 CFO와 함께 문제점을 정확히 진단하기 위해 매일 집행하던 모든 광고를 과감하게 중단시켰다. 이러한 행동은 '지속적인 매출 볼륨 증가'와 같은 투자자의 바람을 꺾는 행위였지만, 당시 CFO가 투자자들을 만나 설 득했고 그들도 새로운 관점으로 시도하는 부분을 지지해주었다.

그렇게 우리는 그동안 해왔던 모든 업무와 성과 지표를 냉정하게 바라보 며 기존의 데이터 마케팅 방식의 한계를 발견했다. 그리고 이를 개선하기 위해서는 어떠한 전략이 필요한지 논의했다. 회사의 기존 사업 모델에 일 부 피보팅이 필요하다는 점을 깨닫는 순간이었다.

그동안 나는 매출과 이익의 밸런스가 중요하다고 생각했고, 기업은 이윤 활 동을 전제로 한다고 생각해 매출보다 이익 개선이 중요하다고 주장하며 투 자자와 논쟁하기도 했다.

그러나 지금 생각해보면 매출이 정체돼 있는데 이익만을 추구하는 것 역시 올바른 길은 아니라고 생각한다. 매출은 꾸준히 성장하면서 이익은 +0원이 되는 구조라면 정말 이상적이었겠지만, 나는 이 부분에 있어서 경영을 잘 하는 대표는 아니다. 스타트업을 운영한 지 벌써 8년 차가 되었지만 여전히 배우는 과정이고, 정답지 없는 선택 속에서 매번 부딪히며 경험하고 있다.

한 가지 잊지 말아야 할 점은 투자를 받으면 대표의 태도는 분명 바뀌어야 한다는 것이다. 외부 자금이 들어오는 순간부터 회사는 오로지 나와 직원들 만을 위해 운영하는 것이 아니다.

나와 투자자 모두가 윈윈할 수 있어야 하고 나의 비전과 사업 방향, 경영 방식이 투자자와도 합이 맞아야 시너지를 극대화할 수 있다. 그러므로 투자자와 꾸준한 커뮤니케이션을 통해 스타트업 대표로서 원하는 방향과 투자기관에서 바라보는 방향이 같아지도록 해야 한다.

요약

매출과 이익 성장률 중 무엇이 중요할까

- 1조 원 이상 가치를 가진 유니콘들도 적자에서 벗어나지 못한 경우가 많다.
- 그동안의 투자 기조는 캐시버닝 전략에 기반해 매출 우위의 스타트업 성장 전략이 우선시되었다.
- 고금리, 인플레이션 상황의 투자 기조는 이익을 낼 수 있는 내실을 갖춘 기업에 투자하는 것이다.

투자는
회수를 전제로 이루어진다

투자는 자선사업도 사회공헌도 아니다.
주식, 채권, 부동산 투자처럼 스타트업에도 수익률을 기대하며 투자한다.
스타트업 투자는 위험도가 높기 때문에 기대 수익률도 높다.

앞서 스타트업의 성장 단계를 초기, 중기, 후기의 세 단계로 나누어 각 단계에 따라 투자가 이루어지는 것을 살펴봤다. 스타트업이 성장기에 접어들면 매출이 발생하기 때문에 투자자가 숫자에 근거해 미래를 예측하기 쉽다. 그러나 극초기 기업 또는 초기 단계의 시드투자나 Pre-A 단계의 투자를 유치하는 스타트업의 경우 객관적인 데이터가 없기 때문에 투자자 입장에서는 모험이 될 수도 있다.

스타트업에 투자하는 이유

투자자들은 왜 스타트업에 투자할까? 일반적으로는 수익이 발생할 것을 기대하기 때문이다. 주식, 채권, 부동산 투자 혹은 은행 예적금과 같은 투자는 매매차익, 이자와 같은 수익률을 기대한다. 그리고 위험도나 투자 유형에 따라 기대하는 수익률도 다르다.

기본적으로 스타트업 투자는 위험도가 높은 만큼 높은 수익률을 기대한다. 정부에서 만드는 벤처 펀드도 지원 정책으로 분류하지만 자선사업이 아닌 이상 수익률을 목표로 운용된다. 순수한 지원금이 아니라 스타트업을 육성해 국가 미래를 짊어질 청년들을 양성한다는 목표를 가진다. 뿐만 아니라 벤처캐피털, 사모펀드 및 은행, 증권사와 같은 금융기관, 일반 기업의 투자 팀에서 진행하는 스타트업 투자도 결국은 투자 수익률을 기대하기 때문에 이루어진다.

일반적으로 투자기관에서는 펀드를 만들어 자금을 조성하고 펀드 내에 다양한 기업을 포트폴리오에 편입하면서 투자를 진행한다. 예를 들어 '청년 펀드', '일자리 창출 펀드', '푸드테크 펀드'와 같은 식으로 투자할 카테고리를 만들고, 하나의 펀드에서 10~20개씩 투자를 집행하는 것이다.

투자자는 돈을 어떻게 벌까

모든 스타트업이 투자자에게 수익률을 안겨주면 좋겠지만, 실제 펀드 내의 투자 기업 중 높은 성장률을 기록하는 곳은 극히 일부다. 그리고 몇몇 기업은 경영 관리에 실패했다는 등의 이유로 폐업하기도 한다. 투자한 기업이 성장하면 투자자 입장에서는 수익률이 높아져서 좋지만, 폐업하면 투자 금액 전체를 잃게 된다. 그렇다면 투자자들은 이러한 위험을 줄이기 위해 어떠한 투자 방식을 지향하고 투자금 회수 전까지 어떻게 이익을 창출할까?

엔젤투자자나 개인투자자를 제외하고 일반적인 투자기관에 소속된 투자자들은 펀드를 조성하고 그 펀드 내에 여러 개의 성장 잠재력이 있는 기업들을 넣어서 운용하고 관리한다. 그리고 확률에 근거해 평균 수익률 이상의 성과를 기대한다. 이를테면 열 개 기업에 투자를 하면 두 개 기업이 대박, 세 개 기업이 쪽박, 다섯 개 기업이 중박이라고 가정하여 평균 수익률을 형성하는 것이다. 만약 펀드 안의 열 개 기업 중 세 개 기업이 망한다고 하더라도 두 개 기업이 20~30배 이상의 수익을 안겨준다면 전체 평균 수익률은 망한 기업의 투자 금액 이상을 회수할 만큼 플러스되기 때문에 이익을 회수할 수 있다.

투자자는 투자한 기업이 성장할 수 있도록 다양한 방식으로 지원한다. 예를 들어 자신들이 투자하는 여러 스타트업을 엮어서 서로 파트너십을 맺도록 네트워킹해주는 것도 투자자 입장에서는 성공 확률을 높이기 위한 지원 활동이다. 이외에도 데모데이 등을 통해 후속 투자를 위한 가이드를 제공하거나 추가 투자가 필요할 때는 어떠한 전략으로 공략하면 좋을지, 회사 가치는 어느 정도로 산정하는 것이 투자에 유리할지 등 조언을 해준다. 경영 관련 가이드도 많이 제공하는데, 사업 방향을 함께 논의하기도 하고 선두 업체 전략의 변화나 움직임과 관련된 정보를 획득하면 스타트업 대표와 공유하기도 한다.

나 역시 엔젤투자자와 벤처캐피털의 심사역을 통해 시장 동향 정보부터 회사 가치 산정에 이르기까지 회사의 성장과 후속 투자를 위한 경영 방향에 대해 상당히 많은 도움을 받았다. 그리고 이를 통해 편협한 결정을 하지 않고 넓은 시야로 회사를 운영해나가도록 지원받을 수 있었다.

결국 투자자는 투자한 스타트업이 잘되고 성공해야만 높은 수익률을 가져갈 수 있기 때문에 애정을 갖고 물심양면 돕는다. 그러므로 투자유치가 완료되면 스타트업 대표는 투자자들과 좋은 관계를 형성하고 어려운 일이 있거나 의사결정이 필요할 때 적극적으로 자문을 구하는 것이 현명하다.

투자자가 큰 수익률을 얻는 경우는 대체로 투자한 기업들이 인수합병이나 주식 시장 상장을 통해 기업 공개가 이루어질 때 혹은 후속 투자 때 주식을 매각할 때다. 시드투자에 참여하는 투자자는 후속 투자가 발생할 때 수익 실현을 하면서 이익을 만들어내는데, 엔젤투자자나 창투사 그리고 액셀러레이터가 이에 해당된다.

투자자가 수익을 획득하는 방법은 투자한 스타트업의 성장과 변화로 기인하는 것 외에도 투자 펀드 운용과 사후 관리를 통한 관리 보수를 받는 방법이 있다. 일반적으로 국내 벤처캐피털은 펀드를 조성한 후 7~8년 정도 운영하며, 투자 회수를 한다는 가정하에 투자와 관리가 이루어진다. 이들은 전체 운용 기간을 7~8년으로 두지만 만기 전에 회수 가능성을 높이기 위해 투자 기간은 총 펀드 운용 기간의 절반 정도로 바라본다. 이를테면 펀드는 7~8년 뒤에 해산하지만 투자 기간은 3~4년 내 회수를 목표로 하는 식으로 말이다.

또한 투자자들은 일반적으로 펀드 운영에 따른 관리 보수를 받는데, 연 단위로 펀드의 일정 비용을 수수료 형태로 받는다. 만약에 100억 규모의 펀드인데 관리 보수가 1%라면 1억 원 정도를 관리 보수로 받는다는 의미다. 그러나 직원 월급과 사무실 임대료 등을 고려하면 연간 1억 원으로는 부족할수밖에 없으니 부족한 관리 보수를 늘리기 위해 여러 개의 펀드를 조성해 운영하면서 사이즈를 키운다. 이때의 운용 자산을 AUM^asset under management이라고 한다. AUM 규모가 큰 기업일수록 운영하는 펀드의 수 또는 규모가 크다고 생각하면 된다.

클럽딜과 멀티클로징

투자자들이 투자를 진행하는 방식에는 단독으로 하느냐 여러 기관이 함께 하느냐에 따라 클럽딜club deal과 멀티클로징multi closing이라는 개념으로 구분된다. 시리즈 A 이후의 투자유치 단계에 들어가면 보통 다수의 투자자, 투자기관이 함께 참여하면서 동일한 회사 가치로 투자하는 경우가 많다. 이러한 투자 진행 형태를 클럽딜이라고 하고, 투자유치 기간 차이에 따라 멀티클로징 형태도 있다.

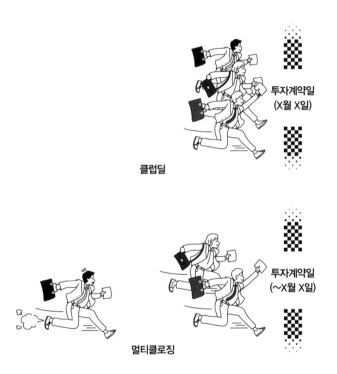

여러 단계의 투자유치를 받으면서 성장하는 것을 목표로 하는 스타트업 대표라면 두 개념에 어떤 차이가 있는지 살펴보는 것이 좋다.

공동 투자 방식 중 클럽딜과 멀티클로징의 비교

공동 투자 종류	내용
클럽딜	• 여러 투자자가 한 번에 동일 계약서로 계약을 진행하는 방식 • 장점: 경영상 사전동의, 주주총회, 이사회 등 계약 법무 절차를 한 번에 해결함 • 단점: 투자자 일부가 투자를 하지 않을 경우 다른 투자자에게 부정적 영향을 미침 • 목표로 한 총 투자 금액 미도달 시 투자가 취소되는 조건부로 투자심의위원회를 통과하는 경우가 있음 • 투자자는 충분한 투자 금액 확보를 위해 클럽딜을 더 선호하는 경향이 있음
멀티클로징	• 첫 투자자의 투자 집행 후 다른 투자자가 비슷한 조건으로 기간 내 추가 투자하는 방식 • 장점: 다른 투자자의 부정적 의사결정에 따른 영향이 제한적임 • 단점: 법무 절차를 건별로 별도 진행해야 하는 번거로움이 있음, 투자유치 기간이 길어짐

클럽딜은 여러 투자자가 한 번에 계약하는 방식이다. 만약 어느 스타트업에서 100억 원의 투자를 유치하는데 네 곳의 투자기관이 참여할 경우, 네 곳 모두 동일한 계약서로 투자가 진행된다.

클럽딜의 장점은 행정 절차의 편의성이다. 스타트업에서는 투자가 이루어질 때마다 주주총회, 이사회를 거쳐 법무 처리를 하는 과정이 있지만 클럽딜로 투자계약을 진행할 경우 법무 절차를 한 번에 끝낼 수 있기 때문에 시간 면에서 굉장히 효율적이다. 단점은 다른 투자자에 영향을 끼칠 수 있다는 것이다. 예를 들어 함께 논의 중이던 공동 투자자 중 한두 명이 투자하지 않기로 결정하면 이 결정이 다른 투자자에게도 악영향을 미칠 수 있다.

> 내 경우에도 시드투자 때 엔젤투자자 세 명과 기관투자자 한 명, 총 네 곳이 참여하기로 했는데, 한 명의 엔젤투자자가 돌연 투자를 취소하겠다고

결정해 다른 투자자들도 투자를 재검토하는 이슈가 발생한 적이 있다. 당시 지인의 조언에 따라 회사 경영진 세 명이 신주인수권을 1/3로 나누어 매수하기로 결정하면서 부족한 투자 금액을 채우고 기존 투자자들을 모두 설득한 후에야 투자를 완료했다. 그러므로 클럽딜을 진행할 경우에는 대표가 우호적인 투자자들을 모으고 중간에서 원활히 의사소통하는 것이 좋다.

반면 멀티클로징이란 여러 기관의 투자자가 참여하는데, 계약을 종료하는 시점에 차이가 있다는 뜻이다. 일례로 우리 회사의 시리즈 B 투자는 세 곳의 투자기관이 들어와 멀티클로징 형태로 이루어졌다.

멀티클로징은 첫 투자자가 먼저 투자를 집행하고 난 후 다른 투자자가 동일하거나 비슷한 조건으로 추가 투자를 하는 방식이다. 우리 회사는 두 곳의 투자자가 2019년 4월에 먼저 투자를 집행했고, 다른 한 곳이 동일한 투자 조건으로 5월에 계약서에 날인하면서 투자가 이루어졌다.

멀티클로징의 장점은 클럽딜과 달리 한 투자자의 부정적인 의사결정에 따른 영향이 제한적이다. 왜냐하면 이미 먼저 들어온 투자자가 존재하기 때문에 후속으로 들어오는 투자자가 투자를 철회한다고 하더라도 먼저 들어온 투자 자금은 확보되기 때문이다. 단점이 있다면 주주총회, 이사회를 각각 나누어 집행해야 하기 때문에 법무 절차와 비용이 별도로 발생한다는 점이다.

한편 스타트업 성장에 따라 투자 단계가 심화되고 다수의 투자기관이 투자에 참여하면 대개 전체 투자를 리드하는 기관이 생기는데, 이 기관이 앵커투자자가 된다. 투자를 리드하는 투자기관은 공동 투자가 진행될 때 나서서 스타트업과 의사소통하고 투자심의위원회를 준비하면서 모았던 각종 정보, 자료를 공유하는 등 다른 투자기관과도 적극적으로 의사소통하기 때문에 스타트업 대표는 여러 곳의 투자자가 있을 경우 리드 투자자에 집중하는 게 좋다.

결국 스타트업에 투자하는 기관들은 해당 기업이 성장할 것이라는 확신과 투자 회수가 가능할 것이라는 판단으로 투자한다. 기대 수익률 이상을 얻는 것을 목표로 하는 것이다. 그러므로 스타트업은 투자 후 적극적인 기업 경영 활동을 통해 가치를 증명해 보여야 하고, 이것이 투자에 대한 의무이자 책임이다.

요약

투자자가 스타트업 투자를 통해 돈을 버는 방법

- 투자한 기업의 인수 합병 또는 주식 시장에서 상장을 통한 회수
- 후속 투자가 발생했을 때 구주를 매각하면서 회수
- 투자 펀드 운용을 통해 받는 관리 보수

변호사 선정의
중요성

창업 초기에는 홀로 창업할지 공동 창업할지를 결정하고 사무실 임대 및 사업자등록을 한다. 스타트업을 법인으로 운영하면 회계법인 외에도 각종 등기와 서류 처리 업무가 많은데, 이때 필요한 업체가 법무법인이다. 대개 스타트업을 시작할 때는 재무회계 담당 직원을 따로 두지 않기 때문에 외부 회계법인에 업무 대행을 의뢰한다.

2013년 개인사업자로 사업했을 때 업무 대행을 의뢰했던 회계법인과 2017년 법인 설립 이후 지금까지도 관계를 맺고 있다. 2017년 회계법인을 통해 변호사를 소개받았을 때는 회사에 변호사가 그렇게 필요하지 않을 거라고 생각했기에 일회성으로 끝날 거라 여겼다. 그러나 법인 사업자로 회사를 설립하고 투자를 받는 과정에서 주주총회, 이사회, 법인등기 과정 등 각종 법무 행정 처리를 해야 했고 그때마다 변호사가 중요한 역할을 했다. 결론적으로 변호사의 역할은 일회성으로 그치지 않았다. 우리 회사는 시드투자부터 시리즈 A, 시리즈 B를 거치면서 많은 투자자가 참여했기 때문에 그때마다 수많은 행정 절차가 필요했지만, 회사 업무를 맡아주는 변호사가 있어서 체계적으로 일을 처리할 수 있었다. 일례로 주주총회를 소집한다고 하면 변호사가 주주들에게 소집 통보 메일을 보내거나 투자 후에는 어떤 서류들을 구비해서 보내라는 식으로 안내해준다. 이렇게 곁에 있는 비서처럼 꼼꼼하게 업무 가이드를 제공하고 법무 처리를 도와주니 합이 잘 맞고 신뢰할 만한 거래처라면 오랫동안 관계를 유지하는 것이 효율적이다. 또한 업무 히스토리에 대한 이해가 높기 때문에 매번 설명할 필요가 없다.

스타트업에서의 변호사 업무는 앞서 언급한 기본적인 법인등기, 행정 처리뿐만 아니라 기업의 소송, 투자계약서 검토에 이르기까지 넓은 범위의 컨설팅으로도 이어질 수 있다. 파트너십을 얼마나 잘 활용하느냐에 따라 스타트업 운영 시 든든한 아군이 될 수 있다는 뜻이다.

스타트업 대표는 투자자와의 투자계약서, 주주간계약서를 비롯한 각종 문서를 전문적으로 해석하지 못한다. 그렇기 때문에 변호사와 상의해 사전에 발생 가능한 리스크를 확인하는 게 안전하다. 예를 들어 기업이 투자를 유치하는 상황이라면 회사가 인정받은 가치는 적절한지, 계약 조건에 상환 전환우선주redeemable convertible preference shares(RCPS)나 리픽싱 조항이 독소 조항이지는 않을지, 텀시트를 조율할 필요는 없는지 등에 대한 변호사의 조언은 투자자와의 안전한 거래에 있어 무척 중요하다.

물론 스타트업 입장에서는 투자계약서가 기울어진 운동장이라 할 만큼 불합리할 정도로 의무나 패널티가 센 부분도 있다. 실제로 주식매수청구권, 주식 처분 제한, 종류주식의 조건, 위약벌, 의무 사항에 이르기까지 각종 규제와 감시를 위한 조건으로 가득하며 상당히 엄격하고 까다롭다. 그러나 투자자 입장에서 생각하면 매출이나 이익이 발생하지 않는 스타트업을 믿을 만한 구석이라고는 계약서 한 장밖에 없을 테니 담보 장치라 할 수 있다.

그럼에도 불구하고 스타트업 대표는 투자계약서의 독소 조항이 지나칠 경우 이를 조율하는 방향도 고려해야 한다. 예를 들어 투자자가 회사 가치를 200억 원으로 보고 투자했는데 회사가 더 이상 성장하지 못하는 상황에서 브릿지 투자라도 받으라고 종용하면 회사는 반토막 난 가치인 100억 원으로 투자를 진행해야 하는 상황이 발생할 수도 있다. 이때 기존 투자자는 상환 전환 우선주의 옵션이 붙은 계약서를 내밀면서 전환권의 리픽싱을 활용해 기존 전환 주식을 두 배로 늘려 보통주로 전환할 수도 있는 것이다.

우리 회사도 몇 년 전 텀시트 단계에서 구두로 리픽싱 조항이 논의되었으나, 그 조항은 빼야 한다고 주장했고 결국 리픽싱 내용을 삭제하고 투자계약서에 날인할 수 있었다.

투자유치를 진행하는 과정에서도 일단 투자만 받으면 된다고 생각해서 투자계약서를 면밀히 검토하지 않는 업체도 분명 있다. 성장기에는 별 탈이 없을 수 있어도 회사가 어려운 시기에는 계약서 조항이 되려 발목을 잡을 수도 있다. 그러므로 투자유치 시 계약 사항을 정확히 확인하고 넘어가는 자세가 필요하다.

그리고 이러한 조언을 주는 게 바로 변호사의 역할이다. 그러므로 스타트업을 경영할 때 사내 변호사는 아니더라도 법률 대행 업무를 하는 유능한 변호사와 파트너십을 맺어 다양한 조언을 받고 좋은 관계를 형성하는 것이 중요하다.

제 7 장

창업,
해보니까 해야겠더라

창업 선배의 회사 운영 팁

창업은
아이디어만으로 되는 게 아니다

창업은 이 아이디어면 창업할 수 있을 것 같다는 막연한 생각이 아니라
시장 성장성이 있는지, 사업화가 가능한 아이디어인지,
3년 후 매출 전망을 숫자로 이야기할 수 있는지를 따져보고 해야 한다.

20대부터 다양한 방식으로 창업에 꾸준히 도전하면서 실수하고 실패의 과정을 겪었다. 결국 경험이 쌓여 '진짜 창업자'의 길을 걷게 되었다.

24살에 첫 창업을 꿈꾸다

현재 회사를 운영하기 위해 어떠한 커리어패스를 지나왔는지 생각해봤다. 따져보니 나는 직장 생활을 할 당시에도 창업을 위한 시도를 꾸준히 했었다.

2002년 처음 직장 생활을 시작했지만 업무에 어떤 흥미나 보람도 느끼지 못했고, 앞으로 무엇을 하고 살지 고민만 잔뜩 하다가 2004년 지인들과 아이디어를 모아 사업을 해보자고 결심했다. 당시 나는 맛집을 찾아다니는 걸 좋아하는 미식가였고, 지인 두 명은 여행과 레저를 즐기는 사람들이었다. 그래서 우리의 관심사를 모아 매달 레저와 맛집을 엮어 제공하는 회원제 프로그램을 만들면 어떻겠냐고 이야기를 나눴다.

당시 내가 맡았던 역할은 월별 프로그램을 기획하는 일이었다. 어떤 레저

와 맛집을 서로 엮으면 좋을지, 월별로 어떠한 행사를 만들면 좋을지, 마케팅은 어떻게 할지에 대한 전체 구조를 짜는 것이다. 나머지 두 명은 그들이 보유한 방송, 예능 쪽의 네트워크를 바탕으로 초반 모객 활동을 하기로 했고, 이를 일반인까지 확장해서 사업을 전개해보려는 계획이었다.

사업은 어느 정도 구체화되어 지인 한 명은 각 지역을 돌아다니면서 레저업체들과 계약을 맺었다. 본격적인 사업의 시작을 앞두고 있었지만 아직 풀지 못한 과제가 있었다. 바로 사업의 형태와 지분 문제였다. 두 명의 지인은 같은 엔터 회사의 사장과 이사였는데, 사업이 점차 구체화되자 어느 시점부터는 나와 함께하는 이 사업을 자신들 회사 내의 TF팀이나 자회사 업무 정도로 인식하기 시작했다.

불안한 예감은 적중했다. 공동 창업을 생각하고 무보수로 매일 출근해 프로그램을 기획하며 시간을 썼던 나에게는 단 1%의 지분도 주어지지 않았던 것이다. 그렇게 3년 동안 죽마고우처럼 지냈던 사람들과의 인연은 완전히 남남으로 끝났다.

내가 무엇이 부족해서 이렇게 참담하게 쫓겨났을까 곰곰이 생각했다. 이때 깨달았던 건 나는 경영에 문외한이었다는 것이다. 사업할 때 지분 구조를 어떻게 짜야 하는지, 공동 창업자로서 어떠한 태도를 지녀야 하는지에 대한 지식이 전혀 없었기 때문에 나의 권리를 정당하게 주장하지 못했다. 이때의 깨달음을 계기로 2005년 서울대학교 경영대학원에 진학해 마케팅 분야 중 브랜드 로열티에 대해 공부했고, 2008년 2월 경영학 석사 학위를 취득했다.

진짜 창업은 두 번째 도전 때였다

이전 직장 생활에서 느낀 한계가 나를 자연스레 창업으로 이끌었고, 그 후 잠시 거쳐간 뉴미디어 스타트업을 통해 본격적으로 사업을 해야겠다는 확신이 생겼다.

두 번째 창업에 도전했던 때는 증권사에서 한참 경력을 쌓던 2013년 여름이었다. 증권사 커리어는 미래가 보장되지 않았고, 당시 너무나 많은 사내 정치에 힘이 빠지기도 했다. 일만 열심히 하고 싶었는데 당시 분위기는 전혀 그렇지 않았다. 주변과의 관계를 유지하는 데 훨씬 많은 에너지를 쏟아야 하는 것 자체가 사회에서 도태되는 기분이었다.

실력을 쌓기보다는 팀장과 본부장에게 잘 보이는 게 승진에 훨씬 도움이 되었던 시절이었다. 2008년 증권사에서 일했을 때 내가 소속된 팀의 남자 직원들은 허구한 날 술을 마셨다. 그들은 단합이 잘 되었고 인간 관계도 끈끈했다. 하루는 엘리베이터를 기다리는데 우리 팀의 남자 직원이 팀장과 함께 내리면서 '그럼 이번엔 제가 승진입니까?'라며 깔깔댔다. 그렇게 함께 사우나를 다니고 담배를 피우며 쌓은 우정은 정말 승진으로 이어졌다.

이러한 모습은 다른 팀 사람들에게도, 다른 회사 사람들에게도 수차례 목격되었다. 여자로서 유리 천장이 있음을 그때 처음 느꼈다. 나는 같이 담배 타임을 즐기거나 사우나를 할 수 없었다. 금융 업계에 오래 있어도 내가 쌓은 실력만큼 인정받지 못할 거라는 확신이 들었고, 2013년 9월 증권사를 뛰쳐나왔다. 그리고 광고 대행업과 용역 서비스를 하면서 2년 가까이 개인사업자로 사업을 했다. 당시 내가 했던 일이라 해봐야 대단한 사업 아이디어도 없었고 그냥 월급 정도 버는 수준이었다.

2013년의 사업은 구체적인 비전도 없었고 이 업으로 평생을 먹고 살 수 있겠다는 확신도 없었다. 그저 광고 대행을 맡은 계약 기간 동안 앞으로 무엇을 할지에 대한 고민만 잔뜩 했다. 그동안의 경력을 다 엎어야 하는지, 전문적인 일을 또다시 해낼 수 있을지에 대한 고민에 자신감도 상실하고 마음의 상처도 많이 입었던 시기였다. 그렇게 시간이 흘러 2015년 나는 우연히 뉴미디어 스타트업 커뮤니케이션팀의 이사로 스카웃되었고, 이곳에서 경험했던 일들이 앞으로의 미래에 대한 확신을 주었다.

37세가 되어서야 창업다운 창업을 했다

미디어커머스 방식으로 출발한 스타트업들은 대개 화장품 브랜드로 사업을 시작하여 빠르게 성장한 후 카테고리를 넓혀나가면서 규모를 키워나갔다.

> 2016년, 사업 아이디어를 제대로 구체화할 수 있는 기회를 얻었다. 내가 MCN, 뉴미디어 관련 경험을 쌓고 『MCN 백만공유 콘텐츠의 비밀』이라는 책을 출간해 뉴미디어 시장에서 어느 정도 입지를 쌓던 시기였다. 당시 함께 일했던 직장 동료들과 함께 뉴미디어 미래에 대한 이야기를 나눴고, 우리가 도달했던 결론은 MCN과 이커머스의 결합이었다. 그리고 2017년에 전 직장 동료 여섯 명이 함께 회사를 차렸다. '미디어커머스'라는 비즈니스 모델로 아샤그룹이 설립된 것이다.

> 미디어커머스 기업은 이미 2016년에 첫 등장했고, 가장 먼저 회사를 차린 기업은 대박을 냈다. 그보다 1년 늦게 회사를 차린 나와 초기 설립 멤버는 어떤 카테고리로 승부를 봐야 할지, 어떤 방식으로 매출을 만들어나갈지, 회사 운영을 위해 소요되는 자금은 어떻게 마련할 수 있을지를 논의했다.

> 첫 제품 카테고리는 화장품이었다. 초기에는 미디어커머스 쇼핑몰을 만들고 제품 하나로 승부하는 방식인 원아이템, 원쇼핑몰^{1 item, 1 shopping mall}*로 성장했다. SNS 광고를 통해 제품 하나로 대박을 쳐서 매출을 만든 다음 라인업을 확장해가면서 쇼핑몰을 키우는 방식으로 사업을 이끌어갔다.

> 당시 우리와 유사하게 미디어커머스 비즈니스를 펼친 기업들은 죄다 화장품으로 시작했다. 모두가 같은 이유에서였다. 원가 대비 마진율이 높기 때문이다. 소자본으로 당장 만들 수 있는 아이템은 화장품만한 것이 없었다. 예를 들어 제품을 1천 원에 만들어 1만 원에 판매하면 마진은 제조원가를 제외한 9천 원이다. 만약 우리가 당시 잘하는 퍼포먼스 마케팅 방식으로

---

* 미디어커머스 기업들이 초창기에 매출을 만들기 위해 사용했던 쇼핑몰 운영 전략. 대박을 낼 수 있다고 판단되는 제품 한 개를 론칭해 유의미한 성장이 보이면 빠르게 제품 라인업을 확장해나가는 전략을 의미한다.

ROAS^{return on ad spending}* 300%를 달성할 경우 판매가의 1/3인 3천 원을 광고비로 썼다는 의미이기 때문에 그래도 6천 원이 남는 장사였다. 그렇게 적은 비용 대비 효율적인 마케팅을 펼친 것과 동시에 마진 구조가 높은 화장품 카테고리를 선택한 것은 여느 미디어커머스 기업들도 동일했다.

회사 법인 설립은 2017년 2월이었지만, 2016년 겨울 나는 사업 시작 전에 벤처캐피털에 재직 중인 지인을 만나 사업계획서를 보여줬고 적극적인 지원을 받았다. 그 덕분에 우리는 법인을 설립한 후 한 달 만인 3월에 바로 시드투자를 이끌어낼 수 있었다. 회사는 2017년 5월까지 총 5억 원의 시드투자를 받으면서 본격적으로 사업할 힘을 얻게 되었다.

정리해보면 지난 20년 동안 나에게는 총 세 번의 사업 기회가 있었고 마지막 기회에서야 비로소 제대로 된 창업을 했다. 이렇게 나의 커리어패스를 구체적으로 서술한 이유는 사업은 아이디어만 있다고 해서 성공할 수 없기 때문이다. 사업화가 정말 가능한지에 대한 세밀한 점검이 없으면 역시나 사업으로 이어지지 않는다는 것을 이야기하고 싶다.

청년들의 스타트업 창업은 매해 증가하고 있고, 훌륭한 아이디어가 세상에 쏟아져 나오고 있다. 그러나 실제 스타트업이 시장에서 생존할 확률은 상당히 낮다. 1년 안에 폐업하는 스타트업은 50%에 육박한다. 2020년 기준 5년 차 스타트업의 생존율은 29.2%에 불과하다. 이는 OECD 평균 생존율인 41.7%보다 훨씬 낮은 수치다. 10년이 지나면 대체로 생존 확률은 16% 정도 수준이라고 한다. 10개 기업 중 한두 개 기업 정도가 살아남는다는 의미다. 그만큼 시장 환경은 매우 터프하고 생존하기 만만치 않다.

---

* 광고를 운영했을 때 해당 광고로 기인한 매출을 값을 비율로 나타낸 지표. (광고로 인한 매출액/광고비 ×100)으로 계산할 수 있다. 만약 광고비로 100만 원을 쓰고 300만 원의 매출이 발생했을 경우 ROAS 는 (300만 원/100만 원×100) = 300%라고 이야기한다.

생존을 위한 창업자의 고민

스타트업을 창업한 후 5년 이상 버티며 생존율을 높이려면 창업자는 어떤 고민을 해야 할까? 이는 우리가 생각하는 아이디어가 사업화가 될 수 있을까를 진지하게 고민하는 데에서 시작된다고 본다.

그저 마음 가는 대로 '이 아이디어 될 것 같아'가 아니라 구체적으로 시장 성장성은 있는지, 이 아이디어가 사업으로 연결될 때 우리가 몇 퍼센트의 시장 점유율을 가지고 얼만큼의 매출을 기대할 수 있을지와 같은 숫자를 상상할 수 있어야 한다. 그리고 3년 뒤, 5년 뒤의 숫자를 만들어내기 위해서는 매해 얼만큼의 매출을 만들어야 하고, 비용은 어떻게 예측해 회사에 이윤을 만들어낼지를 객관적인 수치로 표현할 수 있어야 한다.

나 역시 초기 창업을 준비하면서 벤처캐피털에 종사하는 지인을 통해 3년, 5년 후의 재무를 추정하는 방법을 배웠고, 단순한 아이디어에서 그칠 수 있었던 모호한 것들을 숫자로 구체화하면서 세부 계획을 세웠다. 때로는 투자를 받기 위해 다소 과감한 숫자를 투자자들에게 제시해보기도 했다. 중요한 점은 내가 바라보는 아이디어에는 매출을 얼마나 만들어낼 수 있는지에 대한 객관적이고 냉정한 숫자가 있어야 한다는 것이다.

더불어 아이디어가 구체화되고 사업이 시작된다고 할지라도, 시간이 지나 트렌드가 바뀌거나 정책상 규제가 발생하거나 시장 참여자들의 치킨 게임이 벌어질 수도 있다는 점을 염두에 두어야 한다. 내가 통제할 수 없는 범위의 위기가 발생할 수도 있고, 이에 따라 우리 회사의 비즈니스 모델 자체가 위협받을 수도 있다. 그럴 경우 대표라면 과감하게 피보팅할 수도 있어야 한다. 또한 실패를 빠르게 인정하고 다시 시작하는 용기도 필요하다.

우리 회사는 미디어커머스로 시장에서 인정받고 매출을 만들어갔지만, 매번 광고를 운영할 때마다 쏟아지는 경쟁사의 방해와 식약처의 제재, 회사의 내부 혼란 등 수많은 난관에 부딪혔고 회사 존립의 위기를 여러 차례 겪었다. 더불어 회사의 핵심 경쟁력인 퍼포먼스 마케팅을 제약하는 애플, 구글의 개인정보보호정책 관련 이슈도 터지면서 우리 사업이 이대로 존속할 수 있을까라는 고민도 많이 했다.

사업을 하는 동안 단 한 번도 쉽게 일이 풀린 적이 없었고 운도 지지리 없었다. 제품 판매가 대박이 나면 판매량에 비례해 경쟁사의 식약처 신고가 빗발쳤다. 광고 영상이 대박이 나면 경쟁 기업이 우리 제품과 영상을 자막까지 그대로 베껴 고객을 빼앗았다. 힙하고 젊은 감성의 숙취해소제를 클럽에서 판매하는 걸 논의하는 미팅 중에 버닝썬 이슈가 터졌다. 중국 관광객이 넘쳐나 한국의 사후 면세점이 엄청난 인기를 끌 당시 보증금을 내고 입점했지만 사드로 인한 한한령 때문에 중국인의 발길이 뚝 끊겼고, 사후 면세점 업체 대표는 내 보증금을 들고 잠적했다.

번아웃이 오고 혼자 퍼포먼스 마케팅을 이끄는 자체가 버거워 업계에서 꽤 이름을 알린 친구를 마케팅 팀장으로 영입했지만 제대로 할 줄 아는 게 없었다. 그는 모든 것을 스스로 할 수 있다고 이야기했지만 그저 외주 대행사를 잘 관리하는 정도였다. 그리고 업무는 전혀 하지 않고 지시만 내리는 통에 당시 마케팅 소속 팀원 여덟 명 전원이 팀장 평가에 최하점을 주었다.

이야기로 다 풀어내지 못할 정도로 많은 사건들이 있었고, 그렇게 사업을 운영한 지 어느덧 8년이 흘렀다. 그리고 2021년을 기점으로 나는 사업 전체에 대해 다시 한번 생각하게 된다. 이대로 지속하다가는 정말 아무것도 아닌 회사가 될 것 같다라는 생각. 그리고 제대로 정신 차리지 않으면 투자자들에게도 면목이 없을 것 같다는 두려움도 엄습했다. 그래서 나는 기존의 비즈니스와 연계되는 사업으로 내가 정말 잘할 수 있는 것이 무엇인지 고민했고, 피보팅을 결심했다.

비즈니스 모델로 미디어커머스만을 운영하던 우리 회사는 사업을 확장해 현재는 인플루언서, 컨설팅 비즈니스를 추가하면서 쇄신의 과정을 겪고 있다. 물론 사업을 하면서 이게 맞다는 보장도 없고, 이 도전이 언제나 성공으로 화답해주지 않을 것 역시 알고 있다. 그러나 우리 아이디어에 대한 믿음과 구체적인 숫자를 목표로 두고 사업을 시작했다 하더라도, 여러 변수로 인해 그 아이디어가 유효하지 않을 경우 다음 단계에 대한 의사결정을 빠르게 내리는 것도 현명하다고 생각한다.

스타트업은 '설립한 지 오래되지 않은 신생 벤처기업'이며 '혁신적 기술과 아이디어를 보유한 창업 기업'이다. 이 뜻은 혁신적 기술이 더 이상 혁신적이지 않은 시기가 오면 과감하게 시장 변화의 흐름을 따라야 함을 의미한다. 시류에 편승하면서도 때로는 그 흐름을 주도할 수 있는 사람이 되기 위해 늘 깨어 있어야 한다.

요약

아이디어를 사업화하기 위한 세 가지 점검 사항

- 내 아이디어를 펼칠 시장이 있는지
- 내 아이디어가 사업화되었을 때 유의미한 성장을 만들 경쟁력이 있는지
- 매출을 낼 수 있는 사업 구조를 가지고 있는지

세 번의 교체 후
조직이 안정화되었다

스타트업은 그 자체가 모든 것이 '처음'이고 '신생'임을 내포한다.
창업자는 생존하고 성장하는 과정에서 실수를 줄이며 배운다.
조직 내 인력도 수차례 교체되는 과정에서 기업은 안정화되어 간다.

나는 정기적으로 금융투자 업계에 종사하는 대표님들과 점심식사를 한다. 이 모임에서는 국내외 시장, 글로벌 경제와 같은 이야기부터 특정 기업 현황에 이르기까지 다양한 이야기가 오간다.

한번은 모 벤처캐피털 업체 대표님과 사모펀드 업체 대표님께서 스타트업 조직 관리에 대한 화두를 꺼냈다. 스타트업은 창업한 지 5년, 10년이 지나면 초기 창업 멤버가 거의 남아 있지 않다면서, 많아야 한두 명 정도 남고 다들 떠난다는 것이다. 그리고 스타트업 조직에 20명의 임직원이 있다고 가정했을 때 세 바퀴 정도 돌면 그 기업이 안정화되는 것 같다고 했다.

'세 바퀴를 돈다'는 의미는 20명의 직원을 보유한 스타트업이 성장하고 안정화하는 시간 동안 이들이 전부 퇴사하고, 다른 20명의 직원들로 교체되어 또 전부 다 퇴사한 후 다시 채워지는 것을 의미한다. 숫자로 나열해보면 스타트업 초기의 1~20번, 스타트업 중기의 21~40번의 입사자가 모두 나간 후 스타트업 후기의 41~60번째 사람들이 들어오면 회사는 안정기에 접어든다는 것이다. 오랫동안 투자를 하면서 수많은 스타트업의 흥망성쇠를 지켜본 대표님들의 이야기를 듣고 내 경우를 떠올려보니 어떤 의미인지 깨달을 수 있었다.

우리 회사가 겪었던 세 번의 교체

스타트업은 회사의 성장 단계에 따라 함께하는 조직 구성원이 자연스럽게 교체된다.

> 우리 회사도 초기 창업 1~2년 차의 직원들 중 현재까지 남아 있는 직원은 한 명밖에 없다. 전체 인력 교체가 실제로 2~3회 정도 일어난 것이다. 회사 설립 초기부터 성장 단계의 직원들은 함께 고난과 역경을 견뎌냈지만, 이후 새로 들어오는 인력들과 종종 마찰이 발생했다. 투자를 받고 본격적으로 성장하기 시작했던 창업 2년 차에 그동안 자유분방했던 회사의 조직문화 대신 인사, 재무회계와 관련된 각종 규칙, 규율, 매뉴얼이 생겼고 회사에 본격적으로 적용되었다.
>
> 조직 구성원이 이를 준수하면서 회사가 안정화되는 동안 규율과 규칙이 느슨했던 상황에서 근무했던 초기 직원들은 불만을 갖기도 했고 조직 부적응자도 생겨나면서 이탈이 발생했다. 창업 3~4년 차에는 새로운 규율과 규칙이 적용되는 체계 속에서 새로 들어온 직원들을 기반으로 본격적인 성장기에 접어들었다. 회사의 외형적인 성장 속도만큼이나 조직 구성원의 수도 비례해 증가했고, 이때부터 사내 정치나 여론이 만들어져 직원들끼리의 다툼, 직원과 경영진의 마찰이 빈번하게 발생했다.
>
> 그 후 한 차례 경영 위기가 오고 조직이 데스 밸리$^{death\ valley}$*를 거치면서 불

---

* 죽음의 계곡. 스타트업에서 초기 사업이 이제 막 작동은 하지만 수익이 없는 상태를 의미한다. 이 시기는 자본으로 인한 어려움이 가장 심하기 때문에 사업 리스크가 가장 큰 상태다.

가피한 구조조정도 있었고, 사내 정치, 직원 간의 갈등, 조직에 대한 불만 등으로 또다시 직원들이 이탈하는 과정을 겪었다. 두 번째로 전 인력 교체가 이루어지는 순간이었다.

두 차례의 채용과 이탈 과정을 겪은 후 경영진과 인사팀의 인재 채용 철학이 바뀌었다. 초기 성장기에는 업무 태도가 별로이거나 다소 공격적인 성향의 직원이 있다고 하더라도 뛰어난 실력을 보유하고 회사 성장에 도움이 된다고 판단되면 채용했다. 이들은 실제로 성장에 많이 기여하기도 했다. 그러나 회사 시스템이 안정화됨에 따라 시스템 안에 들어오려 하지 않는 직원들이 회사 분위기를 와해하거나 여론을 조성했고 사내 갈등을 촉발했다. 설립 5년 차가 지나자 나와 경영진은 직원들이 안정화된 시스템에 적응하고 따라주길 바랐다.

이로 인해 인재를 채용할 때는 해당 직원이 회사 분위기에 잘 적응할지, 업무 태도는 좋을지를 무엇보다 관심 있게 본다. 톡톡 튀는 개성을 가진 사람이 회사에 활력을 줄 수는 있지만, 그 개성이 조직의 분위기와 맞지 않으면 회사에 어떠한 영향을 미치는지 이미 겪어봤기 때문에 소위 '회사와 궁합이 잘 맞을 것 같은 사람'을 찾게 되었다.

그렇게 우리 회사도 수년 동안 수십 명의 직원이 교체되었고, 조직 위기도 여러 번 겪었다. 그리고 우연의 일치인지, 현재 함께하고 있는 직원들은 벤처캐피털 대표님이 이야기했던 대로 세 번의 교체를 통해 만난 인연이다.

'세 번의 교체'설의 일반화

문득 '세 번의 교체'라는 가설이 대부분의 스타트업에게 일반화될 수도 있겠다는 생각이 들었다. 스타트업 설립 초기 인력이 성장기를 거치며 조직의 규율, 체계가 잡히는 과정에서 기존 방식과의 괴리로 이탈하는 일은 여느 스타트업에서도 목격되기 때문이다.

'처음엔 안 그랬는데 회사가 변했어', '예전 같지 않고 너무 통제해'라는 생각은 기업이 조직적이고 체계를 잡아가는 과정에서 흔히 나오는 불만이다.

성장기의 스타트업 대표들은 대체로 실력이 뛰어난 인재를 찾는 데 혈안이 되어 있다 보니 다소 성격이 강하거나 업무 태도가 별로라는 생각이 들어도 일단 채용한다. 성장의 동력이 되어주는 것은 분명하기 때문이다. 그러나 이들은 때로 사내 정치나 부정적인 여론을 형성하기도 한다. 보통 이 시기를 겪은 후 두 번째 인력 교체가 이루어지고, 스타트업의 평판은 설립 5년 차가 넘어갈 때쯤 대체적으로 매우 낮은 수준을 보인다.

스타트업은 '처음'이고 '신생'이라는 뜻을 내포하기 때문에 생존하고 성장하는 과정 속에서 체계가 잡히고 시스템이 안착되어 간다. 그 과정에서 창업자는 실수나 잘못된 의사결정도 상당히 많이 한다. 대표에게도 배울 시간이 필요한 것이다.

모두가 처음이기 때문에 처음부터 대단히 잘할 수는 없다. 운동선수가 아마추어에서 프로로 거듭나듯이 스타트업 대표들도 그렇게 프로가 되어가는 과정을 겪는다. 그러므로 조직 구성원이 시간 흐름에 따라 교체되고 나가는 것을 온전히 '내 탓'이라고 자책할 필요도 없다. 회사에 불만을 갖고 이탈한 사람도 있지만 고마움을 갖고 나간 사람들도 분명히 있다.

나 역시 매년 새해가 되면 우리 회사에서 일했던 몇몇 직원에게 감사 문자를 받곤 한다. 그것을 보면서 내가 100% 잘못된 길만 걷지는 않았구나, 모든 떠난 인연이 헛되지만은 않았구나라는 생각을 하며 용기를 얻는다.

스타트업 대표가 언제나 옳은 결정만 할 수는 없다. 직원의 50%를 만족시켜도 나머지 50%는 불만을 가질 수 있다. 하지만 우리는 시간을 통해 배우면서 경험을 축적하고 이에 따라 의사결정도 정교해진다. 사람이 드나들고 부정적인 기업 평판 리뷰가 쌓인다고 해서 위축되거나 고뇌할 필요는 없다.

우리는 당시에 최선을 다해 선택했고 남들이 자는 시간을 쪼개 열정을 바쳤다는 사실을 부인할 수 없다. 나 역시 사업을 시작한 후 초기 3년 동안은 매일 야근에 주말에도 일했고, 휴가도 없이 시간을 쪼개어 생활했다. 그렇게 수명을 깎아가며 시간과 노력과 열정을 불태웠다.

스타트업 대표들도 나와 비슷한 과정을 겪는다고 생각한다. 그 속에서 대표의 멘탈은 무너지기도 하고 다시 여물어 단단해지기도 하는 동시에 조직은 시스템화되고 안정을 찾아간다. 그러므로 덤덤하게 마음을 먹고 스스로에게 더 너그러울 필요가 있다.

요약

스타트업을 운영하는 대표의 자세

- 스타트업에서 인사는 곧 만사다.
- 스타트업 생애주기에 따른 직원들과의 잦은 만남과 이별에 익숙해지자.
- 인사관리를 잘하기 위해서는 창업 초기부터 꾸준한 조직 관리, 운영에 대한 고민을 해야 한다.

경영진들이
한 목소리를 내고 있는가

경영진은 중요한 의사결정 과정에서 치열하게 싸우고 논쟁해야 한다.
그러나 최종 결정은 오롯이 대표의 몫이다.
그것이 대표가 짊어져야 할 책임이자 무게다.

스타트업을 운영하다 보면 직원뿐만 아니라 경영진의 교체도 발생한다. 나와 함께 스타트업을 시작했던 공동 창업자 두 명이 퇴사한 후 네 명의 경영진을 추가 영입했다. 그중 두 명이 퇴사해 현재는 남은 두 명과 회사를 경영하고 있다.

특정 시기에 특정 인력이 필요한 순간들이 있다. 뛰어난 기술력을 알리기 위해서는 대대적인 광고 마케팅 활동이 필요한데, 내부에는 1~2년 차 주니어 마케터밖에 없다면 외부에서 뛰어난 경력을 보유한 시니어급 마케터를 찾아 영입해야 한다. 혹은 외부 투자기관과의 커뮤니케이션이나 신규 투자 유치 관련 대외 활동을 강화하기 위한 CFO를 찾아야 할 수도 있다.

스타트업에서 C레벨은 경영진으로, 대표와 함께 회사의 성장을 위해 힘쓰는 가장 높은 책임자들이다. 그러므로 대표와 함께 공동의 목표를 수행하기 위해 달려야 하며 이를 위한 동기부여로 회사에서는 스톡옵션을 부여하기도 한다.

그러나 회사를 운영하다 보면 서로 합심해서 회사를 이끌 거라고 생각했던 경영진이 어떤 이슈로 인해 내분을 일으키거나 회사를 완전히 떠나는 경우가 있다. 이들이 떠나는 이유는 무엇이고, 어떻게 관리해야 할까?

대표가 회사를 이끄는 데 흔히 하는 실수들을 통해 경영진을 어떻게 관리하면 좋을지 파악해보자.

만장일치로 의사결정하는 게 옳다고?

공동 창업을 하는 스타트업 대표가 흔히 하는 실수는 '우리는 사업을 함께 시작했으니 모든 의사결정을 만장일치로 하거나 다수결로 결정하자'고 이야기하는 것이다. 의사결정 방식에서 만장일치는 가장 이상적인 방법이기는 하지만, 스타트업은 대표의 책임 아래 결정하고 결정한 사항을 추진력 있게 실행하는 게 훨씬 중요하다는 것을 명심하자.

> 우리 회사는 창업 초기에 의사결정이 필요한 상황에서는 항상 설립 멤버 전원이 참여해 다수결로 사안을 결정했고, 경영진이 결정해야 하는 상황에서는 항상 만장일치가 되어야 결정했다. 그러나 이러한 의사결정 방식은 회사가 추진력을 갖고 달려나가야 할 때 발목을 잡는 경우가 많았다.
>
> 2017년, 신규 제품 론칭을 위해 경영진 세 명이 회의를 하면 항상 두 명이 찬성하고 한 명이 반대했다. 만장일치로 의사결정을 하다 보니 결국 아이템 론칭이 수차례 무산되었다. 그러자 다른 미디어커머스 경쟁 업체들이 발 빠르게 해당 제품들을 출시해 대박을 냈다. 이렇게 만장일치가 되지 않아 드롭한 아이템이 2017년에만 네 개 정도였는데, 그 해에 네 개 제품이 죄다 다른 업체들에서 출시되었고 모두 대박이 났다. 이러한 상황이 되자 경영진 내부에서 '네가 그때 반대해서', '그냥 밀고 나갔으면 됐을 텐데'와 같은 불만이 터져 나왔고, 결국 불협화음이 생기고 말았다.

> 그러나 회사 매출에 대한 최종 책임은 대표가 진다. 만장일치로 의사결정
> 을 하기로 한 의사결정 시스템을 대표가 바꾸지 않았기 때문에 이러한 결
> 과가 생긴 것이었다.

스타트업을 운영하면서 의사결정을 하는 부분에 있어 깨달은 점이 있다면, 경영진 간에 치열하게 논의하더라도 최종 의사결정은 대표가 해야 한다는 것이다. 그리고 그 결정에 대한 책임도 대표가 져야 한다. '그때 누가 반대해서'라는 말은 할 필요가 없는 것이다.

스타트업 대표라는 자리는 그러하다. 남들보다 해야 할 일도 많고 의무도 많고, 그에 따른 책임도 많다. 그만큼의 무게를 견뎌야 하기 때문에 버거운 자리일 수도 있다. 그러나 우리는 스타트업을 창업하기로 결심했고, 회사를 창업했다면 결과를 책임질 각오를 해야 한다.

물론 의사결정 과정이 독단적이서는 안 된다. 경영진과의 충분한 논의와 논쟁 과정이 있어야 한다. 경영진 모두가 100% 만족할 수는 없겠지만, 의견을 수렴하는 과정은 반드시 필요하다. 이 과정에서 경영진은 회사 경영에 참여하고 있다는 동기부여와 함께 이들의 의견을 바탕으로 회사가 운영된다는 생각을 갖는다.

스타트업 경영진은 초기 공동 창업자를 제외하고는 대체로 외부에서 뛰어난 인재가 스카웃되었을 가능성이 높다. 이들은 스타트업이 생존할지 망할지 알 수 없는 상황에서 대표의 비전과 사업 방향을 믿고 배팅한 사람들이다. 그러므로 이들을 존중하고 공동의 목표를 향해 달려나갈 수 있도록 꾸준히 동기부여를 해주어야 한다.

뛰어난 인재라도 때로는 과감한 이별이 필요하다

한편, 조직 운영에 있어 경영진이 회사에 되려 위협 요소가 되는 경우가 있다. 이 경우에는 과감하게 그리고 빨리 이별을 생각해야 한다.

해당 분야에서 저명한 전문가를 경영진으로 영입했던 적이 있다. 함께 일하다 보니 그는 자신이 맡은 업무에 대해서만 탁월하다는 걸 알게 되었는데, 그가 해오던 업무는 주로 혼자 하는 일이었고 다른 사람과 경쟁하며 성장하는 포지션이었기 때문에 이전 직장에서는 경쟁자를 제거하면서 인정받은 것이었다.

그는 경영진으로서의 입장을 다지기 위해 조직 내부의 사람들을 편 가르기 시작했다. 너는 내 편, 쟤는 대표 편이라고 나누어 관리했던 것이다. 자신을 따르는 사람들에게는 내 험담을 하면서 자신의 우월함을 알렸고, 아직 확정되지 않아 공표하지 않은 경영진의 결정 사항을 함부로 떠들고 다니면서 조직이 급속도로 분열되었다. 이러한 그의 행동은 외부에까지 이어졌는데, 자신이 우리 회사에 들어오기 전까지는 회사가 엉망이었다면서 전부 대표의 무능함 때문이라고 떠들고 다녔다. 그 결과 외부 시선도 곱지 않았고 내부에서는 갈등이 악화되었다.

사사건건 내가 결정한 사항을 번복하거나 경영진 회의에서 정리된 사안을 전체 직원 회의에서 뒤엎기도 했다. '그때는 동의했지만 사실 반대한다'는 식으로 말이다. 이렇게 불협화음이 발생하면 조직 내의 불안도 커지고 직원들은 혼란을 겪게 된다.

당시 해당 경영진을 당장 해고할 수는 없었다. 그가 맡은 직무의 중요성 때문이었다. 그러다 1년이 지난 후 나는 그에게 조직 통합을 위해 의사결정된 사항에 대해 반박하거나 뒷담화를 하지 말 것을 직설적으로 당부했다. 그러자 그는 바로 다음날 사표를 내고 떠났다.

이러한 일화를 특정 개인의 이야기라 생각할 수도 있다. 그러나 스타트업 대표들과 이야기해보면 어느 조직에서나 조직의 와해나 분열을 조장하는 경영진이 존재한다. 어쩌면 그 사람들의 마음속에는 '그건 내가 전문가야', '내가 대표보다 뛰어나'와 같은 생각이 자리잡고 있기 때문일 수도 있다. 그도 그럴 것이 외부에서 영입하는 경영진들은 대표보다 더 많은 경력을 보유한 사람들일 가능성이 높기 때문이다. 그러나 이러한 목소리가 외부로 나오면 나올수록 조직은 쉽게 분열된다.

그러므로 스타트업 운영에 있어 경영진이 한 목소리를 낼 수 있도록 지속적으로 경영진 간에 소통해야 하고, 조직 내에서 서로가 반대 목소리를 내지 않도록 상호 협조할 필요가 있다. 그리고 다시 한번 강조하지만 경영진과의 충분한 논의를 거쳐 의사결정하되, 최종 판단은 대표가 해야 한다. 그래야 조직 내에서 대표가 가지는 위상을 직원 모두가 인정하고 따를 뿐만 아니라, 조직 분열이 일어났을 때 대표가 바로잡을 수 있는 힘이 생긴다.

요약

의사결정 노하우

- 초기 공동 창업자들과 의사결정 시 다수결 원칙을 고수하는 태도는 버리자.
- 성장기에는 대표의 추진력이 매우 중요하므로 믿고 따를 수 있는 비전을 제시하는 것이 중요하다.
- 경영진과 충분히 논의하되, 최종적인 의사결정은 대표가 하는 것이 좋다.

대표는 '똑게'가 좋을까
'똑부'가 좋을까

스타트업의 시계는 늘 빠르게 흘러간다.
그러나 그냥 흘러가게 두면 자본은 금세 고갈되고 사람들은 떠난다.
창업자는 늘 깨어 있어야 하고 변화의 기운을 감지해 시류를 탈 수 있어야 한다.

독일군의 지휘 교범에서 나왔다고 알려진 상급자, 하급자에 대한 분류에서 똑게, 똑부, 멍게, 멍부라는 2×2 매트릭스 분류법*이 있다. 이는 조직에서 어떠한 유형의 인재가 되어야 하는가를 이야기할 때 종종 인용되며 '똑똑하다, 멍청하다, 부지런하다, 게으르다'는 표현을 혼합한 것이다. 예를 들어 똑게는 똑똑하고 게으른 유형, 똑부는 똑똑하고 부지런한 유형, 멍게는 멍청하고 게으른 유형, 멍부는 멍청하고 부지런한 유형이다.

---

* 1933년에 발간한 독일의 지휘 교범에 수록된 분류법. 군부에서 나온 표현이지만 직장, 학교, 가정 등 수직적 구조가 존재하는 모든 집단에서 적용 가능하다.

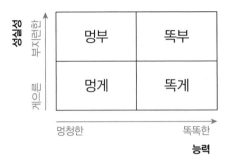

조직에서의 인재 유형을 구분한 2×2 매트릭스

이 유형 분류에서 주의할 점은 똑똑하고 멍청하다는 의미가 지능의 높낮음을 의미하지 않는다는 것이다. 이는 조직 내에서의 업무 태도와 행동에 따른 단어로, 자신이 맡은 업무에 대한 이해도나 처리 능력을 기준으로 분류한 것이다.

일반적으로 기업의 리더들은 '똑게'가 되는 것이 좋다는 이야기를 한다. 똑똑하지만 게으른 것, 즉 의사결정에 있어 영민함은 있지만 다소 게으르게 일함으로써 일은 직원들이 할 수 있도록 위임하는 것을 의미한다.

스타트업 대표는 어떤 인재여야 할까

그렇다면 스타트업 대표도 똑게여야 할까? 나는 스타트업은 조금 다르다고 생각한다. 사람들이 말하는 일반적인 기업은 이미 안정화되어 있고 꾸준히 이윤을 창출하는 곳을 의미한다. 그러나 스타트업은 한정된 자본과 시간 속에 비즈니스 모델을 성공시키기 위해 모인 사람들로 구성돼 있으며, 대표는 자연스레 1인 다역을 할 수밖에 없다.

대표만의 전문 분야가 있다고 하더라도 대표는 재무회계, 총무를 비롯한 경영지원 업무에서 투자유치, 대외 네트워크에 이르기까지 멀티 플레이어로 일해야만 한다. 그러므로 스타트업 대표는 강제로라도 부지런해질 수밖에 없다. 만약 대표가 게을러서 자신의 일을 누군가에게 떠넘긴다면 그 기업은 몇 개월도 안 되어 문을 닫을 수도 있다. 그런 의미에서 스타트업 대표는 기본적으로 부지런해야 한다.

그리고 무엇보다 똑똑해야 한다. 이때의 똑똑함이란 앞서 언급했듯이 지능을 의미하는 것이 아니라 업무에 대한 이해, 그리고 올바른 의사결정을 할 수 있는 영민함을 갖춘 것을 의미한다. 스타트업 대표는 하루에도 수십 번의 크고 작은 의사결정을 해야 하는 상황에 놓인다. 초기에는 물건 하나 사는 행위까지도 관여해야 할 정도로 하나하나 결정해야 하는 일들의 연속이다.

대표의 똑똑한 의사결정은 스타트업의 생존과 성장에 매우 중요하다. 시간이 지나고 기업이 안정화되어 갈수록 대표의 의사결정 횟수는 줄어들고 낮은 중요도의 의사결정은 다른 직원들에게 위임될 것이다. 그러나 기업 안정기라고 할지라도 중요한 의사결정은 여전히 대표의 몫이다.

예를 들어 회사 비즈니스 모델을 피보팅해야 할 때, 투자유치를 할 때, 사업을 확장할 때, 사업부를 신설하거나 계열사를 만들 때와 같이 회사의 존폐 그리고 성장과 관련된 의사결정은 여전히 대표가 해야 한다. 버크셔 해서웨이의 CEO인 워렌 버핏은 90세가 넘는 나이에도 불구하고 여전히 현역에서 기업 투자의 중요한 시점에는 직접 의사결정에 관여한다고 알려져 있다.

가끔 업계 대표들과 네트워킹을 하다 보면 어느 기업 대표는 '나는 일주일에 한 번 정도 회사에 간다', '회사가 시스템화되어 있어서 굳이 내가 없어도 된다', '직원들이 오히려 내가 가면 불편해한다' 등의 이야기를 한다. 그러나 이러한 기업의 경우 당장은 현상을 유지하겠지만 급격히 변화하는 시장 흐름을 좇을 수 없을 것이다.

최근 20년 사이의 사회 변화는 이전 50년보다 훨씬 급진적이고 혁신적이었다. 그리고 앞으로의 사회는 우리 생각보다 더 빠르게 바뀔 것이다. 최근에는 AI가 인간과 대화를 하거나 그림을 그리고, 영상이나 광고 카피를 만들면서 인기를 끌고 있다. AI라는 단어가 처음 등장한 지 60년이 넘었지만 인간과 장문의 대화를 이어가거나 무언가를 창작하기 시작한 것은 불과 5년이 채 되지 않는다. 기술 발전 속도가 그만큼 빨라지고 있는 것이다. 심지어 작년에 유용했던 기술이 올해는 그렇지 않을 수도 있다. 그러므로 대표는 손 놓고 있어도 된다는 태도는 앞으로의 변화를 무시하는 안일한 자세라고 생각한다.

한편 '내가 가면 불편해한다'라고 생각하는 대표는 회사 내에서 리더십을 제대로 발휘하고 있는지에 대한 의구심이 든다. 조직에 있어 대표라는 존재는 당연히 사람들이 두려워할 수도 있고 불편해할 수도 있다. 그러나 직원들이 그 회사에서 일하는 이유는 안정적으로 나에게 월급을 줄 것이라는 믿음과 회사에서 내가 배울 게 있다고 여기기 때문일 것이다. 그러니 대표를 불편해하는 회사 조직은 궁극적으로 직원들이 그 대표를 신뢰하고 따르는지에 대해 진지하게 생각해봐야 한다.

변화의 의연하게 대처하는 자세

스타트업 대표에게는 아주 작은 조직부터 큰 조직까지 이끌어갈 수 있는 기회가 있다. 1인 기업 대표로 시작하더라도 20~30명 넘는 조직을 운영하게 될 수도 있고, 300명이 넘는 거대 조직을 운영할 수도 있다. 현재 당근마켓은 약 300명, 야놀자는 약 2천 명의 직원이 근무를 하고 있다. 이 기업들 모두 초기에는 몇 명의 설립 멤버로 시작한 스타트업이다.

직원이 한두 명밖에 없는 스타트업을 운영한다고 해서 대표가 구멍가게를 운영하는 사장이라고 생각해서는 안 된다. 우리 조직이 앞으로 성장할 것이라는 비전을 가지고 3년 뒤, 5년 뒤의 모습을 상상하면서 목표에 맞는 태도를 갖추는 게 중요하다. 앞으로 1년 뒤, 3년 뒤 또는 5년 뒤에 우리 회사는 어떠한 비즈니스로 매출을 만들고 성장해나갈 수 있을까를 상상해야 한다. 그리고 그 목표 달성을 위해 우리는 어떻게 프로젝트를 체계적으로 관리하면 되는지, 비즈니스 모델을 피보팅한 후 안정화까지는 얼마나 걸리고 이를 위해 어떤 준비를 해나갈지 고민하고 실행한다.

스타트업 대표는 회사를 운영하면서 변화에 의연하게 대처할 수 있다는 자신감을 갖는 게 중요하다. 우리가 가진 기술, 제품의 우월성이 있다고 해도 그 차별점이 오래 가지 않을 것이라고 생각하며 대비하는 자세 역시 필요하다.

스타트업의 시계는 늘 빠르게 흘러간다. 그대로 내버려 두면 자본은 금세 고갈되고 사람들은 떠난다. 창업자는 늘 깨어 있어야 하고 변화의 기운이 불면 붙잡아서 그 시류에 편승할 수 있어야 한다.

요약

스타트업에 적합한 인재 유형

- 똑게는 똑똑하고 게으른 유형, 똑부는 똑똑하고 부지런한 유형이다.
- 멍게는 멍청하고 게으른 유형, 멍부는 멍청하고 부지런한 유형이다.
- 스타트업 대표는 실행, 관리를 모두 해야 하는 입장이므로 똑부가 되어야 한다.

스트레스와 번아웃에
항상 대비하라

번아웃, 무기력이라는 단어는 언제 어떻게 찾아올지 모르기 때문에
미리 나만의 해결 방법을 찾아두어야 한다.

기업을 운영하는 대표들은 규모가 작든 크든 매출과 이익에 대한 고민을 늘
달고 산다. '이번 달 직원들에게 월급을 줄 수 있을까?', '고정비는 낼 수 있
을까?'와 같은 고민부터 '이번 달 BEP는 넘길 수 있을까?', '매출은 작년 대
비 몇 퍼센트 성장해야 할까?' 등 나가는 돈과 들어오는 돈에 대한 고민이
많다.

기업이란 이윤 추구를 목적으로 재화와 용역을 생산하는 조직적인 경제 단
위이기 때문에 기본적으로 돈을 벌 수 있어야 한다. 만약 조직이 이윤을 추
구하지 않는다면 친목 단체이거나 자선 단체이지 기업이라 부를 수 없다.

그러므로 스타트업을 운영한다면 매출을 만들 수 있어야 한다. 비즈니스 형
태에 따라 회사 설립 후 6개월 만에 매출을 내는 스타트업도 있을 것이고,
기술 기반 기업의 경우 그 기술이 상용화될 때까지 1년 이상 걸릴 수도 있
다. 빠르게 매출을 만들어내는 기업은 매출을 기반으로 더 높은 밸류를 받
아 시장 점유율을 올릴 테고, 기술 개발 기업의 경우 기술의 독보적인 우수

성을 기반으로 투자유치를 꾸준히 해나갈 것이다.

미디어커머스를 비즈니스 모델로 한 우리 회사는 창업 3개월 차부터 매출이 발생했다. 퍼포먼스 마케팅을 기반으로 하여 마케터가 광고를 집행하면서 매출도 만들었기 때문에 광고와 매출이 거의 동시에 발생하는 구조였다. 그것이 회사 비즈니스 모델의 차별점이기도 했다.

전통적인 마케팅을 하는 기업에서는 마케팅 담당자와 영업 담당자를 구분해 운영한다. 이러한 기업은 광고를 제작하고 매체에 광고를 집행하는 팀이 있고, 온/오프라인 영업 채널을 담당하는 영업 담당자가 따로 있다.

그러나 퍼포먼스 마케팅은 광고 캠페인을 실행하고 광고로 인한 매출을 만드는 업무가 함께 이루어지기 때문에 마케팅과 세일즈 영역을 넘나드는 일을 하곤 한다. 그 결과 마케터는 매일 광고한 것에 대한 결괏값, 즉 퍼포먼스 마케팅 성과를 성적표처럼 받는다. 어제 집행한 광고가 얼마나 매출로 전환되었는지, 광고비로 얼마를 소진했는지, 내가 운영하는 광고의 클릭률, 전환율은 좋았는지와 같은 상세 데이터를 받는 것이다. 그래서 어떤 날은 광고비보다 몇 배 많은 매출이 발생해 날아갈 것처럼 행복하다가도, 어떤 날은 광고비도 못 건진 날이 있어 괴로워하기도 한다. 이렇게 매일 성적표를 보는 일을 지속하다 보면 부지불식간에 번아웃이 온다. 연봉이 높다고 퍼포먼스 마케터에 도전했다가 과도한 스트레스로 1년도 채 되지 않아 이탈하는 사람들을 주변에서 많이 봤다.

어느 날 뜻하지 않게 찾아온 녀석, 번아웃

스타트업 대표들은 강도 높은 업무와 스트레스 속에 놓여 있다 보니 번아웃을 경험하기도 한다. 이때 스스로 극복할 수 있는 나만의 방법을 찾는 것이 중요하다.

나 역시 퍼포먼스 마케팅을 수행하면서 매일 성적표를 받았다. 주 단위로는 매출을 관리하고 월 단위로는 투자자와 미팅하면서 매출에 대해 지적받거나 성적표를 다시 리뷰하는 등의 과정을 거쳤다. 강도 높은 업무 스트레스로 야식을 먹거나 음주를 자주 했더니 체중은 2년 만에 7kg나 불었고 번아웃이 왔다. 우리는 5년, 10년을 목표로 달려갔지만 매일의 레이스에 내가 먼저 지쳐 나가떨어졌던 것이다.

그리고 약 한 달 정도는 모든 업무에 손 놓을 정도로 정신적으로 괴로운 시간을 보내며 집에서 재택을 하면서 멘탈 관리에 힘썼다.

한 달 후 회사에 복귀했더니 기존 업무뿐만 아니라 조직 갈등 심화로 인해 처리해야 할 일들이 쏟아졌다. 그때 정신을 번쩍 차렸다. 이대로 두면 회사는 망하겠구나, 내가 쉬는 동안 조직은 폭파 직전의 상황이 되었구나 등의 생각이 들면서 분노와 함께 다시금 열정이 치솟았다. 이대로 포기할 수 없다는 생각에 이슈를 하나씩 해결해나갔다. 냉정하게 사람을 내보내거나 보듬기도 했다.

나는 번아웃은 언제든 다시 찾아올 수 있으며 스트레스를 관리하는 나만의 방법을 찾지 않으면 안 되겠다고 생각했다. 그래서 일을 마치고 보컬 레슨도 받아보고, 필라테스도 하고, 헬스장에서 숨이 헐떡거릴 정도로 운동도 했다. 정신적인 피로를 줄이기 위해 육체적인 피로도를 올렸던 것이다. 그런데 신기하게도 옷이 흠뻑 젖을 정도로 땀이 나면 육체적으로는 고단한데 정신은 오히려 맑아졌다.

술을 줄였고 식사도 조절하면서 다시 체중을 감량했다. 그렇게 스트레스를 관리하기 위한 나만의 방법들을 조금씩 찾아갔다.

번아웃, 무기력증과 같은 증상은 개인별 그 깊이와 심각성 정도가 다르긴 하지만, 벗어나기 위해서는 현재 하는 일과 전혀 무관한 일을 통해 풀거나 정적인 사람이라면 동적인 상황으로 푸는 등의 시도를 해보는 게 좋다. 나의 경우에도 늘 정적인 자세로 앉아서 데이터를 보고 분석하는 일을 하다 보니 몸을 쓰는 방법으로 스트레스를 풀고 번아웃을 극복하고자 했다.

사람마다 스트레스를 관리하고 번아웃을 예방하는 방법은 다르다. 누군가는 아무도 없는 조용한 곳에서 쉬는 것이 힐링일 수도 있고, 여행을 통해 머리를 비우는 방법도 있고, 홀로 음악을 듣거나 뮤지컬을 보는 행위가 스트레스를 낮춰줄 수도 있다.

중요한 점은 나만의 방법을 '미리' 찾아야 한다는 것이다. 우리는 몸과 정신을 이성적으로 통제할 수 있을 것이라고 과신하지만, 번아웃은 생각보다 급작스럽게 오고 대비할 새도 없이 순식간에 마음을 무너뜨린다. 그러므로 스타트업을 운영하면서 항상 직면하는 스트레스 상황을 잘 다스릴 수 있도록 노력하자. 그리고 스타트업은 대표의 몸과 마음이 무너지면 조직도 존폐 위기를 맞을 수 있다는 사실을 명심하자.

요약

번아웃을 대하는 현명한 자세

- 스타트업은 기본적으로 업무량이 많고 스트레스 지수도 높기 마련이다.
- 단기간 성과를 만들어야 하는 압박으로 대표들은 번아웃이 쉽게 올 수 있다.
- '나는 번아웃이 오지 않을 거야'라는 생각보다는 스트레스를 어떻게 관리할지 나만의 방법을 미리 찾는 게 현명하다.

대표는
매일 꿈을 꾼다

**현재 너무 어렵고 모든 걸 포기하고 싶더라도
이 사업을 하는 이유와 안정화될 미래를 생각하며 항상 꿈을 꾸자.
기업은 대표가 꿈을 꾸는 만큼 성장한다.**

나는 데이터 마케팅이라는 가장 최신의 마케팅 분야 업무를 하고 있고, 마케팅과 테크놀로지가 결합한 마테크*의 선두주자로 전문성을 쌓아나가고 있다. 즉, 업무 대부분이 디지털 환경 안에서 이루어진다.

하지만 이렇게 지극히 디지털 환경 속에서 일하면서도 여전히 아날로그 방식을 고수하기도 한다. 활자에 대한 집착도 있고 손으로 꾹꾹 눌러 써야 내 마음에도 새겨진다고 생각하기 때문인지 여전히 펜을 놓지 못한다. 독서할 때는 전자책이 아닌 종이책을 항상 펜을 쥐고 읽으면서 중요한 문장이나 한 번 더 읽고 싶은 부분에 밑줄을 긋는다.

때로는 '영감 노트'에 생각나는 것들을 끄적이기도 한다. 내용은 주로 개인과 회사, 가족과 관련된 것들이다. 이를테면 나는 올해 어떻게 살 것이며 어

---

* 마케팅과 테크놀로지의 합성어로 '기술적인 마케팅'을 할 수 있게 만드는 플랫폼, 솔루션, 응용 프로그램들을 활용한 방법. 마테크 분야에는 검색엔진최적화(SEO), 개인화 마케팅, CRM 마케팅, 퍼포먼스 마케팅, 데이터 관리 플랫폼(DMP, CDP) 등이 포함된다.

떻게 해내겠다라는 다짐, 목표나 하고 싶은 것도 적고, 아이디어나 변화한 모습들도 기록해둔다. 또 내가 적어둔 일을 잘하고 있는지 살피기 위해 앞 장을 뒤적거리기도 하고 노트를 펼쳐놓고 명상에 빠질 때도 있다.

내가 직접 써 내려가는 글에는 힘이 있다. 이러한 글은 블로그나 인스타그램에 쓰는 것과는 사뭇 다르다.

독서와 유튜브는 달라도 너무 다르다

책은 내가 원하는 속도로 읽으면서 내용을 음미할 수 있다. 어떤 부분은 순식간에 읽고 넘어가는 반면, 어떤 부분은 두 번을 정독해 읽을 때도 있고, 책을 덮고 잠시 멈춰 생각에 잠기기도 한다. 이 과정 속에서 나는 책과 대화하고 생각을 정리한다. 정확히는 책을 소화한다는 표현이 맞을 것이다.

유튜브와 같은 영상 콘텐츠에서 얻는 경험치는 책에서 얻는 것과 비교하면 반 혹은 반의 반도 얻지 못하는 경우가 많다. 영상은 내가 원하는 속도가 아닌 콘텐츠의 재생 속도에 맞춰 내용이 흘러간다. 영상을 중간에 끊고 생각하기보다 콘텐츠가 끝날 때까지 단순히 시청만 하게 된다. 영감을 주는 콘텐츠도 많고 음미할 만한 인사이트도 많지만, 그 기억과 감정이 오랫동안 남아 있지는 않다. 온전히 내 속도에 맞춰 콘텐츠를 소화하지 않고 영상의 재생 속도에 맞춰 강제로 소화시켰기 때문이다.

노트도 마찬가지다. 한 달 전에 블로그에 작성한 글을 찾으려면 검색어를 입력해 찾거나 게시물을 일일이 열람해야 한다. 때로는 내가 썼던 내용조차 기억하지 못할 때가 많다. 그러나 노트에 쓰면 앞장을 넘기면서 내가 전개해온 생각의 흐름을 한 번에 볼 수 있고, 그 흐름 속에서 이러한 결론에 도

달했다는 의식의 여정을 찾을 수도 있다.

창업 초기에 썼던 노트를 가끔 펼쳐보면 당시 브랜드에 대한 기획 아이디어나 해당 브랜드의 페르소나를 설정했던 장면, 생각나는 대로 적어둔 브랜드 슬로건도 있다. 그리고 당시에는 아이디어가 어쩜 이렇게 반짝거렸을까라는 생각에 스스로 감탄도 한다.

이처럼 책을 읽거나 글을 쓰는 행위는 잠시 멈춰서서 나를 돌아볼 수 있게 하고, 앞으로의 미래를 꿈꾸는 데 영감과 열정을 심어준다. 한 개인으로서 내가 잘 살아가고 있는지, 어떤 인생을 살고 싶은지, 내가 진짜 원하는 것은 무엇인지를 고민하는 것은 매우 중요하다. 생각하지 않으면 주어진 대로 인생을 살게 되지만, 생각을 하면 우리의 인생은 생각대로 펼쳐질 수 있다.

내 인생은 하고자 하는 대로 된다

만사여의라는 표현이 있다. 세상 모든 일은 내가 하고자 하는 뜻대로 된다는 뜻이다.

하지만 회사 운영은 내 생각대로 되지 않는 경우가 대부분이다. 운이 따라주는 경우는 거의 없으며 바닥을 치고 고생하는 가운데 쌓은 경험으로 근근이 생존한다고 느낄 때도 있다. 그러나 그 와중에도 나는 매일 꿈을 꾸고, 그 꿈이 이루어질 것이라는 확신을 가지고 산다. 나의 삶을 펜으로 쓰고 마음에 새겨 넣는 행위는 당장의 오늘 내일을 바꾸지는 못하겠지만 앞으로의 5년, 10년 후의 삶은 달라질 것이라는 확신이 있다.

스타트업이란 멈춰 있지 않은 생물체다. 변화에 적응하지 않으면 도태되어 사라진다. 우리의 현재 비즈니스 모델은 10년 뒤에는 더 이상 유효하지 않을 수도 있고, 실제로 전혀 다른 업종으로 변경될 수도 있다. 대기업도 마찬가지다. 네이버, 카카오만 해도 만들었다가 사라지는 서비스가 수십 개 이상이다. 실수하고 실패하면서 가장 소비자의 선택을 많이 받는 서비스만이 살아남는다.

스타트업은 바람 앞의 등불처럼 약할 수도 있고 갈대처럼 변화에 순응할 수도 있다. 어떠한 방향을 선택하든 그것은 대표에게 달려 있다. 대표가 우리의 항해를 이끌고 가는 방향 키를 쥐고 있기 때문이다.

그러므로 스타트업 대표라면 항상 꿈을 꾸기 바란다. 현재 너무 어렵고 모든 걸 포기하고 싶더라도, 이 사업이 안정화된 미래를 생각하며 그 모습을 달성하기 위해 지금 할 수 있는 일들을 적으면서 하나씩 묵묵히 수행해나가야 한다. 기업은 비전만큼 성장하고 기업의 대표가 꿈을 꾸는 만큼 조직은 성장한다.

요약

생명체로서 성장하고 진화하는 스타트업

- 스타트업은 대표가 가진 꿈의 크기만큼 성장한다.
- 스타트업은 생명체이므로 시장 변화를 바라보며 시류에 편승하고 변화해야 한다.
- 대표는 꿈을 그리는 시간과 회사를 어떻게 키워야 할지 성찰하는 시간을 가져야 한다.

기록과 관리의
중요성

19세기 유머 작가였던 조시 빌링스는 '우리가 무엇을 몰라 곤경에 처하는 일은 드물다. 오히려 우리가 안다고 생각하지만 실제로는 모르는 것들 때문에 곤경에 빠진다'고 말했다.

회의와 미팅에 참여하다 보면 '그걸 누가 몰라서 안 하나'라고 이야기하는 사람들을 종종 볼 수 있다. 그런데 실제로 파헤쳐보면 놀라울 정도로 정말 모르는 경우가 많다. 이는 평소에 주변에서 비슷한 대화를 많이 하다 보니 마치 그 일을 잘 안다는 착각에 빠진 데에서 기인한다. 이렇게 스스로 안다고 착각하고 있는 업무를 지시하면 아예 시작조차 못하거나 엉망진창으로 데드라인을 어기는 경우가 허다하다.

그리고 업무를 지시하면서 모르면 반드시 중간에 물어보라고 해도 직원들은 데드라인이 다가올 때까지 질문하지 않는다. 안다고 생각해 업무를 미루다가 마감일이 닥쳐 대충 해서 가져오는 것이다. 그럴 때마다 나는 그들에게 꼭 묻는다.

"회의할 때 어떤 일을 해야 하는지 메모를 했는가?"
"모르면 질문을 하라고 했는데 왜 하지 않았는가?"

찐경력과 물경력이 있다던데

직원들의 경력은 주니어, 시니어 등 매우 다양하다. 경력은 길지만 알고 보면 물경력인 경우가 있고, 짧은 경력에 비해 업무 숙련도가 매우 높은 찐경력 보유자도 있다. 물경력이란 5년, 10년 동안 직장 생활을 했어도 대충 시간을 팔아 돈을 버는 사람들이 쌓은 경력을 의미하며 실제 일을 해도 남는 게 없는 저성과자다. 물경력자와 찐경력자는 업무를 준비하는 과정, 실행하는 과정, 보고하는 모습을 통해 쉽게 구분할 수 있다.

찐경력을 가진 직원의 특징은 메모를 열심히 한다는 것이다. 회의가 있으면 항상 노트북이나 메모장을 들고 와 중요한 포인트나 자신이 담당할 부분을 기록한다. 궁금한 부분은 즉시 질문을 통해 해결하고 자신이 이해한 바가 맞는지 확인한다. 회의를 마치면 자신이 할 일을 따로 리스트업하거나 업무 협업 툴 내에 업무 카드를 만들어놓고 일을 진행한다.

반면, 물경력인 직원은 대체로 회의에서 팔짱을 끼고 다 아는 듯이 고개를 끄덕이며 전혀 메모하지 않는다. 그러니 실제 업무에서는 중요한 일을 빠뜨리거나 실수 연발이다. 또한 정해진 기한 내에 업무를 마무리하지 못하는 경우도 많다. 이들은 회의 중에는 고개를 끄덕이면서 자신의 기억력을 과신한다.

스타트업에서는 경력만 많고 업무 능력이 떨어지는 사람들을 뽑는 것만큼 시간 낭비, 돈 낭비가 없다. 그렇지 않아도 한정된 자본으로 싸워야 하는데 퍼포먼스를 내지 못하고 오히려 조직이 하향평준화하는 결과를 낳을 수 있다.

아마추어와 프로의 차이

나는 창업 초기부터 경력은 많은데 실수가 잦은 직원, 경력도 없고 실수도 많은 직원들을 만나봤고 매번 실수를 줄이기 위한 관리를 하느라 많은 시간을 보냈다. 그러다 보니 시무식 때마다 매번 이런 이야기를 한다.

"우리는 프로가 되어야 합니다. 프로와 아마추어의 차이는 무엇일까요?
바로 실수의 유무에 있습니다. 아마추어는 실수를 줄여나가면서 프로가 되어 가는 겁니다.
실수를 줄이기 위해서는 서로가 투 두 리스트를 만들고 데드라인을 준수하며
이를 위해 적극적으로 커뮤니케이션해야 합니다."

우리는 모두 아마추어에서 출발하지만 어떠한 경험을 쌓고 어떻게 일을 배우느냐에 따라 프로가 될 수도 있고 아마추어에서 멈출 수도 있다. 직장 생활에 있어서 프로와 아마추어는 실수 유무에 달려있다고 생각한다. 프로들은 자신이 해야 할 일을 알고 마감을 준수하며 체계적으로 실행하고 실수 없이 프로젝트를 마치기 때문에 조직 입장에서 효율적이다. 이러한 프로들이 많은 조직은 당연히 성장할 수밖에 없다. 각자가 무엇을 어떻게 해야 할지 알기 때문이다.

직원들이 각자의 역할을 잘하고 자신의 업무를 체계적으로 관리하는 것에서부터 스타트업이 성장한다고 본다. 이를 위해 주니어 직원이 아마추어에서 프로가 될 수 있도록 자연스럽게 유도하고 관리하는 것이 대표의 역할이다.

가끔 대학교에서 학생 대상 강의 요청이 오면 '인생과 커리어'라는 주제로 강의한다. 강의하러 나설 때면 반짝이는 눈빛을 가진 20대 초반 친구들에게 얼마나 좋은 자극을 받을까라는 생각에 아드레날린이 올라온다.

그러나 막상 강의실에 들어서면 공기는 무겁게 내려앉아 있고 학생들의 태도는 매우 수동적이다. 적극적으로 수강하는 학생도 일부 있지만, 이는 극소수일 뿐이다.

의아했다. 강의 시간 내내 왜 노트북을 펼쳐놓고 딴짓을 하는지, 왜 집중하지 못하는지 그리고 왜 이들의 눈빛에 의욕이 없는지에 대한 의문이 가득했다. 두어 차례 같은 경험을 한 뒤로는 내 이야기 방식을 바꿨다.

나만의 솔직한 이야기를 들려주기 시작했다. 나의 20대는 정답을 찾지 못해 한참을 헤매는 좌절의 연속이었다고 말이다. 대단한 스펙을 쌓은 것처럼 보이는 커리어의 화려한 텍스트를 뒤로 하고 사회생활을 시작한 지 20년이 훌쩍 지난 지금도 '과연 내가 걷고 있는 이 길이 내가 진정 원하는 길인가', '나는 잘 살고 있는가' 등의 의문투성이라는 진짜 내 이야기를 전했다. 실패와 고민 그리고 좌절에 대한 진솔한 이야기를 들려주자 학생들은 고개를 끄덕였고 비로소 노트북을 덮고 나를 향한 눈빛을 보내주었다.

우리는 모두 위로받고 싶고 공감하고 싶었던 것이다. 너나 나나 모두.

가장 가혹한 사실은 100세 인생을 바라보는 우리의 삶에서 이제 막 성인이 된 20대에 진로나 결혼과 같은 중대사를 결정해야 한다는 것이다. 40대가 되어서도 내가 지금 옳은 커리어를 쌓고 있는지 잘 모르겠는데, 20대에 선택한 첫 직장에서 경험한 커리어를 기반으로 앞으로의 커리어가 발전되어 나가는 것이 과연 맞는 걸까? 강의를 하는 나조차도 의문이 가득했다.

불과 몇 년 전까지만 해도 직장 내에서 MZ세대라 불리는 젊은 친구들은 나에겐 골칫덩어리였다. 왜 자기주장만 하고 멋대로 행동할까? 본인이 납득되지 않으면 왜 일을 하지 않으려 할까? 10시 출근이면 10분이라도 일찍 오지 않고 왜 항상 10시에 와서 숨 고르기를 한다는 핑계로 30분이 지나서야 업무를 시작할까? 매번 모든 것을 다 할 수 있다고 이야기해놓고 막상 일을 시키면 왜 제대로 해내지 못하는 걸까? 왜 이렇게 빨리 포기하는 걸까? 이렇듯 내가 MZ세대를 보는 시선은 굉장히 부정적이었다.

그러나 몇 년이 지난 후 내 생각에 오류가 있었음을 깨달았다. 나는 MZ세대 직원에게 내 기준을 들이밀어 평가했고 그 기준에 부합하지 않으면 '못한다'고 판단했던 것이다. 반대로 그들의 입장에서 나라는 경영자는 어떠한 모습이었을까? 스타트업을 운영한다면서 아무것도 모르는 초짜처럼 굴지는 않았을까? 매번 의사결정을 해달라고 하는데 머뭇거리면서 고심하는 내 모습을 보면서 대표가 우유부단하다거나 카리스마 따윈 찾아볼 수 없다고 생각하진 않았을까? 의사결정을 번복할 때는 줏대가 없다고 판단하지는 않았을까?

이렇게 스스로 질문을 던지며 다름을 인정하고 이해하려고 마음먹은 시점은 사업을 시작한 지 5년이 지나서였다. 그동안에는 '네 의견은 됐고, 일단 좀 따라와'라는 방식으로 회사를 끌고 갔음을 부정할 수 없다. 그리고 내 업무 능력치를 기준 삼아 그만큼 따라오지 못하는 직원들을 능력이 없다고 판단했다는 사실도 부정할 수 없다. 어쩌면 나는 스타트업을 운영할 자질이 충분하지 않았는데도 꾸역꾸역 회사를 운영하고 있었던 것은 아닌가 반성이 되었다.

그리고 창업 초기부터 현재까지 나의 직장 생활은 어떠했는지, 내가 운영해온 이 회사는 어떻게 성장하고 생존해왔는지를 찬찬히 복기했다. 한참을 뜯어보며 객관화하다 보니 나뿐만 아니라 주변의 수많은 창업자와 예비 창업자도 나와 같은 고민을 할 것 같았다. 창업은 했는데 뭐부터 시작해야 할지, 어떻게 관리해야 할지 몰라 우왕좌왕하고 내가 원하는 만큼 조직이 따라와주지 않거나 성과를 못 내서 힘들어하고 있지는 않을까. 그래서 적어도 나처럼 8년 가까운 시간을 맨땅에 헤딩하는 사람이 없길 바라는 마음으로 나의 아주 작은 성공 이야기 그리고 대체로 실패했던 이야기를 이 책에 풀어냈다.

목차를 구성하는 과정에서 울컥하기도 했다. 가장 젊고 아름다웠던 시절에 사업을 시작했고 그동안 참 많이 늙었다는 생각도 들었다. 대단한 자신감 혹은 자만감으로 사업을 시작했지만 왜 나만 이런 고난을 겪어야 할까라는 생각이 들 정도로 괴로운 시절도 많았다.

그러나 신기한 건 힘든 시기가 지나면서 내 마음속의 분노와 좌절이라는 불꽃도 꺼졌다는 것이다. 너무나 많은 장애물을 겪다 보니 새롭게 마주하는 장애물도 덤덤하게 생각할 수 있게 되었다. 수많은 사람과 다양한 상황으로 얽히다 보니 사람을 대할 때 감정 기복이 줄었다. 최고의 기분과 최악의 기분 사이의 밴드가 굉장히 좁혀졌다는 의미다. 그리고 어떠한 상황에서든 대체로 평온한 감정을 유지한다. 우리 회사 경영진 중 한 명은 내 성격이 바뀌었다며 예전의 발랄했던 나를 그리워하기도 했다. 그러나 그건 '창업을 하지 않았다면'이라는 가정하에 존재하는 것이 아닐까 생각한다.

사업을 하면서 참 많이 깎이고 다듬어진 것 같다. 자존심이 세서 굽힐 줄 몰랐던 나는 이제 자존심을 내려놓고 무릎을 꿇을 줄도 알고 그것이 조직을 위하는 일이면 당연히 그래야 한다는 태도로 바뀌었다. 화가 나서 어쩔 줄 몰라 하기보다는 해결하는 방법을 먼저 고민하는 사고 체계로 바뀌었다.

그러나 이 수많은 변화의 과정을 겪은 후에도 아직 확신이 서지 않는다. 내가 가고 있는 이 길이 맞는지에 대해서 말이다. 우리는 모두 이런 고민을 할 것이다. 그리고 매일의 고민은 나를 조금 더 변화시킬 것이고 어제보다 나은 오늘을 만들 것이라고 생각한다.

이 책이 스타트업에 종사하는 모든 이에게 이런 화두를 던져주길 바란다. 그럼에도 불구하고 우리는 우리의 길에 확신을 갖고 나아가고 있다고 말이다.